●収録内容一覧

■2025年度中学受験用

東京農業大学
第三高等学校附属中学校

3年間スーパー過去問

入試問題と解説・解答の収録内容

2024年度　1回	算数・社会・理科・国語
2024年度 総合理科	総合理科
2024年度　3回	算数・社会・理科・国語 （解答のみ）
2023年度　1回	算数・社会・理科・国語
2023年度 総合理科	総合理科
2023年度　3回	算数・社会・理科・国語 （解答のみ）
2022年度　1回	算数・社会・理科・国語
2022年度 総合理科	総合理科
2022年度　3回	算数・社会・理科・国語 （解答のみ）

～本書ご利用上の注意～　以下の点について，あらかじめご了承ください。

★別冊解答用紙は巻末にございます。本書に収録している試験の実物解答用紙は，弊社サイトの各校商品情報ページより，一部または全部をダウンロードできます。

★編集の都合上，学校実施のすべての試験を掲載していない場合がございます。

★当問題集のバックナンバーは，弊社には在庫がございません（ネット書店などに一部在庫あり）。

JN002484

合格を勝ち取るための

『スーパー過去問』の使い方

本書に掲載されている過去問をご覧になって，「難しそう」と感じたかもしれません。でも，多くの受験生が同じように感じているはずです。なぜなら，中学入試で出題される問題は，小学校で習う内容よりも高度なものが多く，たくさんの知識や解き方のコツを身につけることも必要だからです。ですから，初めて本書に取り組むさいには，点数を気にしすぎないようにしましょう。本番でしっかり点数を取れることが大事なのです。

過去問で重要なのは「まちがえること」です。自分の弱点を知るために，過去問に取り組むのです。当然，まちがえた問題をそのままにしておいては意味がありません。

本書には，長年にわたって中学入試にたずさわっているスタッフによるていねいな解説がついています。まちがえた問題はしっかりと解説を読み，できるようになるまで何度も解き直しをしてください。理解できていないと感じた分野については，参考書や資料集などを活用し，改めて整理しておきましょう。

このページも参考にしてみましょう！

◆どの年度から解こうかな　「入試問題と解説・解答の収録内容一覧」

本書のはじめには収録内容が掲載されていますので，収録年度や収録されている入試回などを確認できます。

※著作権上の都合によって掲載できない問題が収録されている場合は，最新年度の問題の前に，ピンク色の紙を差しこんでご案内しています。

◆学校の情報を知ろう‼「学校紹介ページ」

このページのあとに，各学校の基本情報などを掲載しています。問題を解くのに疲れたら息ぬきに読んで，志望校合格への気持ちを新たにし，再び過去問に挑戦してみるのもよいでしょう。なお，最新の情報につきましては，学校のホームページなどでご確認ください。

◆入試に向けてどんな対策をしよう？「出題傾向＆対策」

「学校紹介ページ」に続いて，「出題傾向＆対策」ページがあります。過去にどのような分野の問題が出題され，どのように対策すればよいかをアドバイスしていますので，参考にしてください。

◇別冊「入試問題解答用紙編」

本書の巻末には，ぬき取って使える別冊の解答用紙が収録してあります。解答用紙が非公表の場合などを除き，（注）が記載されたページの指定倍率にしたがって拡大コピーをとれば，実際の入試問題とほぼ同じ解答欄の大きさで，何度でも過去問に取り組むことができます。このように，入試本番に近い条件で練習できるのも，本書の強みです。また，データが公表されている学校は別冊の１ページ目に過去の「入試結果表」を掲載しています。合格に必要な得点の目安として活用してください。

本書がみなさんの志望校合格の助けとなることを，心より願っています。

株式会社　声の教育社　編集部

東京農業大学第三高等学校附属中学校

所在地 〒355-0005 埼玉県東松山市大字松山1400-1
電　話 0493-24-4611
ホームページ https://www.nodai-3-h.ed.jp
交通案内 東武東上線「東松山駅」／JR高崎線「熊谷駅」「吹上駅」「鴻巣駅」「上尾駅」／秩父鉄道「行田市駅」／西武新宿線「本川越駅」よりスクールバス

くわしい情報は
ホームページへ

トピックス
★2020年度入試より，第2回特特入試科目に「世界と日本」を設置。
★全日程，試験当日の夜にインターネットで合格発表(参考：昨年度)。

創立年 平成21年　男女共学　高校募集あり

応募状況

年度	募集数	応募数	受験数	合格数	倍率
2024	①35名	2科 30名	30名	30名	1.0倍
		4科 78名	76名	69名	1.1倍
	②15名	総 33名	33名	23名	1.4倍
		こ 38名	37名	26名	1.4倍
		世 18名	18名	12名	1.5倍
	③15名	2科 31名	14名	14名	1.0倍
		4科 68名	32名	30名	1.1倍
	④ 5名	男 33名	10名	9名	1.1倍
		女 23名	8名	8名	1.0倍

※(総)は総合理科入試，(こ)はことば力入試，
(世)は世界と日本入試。

説明会・イベント日程（※予定）

〔学校説明会〕※要予約
6月15日／9月14日／10月5日／12月7日
ほかに，外部会場にてイブニング説明会を実施。
〔イベント〕※要予約
【体験授業(理科・社会)】7月28日／8月18日
【浪漫祭(文化祭)】9月下旬
【入試模擬体験】11月10日
※例年，保護者対象の出題者による入試出題傾向についても同時開催。

※詳細は学校ホームページをご覧ください。

入試情報（参考：昨年度）

・入試日程(試験会場)：
第1回特待　2024年1月10日午前(大宮／川越)
第2回特待　2024年1月10日午後(大宮／川越)
第3回　2024年1月11日午前(本校)
第4回　2024年1月27日午前(本校)
・試験科目：
第1回特待…2科(国算)　／4科(国算社理)
第2回特待…総合理科／ことば力／世界と日本
第3回…2科(国算)　／4科(国算社理)
第4回…2科(国算)
・試験時間，配点：
第1回特待…国語・算数(各40分，各100点)
社会・理科(合わせて40分，100点)
第2回特待…総合理科／ことば力／世界と日本
(いずれも60分，120点)
第3回…国語・算数・社会・理科
(各40分，各100点)
第4回…国語・算数(各40分，各100点)
※ほかに，帰国子女入試を実施しています。試験科目は，総合問題(国算)と面接試験です。

近年の主な他大学合格実績

〔中高一貫第1～9期生の主な進学先〕
東京大，東京工業大，東北大，北海道大，筑波大，千葉大，東京医科歯科大，横浜国立大，埼玉大，慶應義塾大，早稲田大，上智大，東京理科大
〔優先入試制度〕
希望者には併設大学である東京農業大学への優先入学制度があり，この制度を利用する生徒も少なくありません。

編集部注―本書の内容は2024年5月現在のものであり，変更されている場合があります。正確な情報は，学校のホームページ等で必ずご確認ください。

算数　出題傾向＆対策

◆基本データ（2024年度１回）

試験時間／満点	40分／100点
問題構成	・大問数…５題 計算１題（３問）／応用小問１題（５問）／応用問題３題 ・小問数…19問
解答形式	解答のみを記入する形式で，単位などは解答用紙にあらかじめ印刷されている。
実際の問題用紙	Ａ４サイズ，小冊子形式
実際の解答用紙	Ｂ４サイズ

◆出題傾向と内容

▶過去３年の出題率トップ３
１位：四則計算・逆算16％　２位：角度・面積・長さ10％　３位：表とグラフ８％
▶今年の出題率トップ３
１位：四則計算・逆算15％　２位：角度・面積・長さ，表とグラフなど８％

１題めは計算問題で，小数や分数の四則計算のほか，計算のくふうを必要とするものや，逆算，単位の計算などが出題されています。

２題めは応用小問集合題で，数の性質（約束記号など），濃度，面積，植木算，和差算，分配算，ニュートン算，旅人算，仕事算，つるかめ算などが出されています。

３題め以降は応用問題で，旅人算など速さに関する問題，規則性に関する問題，場合の数，食塩水の濃度，図形の角度・面積・長さ，水量の変化とグラフ，図形・点の移動などが出題されています。

◆対策～合格点を取るには？～

まず，計算練習を毎日続けて，計算力を身につけましょう。計算をノートにきちんと書き，答え合わせのときに，どんなところでミスしやすいかを発見するようにつとめること。

数の性質，割合と比では，はじめに教科書にある重要事項を整理し，類題を数多くこなして，基本的なパターンを身につけましょう。

図形では，はじめに求積問題を重点的に学習しましょう。

特殊算については，参考書などにある「○○算」の基本を学習し，公式をスムーズに活用できるようになりましょう。

分野 ＼ 年度		2024		2023		2022	
		１回	３回	１回	３回	１回	３回
計算	四則計算・逆算	◎	◎	●	○	◎	◎
	計算のくふう		○		○		○
	単位の計算	○	○			○	○
和と差	和差算・分配算		○				
	消去算						
	つるかめ算		○		○		
	平均とのべ		○	○			○
	過不足算・差集め算						
	集まり						
	年齢算	○					
割合と比	割合と比	○			○		
	正比例と反比例						
	還元算・相当算						○
	比の性質				○		
	倍数算						
	売買損益						
	濃度				○	○	
	仕事算		○	○			
	ニュートン算						○
速さ	速さ			○	○	○	○
	旅人算	○	○		○		○
	通過算		○				
	流水算						
	時計算						
	速さと比						
図形	角度・面積・長さ	○	○	◎	○	◎	○
	辺の比と面積の比・相似						
	体積・表面積	○				○	
	水の深さと体積				○		
	展開図						
	構成・分割	○					
	図形・点の移動			○		○	
表とグラフ		○	○	○	◎	○	○
数の性質	約数と倍数						
	Ｎ進数						
	約束記号・文字式	○		○			○
	整数・小数・分数の性質			○			
規則性	植木算						
	周期算						○
	数列	○		○	○	○	
	方陣算						
	図形と規則						
場合の数		○			○	○	
調べ・推理・条件の整理			○			○	○
その他							

※　○印はその分野の問題が１題，◎印は２題，●印は３題以上出題されたことをしめします。

社会 出題傾向＆対策

◆基本データ(2024年度１回)

試験時間／満点	理科と合わせて40分 理科と合わせて100点
問　題　構　成	・大問数…３題 ・小問数…19問
解　答　形　式	記号選択と適語の記入が中心となっているが，短めの記述問題も見られる。
実際の問題用紙	Ａ４サイズ，小冊子形式
実際の解答用紙	Ｂ４サイズ

◆出題傾向と内容

地理・歴史・公民の各分野からまんべんなく出題されています。基本的な知識を問うものが中心ですが，世界の地理についての問題もよく出されています。

●**地理**…地形図の読み取り，世界地図，世界各国や都道府県・各地方の特色，国土・自然・気候，農林水産業，貿易などが出題されています。地図・グラフ・表など，資料の読解能力が要求される問題が多く見られます。

●**歴史**…あらゆる時代のことがらを問うスタイルで総合的に出題され，各時代に関連する人物，史料，図版(写真)などを用いた問題が見られます。なお，小問数が多く，ウェイトは地理分野と並んで高くなっています。

●**政治**…憲法や三権のしくみ，選挙制度，地方自治，経済活動，生活と福祉，国際政治，日本と世界とのつながりなどが出題されています。また，時事問題がテーマとして多く出されていることも特ちょうです。

分野＼年度			2024		2023		2022	
			1回	3回	1回	3回	1回	3回
日本の地理		地図の見方	○		★		★	○
		国土・自然・気候		○	○	○	○	○
		資源		○		○		
		農林水産業	○			○		○
		工業						
		交通・通信・貿易		○		○	○	○
		人口・生活・文化		○	○			○
		各地方の特色		★		★		★
		地理総合	★					
世界の地理			○	○	★	○	★	★
日本の歴史	時代	原始～古代	○	○	○	○		○
		中世～近世	○	○	○	○	○	○
		近代～現代	○	○	○	○	○	○
	テーマ	政治・法律史						
		産業・経済史						
		文化・宗教史						
		外交・戦争史			★			
		歴史総合	★	★	★		★	★
世界の歴史								
政治		憲法			○			○
		国会・内閣・裁判所		○	★	○		★
		地方自治						
		経済	★					
		生活と福祉		○		○		○
		国際関係・国際政治		○			○	
		政治総合		★				
環境問題						○		
時事問題				○		★	★	○
世界遺産				○		○		
複数分野総合								

※　原始～古代…平安時代以前，中世～近世…鎌倉時代～江戸時代，近代～現代…明治時代以降
※　★印は大問の中心となる分野をしめします。

◆対策～合格点を取るには？～

全分野に共通することとして，形式面では，①基礎的知識としての数字(地理では，国土の面積，歴史では，重要なできごとが起こった年，政治では，重要事項を規定した憲法の条文の番号など)にかかわる問題，②地名，人名，憲法上の用語などを漢字で書く問題，③基本的な資料の空所を補充させる問題などに慣れておくことが必要です。内容面では，基本的事項はもちろんのこと，時事とからめたものや，わが国と諸外国との関係まで視野を広げ，整理しておきましょう。

地理的分野については，ふだんから地図に親しんでおき，学習した地名は必ず地図で確認し，白地図の上におもな平野，山地・山脈，川，湖，都市などをかきこめるようにしておきましょう。

歴史的分野については，歴史の流れを大まかにとらえる姿勢が大切です。そのためには，つねに年表を見ながら勉強する態度を，日ごろから身につけておくべきです。重要な事件が起こった年の前後の流れを理解するなど，単純に暗記するだけでなく，くふうして覚えていきましょう。

政治的分野では，日本国憲法の基本的な内容，特に政治のしくみが憲法でどう定められているかを中心に勉強してください。また，時事問題に対する勉強も必要です。

理科 出題傾向＆対策

◆基本データ(2024年度１回)

試験時間／満点	社会と合わせて40分 社会と合わせて100点
問題構成	・大問数…２題 ・小問数…15問
解答形式	記号選択と適語(または数値)の記入が中心。記述問題は見られない。
実際の問題用紙	Ａ４サイズ，小冊子形式
実際の解答用紙	Ｂ４サイズ

◆出題傾向と内容

本校の理科は，実験・観察・観測をもとにした問題が多く，また，すべての分野からバランスよく出題される傾向にあります。基本的なことがらを問うものがほとんどですが，各実験・観察に対する正しい理解や思考力が必要となります。

●生命…光合成，心臓，すう息とはく息，細胞のつくり，ダイズの種子，こん虫の口とあし，花のつくりなどが取り上げられています。

●物質…ものの燃え方，ものの溶け方，水溶液の性質，気体の性質，アンモニアの発生などが出されています。

●エネルギー…金属線と電流，浮力，ふりこ，密度，電磁石，ばねと力，音の速さなどが取り上げられています。

●地球…気象の観測と湿度，星の明るさと色，惑星・月の動きと見え方，地震波の速さとゆれのようす，大気圏のようすと気温，台風，星座と動きなどが出されています。

分野＼年度		2024		2023		2022	
		1回	3回	1回	3回	1回	3回
生命	植物	★			★		★
	動物					★	
	人体		★	★			
	生物と環境						
	季節と生物						
	生命総合						
物質	物質のすがた						
	気体の性質		★	○	○	★	
	水溶液の性質			★			
	ものの溶け方	★					★
	金属の性質						
	ものの燃え方				★		
	物質総合						
エネルギー	てこ・滑車・輪軸				○		
	ばねののび方						★
	ふりこ・物体の運動			★			
	浮力と密度・圧力		★		★		
	光の進み方						
	ものの温まり方						
	音の伝わり方					○	
	電気回路	★					
	磁石・電磁石					○	
	エネルギー総合						
地球	地球・月・太陽系	○			★		★
	星と星座	○		★			
	風・雲と天候		★				
	気温・地温・湿度		○				
	流水のはたらき・地層と岩石	○					
	火山・地震					★	
	地球総合	★					
実験器具							○
観察							
環境問題							○
時事問題							
複数分野総合						★	

※　★印は大問の中心となる分野をしめします。

◆対策～合格点を取るには？～

各分野から出題されていますから，基本的な知識をはやいうちに身につけ，そのうえで問題集で演習をくり返しながら実力アップをめざしましょう。

「生命」は，身につけなければならない基本知識の多い分野ですが，楽しみながら確実に学習する心がけが大切です。

「物質」では，気体や水溶液，金属などの性質に重点をおいて学習してください。そのさい，中和反応や濃度など，表やグラフをもとに計算する問題にも積極的に取り組んでください。

「エネルギー」は，かん電池のつなぎ方や方位磁針のふれ方，磁力の強さなどの出題が予想される単元ですから，学習計画から外すことのないようにしましょう。

「地球」では，太陽・月・地球の動き，季節と星座の動き，天気と気温・湿度の変化，地層のでき方などが重要なポイントです。

なお，環境問題や身近な自然現象に日ごろから注意をはらうことや，テレビの科学番組，新聞・雑誌の科学に関する記事，読書などを通じて多くのことを知るのも大切です。

国語 出題傾向＆対策

◆基本データ（2024年度１回）

試験時間／満点	40分／100点
問題構成	・大問数…３題 文章読解題１題／知識問題２題 ・小問数…28問
解答形式	記号選択と字数制限のない記述問題からなり，書きぬきなどは見られない。
実際の問題用紙	Ａ４サイズ，小冊子形式
実際の解答用紙	Ｂ４サイズ

分野		年度	2024		2023		2022	
			1回	3回	1回	3回	1回	3回
読解	文章の種類	説明文・論説文	★	★	★	★	★	★
		小説・物語・伝記						
		随筆・紀行・日記						
		会話・戯曲						
		詩						
		短歌・俳句						
	内容の分類	主題・要旨	○	○	○	○	○	○
		内容理解	○	○	○	○	○	○
		文脈・段落構成						
		指示語・接続語						○
		その他	○		○		○	
知識	漢字	漢字の読み						
		漢字の書き取り	★	★	★	★	★	★
		部首・画数・筆順						
	語句	語句の意味	○		○		○	
		かなづかい						
		熟語	★		★		★	
		慣用句・ことわざ		★		★		★
	文法	文の組み立て						
		品詞・用法						
		敬語						
	形式・技法							
	文学作品の知識							
	その他							
	知識総合							
表現	作文							
	短文記述							
	その他							
放送問題								

※　★印は大問の中心となる分野をしめします。

◆出題傾向と内容

▶近年の出典情報（著者名）
説明文：岡根谷実里　田中　修　養老孟司

●読解問題…説明文・論説文を題材とするものが１題のみという出題形式がほとんどです。全体としては，しっかりと内容をはあくし，論旨の展開を正しく理解しているかどうかを問うものが多い印象を受けます。具体的には，内容の読み取り，適語・適文の補充，段落吟味，指示語の内容，接続語の補充などが問われています。標準的なレベルのものが多いですが，選択肢の中にはまぎらわしいものもあるので注意が必要です。

●知識問題…漢字の読みと書き取りのほか，熟語の知識，文の組み立てや品詞・用法，慣用句・ことわざなどが出されています。

◆対策～合格点を取るには？～

入試で正しい答えを出せるようにするためには，なるべく多くの読解問題にあたり，出題内容や出題形式に慣れることが大切です。問題集に取り組むさいは，指示語の内容や接続語に注意しながら，文章がどのように展開しているかを読み取るように気をつけましょう。また，答え合わせをした後は，漢字やことばの意味を辞書で調べてまとめるのはもちろんのこと，正解した設問でも解説をしっかり読んで解答の道すじを明らかにし，本番で自信を持って答えられるようにしておきましょう。

知識問題については，分野ごとに短期間に集中して覚えるのが効果的です。ただし，漢字は毎日少しずつ学習するとよいでしょう。

カコを追いかけ
ミライをつかめ

2024 年度　東京農業大学第三高等学校附属中学校

【算　数】〈第１回試験〉（40分）〈満点：100点〉

〔注意事項〕コンパス、分度器は使用しないでください。

1　次の $\square$ にあてはまる数を求めなさい。

(1)　$\left(\dfrac{8}{9} \div \dfrac{2}{3}\right) - \left(1\dfrac{2}{3} \times 0.4\right) = \square$

(2)　$\left(\square \div \dfrac{1}{2} - \dfrac{1}{3}\right) \div \dfrac{1}{6} = 4$

(3)　$0.21\,\mathrm{km} - 12.8\,\mathrm{m} + 520\,\mathrm{cm} = \square\,\mathrm{m}$

2　次の各問いに答えなさい。

(1)　$\langle A \rangle = \dfrac{A}{2} \times \dfrac{A}{2}$ というきまりで計算をします。

このとき，次の $\square$ にあてはまる数を求めなさい。

$\langle 4 \rangle \times \langle 3 \rangle + \langle 8 \rangle = \langle \square \rangle$

(2)　ある地域のガソリン１Ｌあたりの値段は現在176円です。３年前の値段は現在の値段より12.5％低く，６年前の値段は３年前の値段の $\dfrac{5}{7}$ 倍でした。６年前のガソリン１Ｌあたりの値段はいくらですか。

(3)　下のように，ある規則にしたがって並んだ整数を４つずつに分けました。
このとき，次の各問いに答えなさい。

２，０，２，４ ｜ ３，１，３，５ ｜ ４，２，４，６ ｜ ５，…

①　左から16番目の整数はいくつですか。

②　初めて10が現れるのは，左から何番目ですか。

(4)　2024年２月６日に太郎さんが誕生日をむかえ，年れいが39才になりました。
このとき，誕生日が３月９日である太郎さんの子どもの年れいは７才です。
太郎さんの年れいが，子どもの年れいの３倍になるのは，何年何月何日ですか。

(5)　右の図のように，点Ｏを中心とする円と
その円周を10等分する点があります。
このとき，角㋐の大きさは何度ですか。

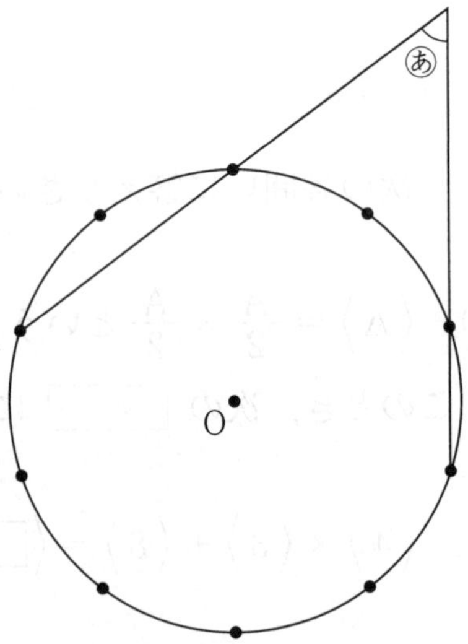

3　下のグラフは，妹が徒歩で，兄が自転車で家を出発し，駅に着くまでの２人の距《きょ》離《り》の差と時間の関係を表したものです。妹が先に家を出発したとき，次の各問いに答えなさい。ただし，妹と兄の速さはそれぞれ一定とします。

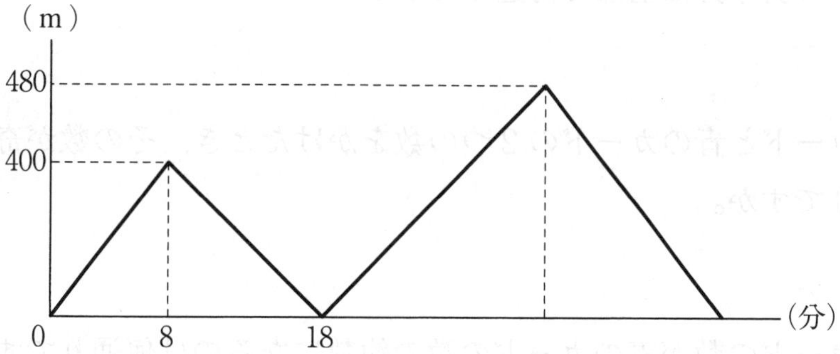

(1)　兄が妹を追いこすのは，妹が出発してから何分後ですか。

(2)　妹の速さは分速何 m ですか。

(3)　兄の速さは分速何 m ですか。

(4)　妹が駅に着いたのは，妹が出発してから何分何秒後ですか。

4　赤のカードと青のカードが５枚ずつあり，赤のカードには１，２，３，４，５の数字が，青のカードには６，７，８，９，10の数字がそれぞれ書かれています。赤と青のカードから１枚ずつカードを引くとき，次の各問いに答えなさい。

(1)　カードの引き方は全部で何通りですか。

(2)　赤のカードと青のカードの２つの数をかけたとき，その数が奇《き》数になるのは何通りですか。

(3)　赤のカードの数が青のカードの数の約数になるのは何通りですか。

(4)　11，12と数字が書かれた緑のカードを２枚用意します。赤，青のカードに続けて，緑のカードを１枚引き，その３つの数をかけたとき，その数が10の倍数になるのは何通りですか。

5　右の図１のような直方体Ａがあります。
次の各問いに答えなさい。

図１

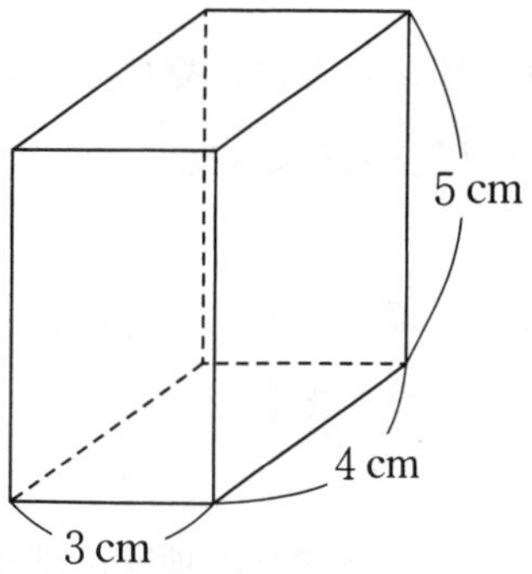

(1)　直方体Ａの体積を求めなさい。

(2)　図２のように，Ａを使って底面が正方形となる直方体を作ります。使うＡの個数が最も少なくなるときの直方体の体積を求めなさい。ただし，使うＡの向きはすべて同じとします。

図２

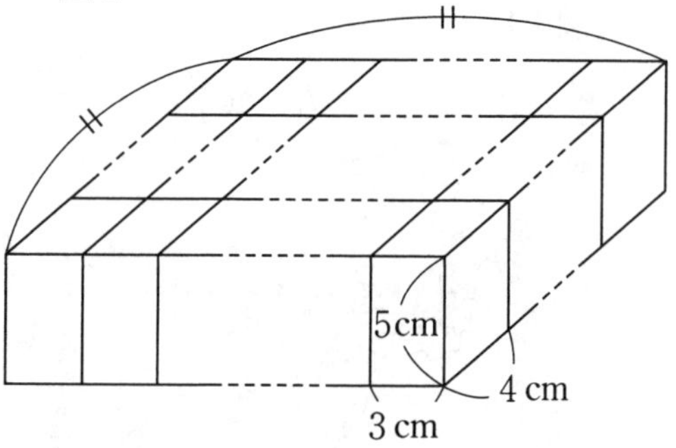

(3)　図３のように，Ａを使って立方体を作ります。
使うＡの個数が最も少なくなるときのＡの個数を求めなさい。
ただし，使うＡの向きはすべて同じとします。

図３

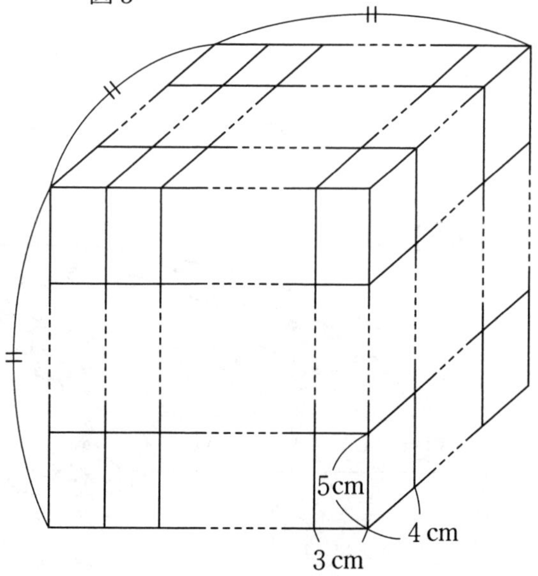

【社会・理科】〈第１回試験〉（40分）〈満点：100点〉

1 リンさんは、夏休みの自由研究で世界の国ぐにを調べることにしました。後の各問いに答えなさい。

問１ 調べていくうちに、リンさんは地図にはさまざまな種類や描き方があることに気がつきました。

(1) それぞれの地図の特色と、その地図の利用について説明した文の組み合わせとして正しいものを、次の**ア**～**エ**のうちから１つ選び、記号で答えなさい。

【図１】

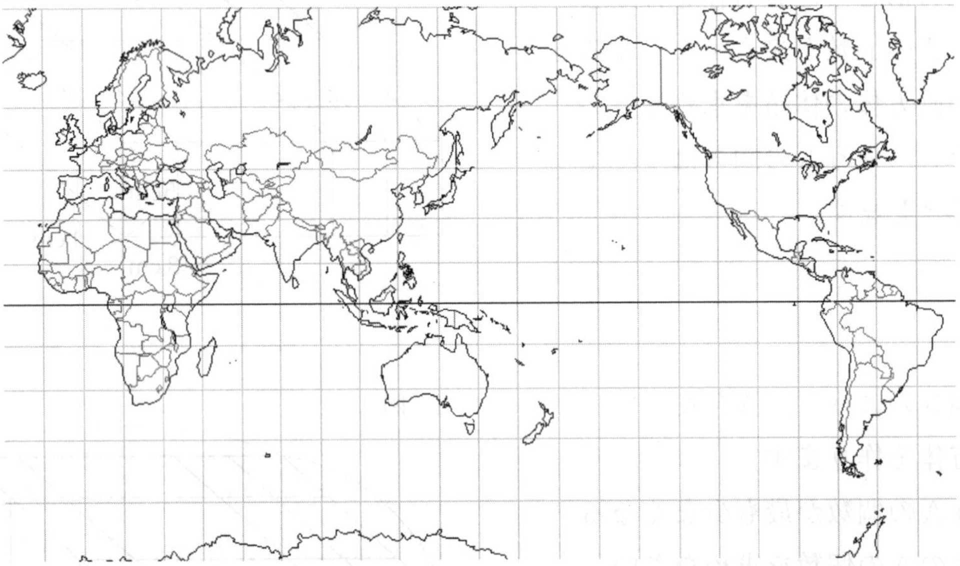

【図２】

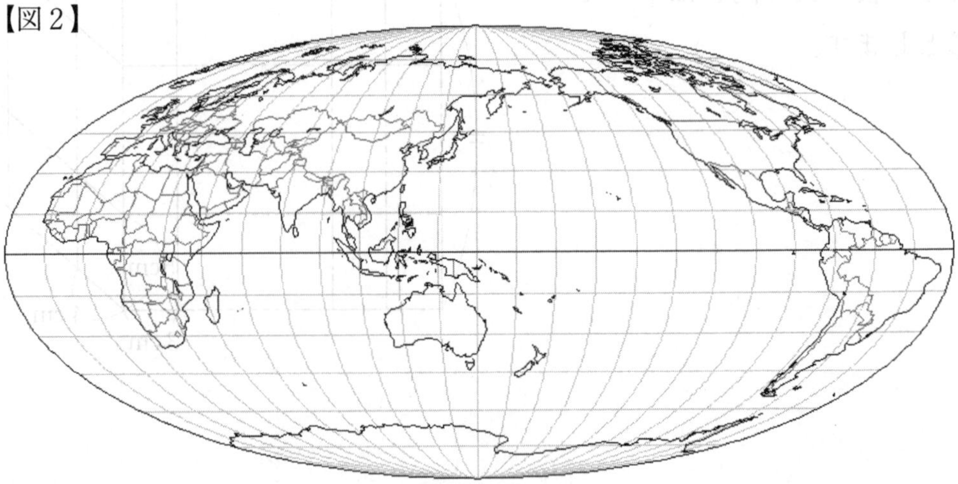

【図３】

【図４】

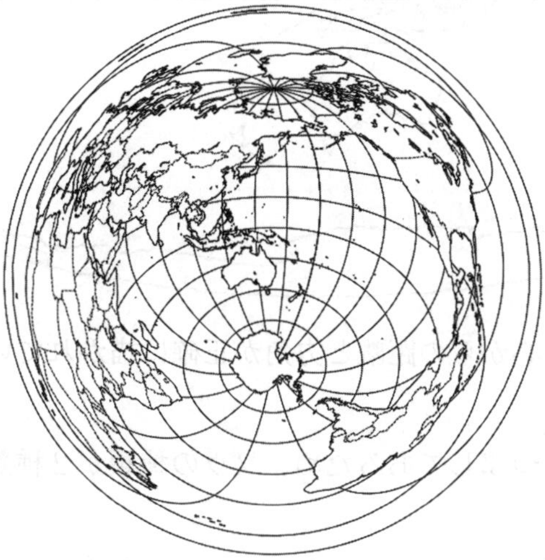

ア　図１は、面積のゆがみを少なくした描き方です。分布図によく使用されます。

イ　図２は、経線と任意の直線が垂直にまじわるため、角度※が正確に表現されています。海図によく使用されます。

ウ　図３は地球のミニチュアであるため、角度、距離、方位すべてが正確ですが、面積は正しく表現されていません。

エ　図４は、図の中心からの距離と方角が正確に描かれています。航空図によく使用されます。

※角度とは、経線と任意の直線の交わる角度を示します。

(2)　リンさんはゾウやトラの生息地域や、世界の人口などを調べました。調べた内容を地図上に描き写す場合、どの図が最も適していますか。図の番号を算用数字で答えなさい。

問２　リンさんは、まずゾウとトラの分布図を作ることにしました。

(1)　図５のゾウの生息地域の分布図を説明した**ア**～**エ**の文のうち、読み取れるものには○を、読み取れないものには×をそれぞれ解答欄に答えなさい。

【図５】

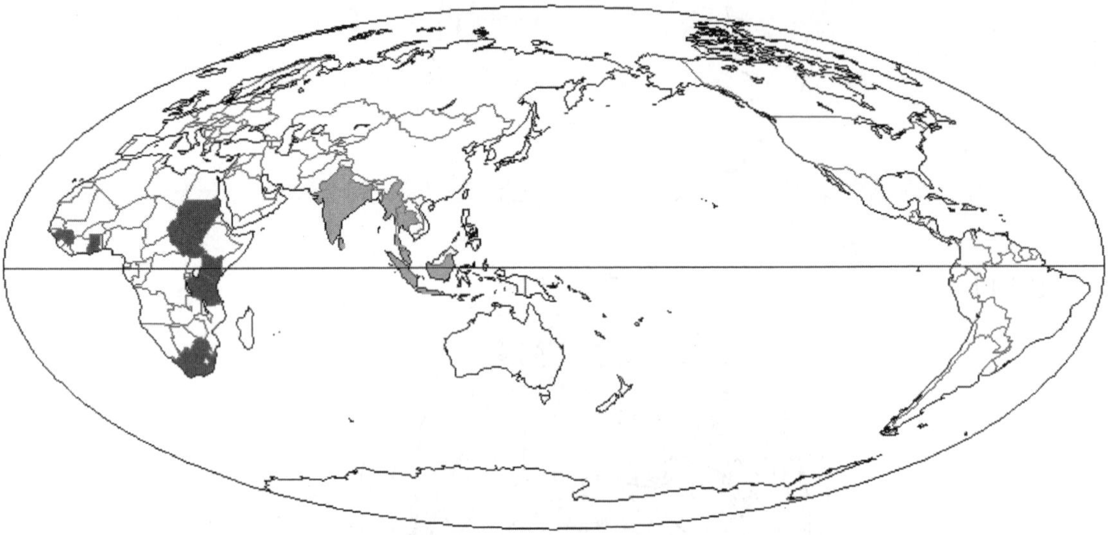

ア　分布図は、図の中心からの距離と方角が正確に描かれている図法を用いています。

イ　異なった色で塗りつぶしてあるため、ゾウの種類が２種類あるのではないかと考えられます。

ウ　ゾウはアフリカのサハラ砂漠以南と、インドから東南アジアに分布していることが分かります。

エ　ゾウの生息地域には、気候は関係ないと考えられます。

⑵　トラは、生息個体数が少ないために、世界で数を管理していることが分かりました。図６・７を参考にして、解答用紙の分布図を２か所塗りつぶして、分布図を完成させなさい。

【図６】　　　　　　　　　　　　　　　　　　　（単位：頭）

１．インド	(2226)	６．タイ	(189)
２．ロシア	(433)	７．バングラデシュ	(106)
３．インドネシア	(371)	８．ブータン	(103)
４．マレーシア	(371)	９．中国	(　7)
５．ネパール	(198)	10．ベトナム	(　5)

（資料：ＷＷＦジャパンより作成）

【図７】

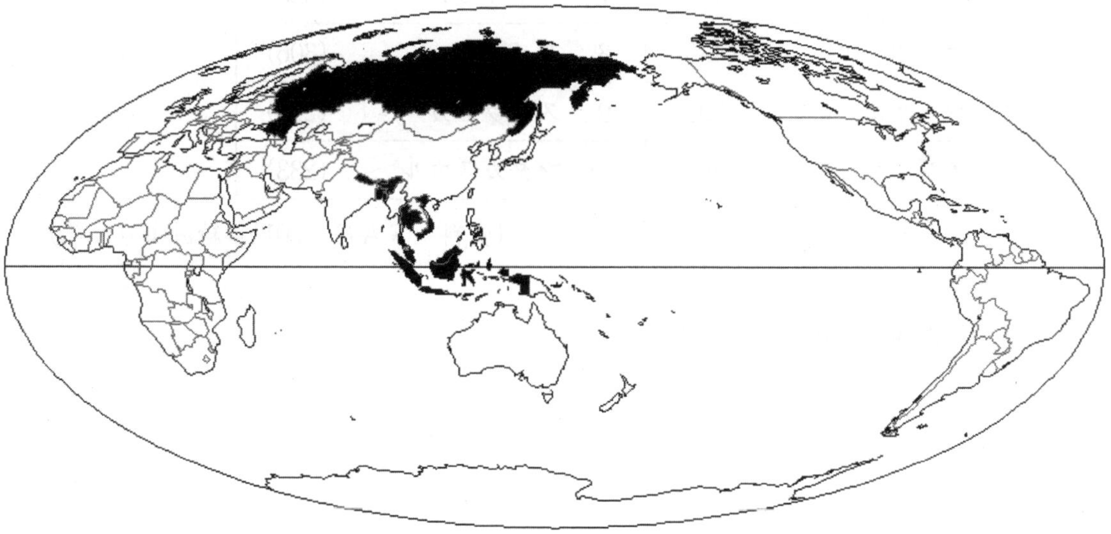

問３　次の図８・９は、リンさんが調べたある農産物に関するデータをまとめたものです。図を参考にして、後の各問いに答えなさい。

【図８】国別生産量上位10カ国　（単位：億ｔ）

１．中国　(2.10)	６．タイ　(0.28)
２．インド　(1.78)	７．ミャンマー　(0.26)
３．インドネシア　(0.55)	８．フィリピン　(0.19)
４．バングラデシュ　(0.55)	９．パキスタン　(0.11)
５．ベトナム　(0.43)	10．カンボジア　(0.11)

【図９】一人あたりの１日の消費量　（単位：ｇ）

１．バングラデシュ　(473)	６．ミャンマー　(345)
２．ラオス　(445)	７．フィリピン　(325)
３．カンボジア　(436)	８．タイ　(306)
４．ベトナム　(398)	９．スリランカ　(295)
５．インドネシア　(364)	10．マダガスカル　(283)

（資料：ＦＡＯ　2011年統計より作成）

(1)　この農産物は何か、答えなさい。

(2)　この農産物は、多くの地域で生産されています。次の図10は、コルカタ、イルクーツク、上海、新潟の雨温図です。この農産物の生産に適していない場所の雨温図として正しいものを、次の**ア**～**エ**のうちから１つ選び、記号で答えなさい。

【図10】

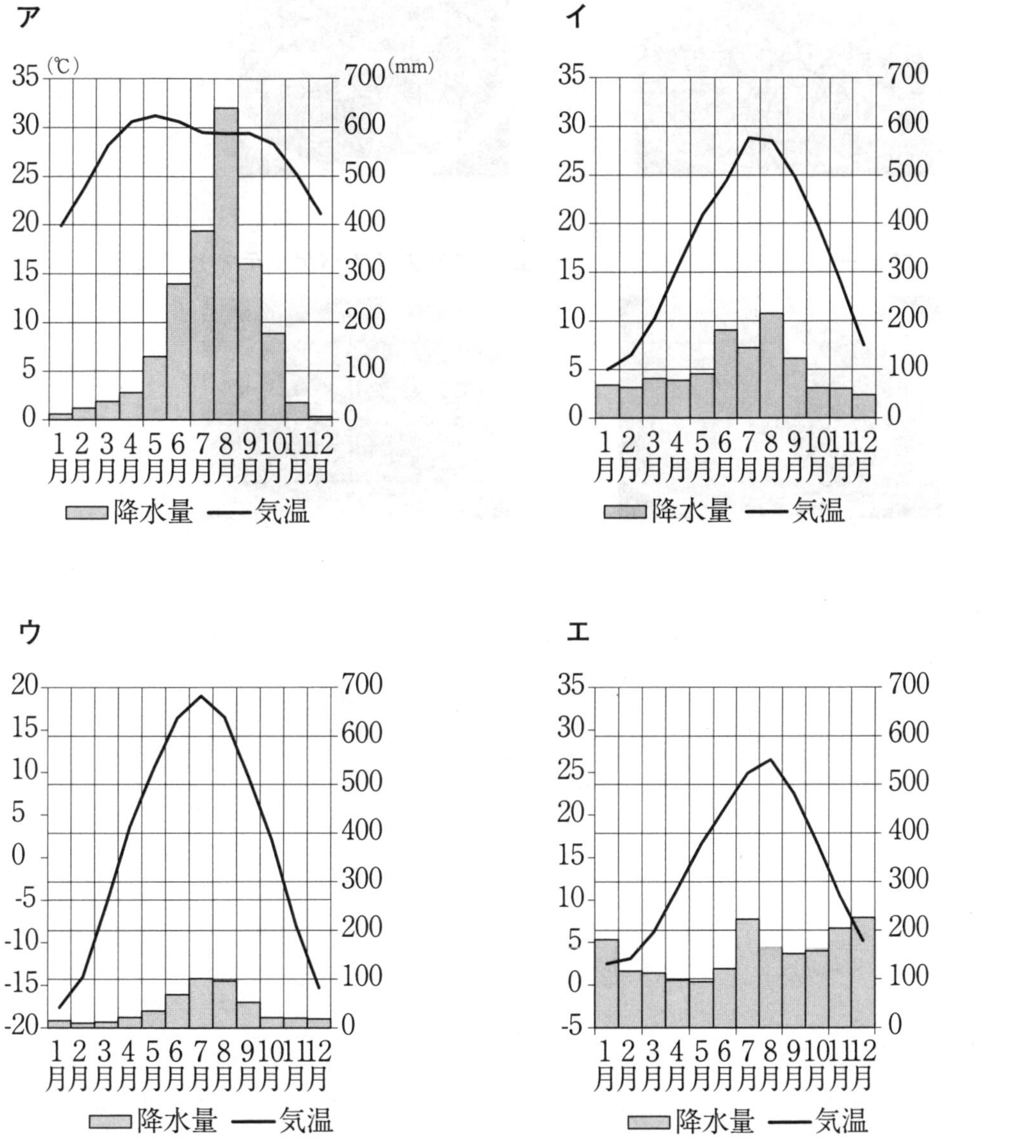

(3)　この農産物を使用した料理を、次の**ア**～**エ**のうちから１つ選び、記号で答えなさい。

ア　クスクス

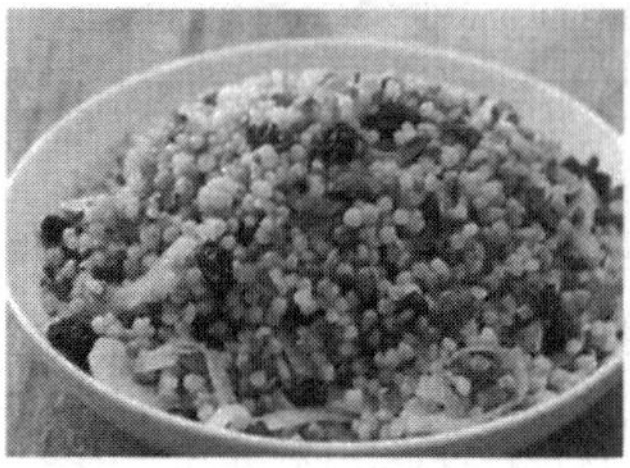

イ　刀削麺《とうしょうめん》

ウ　フォー

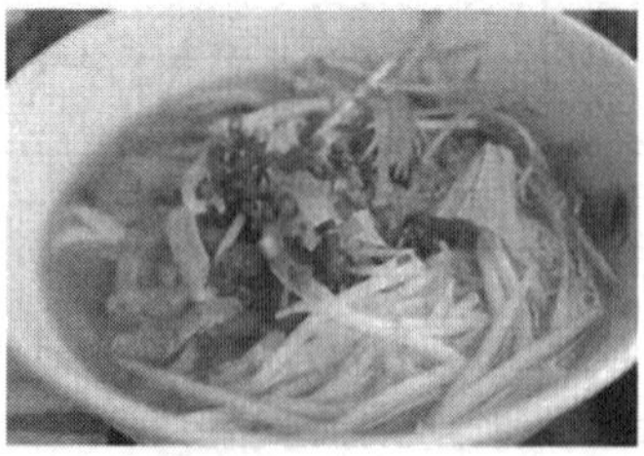

エ　パスタ（スパゲッティ）

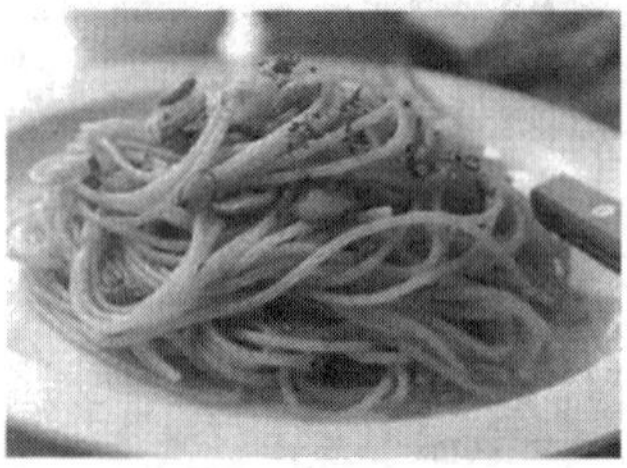

(4)　この農産物は、日本でも多く生産されています。図11を参考にして、生産地とブランド名の組み合わせとして正しいものを、次の**ア**～**エ**のうちから1つ選び、記号で答えなさい。

【図11】

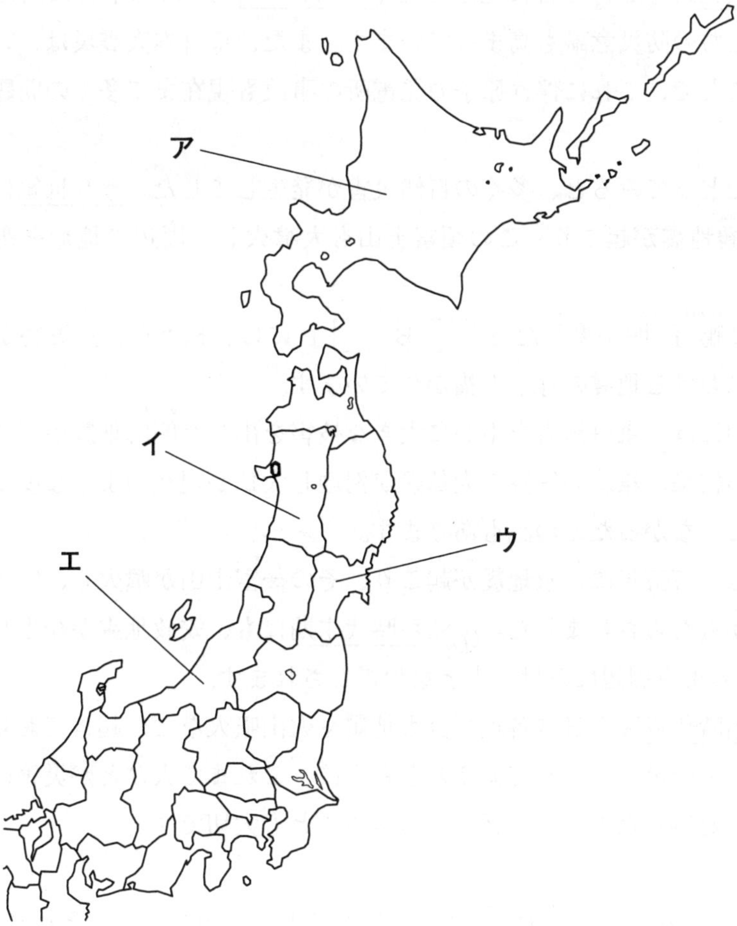

	生産地	ブランド
ア	北海道	ななつぼし
イ	秋田県	つや姫
ウ	宮城県	コシヒカリ
エ	新潟県	ひとめぼれ

2　次の文章を読んで、後の各問いに答えなさい。

日本列島は、古くから地震・噴火など様々な自然災害に見舞われてきました。

2023年は、①大正12年９月１日に発生した［　A　］から100年目に当たり、首都圏に居住する人たちの防災意識も高まっています。また、東日本大震災は、いまだに記憶に新しいできごとで、これに伴う原子力発電所の事故も現在まで多くの問題を残しています。

日本の歴史をたどってみると、多くの自然災害が発生しました。②９世紀には③東北地方を中心に貞観《じょうがん》地震が起こり、この頃富士山も大噴火し、周辺の地形を変えたといわれています。

また、13世紀に鴨長明《かものちょうめい》が著した『［　B　］』には、様々な自然災害が記録されており、④京都における地震の様子も描かれています。

⑤室町時代後期には、東海地方を中心に大きな被害を出した明応《めいおう》地震が起こりました。この一連の地震の結果、鎌倉高徳院《かまくらこうとくいん》の大仏殿が倒壊し大仏が現在のような姿で残り、のちに浜名湖が海とつながったとの説もあります。

⑥江戸時代には、1707年に宝永《ほうえい》地震が起こり、その後富士山が噴火し、関東地方へ火山灰が降る被害がもたらされました。⑦江戸時代末期にも、安政地震が発生し、これは［　A　］以前の東京周辺における大きな地震とされます。

そして、⑧明治時代以降も日本各地で巨大地震や火山噴火などが起きており、私たちは、日頃からこれらの災害に対して備えるとともに、これまで人びとが災害に遭遇《そうぐう》したとき、どのように対処したのかを、歴史から学ぶことも大切です。

問１　文中の空欄［　A　］・［　B　］に入る最も適当な語句を、それぞれ答えなさい。

問２　文中の下線部①に関して、大正時代のできごとについて説明した文として正しいものを、次の**ア**～**エ**のうちから１つ選び、記号で答えなさい。

ア　大日本帝国憲法が発布されました。
イ　普通選挙法が定められ、25才以上の男性に選挙権が与えられました。
ウ　財閥解体・農地改革などの民主的な改革が実施されました。
エ　二・二六事件が起こり、陸軍青年将校らが首相官邸などを襲撃しました。

問３　文中の下線部②に関連して、９世紀末（894年）に遣唐使の廃止を提案した人物を答えなさい。

問４　文中の下線部③について説明した文として誤っているものを、次の**ア**～**エ**のうちから１つ選び、記号で答えなさい。

ア　この地方の弥生時代の遺跡として、吉野ケ里遺跡が名高いです。
イ　桓武天皇は坂上田村麻呂を征夷大将軍に任命し、蝦夷《えみし》の平定を命じました。
ウ　源頼朝は、平泉を根拠地とする奥州藤原氏を滅ぼしました。
エ　世界恐慌後、昭和初期の農村では、不景気と凶作により農民の生活はいっそう苦しくなりました。

問５　文中の下線部④に関連して、この都市にある建築物を、次の**ア**～**エ**のうちから１つ選び、記号で答えなさい。

ア

イ

ウ

エ

問６　文中の下線部⑤に関連して、日明貿易で日本が明から輸入したものを、次の**ア**～**エ**のうちから１つ選び、記号で答えなさい。

ア　銅銭　　**イ**　硫黄《いおう》　　**ウ**　漆器《しっき》　　**エ**　刀剣

問７　文中の下線部⑥に関連して、次の各問いに答えなさい。

(1)　この時代の農民の生活やできごと、農業技術に関して説明した文として正しいものを、次の**ア**～**エ**のうちから１つ選び、記号で答えなさい。

ア　農民らは、領主や高利貸しに対して、正長の徳政一揆などを起こしました。
イ　租調庸や防人などの負担がありました。
ウ　備中ぐわ・千歯こき・踏車など農具が改良され、新田開発が進みました。
エ　草木灰が肥料として使用されるようになり、西日本では二毛作が広まりました。

(2)　この時代、享保の改革を行った江戸幕府８代将軍の氏名を答えなさい。

問８　文中の下線部⑦に関連して、1853年、アメリカからペリーが浦賀に来航し開国を迫りました。日本を開国させるアメリカの目的を簡単に説明しなさい。

問９　文中の下線部⑧に関連して、明治時代以降の日本の対外進出について、年代順に正しく並べてあるものを、次の**ア**～**エ**のうちから１つ選び、記号で答えなさい。

ア　日清戦争 → 韓国併合 → 太平洋戦争開始 → 日中戦争開始
イ　韓国併合 → 日清戦争 → 日中戦争開始 → 太平洋戦争開始
ウ　韓国併合 → 太平洋戦争開始 → 日清戦争 → 日中戦争開始
エ　日清戦争 → 韓国併合 → 日中戦争開始 → 太平洋戦争開始

3 次の文章を読んで、後の各問いに答えなさい。

今から約50年前の1973年に石油危機が起こりました。その結果、日本とアメリカ間の①貿易にも大きな影響を与えました。自動車など日本の工業製品の輸出が大幅に増加したため、アメリカの貿易赤字は拡大し、輸出と輸入の不均衡によって起こる問題、貿易［ A ］とよばれる対立がはげしくなりました。これを解消するため1985年、アメリカや日本、イギリスなどは［ B ］にしていくことを決めました。この合意は、会議が開かれたホテルの名をとって、［ C ］合意とよばれます。

現在までの円相場の推移を振り返ると、②2008年ごろに大きく変動した時期がありました。また現在は急激に円安が進んでいます。この要因として、アメリカと日本の金利の差が拡大していることが挙げられます。新型コロナウィルス感染拡大による景気停滞から回復したアメリカでは、③物価が急激に上昇しました。これを抑えるために連邦準備制度理事会（ＦＲＢ）は、数度にわたり金利を引き上げました。これに対して景気回復が遅れる日本では、日本銀行が④景気を回復させるために金利を低くしています。これが、今回の急激な円安を引き起こしている要因となっています。

問１　文中の空欄［ A ］に入る最も適当な語句を答えなさい。

問２　文中の空欄［ B ］に入る最も適当な語句を、次の**ア**～**エ**のうちから１つ選び、記号で答えなさい。

ア　円高ドル高　　**イ**　円高ドル安
ウ　円安ドル高　　**エ**　円安ドル安

問３　文中の空欄［ C ］に入る最も適当な語句を、次の**ア**～**エ**のうちから１つ選び、記号で答えなさい。

ア　プラザ　　**イ**　プリンス　　**ウ**　シティ　　**エ**　メトロポリタン

問４　文中の下線部①に関連して、次の各問いに答えなさい。

(1)　日本とアメリカの間で下記の状況下で貿易が行われた場合、文中の［　X　］・［　Y　］に入る最も適当な数字を答えなさい。

> １ドルが90円から110円となった状況で、アメリカから10ドルの商品を買った場合、１ドルが90円の場合では、［　X　］円の支払いが生じる。それに対して、１ドルが110円の場合は、［　Y　］円の支払いが生じる。

(2)　上記(1)の結果から、輸入をする場合では、円高と円安のどちらが有利になるか答えなさい。

問５　文中の下線部②に関連して、2008年に円相場が大きく円高へと変動しました。その原因と理由を述べた説明として最も適当なものを、次の**ア**～**エ**のうちから１つ選び、記号で答えなさい。

ア　リーマン・ショックの結果、円を売ってドルを買う人が多くなったため。
イ　リーマン・ショックの結果、ドルを売って円を買う人が多くなったため。
ウ　東日本大震災の結果、円を売ってドルを買う人が多くなったため。
エ　東日本大震災の結果、ドルを売って円を買う人が多くなったため。

問６　文中の下線部③に関連して、アフリカにあるジンバブエという国では物の価格が上昇し、お金の価値が下落したことで図１の100兆ジンバブエドルという紙幣が発行されました。このように物の価格が上昇し、お金の価値が下落することをなんというか答えなさい。

【図１】

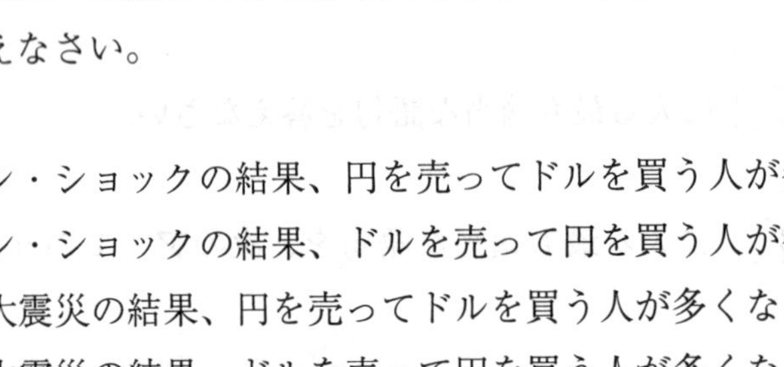

問７　文中の下線部④に関連して、次の図２は景気変動の波を示しています。図中の**A**の時期に起こることとして最も適当なものを、次の**ア**～**エ**のうちから１つ選び、記号で答えなさい。

【図２】

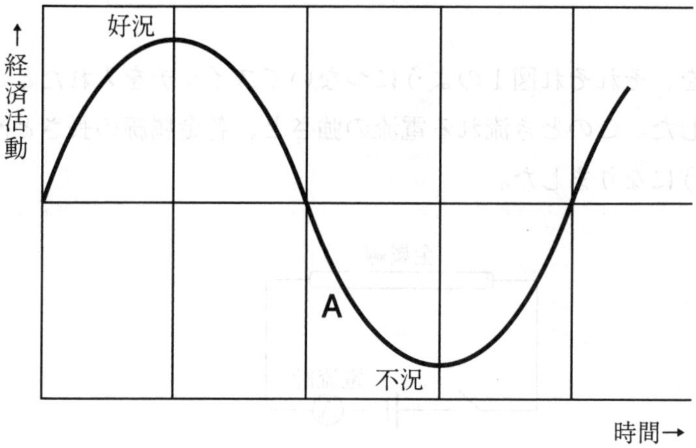

ア　在庫の減少　　　**イ**　失業者の減少

ウ　物価の上昇　　　**エ**　生産の縮小

4　様々な長さや断面積の金属線を用いて、実験１・２を行いました。この実験をもとに、後の問いに答えなさい。ただし、実験１・２で用いる金属線①～⑨は、すべて同じ材質でできているものとします。

【実験１】

金属線①～⑥を、それぞれ図１のようにつないでスイッチを入れたところ、電流計に電流が流れました。このとき流れる電流の強さと、各金属線の長さと断面積をまとめると表１のようになりました。

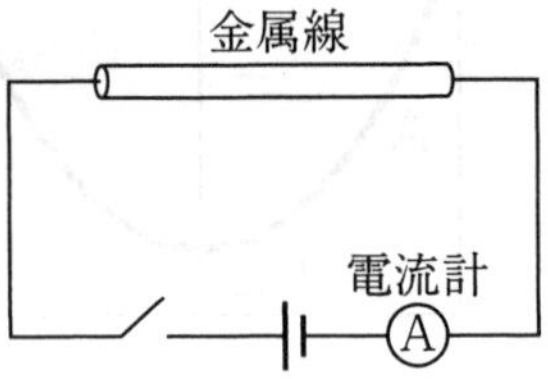

図１

金属線	長さ（cm）	断面積（mm^2）	電流の強さ（mA）
①	120	0.4	240
②	240	0.4	120
③	120	0.8	480
④	600	0.4	（　ア　）
⑤	240	（　イ　）	360
⑥	（　ウ　）	3.2	960

表１

問１　表１の（　ア　）～（　ウ　）に当てはまる数値をそれぞれ答えなさい。

問２　金属線①を端《はし》から長さ60 cmの点で二つ折りにし、断面積を0.8 mm^2 にしたものを、図１のようにつなぐと、電流計に流れる電流の強さは何mAになりますか。

【実験２】

図２、３のように、金属線①、②をつないでからスイッチを入れたところ、電流計に流れた電流の強さはそれぞれ80 mA、360 mAでした。次に、金属線②、⑦～⑨を、図４、５のようにつなぎました。また、各金属線の長さと断面積をまとめると表２のようになりました。ただし、図２～５で用いた電池は、実験１で用いた電池と同じものです。

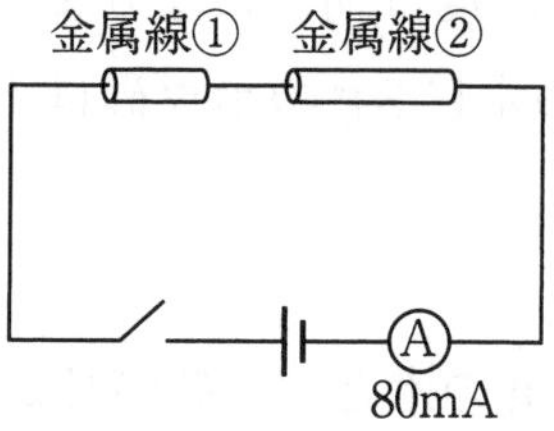

図２

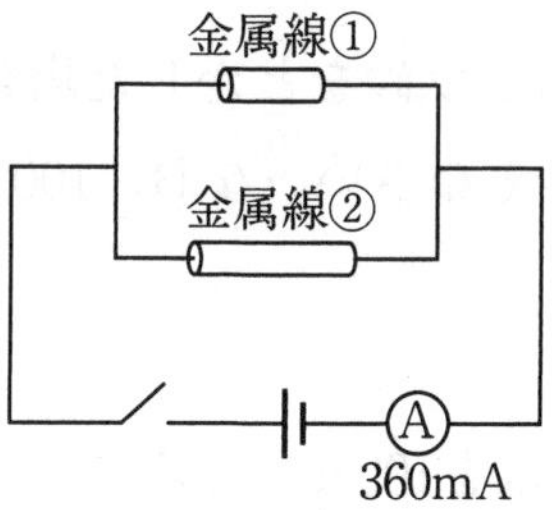

図３

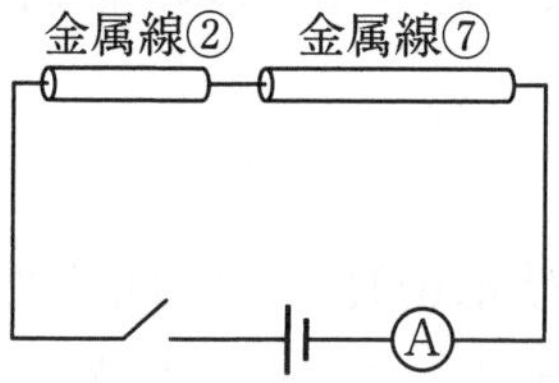

図４

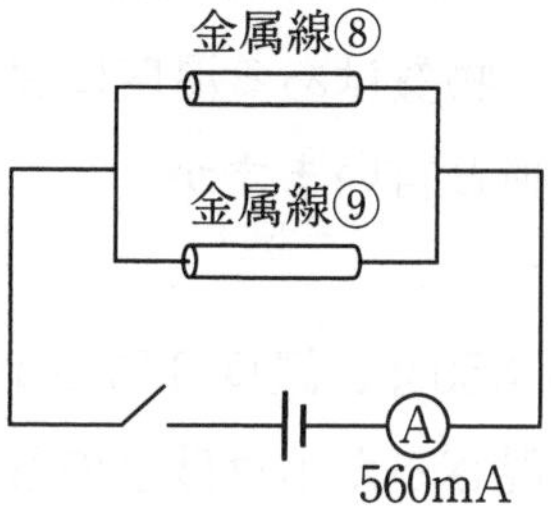

図５

金属線	長さ（cm）	断面積（mm^2）
⑦	480	0.4
⑧	180	0.2
⑨	（　**エ**　）	2.4

表２

問３　図４でスイッチを入れたとき、電流計に流れる電流の強さは何mAですか。

問４　図５でスイッチを入れたとき、電流計に流れた電流の強さは560 mAでした。このことから、表２の（　**エ**　）に当てはまる数値を答えなさい。

5 A問題

Ｎ君は夏休みの自由研究でいろいろなスライムをつくることにしました。インターネットで調べると、スライムづくりには、ホウ砂《しゃ》を水にとかした水よう液（以降ホウ砂水とする）を洗濯《せんたく》のりに入れる必要があることがわかりました。そこでＮ君は何％に調整したホウ砂水がスライムづくりに適しているのかを調べるため、様々な濃度《のうど》のホウ砂水を調整することにしました。次の問いに答えなさい。

問１　100ｇの水に３ｇのホウ砂をとかした場合、濃度は何％になりますか。小数第二位を四捨五入して答えなさい。なお、100ｇの水に３ｇのホウ砂は十分にとける温度とします。

問２　濃度３％のホウ砂水を100ｇつくるには、何ｇの水とホウ砂が必要ですか。

問３　ある質量のホウ砂を100ｇの水にとかしたところ、一部がとけずに残ってしまいました。このように、物質はある温度においてとけきる限度の量が決まっています。とけきる限度の量を何と言いますか。

問４　濃度２％のホウ砂水50ｇ、濃度３％のホウ砂水100ｇ、水70ｇがあやまって混ざってしまいました。混ざったホウ砂水の濃度は何％ですか。小数第二位を四捨五入して答えなさい。

B問題

農大三中の３年生は語学研修でニュージーランドのオークランド（南緯《なんい》37°東経175°）に行きます。次の文章はニュージーランドについて調べてまとめたものです。後の問いに答えなさい。

> ニュージーランドは南半球に位置しているため、太陽は（　　　）。また、埼玉県では見ることができない南十字星を見ることができます。オークランドが位置する北島には火山が多く存在し、１流もん岩や安山岩が見られます。そのため、地熱発電所が多く存在しています。オークランドの西海岸にはラグーンとよばれる２砂州《さす》などによって外海からへだてられた湖のような地形が見られ、海水浴やピクニックにおすすめです。

問１　文章中の（　　）に入る文章として正しいものを次の**ア**～**エ**から選び、記号で答えなさい。

ア　東からのぼり、南の空を通って、西に沈《しず》みます
イ　東からのぼり、北の空を通って、西に沈みます
ウ　西からのぼり、南の空を通って、東に沈みます
エ　西からのぼり、北の空を通って、東に沈みます

問２　１年を通して、ニュージーランドのオークランドでは見られない星座はどれですか。次の**ア**～**エ**から選び、記号で答えなさい。

ア　オリオン座　　**イ**　おうし座　　**ウ**　カシオペア座　　**エ**　わし座

問３　下線部**１**について、どちらの岩石もけんび鏡で観察すると右の図のように小さな粒がつまっている部分が見られます。この部分のでき方について正しいものを次の**ア**～**エ**から選び、記号で答えなさい。

ア　マグマが地下深くでゆっくり冷えて固まってできた
イ　マグマが地下深くで急激に冷えて固まってできた
ウ　マグマが地表付近でゆっくり冷えて固まってできた
エ　マグマが地表付近で急激に冷えて固まってできた

問４　下線部**２**について、砂州のように、海水による土砂の運搬《ぱん》やたい積によってできた地形はどれですか。次の**ア**～**エ**から選び、記号で答えなさい。

ア　海食洞《どう》　　**イ**　陸けい島　　**ウ**　海食がい　　**エ**　海食台

Ｃ問題

植物の光合成に関する次のような実験を行いました。後の問いに答えなさい。

【実験】

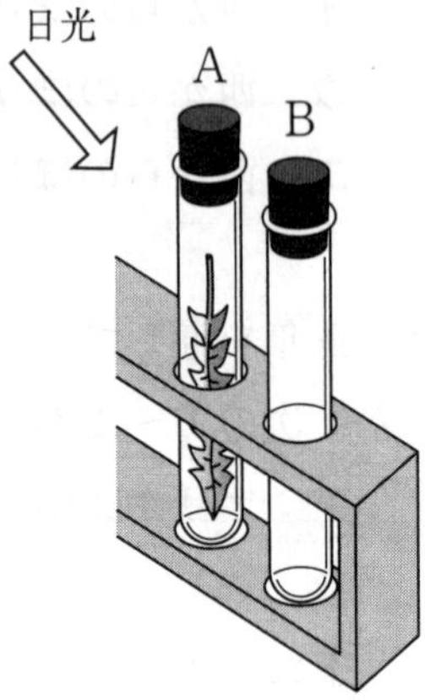

① 右の図のように、とりたてのタンポポの葉を試験管Ａに入れて、ストローで息をじゅうぶんにふきこみゴム栓《せん》をする。試験管Ｂにはなにも入れずに、ストローで息をじゅうぶんにふきこみゴム栓をする。

② 試験管ＡとＢを直射日光に30分ほど当てる。

③ 試験管ＡとＢのゴム栓をそれぞれ開けて、すばやく薬品Ｃを少量加える。

④ 再びゴム栓をして、試験管ＡとＢをよくふる。

【結果】試験管Ａの中の薬品Ｃは、ほとんどにごらず透明《とうめい》であった。
試験管Ｂのほうは白くにごった。

問１ 実験の結果から薬品Ｃは何であると考えられますか。ことばで答えなさい。

問２ 実験②で直射日光を当てた後、試験管Ａの中では、ある気体が少なくなったと考えられます。それは何という気体ですか。ことばで答えなさい。

問３ タンポポの葉は日光を受けて、**問２**の気体とある物質から、デンプンなどの栄養分をつくっています。ある物質とは何ですか。ことばで答えなさい。

問八　――線⑦「現代社会が直面している課題の中で、これまで続けてきた慣習をどう進化させ発展させていくのか。あらゆる伝統行事が抱える課題だと言えよう」とありますが、これについて理解を深めるため二人の生徒が対話している以下のやり取りを読んで、後の各問いに答えなさい。

【二人の生徒の対話】

生徒Ａ　このあとに「おいしい進化はすっと受け入れられても、都合の悪いことは『伝統』にしがみついたりする」とあるのは、文章中の月餅の話だと、「色々な味や形の新しい月餅を作る一方で、大量の贈り合いや過剰包装などを、伝統だからという理由で、「　Ｘ　」ということを言っているのかな。

生徒Ｂ　だから「人間はなかなか身勝手だ」という評価になるのね。「慣れたものへの執着」という言葉からも、問題があってもそうすることに対する批判が感じられるわ。

生徒Ａ　でもやっぱり、ずっとそうしてきたというやり方を批判されるのは簡単に受け入れられないと思うな。

生徒Ｂ　そういう心情を改善の方向に生かすために、伝統的には　Ｙ　だったなどと、環境保護を訴える側の人が説明しているというわけなのね。私も興味深いと思うわ。

(1)　Ｘ　に入る文を、「問題」ということばを必ず用いて答えなさい。

(2)　Ｙ　に入る二つの内容を、文章中のことばで答えなさい。

問五　――線④「伝統も、お金が動くからこそ活気付く」とありますが、ここでの「お金の動き」を正しく説明したものを**二つ**選び、記号で答えなさい。

ア　最近では月餅を家庭で作る人が増えてきて、材料や調理器具などのビジネスチャンスが拡大していること。

イ　何事でも人の縁がものを言う中国で、ビジネスの相手を喜ばせるために高級な月餅を贈り合っていること。

ウ　高単価の月餅を贈り合う中秋節の時期に、企業がさまざまな月餅を販売して利益を得ようとしていること。

エ　食品ロスや過剰包装などの問題を解決しようとする環境意識の高い企業が、月餅商戦に参入し始めたこと。

問六　――線⑤「香港の食品ロスに取り組む団体Food Graceによると、２０２１年には４６４万個の月餅が食べられずに終わったという。香港の人口は、７４０万人だ」とありますが、これはどんなことを伝えようとしているといえますか。最もふさわしいものを次から一つ選び、記号で答えなさい。

ア　香港に住んでいる人々の半分以上が、月餅を食べずに捨ててしまっているということ。

イ　食品ロスを解消するためには、香港の人々が大きな冷凍庫を持つ必要があるということ。

ウ　香港の人口の半数以上の数の月餅が食べきれずに捨てられてしまっているということ。

エ　人口の半分近くの人が月餅を食べれば、食品ロスの問題は解決されるはずだということ。

問七　――線⑥「耳の痛い話だ」とありますが、それはどうしてだと考えられますか。最もふさわしいものを次から一つ選び、記号で答えなさい。

ア　日本の個包装のチョコレート菓子だったら、不要な部分が50パーセントを超えているはずだから。

イ　日本に対しても過剰包装の問題は以前からずっと指摘されているのに、それができてはいないから。

ウ　シンガポールの環境保護団体から日本の過剰包装について指摘されたことを無視し続けているから。

エ　著者も中秋節の月餅の贈り合いでは、個包装したものを箱に入れギフト用バッグで渡しているから。

C「ノスタルジー」
ア　伝統が批判されることを認めてはいけないと思う気持ち。
イ　ルールにしばられるとどうしても反発したくなる気持ち。
ウ　慣れ親しんだ風習にいつまでも頑固にこだわる気持ち。
エ　以前からのやり方をずっと大切にしたいと思う気持ち。

問三　――線②「しかしここで強調したいのは、現代これらの文化圏において『中秋＝月見』では必ずしもないという点だ」とありますが、以前から「現代」にかけてどのように変わったというのですか。「以前～だったが、現代になって～に変わった」ということばを使った形式にして、文章で説明しなさい。

問四　――線③「そう言われると、やたら高単価なのも腑に落ちる」とありますが、これはどういうことですか。最もふさわしいものを次から一つ選び、記号で答えなさい。
ア　ビジネスを成功させる目的のために、値段の高い月餅が売られていることに納得しているということ。
イ　一年でたった一度の機会だからといって、たくさんお金を使っていることにあきれているということ。
ウ　他人との関係を良好に保つために、値段の安い月餅は役に立たないことを指摘しているということ。
エ　イベントを利用して、企業が高級な月餅を売り金もうけをしていることを見通しているということ。

問一　――線①「月餅作りを教えてもらい、はじめて自分で作ってみて、自分の知っている月餅がいかに狭い範囲のものだったかを思い知らされた」とありますが、具体的にどんなことがわかったというのですか。文章にして具体的に説明しなさい。

問二　＝＝線Ａ「日本ナイズされた」、Ｂ「由縁《ゆえん》」、Ｃ「ノスタルジー」の文章中での意味として、最もふさわしいものをそれぞれの語群から一つずつ選び、記号で答えなさい。

Ａ「日本ナイズされた」

ア　日本のすばらしさをたたえた

イ　日本流にアレンジされた

ウ　日本に文化的に支配された

エ　日本の伝統にしばられた

Ｂ「由縁《ゆえん》」

ア　季節

イ　モデル

ウ　産地

エ　関係

セントは不要だという。過剰包装に関しては定評のある日本、⑥耳の痛い話だ。

そんな中、近年各国で過剰な包装を規制する法律やガイドラインが出てきている。中国の工業情報化部が提案した食品パッケージに関する指針では、月餅の梱包は個包装も含めて4層または3層以下にすること、パッケージにかかる費用は販売価格全体の20パーセント以下にすること、など具体的な数字が盛り込まれている。

近年の環境意識の高まりの中で、自然な流れではある。しかし、こういった新しい動きに対しては必ず「伝統」側からの反発があるものだ。その点で、香港の環境保護署のガイドラインは興味深い。簡易包装や再利用可能な素材を選ぶことを促している点は先の中国の指針と同じなのだが、「伝統的なパッケージは金属や紙などリサイクル可能なものだった」「伝統的な包装は1層か2層で十分」など、伝統を引き合いに現状を改めようと示唆《しさ》※7しているのだ。伝統というのはあいまいな言葉で、どの時点を基準にするかによって、話はいかようにも変えられる。「伝統」という言葉に込められた、慣れ親しんだ風習が規制されることへの抵抗とある種のCノスタルジーを、先のガイドラインは時間軸をずらすことで丸め込んでいるのだ。

⑦現代社会が直面している課題の中で、これまで続けてきた慣習をどう進化させ発展させていくのか。あらゆる伝統行事が抱える課題だと言えよう。冰皮月餅のようにおいしい進化はすっと受け入れられても、都合の悪いことは「伝統」にしがみついたりするのだから、人間はなかなか身勝手だ。慣れたものへの執着《しゅうちゃく》が「時代遅れ」にならないよう、気をつけたいものだ。

（岡根谷実里『世界の食卓から社会が見える』による）

※1ペニンシュラホテル…香港に本社があるアジアを代表する最高級ホテル。
※2スターバックス…アメリカ・シアトルで開業した世界最大の喫茶店チェーンのひとつ。
※3ゴディバ…ベルギーに本社を置く世界的に有名なチョコレートの高級ブランド。
※4インターコンチネンタル…イギリスに本部を置く多国籍ホテルグループ。
※5ルイ・ヴィトン…フランスの最高級ファッションブランド。
※6ティファニー…アメリカで創業された世界的に有名な宝飾品などのブランド。
※7示唆…それとなく気づかせること。

ちなみに贈る相手は、想いを寄せる異性ではなくて、お世話になった方やビジネスの取引先。個人間で贈り合うこともあるものの、法人需要がかなりの割合を占めている。ビジネスにおいても、人の縁がものをいう中国。「年に一度の機会に、特別な月餅を大切な取引先に贈ることが、仕事をうまく進めるのに一役買うんだよ」と上海の方が教えてくれた。③そう言われると、やたら高単価なのも腑《ふ》に落ちる。まるで日本のお中元文化のようだ（ちなみに中国文化圏にはお中元を贈り合う文化はない）。

こうして考えてみると、中秋節が家に閉じた年中行事ではなく、ビジネスと結びついたイベントになっていることが、現代社会で衰えることなくますます活況になっている理由といえるように思う。いい月餅を贈ることによる関係構築、メーカーにとっては年に一度の商機。④伝統も、お金が動くからこそ活気付くといえようか。

しかし、進化する伝統の裏で、新たな問題も生じている。

その一つは、食品ロス。大量に贈り合うと、食べきれない月餅も出てくる。近年は小型化しているけれど、世帯も小型化している。一個50グラムだとしても、詰め合わせの一箱を食べ終えるのに数日かかる。さらにそれが数箱数十箱とあるものだから、ビジネスの付き合いの多い人は、食べきれないくらいの月餅を受け取ることになる。上海のビジネスマンは、「ある年は17箱もらった。一箱だいたい6個くらいだから、全部で月餅１００個かな。さすがに食べきれなくて冷凍したよ」と教えてくれた。

冷凍できたらいいけれど、皆が大きな冷凍庫を持っているわけではない。⑤香港の食品ロスに取り組む団体 Food Grace によると、２０２１年には４６４万個の月餅が食べられずに終わったという。香港の人口は、７４０万人だ。

近年は、食べきれない月餅を回収して高齢者施設や生活困窮者に提供する取り組みも行われている。月餅は、日持ちがして高カロリーなので、エネルギー源として優秀だ。

パッケージのゴミ問題もある。贈答品ということもあり、高級路線が広がるにつれてパッケージも手の込んだものになってきている。二段重ねの引き出しタイプ、木箱のものや金箔貼りなど、さすが見た目を重視する中国文化だ。月餅を一個ずつトレーに載せて、ビニールで個包装して、間仕切り付きの箱に入れて、包装し、それをギフト用バッグに入れる。何重にも梱包された月餅は、まるで宝石のようだ。実際、ティファニー[※6]の月餅ボックスは、宝石箱のように付属の鍵で開ける。しかし、どんなに凝ったパッケージでも、ほとんどの場合もらう側の関心は中身であって、パッケージはゴミになる。シンガポールの環境協議会（ＳＥＣ）によると、月餅の包装の40パーところで、月餅にはシーズンがあることをご存じだろうか。月が一年で一番美しく見えるとされる中秋節が、その時期だ。月にB由縁《ゆえん》のある菓子だから、月の餅。日本では月見団子を食べる頃、中国では月餅なのだ。

中秋節は、旧暦8月15日に行われる行事で、中国文化の影響のある地域（中国・台湾・香港・マカオ・ベトナムなど）で祝われる。中国や台湾では法定休日になるくらい重要な日だ。起源は諸説あり、月を観賞する習慣自体は古代中国の頃からあったともされる。

②しかしここで強調したいのは、現代これらの文化圏において「中秋＝月見」では必ずしもないという点だ。確かに月の満ち欠けと関連した行事ではあるのだが、月を観賞することに目的があるかというと必ずしもそうではなく、「満月は円満で縁起がいいし、ちょうど収穫を祝う時期だし」程度で都合よく受け入れられているようだ。とにかくあまりに大きなイベントということもあり、これら地域の人々と話していると「なぜ」ということは特に意識せず、「とにかく月餅を贈り合う時期だよね！」とイベントとして捉えている感が強いように感じる。

そう、月餅がお供えするものではなく人間同士が贈り合うものなのだ。

中秋節の月餅をめぐっては、日本のバレンタインのような熱い商戦が繰り広げられる。月見団子はシンプルで工夫の余地もさしてないが、月餅はこだわりようがいくらでもある。最近はあんも皮も進化が著しく、毎年新しい趣向の月餅が登場して盛り上がりを見せている。

食品企業だけでなく、飲料メーカーやカフェチェーン、有名ホテルや百貨店、それに化粧品や宝石ブランドまで競って新作月餅を売り出す。香港でカスタード月餅を生んだのは[※1]ペニンシュラホテルだし、[※2]スターバックスはコーヒーヘーゼルナッツなどの独自フレーバーで近年人気を集めている。ブランド月餅の中身は多様化・高級化していて、ベリーやコーヒー、さらにはキャビアやフォアグラなども登場しているのだとか。

中身だけでなく外箱も、宝石箱かと思うような凝ったものが登場している。[※3]ゴディバ、ケンタッキーフライドチキン、[※4]インターコンチネンタル、[※5]ルイ・ヴィトンなど、あらゆる業界の思いつく限りのプレイヤーが参入し、月餅商戦は過熱。人気のものは予約必須らしい。この時期にベトナムを訪れたら、デパートに月餅特設売場ができ、日本のバレンタインさながらの賑《にぎ》わいを見せていた。世界での市場規模は20億米ドル以上と試算されている。

三　次の文章を読んで、後の問いに答えなさい。

月餅《げっぺい》は、どうも好きになれなかった。あんぱんを薄皮にして平たく装飾的にしたような中国菓子で、美しくて高級品だ。どこでいつ食べたのかも覚えていないけれど、あんがぎっしりを通り越して重たいし、かなり甘いし油っぽいし、ひと口で十分な食べ物だと思っていた。しかし、①月餅作りを教えてもらい、はじめて自分で作ってみて、自分の知っている月餅がいかに狭い範囲のものだったかを思い知らされた。

教えてくれたのは、香港出身で日本在住のジャニタさん。香港料理の教室をしている。日本で市販されている月餅は、昔からの大きくて重たい月餅（またはA日本ナイズされたふわふわ皮で饅頭《まんじゅう》のような月餅）がほとんどだけれど、本場の月餅はめざましく進化しているのだそう。数種類の月餅を、一緒に作った。

まずは、月餅のあんと皮の生地を別々に作る。一つ分のあんを丸め、皮の生地で包む。それを型に押し込んでひっくり返し、スタンプを押すようにプレスすると、模様付けと整形がされた月餅ができる。取り出すと、美しい絵柄の月餅が出てきて、思わず「おおお」と声が出た。

知っている月餅と違う点は、いくつかある。なんと言ってもまず、小さい。昔ながらの月餅は一個２００グラムほどあって一家で切り分けて食べるものだけれど、彼女の使う月餅の型は50グラム用だ。しかも、家紋のような花形や判読できない漢字模様だけでなく、うさぎやパイナップルなど愛嬌のあるモチーフが登場している。かわいいし、一人で食べ切れるから、この大きさが人気になってきているのだという。

それから、カラフルなバリエーションがある。通常の月餅は、あんぱんのように焼くから茶色に仕上がるけれど、これは大福のような生地で包んで焼かずに仕上げる「冰皮月餅《ビンピーユエビン》」というものだ。日本語では生月餅と呼ばれる。焼かない生地なので、つけた色がそのまま生きる。野菜パウダーを使って皮をピンクや緑に染め、カスタードやココアのあんを包んで型押しすると、ピンクのうさぎや緑のパイナップルができ上がる。カラフルでかわいくて、小ぶりであっさり食べられることから、昔ながらの焼き月餅よりも近年人気が出てきているのだという。

二

次の①〜⑤の各組が類義語の組み合わせに、⑥〜⑩の各組が対義語の組み合わせになるように、□に当てはまる漢字一字をそれぞれ答えなさい。

① 未然＝事□
② 凶作＝□作
③ 特別＝□外
④ 地味＝□素
⑤ 材料＝□料
⑥ 勝利⇔□北
⑦ 利点⇔□点
⑧ □切⇔冷淡
⑨ 立体⇔平□
⑩ 任□⇔強制

2024年度
東京農業大学第三高等学校附属中学校

【国語】〈第一回試験〉（四〇分）〈満点：一〇〇点〉

一　次の各文の——線部のカタカナの語を漢字に直しなさい。

①　今年の夏の暑さはイジョウだった
②　被災地が少しずつフッコウする
③　放課後の校庭をカイホウする
④　現地に行ってチョウサをする
⑤　天然シゲンの豊富な国
⑥　駅のコウナイアナウンス
⑦　父が手作りベントウを作る
⑧　新しいリーダーが国をオサめる
⑨　毛糸のマフラーをアむ
⑩　出発前に荷物をアズける

2024年度
東京農業大学第三高等学校附属中学校 ▶解説と解答

算 数 ＜第１回試験＞（40分）＜満点：100点＞

解 答

1 (1) $\frac{2}{3}$ (2) $\frac{1}{2}$ (3) 202.4 2 (1) 10 (2) 110円 (3) ① 7 ② 28番目 (4) 2033年２月６日 (5) 54度 3 (1) 18分後 (2) 分速50m (3) 分速90m (4) 39分36秒後 4 (1) 25通り (2) ６通り (3) 12通り (4) 16通り 5 (1) $60cm^3$ (2) $720cm^3$ (3) 3600個

解 説

1 四則計算，逆算，単位の計算

(1) $\left(\frac{8}{9}\div\frac{2}{3}\right)-\left(1\frac{2}{3}\times0.4\right)=\frac{8}{9}\times\frac{3}{2}-\frac{5}{3}\times\frac{2}{5}=\frac{4}{3}-\frac{2}{3}=\frac{2}{3}$

(2) $\left(\square\div\frac{1}{2}-\frac{1}{3}\right)\div\frac{1}{6}=4$ より，$\square\div\frac{1}{2}-\frac{1}{3}=4\times\frac{1}{6}=\frac{2}{3}$，$\square\div\frac{1}{2}=\frac{2}{3}+\frac{1}{3}=\frac{3}{3}=1$ よって，$\square=1\times\frac{1}{2}=\frac{1}{2}$

(3) １km＝1000m，１m＝100cmより，0.21km－12.8m＋520cm＝210m－12.8m＋5.2m＝202.4mとなる。

2 約束記号，割合と比，数列，年れい算，角度

(1) 約束にしたがって計算すると，$\langle4\rangle=\frac{4}{2}\times\frac{4}{2}=4$，$\langle3\rangle=\frac{3}{2}\times\frac{3}{2}=\frac{9}{4}$，$\langle8\rangle=\frac{8}{2}\times\frac{8}{2}=16$となるから，$\langle4\rangle\times\langle3\rangle+\langle8\rangle=4\times\frac{9}{4}+16=25$とわかる。よって，$\frac{\square}{2}\times\frac{\square}{2}=25$と表すことができるので，□×□＝25×２×２＝100となる。したがって，100＝10×10より，□＝10と求められる。

(2) ３年前の値段は，$176\times(1-0.125)=176\times\left(1-\frac{1}{8}\right)=176\times\frac{7}{8}=154$（円）だから，６年前の値段は，$154\times\frac{5}{7}=110$（円）と求められる。

(3) ① 16÷４＝４より，左から16番目の数は，４個目の区切りの中の４番目の数とわかる。また，各区切りの中の数は１つずつ大きくなるから，４個目の区切りの数は（５，３，５，７）である。よって，左から16番目の数は７とわかる。 ② 初めて10が現れるのは，（８，６，８，10）となる組の４番目の数である。これは，８－１＝７（個目）の区切りの最後の数なので，左から，４×７＝28（番目）と求められる。

(4) 2024年２月６日のようすをもとに図に表すと下の図１のようになり，2024年３月９日のようすをもとに図に表すと下の図２のようになる。図１の場合，③－①＝②にあたる年れいが，39－７＝32（才）だから，①にあたる年れいは，32÷２＝16（才）となり，このようになるのは，16－７＝９（年後）とわかる。また，図２の場合，②にあたる年れいが，39－８＝31（才）であり，これは２で割り切れないので，条件に合わない。よって，条件に合うのは図１の場合であり，2024＋９＝2033より，これは2033年２月６日と求められる。

図１

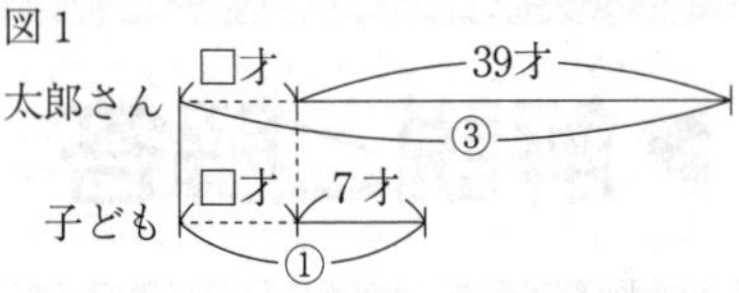

図２

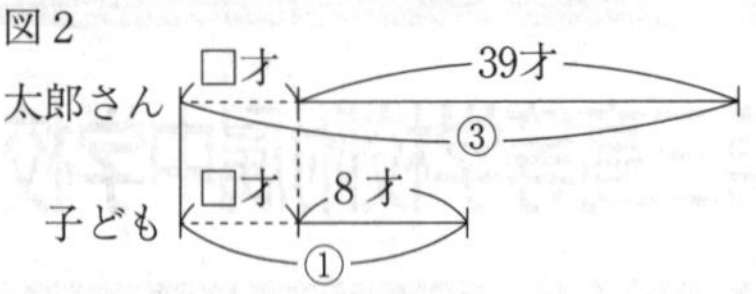

図３

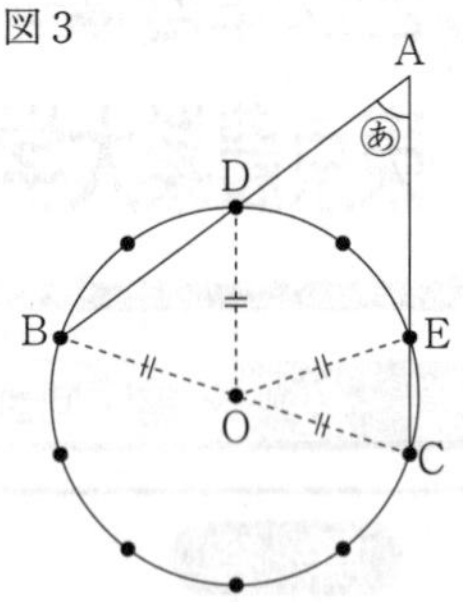

(5)　上の図３で，角BODの大きさは，360÷10×２＝72(度)である。また，同じ印をつけた部分はすべて円の半径で長さが等しいから，三角形ODBは二等辺三角形であり，角DBOの大きさは，(180−72)÷２＝54(度)とわかる。同様に，角EOCの大きさは，360÷10＝36(度)であり，三角形OCEも二等辺三角形なので，角OCEの大きさは，(180−36)÷２＝72(度)となる。よって，角㋐の大きさは，180−(54＋72)＝54(度)と求められる。

3　グラフ—旅人算

(1)　２人の進行のようすをグラフに表すと，右のようになる。よって，兄が妹を追いこすのは，妹が出発してから18分後である。

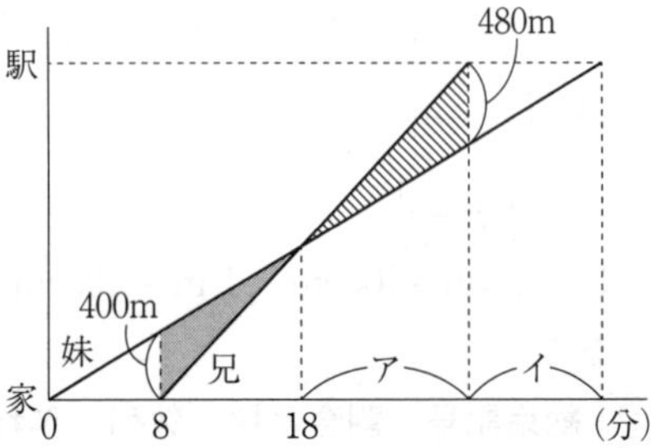

(2)　妹は８分で400m進んだから，妹の速さは分速，400÷８＝50(m)とわかる。

(3)　かげをつけた部分に注目する。この部分で２人の間の距離《きょり》は，18−８＝10(分)で400m縮まったので，２人の速さの差は分速，400÷10＝40(m)とわかる。よって，兄の速さは分速，50＋40＝90(m)と求められる。

(4)　斜線《しゃせん》をつけた部分に注目する。この部分で２人の間の距離は480m広がったから，この部分の時間(ア)は，480÷40＝12(分)とわかる。また，妹が最後の480mを進むのにかかった時間(イ)は，480÷50＝9.6(分)なので，妹が駅に着いたのは出発してから，18＋12＋9.6＝39.6(分後)と求められる。60×0.6＝36(秒)より，これは39分36秒後となる。

4　場合の数

(1)　赤の引き方は５通りあり，どの場合にも青の引き方が５通りずつある。よって，２枚のカードの引き方は全部で，５×５＝25(通り)ある。

(2)　２つの整数の積が奇数《きすう》になるのは，２つの整数がともに奇数の場合である。よって，赤から引いた数として考えられるのは｛1，3，5｝の３通り，青から引いた数として考えられるのは｛7，9｝の２通りだから，２枚のカードの引き方は，３×２＝６(通り)と求められる。

(3)　青から引いた数が６のとき，赤から引いた数として考えられるのは，６の約数である｛1，2，3｝の３通りある。同様にして調べると右のようになるので，全部で，３＋１＋３＋２＋３＝12(通り)とわかる。

青	赤(青の約数)
6	1，2，3
7	1
8	1，2，4
9	1，3
10	1，2，5

(4)　はじめに，青の10を引いた場合は必ず10の倍数になる。このとき，赤の引き方は５通り，緑の

引き方は２通りあるから，青の10を引く場合は，５×２＝10(通り)となる。次に，青の10を引かない場合を求める。このとき，10の倍数になるためには，赤の５を引き，さらに青と緑の中から少なくとも１枚の偶数《ぐうすう》を引く必要がある。青の｛6，7，8，9｝，緑の｛11，12｝の中から１枚ずつ引く方法は全部で，４×２＝８(通り)あり，そのうち２枚とも奇数である引き方は，２×１＝２(通り)あるので，少なくとも１枚は偶数を引く引き方は，８－２＝６(通り)とわかる。よって，10の倍数になる引き方は，10＋６＝16(通り)と求められる。

5 立体図形―体積，構成

(1) たて４cm，横３cm，高さ５cmの直方体だから，体積は，４×３×５＝60(cm^3)である。

(2) 底面の１辺の長さを３cmと４cmの最小公倍数の，３×４＝12(cm)にすればよい。このときにできる直方体は，たて12cm，横12cm，高さ５cmだから，体積は，12×12×５＝720(cm^3)と求められる。

(3) 立方体の１辺の長さを３cmと４cmと５cmの最小公倍数の，３×４×５＝60(cm)にすればよい。このときにできる立方体の体積は，60×60×60＝216000(cm^3)だから，Ａの個数は，216000÷60＝3600(個)となる。

社会・理科 ＜第１回試験＞（40分）＜満点：100点＞

解 答

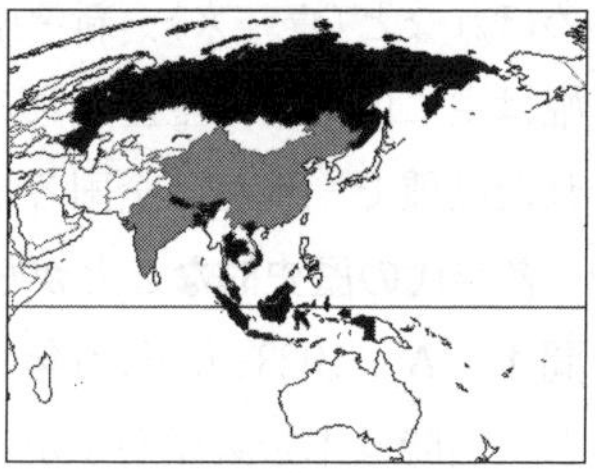

1 **問１** (1) エ (2) 2 **問２** (1) **ア** × **イ** ○ **ウ** ○ **エ** × (2) 右の図 **問３** (1) コメ(稲) (2) ウ (3) ウ (4) ア **2** **問１** **A** 関東大震災 **B** 方丈記 **問２** イ **問３** 菅原道真 **問４** ア **問５** ア **問６** ア **問７** (1) ウ (2) 徳川吉宗 **問８** (例) 燃料や水などの補給地とするため。(捕鯨船の寄港地とするため。) **問９** エ **3** **問１** 摩擦 **問２** イ **問３** ア **問４** (1) **X** 900 **Y** 1100 (2) 円高 **問５** イ **問６** インフレーション(インフレ) **問７** エ **4** **問１** **ア** 48 **イ** 1.2 **ウ** 240 **問２** 960mA **問３** 40mA **問４** 360 **5** **A問題** **問１** 2.9% **問２** **水**…97g **ホウ砂**…３g **問３** 溶解度 **問４** 1.8% **B問題** **問１** イ **問２** ウ **問３** エ **問４** イ **C問題** **問１** 石灰水 **問２** 二酸化炭素 **問３** 水

解 説

1 地図の利用や世界の国々の特徴《とくちょう》などについての問題

問１ (1) 図４は正距《せいきょ》方位図法という方法で作成された地図で，図の中心からの距離《きょり》と方位が正しく表されるが，形や面積は不正確になる。この地図は，よく航空図に利用される(エ…○)。なお，アとイはそれぞれ「図１」と「図２」を入れかえると正しい説明になり，図１はメルカトル図法，図２はモルワイデ図法という方法で作成されている。ウについて，図３は正射図法という方法で作成された地図で，中心から離《はな》れるにしたがってゆがみが大きくなる。また，「地球のミニチュア」

という説明は，地図ではなく地球儀《ぎ》に当てはまる。　(2)　図２のようなモルワイデ図法の地図は，面積が正しく表される。つまり，どのくらいの広さの場所にどれくらいの数がいるのかを正確に表せるので，分布図に適している。

問２　(1)　図５はモルワイデ図法を用いて描《えが》かれた世界地図で，面積は正しく表されるが，距離と方位は不正確となる(ア…×)。なお，中心からの距離と方位が正しいのは，正距方位図法を用いて描かれた地図である。また，地図におけるゾウの分布が２色に分けられているのは，ゾウの種類が２種類あるためと考えられ(イ…○)，一方はインドから東南アジアにかけて，もう一方はサハラ砂漠以南のアフリカ大陸に分布している(ウ…○)。これらの地域の多くは熱帯から亜《あ》熱帯に属しており，これはゾウの生息地域が気候に関係していることを示している(エ…×)。　(2)　図６の10か国のうち，図７で塗《ぬ》られていないのはインドと中国なので，この２か国を塗りつぶせばよい。

問３　(1)　コメ(稲)は主にアジアで主食として栽培《さいばい》されている穀物で，図８にあるように，生産量世界第１位の中国，世界第２位のインドをはじめ，生産量の上位をアジアの国々が占《し》めている。
(2)　コメは暖かい気候を好む作物なので，ウの雨温図の都市のように，夏でも月の平均気温が20度に届かないような冷涼《れいりょう》な地域は栽培に適さない。なお，アはコルカタ(インド)，イは上海《シャンハイ》(中国)，ウはイルクーツク(ロシア)，エは新潟の雨温図。　(3)　フォーはベトナムの料理で，コメ(米粉)からつくった平たい麺《めん》をスープや具材とともに食べる。なお，ア，イ，エは一般《いっぱん》的には小麦を使ってつくる。　(4)　日本では各地でブランド米(銘柄《めいがら》米)と呼ばれる特色のあるコメがつくられており，北海道ではななつぼしなど(ア…○)，秋田県ではあきたこまちなど(イ…×)，宮城県ではひとめぼれなど(ウ…×)，新潟県ではコシヒカリなど(エ…×)がさかんに生産されている。なお，つや姫は主に山形県で生産されるブランド米である。また，コシヒカリは福井県の農業試験場でつくられた品種で，現在は全国各地で生産されている。

2　各時代の歴史的なことがらについての問題

問１　**A**　1923(大正12)年９月１日，関東地方南部を巨大地震が襲《おそ》った。ちょうど昼時だったことと，当時は木造家屋が多かったことから各地で火災が発生し，東京や横浜を中心に大きな被害が出た。この一連の災害を関東大震災という。　**B**　『方丈記《ほうじょうき》』は鴨長明《かものちょうめい》が著した随筆《ずいひつ》で，鎌倉時代前半に成立した。作中では，平安時代末期に相次いだ火事や飢饉《ききん》，大地震などの災いの様子などが記されている。

問２　大正14年にあたる1925年，加藤高明内閣のとき，満25歳以上の男子に選挙権を与《あた》える普通《ふつう》選挙法が公布された(イ…○)。なお，明治22年にあたる1889年，大日本帝国憲法が発布された(ア…×)。昭和20年にあたる1945年に日本が太平洋戦争で敗れると，その後，GHQ(連合国軍最高司令官総司令部)の指導によって財閥《ざいばつ》解体や農地改革などの民主化政策が進められた(ウ…×)。陸軍将校らが二・二六事件を起こしたのは，昭和11年にあたる1936年のことである(エ…×)。

問３　菅原道真《すがわらのみちざね》は平安時代の貴族で，894年に唐(中国)の衰《おとろ》えや航海の危険を理由として遣唐使の中止を提案し，これが受け入れられた。道真は天皇の信任を得て右大臣にまで昇進《しょうしん》したが，左大臣の藤原時平《ときひら》のたくらみによって901年に大宰府《だざいふ》(福岡県)に左遷《させん》され，２年後にその地で亡くなった。

問４　吉野ヶ里遺跡は九州地方の佐賀県にある弥生時代の遺跡で，集落の周りが濠《ほり》や柵《さく》で囲まれた環濠《かんごう》集落の跡《あと》として最大規模のものである。

問５　アは鹿苑寺《ろくおんじ》金閣（金閣寺）で，室町幕府の第３代将軍を務めた足利義満が14世紀末に京都の北山に創建した。現在の建物は，昭和時代に再建されたものである。なお，イは姫路城で兵庫県，ウは東大寺大仏殿で奈良県，エは大仙古墳で大阪府にある。

問６　足利義満は15世紀初めに明（中国）と国交を開き，貿易を始めることにした。日明貿易では，日本から刀剣や硫黄《いおう》，漆器《しっき》などが輸出され，明からは銅銭（明銭）や生糸，絹織物，陶磁器《とうじき》などが輸入された。

問７　⑴　江戸時代には，土を耕すのに用いる備中ぐわや，脱穀用の千歯こき，かんがい用の踏《ふみ》車《ぐるま》といった農具が改良・開発されたことで，農業生産力が向上した（ウ…○）。また，新田開発もさかんに行われた。なお，アは室町時代の様子で，正長の徳政一揆《いっき》は1428年に起こった。イは奈良時代，エは鎌倉時代に当てはまる。　⑵　徳川吉宗は，御三家の１つに数えられる紀伊藩（和歌山県）の藩主から江戸幕府の第８代将軍になると，幕府の財政再建を主な目的として，18世紀前半に享保《きょうほう》の改革と呼ばれる政治改革に取り組んだ。

問８　19世紀中ごろから，アメリカでは太平洋を横断して中国と貿易を行おうという動きが活発になった。また，当時，アメリカは北太平洋でさかんに捕鯨《ほげい》を行っていた。こうした状況《じょうきょう》のもと，日本を開国させ，燃料や食料の補給地，緊急《きんきゅう》時の寄港地として利用しようという意見が強まったことから，ペリーは大統領の国書をたずさえて1853年に浦賀（神奈川県）に来航し，日本に開国を求めたのである。なお，アメリカ大統領の国書では貿易についてもふれられていたが，ペリーは貿易について強引な交渉《こうしょう》は行わなかった。

問９　年代の古い順に，日清戦争（1894～95年）→韓国併合《へいごう》（1910年）→日中戦争開始（1937年）→太平洋戦争開始（1941年）となる。

3　円相場と景気についての問題

問１　２つの国や地域の間で行われる貿易において，一方が輸出超過《ちょうか》，もう一方が輸入超過というバランスの悪い状態が続き，それによって引き起こされるさまざまな問題を，貿易摩擦《まさつ》という。

問２，問３　1980年代には，日本と欧米諸国との間で，日本の輸出超過による貿易摩擦が起こった。このときには為替《かわせ》相場（通貨の交換《こうかん》比率）で円安ドル高の状態が続いており，これが貿易摩擦の要因となった。そこで1985年，アメリカ，イギリス，フランス，西ドイツ，日本の財務大臣と中央銀行総裁がニューヨーク（アメリカ）のプラザホテルで会議を行い，為替相場を円高ドル安へと調整することで合意に至った。この合意は，会議が行われたホテルの名をとってプラザ合意と呼ばれている。

問４　⑴，⑵　１ドルが90円のときにアメリカから10ドルの商品を買うと，支払《しはら》いは900円になる。１ドルが110円のときにアメリカから10ドルの商品を買うと，支払いは1100円になる。１ドルが90円から110円になったということは，円の価値が下がったために１ドルに対して支払う円の額が多くなったということで，これを円安ドル高という。この場合，１ドルのものを売って得られる円の額は増えるので，輸出が有利になる。一方，１ドルのものを買うために支払う円の額も増えるので，輸入は不利になる。逆に，円高ドル安のときには輸出が不利，輸入が有利となる。

問５　ドルを売って円を買う動きが強まると，人々の間にはドルがたくさんある一方で，円が少ないという状況が生まれる。そのため，ドルの価値が下がって円の価値が上がるという円高ドル安の状態になる。2008年にはアメリカからリーマンショックと呼ばれる経済・金融《きんゆう》危機が世界的に広がり，急激に円高ドル安が進んだ（イ…○）。なお，東日本大震災は2011年に発生した。

問６　物価が上昇したことによって多くのお金(貨幣《かへい》)が出回ると，貨幣の価値が下がってしまい，結果としてさらなる物価上昇を招くことになる。このように，貨幣の価値が下がって物価が上昇するような状態をインフレーション(インフレ)という。なお，逆の状態はデフレーション(デフレ)と呼ばれる。

問７　Ａの時期は，好況から不況へと景気が移行していく時期にあたる。一般的に，不況のときには企業の売り上げが落ちて在庫が増えるため(ア…×)，生産が縮小される(エ…○)。また，失業や倒産が増えたり(イ…×)，物価が下がったりする(ウ…×)。一方，好況のときには逆の現象が起こる。

4 電流のはたらきについての問題

問１　金属線①と金属線②の結果から，金属線の断面積が等しいとき，長さが２倍になると電流の強さは$\frac{1}{2}$倍になるとわかる。よって，金属線①と比べると，アに当てはまるのは，$240\times\frac{120}{600}=48$(mA)になる。次に，金属線①と金属線③の結果から，金属線の長さが等しいとき，断面積が２倍になると電流の強さは２倍になるとわかる。したがって，金属線②と比べると，イに当てはまるのは，$0.4\times\frac{360}{120}=1.2$(mm^2)となる。また，金属線②より，長さを240cm，断面積を3.2mm^{2}にしたとき，流れる電流の大きさは，$120\times\frac{3.2}{0.4}=960$(mA)になるので，ウは金属線②の長さと同じ240cmになる。

問２　金属線の長さは半分になるから流れる電流の大きさは２倍になり，断面積は２倍になるので流れる電流は，さらに２倍になる。よって，電流計に流れる電流の大きさは，$240\times2\times2=960$(mA)である。

問３　図２で，金属線①と金属線②の断面積は等しく，２本の金属線の長さの和が金属線①の，$(120+240)\div120=3$(倍)になって，電流は，$80\div240=\frac{1}{3}$(倍)になっていることがわかる。これより，図４では，金属線②と金属線⑦の断面積が同じ0.4mm^{2}だから，断面積が0.4mm^{2}で長さが，$240+480=720$(cm)の金属線をつないだものと同じになる。よって，電流計に流れる電流の大きさは，$120\times\frac{240}{720}=40$(mA)になる。

問４　図３で，電流計には金属線①と金属線②に流れる電流の大きさの和の電流が流れるとわかる。金属線⑧は，金属線の長さが金属線①の，$\frac{180}{120}=\frac{3}{2}$(倍)，断面積が，$\frac{0.2}{0.4}=\frac{1}{2}$(倍)だから，金属線⑧を流れる電流の大きさは，$240\times\frac{2}{3}\times\frac{1}{2}=80$(mA)となる。よって，金属線⑨を流れる電流の大きさは，$560-80=480$(mA)で，図１で金属線③を流れる電流と同じになる。したがって，金属線⑨の長さは，$120\times\frac{2.4}{0.8}=360$(cm)と求められる。

5 溶解《ようかい》度，研修での考察，光合成についての問題

Ａ問題　問１　濃度《のうど》は，(濃度)＝(とけているものの重さ)÷(水溶液全体の重さ)×100で求められる。よって，$3\div(100+3)\times100=2.91\cdots$より，2.9％である。

問２　濃度３％のホウ砂《しゃ》水100ｇにふくまれているホウ砂は，$100\times0.03=3$(ｇ)だから，水は，$100-3=97$(ｇ)必要となる。

問３　ある温度において，一定量の水にとけきる物質の限度の量を溶解度という。

問４　濃度２％のホウ砂水50ｇにとけているホウ砂は，$50\times2\div100=1$(ｇ)なので，混ざったホウ砂水の濃度は，$(1+3)\div(50+100+70)\times100=1.81\cdots$より，1.8％となる。

Ｂ問題　問１　地球は西から東に自転しているので，地球上のどこでも太陽は東からのぼり，西に沈《しず》む。また，北半球では太陽は南の空を通るが，南半球では北の空を通る。

問２　地球は球形をしているので，地平線より下の空を見ることができない。このため，赤道付近ではすべての星座を見ることができるが，オークランド（南緯《なんい》36度）では天の北極（北極星）周辺の星は見ることができない。したがって，カシオペア座は見られない。

問３　流もん岩や安山岩は，マグマが地表付近で急激に冷えて固まってできた火山岩で，結晶《けっしょう》があまり発達しない。よって，けんび鏡で観察すると，小さな粒《つぶ》がつまっている部分が見られる。

問４　沿岸に島があると，島と陸地の間では海水の流れがゆるやかになり，砂がたい積しやすくなる。このとき，長い年月をかけて陸地と島の間に砂がたい積して，陸続きになった島を陸けい島とよぶ。なお，海食洞《どう》，海食がい，海食台はいずれも海水のしん食によってできた地形である。

C問題　問１，問２　試験管Ａでは，直射日光が当たっているので，タンポポは呼吸より光合成をさかんに行う。このため，ストローでふきこんだ息にふくまれていた二酸化炭素が吸収され，二酸化炭素が減少する。試験管Ｂでは二酸化炭素はそのまま残っている。また，二酸化炭素がとけている水溶液に石灰水を加えると，水溶液は白くにごる。よって，石灰水を加えたとき，試験管Ａではほとんどにごらず，試験管Ｂでは白くにごったと考えられる。

問３　植物は日光を受けて，二酸化炭素と水からデンプンなどの栄養分と酸素をつくり出す。植物のこのようなはたらきを光合成という。

国　語　＜第１回試験＞（40分）＜満点：100点＞

解　答

一　下記を参照のこと。　　二　①（事）前　②　不（作）　③　例（外）　④　質（素）　⑤　原（料）　⑥　敗（北）　⑦　欠（点）　⑧　親（切）　⑨（平）面　⑩（任）意

三　**問１**　（例）　自分の知っている月餅とちがって，小さく，かわいい図柄がついていてカラフルな，あっさりして食べやすいものであるということ。　**問２**　**Ａ**　イ　**Ｂ**　エ　**Ｃ**　エ　**問３**　（例）　以前，月を観賞する（月の満ち欠けと関係した）行事だったが，現代になって月餅を贈り合うイベントに変わった。　**問４**　ア　**問５**　イ，ウ　**問６**　ウ　**問７**　イ　**問８**　(1)　（例）　問題があってもそれまでのやり方を続けてきた　(2)　**１点目**…（例）　パッケージはリサイクル可能なもの　**２点目**…（例）　包装は１層か２層で十分

●漢字の書き取り

一　①　異常　②　復興　③　開放　④　調査　⑤　資源　⑥　構内　⑦　弁当　⑧　治（める）　⑨　編（む）　⑩　預（ける）

解　説

一　漢字の書き取り

①　普通ではないこと。　②　一度おとろえたものが，再びもとのようにさかんになること。　③　制限をなくして，誰でも自由に出入りし，使えるようにすること。窓や戸などを開けたままにすること。　④　ものごとの実際のようすを明らかにするために調べること。　⑤　人間の生活や産業に利用できるもの。　⑥　建物や施設《しせつ》の敷地《しきち》内。塀《へい》などで囲まれた内側。　⑦　外出

した先で食べられるように，容器などに入れて持ち歩く食べ物。　⑧　音読みは「ジ」「チ」で，「政治」「治水」などの熟語がある。訓読みにはほかに「なお(る)」「なお(す)」がある。　⑨　音読みは「ヘン」で，「編集」などの熟語がある。　⑩　音読みは「ヨ」で，「預金」などの熟語がある。

二　類義語・対義語の完成

①「未然」「事前」は，あるできごとが起こる前であること。　②「凶作」「不作」は，農作物のできがよくないこと。　③「特別」「例外」は，普通とはちがっていること。原則にあてはまらないこと。　④「地味」「質素」は，はなやかさがなく目立たないこと。ひかえめでかざらないこと。　⑤「材料」「原料」は，物をつくるとき，もととして使われるもの。　⑥「勝利」は，戦いに勝つこと。対義語は，負けることを意味する「敗北」。　⑦「利点」は，有利な点や長所，得なところ。対義語は，不十分な点や短所，足りないところを意味する「欠点」。　⑧「冷淡」は，無関心で思いやりがないこと。対義語は，思いやりがあって優しいことを意味する「親切」。　⑨「立体」は，高さや厚みなど空間的な広がりがあり，面で囲まれているもの。対義語は，表面が平らであることを意味する「平面」。　⑩「強制」は，その人の意思に反して，無理にさせること。対義語は，心のままに，自由な判断にまかせることを意味する「任意」。

三　出典：岡根谷実里《おかねやみさと》『世界の食卓《しょくたく》から社会が見える』。世界各地の家庭に滞在《たいざい》したり，日本在住の外国人のもとをおとずれたりして，一緒に料理をして食卓を囲むことで，筆者が感じた疑問や文化のちがい，それぞれの社会がかかえる問題について述べている。

問１　月餅《げっぺい》をはじめて自分でつくった筆者は，それがいくつかの点で「知っている月餅と違う」ことを発見している。ぼう線①の三，四段落後にあるように，今，本場では，小さく，かわいい図柄《ずがら》がついてカラフルで，あっさりしていて食べやすい月餅が人気で，筆者の知っている，「あんがぎっしりを通り越して重たいし，かなり甘いし油っぽい」月餅とは別物だったのである。これをもとに，「自分の知っている月餅が，あんが詰《つ》まっていて重いうえ，かなり甘く油っぽいものであったということ」のようにまとめる。

問２　**A**「ナイズ」は，名詞の後に付けて“それと同じようになる”という意味の言葉をつくる語なので，「日本ナイズ」とは“日本的になる”という意味である。よって，イが合う。　**B**「由《ゆ》縁《えん》」は，ものごとの由来やゆかりのことなので，エがふさわしい。　**C**「ノスタルジー」は，過ぎ去った時代などをなつかしむ気持ちのこと。よって，エが選べる。

問３　ぼう線②と同じ段落で，以前は「中秋＝月見」であり，中秋は「月を観賞すること」を目的とした，「月の満ち欠けと関連した行事」だったが，現代では，「とにかく月餅を贈《おく》り合う」イベントとしてとらえている人が増えてきていると述べられているので，この部分を指示にしたがってまとめるとよい。

問４　「腑《ふ》に落ちる」は，“納得する”という意味。ぼう線③の「そう言われると」の「そう」は，「上海の方」が教えてくれた「年に一度の機会に，特別な月餅を大切な取引先に贈ることが，仕事をうまく進めるのに一役買う」ということをさすので，「人間同士が贈り合うもの」となった月餅が「やたら高単価」であることに納得がいく理由を前から探す。同じ段落に，「多様化・高級化」している月餅は，「法人需要《じゅよう》がかなりの割合を占《し》め」，ビジネスを成功させる目的で使われていると書かれている。よって，アが選べる。

問５　前の部分にあるとおり，「ビジネスにおいても，人の縁《えん》がものをいう中国」や中国文化圏《ぶんかけん》では，人々は，取引先に高価な月餅を贈ることで関係を構築しようとし，月餅を販売《はんばい》するメーカーは，高単価の月餅を贈り合う中秋節の時期にさまざまな商品を売り出し，利益を得ようとする。これによって，中秋節が現代社会でも「ますます活況《かっきょう》になっている」のだから，イとウが合う。

問６　前の部分で，人々が多くの月餅を贈り合う結果，大量の「食品ロス」が生まれることが「新たな問題」として指摘《してき》されている。筆者は，ぼう線⑤の直前で，「皆《みな》が大きな冷凍庫《れいとうこ》を持っているわけではない」ため，食べきれずに捨てられる月餅もあることを示し，香港の人口の半分以上にもあたるほど多くの月餅が捨てられたことを伝えようとしている。よって，ウがふさわしい。

問７　「耳が痛い」は，“自分の悪い点や弱点を言われて聞くのがつらい”という意味。筆者によれば，贈答品《ぞうとうひん》の高価な月餅は「パッケージも手の込《こ》んだものになってきている」が，「月餅の包装の40パーセントは不要だ」とされ，中国文化圏における月餅の過剰《かじょう》包装は，「ゴミ問題」につながっている。日本でも，過剰包装については以前から問題になっているが，解決できたとはいいがたいのだから，イが選べる。

問８　⑴　生徒Ａの発言を受けて，生徒Ｂは，筆者の「『慣れたものへの執着《しゅうちゃく》』という言葉からも，問題があってもそうすることに対する批判《ひはん》が感じられる」と言っているので，Ｘには，「問題だとはわかっていても，それまでのやり方を続けてきた」といった内容が入る。　⑵　Ｙには，「ずっとそうしてきた」からと，過剰包装を改めることに抵抗《ていこう》を感じる人々もいるが，彼らが受け入れやすいよう，環境《かんきょう》に配慮《はいりょ》した「伝統的な」やり方を説明する内容が入る。最後から二番目の段落に，「香港の環境保護署のガイドライン」では，「伝統的なパッケージは金属や紙などリサイクル可能なものだった」し，「伝統的な包装は１層か２層で十分」だったと説明されているとあるので，これらの部分を整理して書けばよい。

Dr.福井の

入試に勝つ！脳とからだのウルトラ科学

記憶に残る“ウロ覚え勉強法”とは？

人間の脳には，ミスしたところが記憶に残りやすい性質がある。順調にいっているときの記憶はあまり残らないが，まちがえて「しまった！」と思うと，その部分がよく記憶されるんだ(これは，脳のヘントウタイという部分の働きによる)。その証拠に，おそらくキミたちも「あの問題を解けたから点数がよかった」ことよりも，「あの問題をまちがえたから点数が悪かった」ことのほうをよく覚えているんじゃないかな？

この脳のしくみを利用したのが“ウロ覚え勉強法”だ。もっと細かく紹介すると，テキストの内容を一生懸命覚え，知識を万全にしてから問題に取り組むのではなく，テキストにざっと目を通した程度(つまりウロ覚えの状態)で問題に取りかかる。もちろんかなりまちがえると思うが，それを気にすることはない。まちがえた部分はよく記憶に残るのだから……。言いかえると，まちがえながら知識量を増やしていくのが“ウロ覚え勉強法”なのである。

ここで，ポイントが２つある。１つは，ヘントウタイを働かせて記憶力を上げるために，まちがえたときは「あ〜っ！」とわざとらしく驚くこと。オーバーすぎるかな……と思うぐらいでちょうどよい。

もう１つのポイントは，まちがえたところをそのままにせず，ここできちんと見直すこと(残念ながら，驚くだけでは覚えられない)。問題の解説を読んで理解するのはもちろんだが，必ずテキストから見直すようにする。そうすれば，記憶力が上がったところで足りない知識をしっかり身につけられるし，さらにその部分がどのように出題されるかもわかってくる。頭の中の知識を実戦で役立てられるようにするわけだ。

Dr.福井(福井一成《ふくいかずしげ》)…医学博士。開成中・高から東大・文Ⅱに入学後，再受験して翌年東大・理Ⅲに合格。同大医学部卒。さまざまな勉強法や脳科学に関する著書多数。

2024年度 東京農業大学第三高等学校附属中学校

【総合理科】〈総合理科入試〉(60分)〈満点：120点〉

1　人の輸送を主な目的としたエレベーターの定員と積載量《せきさいりょう》の上限が、法によってどのように決まっているのかを調べたところ、エレベーターのかごの床面積《ゆかめんせき》に応じて計算されていることが分かりました。その計算式をまとめると、表になりました。表と各問いの説明文をもとに法によって決められた、積載量の上限や定員の人数の上限についての後の問いに答えなさい。

	エレベーターのかごの床面積(m^2)	積載量の上限(kg)
①	0 〜1.5	(かごの床面積×3600)÷9.8
②	1.5〜 3	{(かごの床面積−1.5)×4900+5400}÷9.8
③	3 〜	{(かごの床面積−3.0)×5900+13000}÷9.8

表　建築基準法施行令《しこうれい》第129条よりまとめた表

農大三中のエレベーターのかごの大きさを調べると、図1のようになりました。

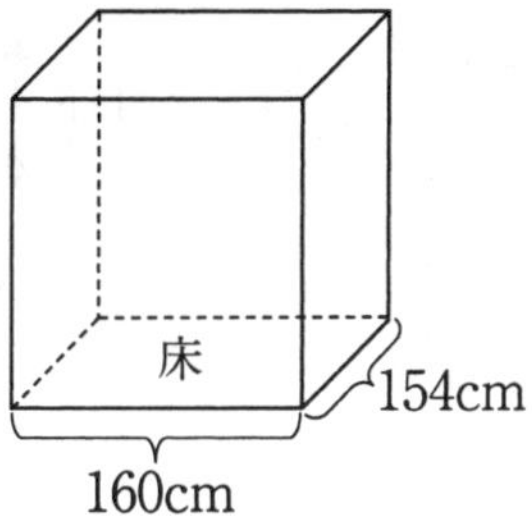

図1

問1　図1のエレベーターの積載量の上限を計算するには、表の①〜③のどの計算式を用いればよいですか。

問2　**問1**で答えた計算式をもとに、図1のエレベーターの積載量の上限を計算するといくらになりますか。小数第一位を四捨五入《ししゃごにゅう》し整数で答えなさい。

問3　日本でのエレベーターの定員の人数の上限は、積載量の上限を65 kgで割《わ》り、小数点以下を切り捨《す》てた値を用いていることが分かりました。図1のエレベーターの定員の上限は何人になりますか。

問4　１人あたり30 kgの荷物を持ち、法によって決められた積載量を超《こ》えないようにエレベーターに乗ると、図１のエレベーターには何人まで乗ることができますか。ただし、１人あたりの体重を65 kgとします。

エレベーターの構造を模式図《もしきず》で簡単《かんたん》に示すと図２のようになります。エレベーターが上下する最上部に滑車《かっしゃ》があり、そこにかけたロープの両端《りょうたん》に、人が乗るかごとつり合いおもりが取り付けられています。そして滑車を巻上機《まきあげき》のモーターで回すことで、エレベーターが上下に動くことができるようになります。図３のようにつり合いおもりがなく直接かごを持ち上げるよりも、図２のようにかごの反対側につり合いおもりを取り付けて、かごを上下に動かす方が小さい力でエレベーターを動かすことが出来ます。

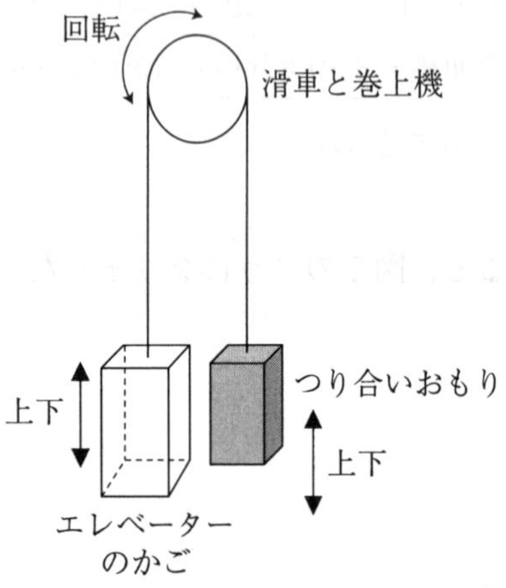

図２

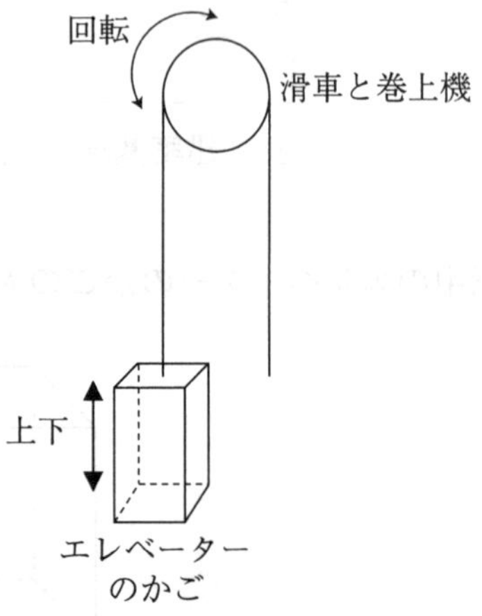

図３

つり合いおもりの重量がどのように決められているのかを調べると、「かごの重量＋定員の人数の上限の半分の重量」でつり合うように設計されていることが分かりました。

問5　図２のエレベーターの定員の人数の上限が６人のエレベーターのとき、次の問いに答えなさい。ただし、かごの重量を1000 kg、１人あたり65 kgとします。

①　つり合いおもりは何kgになりますか。

②　エレベーターのかごを上下に動かす力が最も小さいのは、エレベーターに何人乗ったときですか。

エレベーターのかごと中に乗っている人を、高いところに持ち上げるには、巻上機によりロープがエレベーターを引っ張る力が必要です。その力によりエレベーターが高いところに上がって動くと、その力は仕事をしたということになります。仕事の量を表す単位はJ（ジュール）を用います。仕事の量は、「力の大きさ×力の向きに動いた距離《きょり》」をもとに計算出来ますが、この後の問いでは図4に示した図より、「100g の物体を同じ速さでゆっくり1m持ち上げたときに加えた力がする仕事の量を1J」として計算することにします。

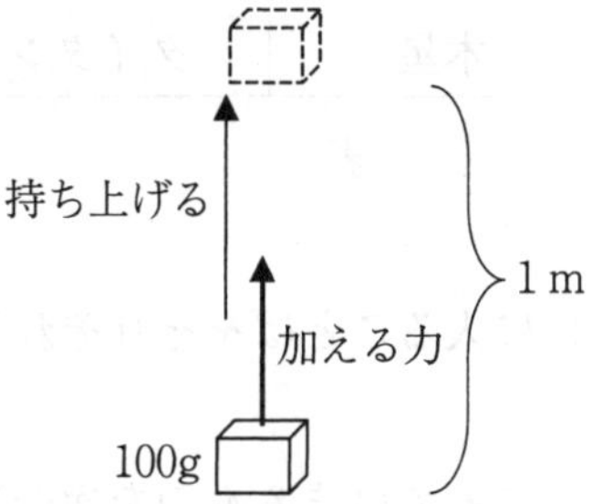

図4

問6　1kgの物体を同じ速さでゆっくり1m持ち上げたときに加えた力がした仕事は何Jですか。

問7　1000kgのかごを同じ速さでゆっくり1m持ち上げたときに加えた力がした仕事は何Jですか。

問8　1000kgのかごのエレベーターに65kgの人が6人乗っています。全体を同じ速さでゆっくり300m上昇《じょうしょう》させたときに加えた力がした仕事は何Jですか。

2　**A問題**

次の表は、いろいろな星の種類についてまとめたものです。表をもとに、後の問いに答えなさい。

星の種類	A	B	C	D
	（　①　）	（　②　）	（　③　）	すい星
代表的な星	アンタレス （　あ　） デネブ	水星 （　い　） 木星	フォボス （　う　） タイタン	ヘールボップすい星 （　え　）すい星 エンケすい星

表

問1　表の（　①　）～（　③　）に入ることばをそれぞれ答えなさい。

問2　表の（　あ　）と（　う　）にあてはまるものを次の**ア**～**エ**からそれぞれ選び、記号で答えなさい。

ア　海王星　　**イ**　ハレー　　**ウ**　エウロパ　　**エ**　ベテルギウス

問3　次の図1、2は、ある星のようすを表したものです。図1、2の星は、表の**A**～**D**のどれにあてはまりますか。表の**A**～**D**から選び、記号で答えなさい。

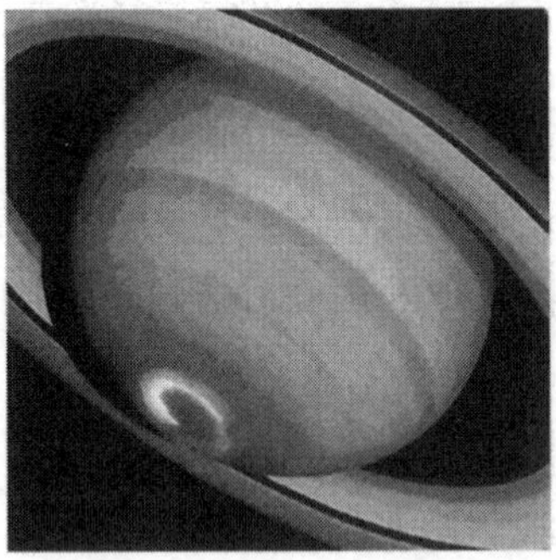

図1

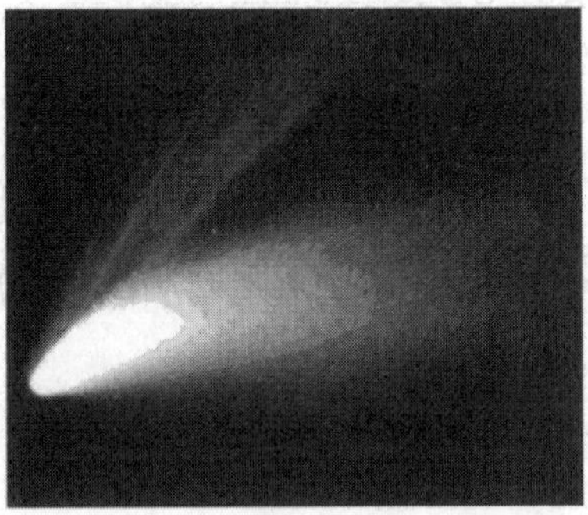

図2

問4　地球や木星などの周りを回っていて、他の星が発する光を反射《はんしゃ》して光っている星を表の**A**～**D**から選び、記号で答えなさい。

問5　自ら光を発する星を表の**A**～**C**から選び、記号で答えなさい。

B問題

下の表は、太陽と太陽系の惑星《わくせい》の各特徴をまとめたものです。後の問いに答えなさい。なお、直径、質量、体積、太陽からの距離、公転周期は地球を1.00としたときの相対《そうたい》値《ち》、平均密《へいきんみつ》度《ど》は天体を構成する物質1 cm^3あたりの質量（g）を示しています。

天体の名前	直径	質量	体積	平均密度	太陽からの距離	公転周期
太陽	109.08	332946	1302000	1.41	—	—
水星	0.38	0.06	0.06	5.43	0.39	0.24
金星	0.95	0.82	0.86	5.24	0.72	0.62
地球	1.00	1.00	1.00	5.51	1.00	1.00
火星	0.53	0.11	0.15	3.93	1.52	1.88
木星	11.21	317.83	1321	1.33	5.20	11.86
土星	9.45	95.16	764	0.69	9.55	29.46
天王星	4.01	14.54	63	1.27	19.22	84.02
海王星	3.88	17.15	58	1.64	30.11	164.77

表

問1　地球の直径を12756 kmとしたとき、金星の直径（km）を求めなさい。

問2　下図は地球の模式図です。火星を表している図を次の**ア**～**エ**の中から選び、記号で答えなさい。なお、地球の図と**ア**～**エ**の図は同じ縮尺《しゅくしゃく》で表しています。

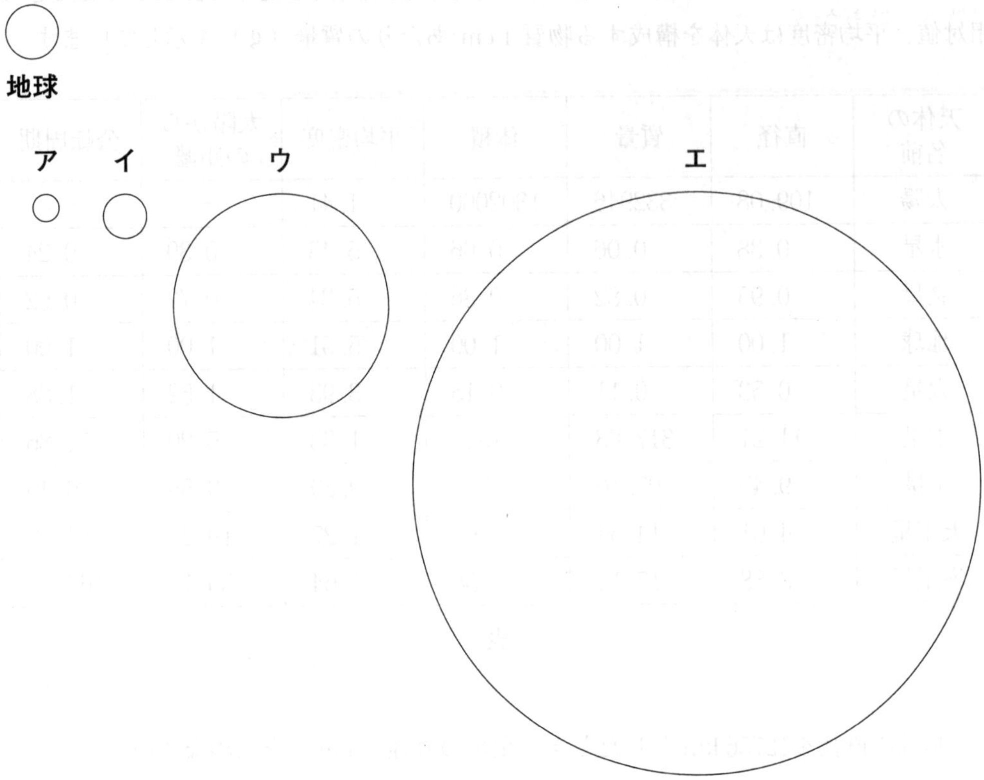

問3　太陽の質量は全惑星の質量の合計の何倍になりますか。小数第一位を四捨五入し整数で答えなさい。

問4　火星が７周公転した時点で、木星は何周公転していますか。小数点以下を切り捨てて、整数で答えなさい。

問5　太陽系の惑星の中で、主に岩石と金属でできている惑星をすべて選び、名前で答えなさい。

問6　太陽系の惑星の中で水に浮《う》くことができる惑星を選び、名前で答えなさい。

問7　太陽からの距離と公転周期にはどのような関係がありますか。説明しなさい。

3 **A問題**

生物は共通する性質が多いほど近い関係にあると考えられているため、性質を比較《ひかく》していくことにより、進化の道すじが見えてきます。植物の場合、比較する性質の例としてあげられるのは根・茎《くき》・葉の区別があるかないかで、コケ植物は根・茎・葉の区別がなく、シダ植物にはそれらの区別があります。植物①～④の様々な性質を比較した結果、表1のようになりました。また、動物でも同じことが言え、動物⑤～⑩の様々な性質を比較した結果、表2のようになりました。表の○はその性質を持っていること、×は持っていないことを表しています。なお、動物⑩の体表はウロコでおおわれています。後の問いに答えなさい。

性質＼植物	植物①	植物②	植物③	植物④
根・茎・葉の区別がある	○	○	○	×
はいしゅが裸《はだか》ではなく子房に包まれている	○	×	×	×
葉緑体を持つ	○	○	○	○
種子をつくる	○	○	×	×

表1

性質＼動物	動物⑤	動物⑥	動物⑦	動物⑧	動物⑨	動物⑩
背骨を持つ	×	○	○	○	○	○
全ての時期で肺呼吸をする	×	○	○	×	○	×
胎生である	×	×	×	×	○	×
体温は環境の影響を受けない	×	○	×	×	○	×

表2

問1　表1の植物①、③に当てはまる植物を、次の**ア**～**エ**から選び、記号で答えなさい。

ア　イヌワラビ　　**イ**　タンポポ　　**ウ**　スギゴケ　　**エ**　アカマツ

問2　植物①～③が植物④から進化したと考えたとき、植物①～③を進化した順に並べなさい。

問3　表2の動物⑤、⑩に当てはまる動物を、次の**ア**～**カ**から選び、記号で答えなさい。

ア　イルカ　　**イ**　ヤモリ　　**ウ**　イモリ

エ　ハト　　**オ**　イカ　　**カ**　ヒラメ

問4　動物⑥～⑧が動物⑩から進化したと考えたとき、動物⑥～⑧を進化した順に並べなさい。

B問題

地球は誕生《たんじょう》してから約46億年が経過しているといわれています。その地球の歴史の中で生物が誕生し、連続した進化を経《へ》て現在の姿になっています。表１は、地球誕生から現在までの生物界の移り変わりを表したもので、①～⑬はその時期に起こったと考えられている出来事です。例えば、⑥の出来事は2.5億年前から2.0億年前の間に起こったと考えられます。また、年数はおおよその数を表しています。後の問いに答えなさい。

年数(年前)	生物界の移り変わり
	① ヒトが出現し、繁栄《はんえい》する。昆虫類が繁栄する。
260万	② 人類（猿人）が出現する。被子《ひし》植物が繁栄する。
2300万	③ ほ乳類《にゅうるい》が繁栄する。被子植物が繁栄する。
6600万	④ 大型は虫類（恐竜など）・アンモナイトが絶滅《ぜつめつ》する。 被子植物が出現する。
1.4億	⑤ 大型は虫類（恐竜など）・アンモナイト・裸子《らし》植物が繁栄する。 鳥類が出現する。
2.0億	⑥ は虫類が発展する。ほ乳類が出現する。
2.5億	⑦ シダ植物が衰退《すいたい》する。サンヨウチュウが絶滅する。
3.0億	⑧ 巨大シダ植物が繁栄し、大森林を形成する。は虫類が出現する。 両生類が広く分布する。
3.6億	⑨ 魚類が繁栄する。両生類が出現する。裸子植物が出現する。
4.2億	⑩ 貝類が発達し、サンゴが繁栄する。 サンヨウチュウが衰退する。シダ植物が出現する。
4.4億	⑪ サンヨウチュウが繁栄する。海産ソウ類が繁栄する。魚類が出現する。
4.9億	⑫ サンヨウチュウが出現する。無がく類※1が出現する。
5.4億	⑬ 生命の誕生（38億年前）に続き、単純な構造の生物が発達する。
46億	

※１　魚類の祖先と考えられている。

表１

問1　魚類が繁栄した⑨の期間は約何億年間ですか。表1の数値《すうち》から計算して答えなさい。

問2　大型は虫類が繁栄し始めてからほ乳類が繁栄し始めるまでは約何億年ですか。表1の数値から計算して、小数を用いて答えなさい。

問3　被子植物が出現し始めてから、ヒトが出現し始めるまでは約何年ですか。表1の数値から計算して、小数を用いずに答えなさい。

問4　地球誕生から現在までの歴史を、2011年4月2日に生まれた人の誕生日から、2024年4月1日（中学1年生の4月1日）までの13年間に例え、地球誕生を2011年4月2日午前0時、現在を2024年4月1日24時とします。表2は2011年1月～2024年4月までの各月が何日あるかを示したものです。後の問いに答えなさい。

2024年	月	1	2	3	4								
	日	31	29	31	30								
2023年	月	1	2	3	4	5	6	7	8	9	10	11	12
	日	31	28	31	30	31	30	31	31	30	31	30	31
2022年	月	1	2	3	4	5	6	7	8	9	10	11	12
	日	31	28	31	30	31	30	31	31	30	31	30	31
2021年	月	1	2	3	4	5	6	7	8	9	10	11	12
	日	31	28	31	30	31	30	31	31	30	31	30	31
2020年	月	1	2	3	4	5	6	7	8	9	10	11	12
	日	31	29	31	30	31	30	31	31	30	31	30	31
2019年	月	1	2	3	4	5	6	7	8	9	10	11	12
	日	31	28	31	30	31	30	31	31	30	31	30	31
2018年	月	1	2	3	4	5	6	7	8	9	10	11	12
	日	31	28	31	30	31	30	31	31	30	31	30	31
2017年	月	1	2	3	4	5	6	7	8	9	10	11	12
	日	31	28	31	30	31	30	31	31	30	31	30	31
2016年	月	1	2	3	4	5	6	7	8	9	10	11	12
	日	31	29	31	30	31	30	31	31	30	31	30	31
2015年	月	1	2	3	4	5	6	7	8	9	10	11	12
	日	31	28	31	30	31	30	31	31	30	31	30	31
2014年	月	1	2	3	4	5	6	7	8	9	10	11	12
	日	31	28	31	30	31	30	31	31	30	31	30	31
2013年	月	1	2	3	4	5	6	7	8	9	10	11	12
	日	31	28	31	30	31	30	31	31	30	31	30	31
2012年	月	1	2	3	4	5	6	7	8	9	10	11	12
	日	31	29	31	30	31	30	31	31	30	31	30	31
2011年	月				4	5	6	7	8	9	10	11	12
	日				30	31	30	31	31	30	31	30	31

表2

(1)　このとき、1億年は約何日に相当しますか。小数第三位を四捨五入し、小数第二位まで答えなさい。

(2)　このとき、100万年は何時間に相当しますか。ただし、1億年を100日として計算しなさい。

(3)　生命の誕生はこの人が何歳《なんさい》何ヶ月のときに相当しますか。ただし、1億年を100日として計算しなさい。なお、●ヶ月◆日の◆日は切り捨てるものとします。

(4)　ヒトが出現し始めるのはこの人が何歳何ヶ月のときですか。(2)を利用して答えなさい。なお、●ヶ月◆日の◆日は切り捨てるものとします。

(5)　ヒトが出現し始めるのは、何年何月何日に相当しますか。(2)を利用して、2024年4月1日からさかのぼって計算しなさい。

4 **A問題**

物質には三つの状態があり、これを三態といいます。三態には固体、液体、気体があり、これらは物質を構成している粒《つぶ》の集合状態で変わります。固体は粒が規則正しく配列しており、粒同士があまり移動できない状態（図1）、液体は粒同士の間に少し余裕が生まれ、粒が移動しやすくなった状態（図2）、気体は液体から粒が飛び出し、広い空間を粒が飛んでいる状態（図3）のことを言います。そのため、三態の密度の大きさは一般的《いっぱんてき》に（　**ア**　）＞（　**イ**　）＞（　**ウ**　）の順番となります。しかし、<u>ある物質</u>は固体になるとき、きれいな形をとろうとするため密度の大きさが逆転し、その物質の液体にその物質の固体を入れると、固体が浮きます。

物質の状態が変化することを状態変化と呼《よ》び、それぞれに名前がついています（図4）。状態変化をするためには、温度と圧力を変化させる必要があります。後の問いに答えなさい。

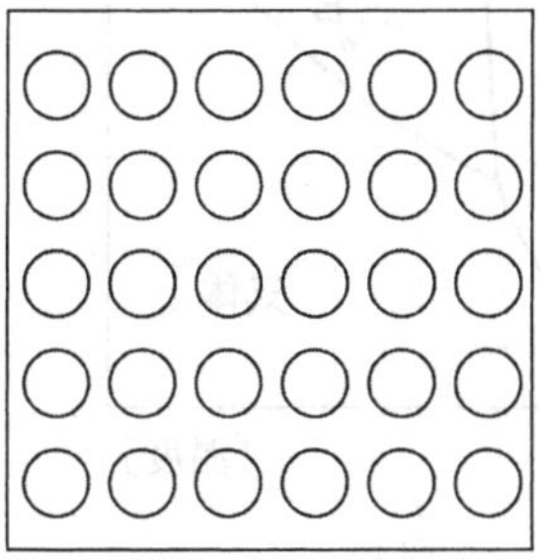

図1

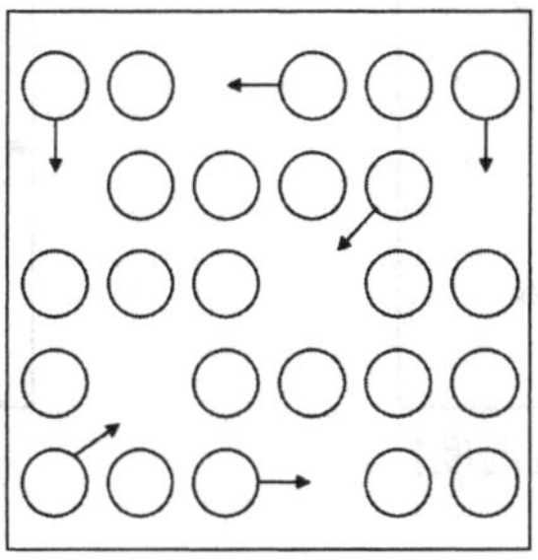

図2

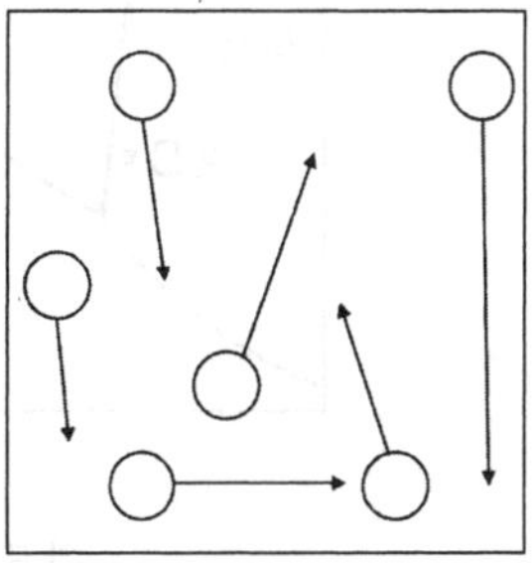

図3

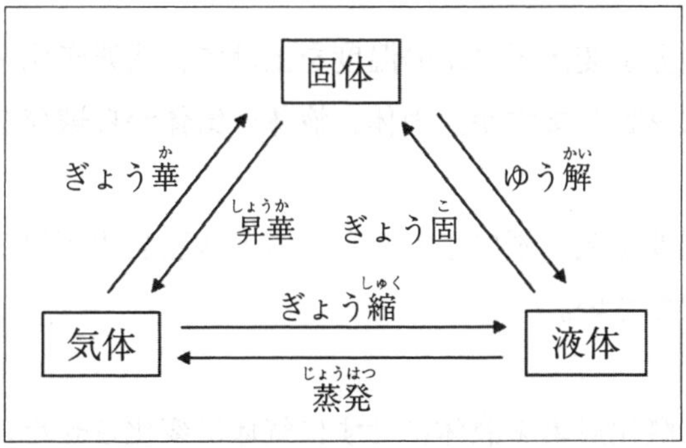

図4

問1　鉄片を加熱してとかしました。この状態変化を何と呼びますか。

問2　真夏日に、コップの中に冷たい水をそそぐと、コップの表面に水滴《すいてき》がつきました。この状態変化を何と呼びますか。

問3　空らん（　**ア**　）～（　**ウ**　）に入ることばを固体、液体、気体の中から選び、それぞれ答えなさい。

問4　下線部のある物質とは何ですか。次の**ア**～**エ**から選び、記号で答えなさい。

ア　水　　**イ**　二酸化炭素　　**ウ**　アルミニウム　　**エ**　食塩

B問題

次の２つの図は状態図と呼び、温度と圧力と三態の状態を表しています。上に行けば圧力が高くなり、右に行けば温度が高くなります。図の各ブロックが物質の三態の状態を表しており、その境界《きょうかい》線をまたぐと状態変化をします。図５が水の状態図で、図６が二酸化炭素の状態図を表しています。後の問いに答えなさい。

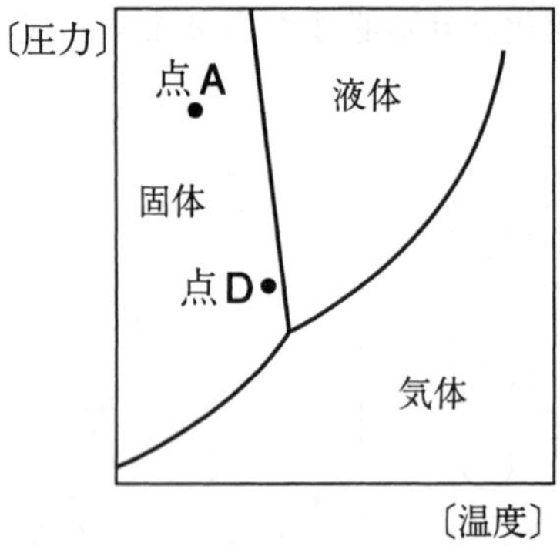

図５

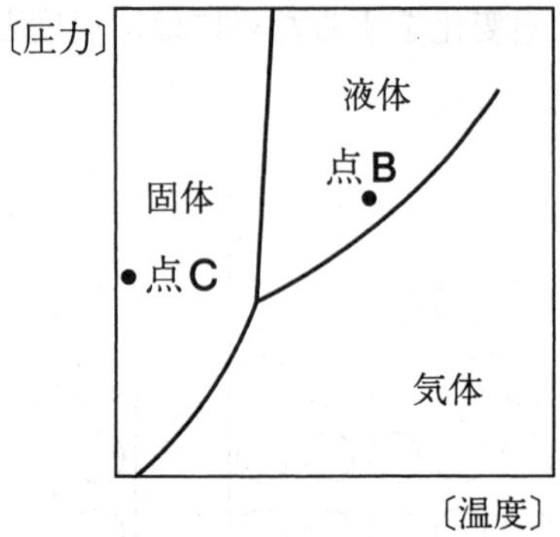

図６

問1　点**A**の状態から圧力を変えずに氷の温度を上げて、状態変化をさせました。氷は最初どのブロックに移動しますか。固体、液体、気体から選びなさい。

問2　点**B**の状態から温度を変えずに圧力を下げると状態変化が起こりました。この状態変化の名前を答えなさい。

問3　点**C**の状態から二酸化炭素を液体にせずに気体に変化させたいとき、どのように圧力と温度を変化させる必要がありますか。次の文章に入ることばを書きなさい。

まず圧力を（　**ア**　）げて、その後温度を（　**イ**　）くする必要がある。

問4　点**D**の状態にある氷の上をスケートの刃先《はさき》で踏《ふ》むと、氷がとけて水ができ、滑りやすくなります。このときの変化を、点**D**から始まる矢印で作図しなさい。なお、温度は変化しないものとします。

2024年度
東京農業大学第三高等学校附属中学校 ▶解説と解答

理 科 ＜総合理科入試＞（60分）＜満点：120点＞

解 答

1 **問1** ② **問2** 1033kg **問3** 15人 **問4** 10人 **問5** ① 1195kg ② 3人 **問6** 10Ｊ **問7** 10000Ｊ **問8** 4170000Ｊ
2 **A問題** **問1** ① こう星 ② 惑星 ③ 衛星 **問2** (あ) エ (う) ウ **問3** 図1…Ｂ 図2…Ｄ **問4** Ｃ **問5** Ａ **B問題** **問1** 12118.2km **問2** ア **問3** 745倍 **問4** 1周 **問5** 水星，金星，地球，火星 **問6** 土星 **問7** （例） 太陽からの距離が長くなると，公転周期は長くなる。
3 **A問題** **問1** ① イ ③ ア **問2** ③→②→① **問3** ⑤ オ ⑩ カ **問4** ⑧→⑦→⑥ **B問題** **問1** 0.6億年 **問2** 1.34億年 **問3** 1億3740万年 **問4** (1) 103.24日 (2) 24時間 (3) 2歳2ヶ月 (4) 12歳11ヶ月 (5) 2024年3月30日
4 **A問題** **問1** ゆう解 **問2** ぎょう縮 **問3** **ア** 固体 **イ** 液体 **ウ** 気体 **問4** ア **B問題** **問1** 液体 **問2** 蒸発 **問3** **ア** 下 **イ** 高く **問4** 右の図

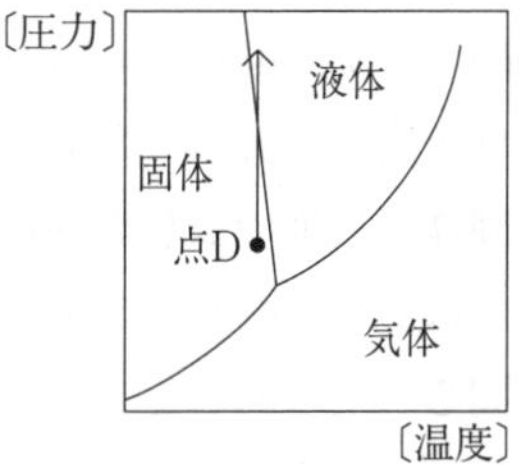

解 説

1 **エレベーターの定員と仕事についての問題**

問1 図1のエレベーターのかごの床《ゆか》面積は，1.6×1.54＝2.464(m²)なので，②の計算式を用いればよい。

問2 ②の計算式より，このエレベーターの積載量《せきさいりょう》の上限は，{(2.464－1.5)×4900＋5400}÷9.8＝1033.0…より，1033kgとなる。

問3 定員の人数は，1033÷65＝15.8…より，小数点以下を切り捨てると15人である。

問4 1人あたりが持つ荷物の重さを30kg，体重を65kgとするのだから，エレベーターの定員は，1033÷(65＋30)＝10.8…より，10人である。

問5 ① つり合いおもりの重量は，1000＋65×6÷2＝1195(kg)である。 ② エレベーターのかごをつるしているロープにかかる力の大きさが1195kgに近いほど，エレベーターのかごを上下に動かす力が小さくなる。よって，①より，そのときの人数は，6÷2＝3(人)とわかる。

問6 1kg＝1000gなので，このときの仕事は，1000÷100×1＝10(Ｊ)になる。

問7 問6より，1kgの物体を1m持ち上げるときにする仕事が10Ｊだから，このときの仕事は，10×1000＝10000(Ｊ)である。

問8 問7と同様に考えると，このときの仕事は，10×(1000＋65×6)×300＝4170000(Ｊ)と求められる。

2 星の種類と特ちょうについての問題

A問題　問1　①　アンタレスはさそり座にふくまれ，デネブははくちょう座にふくまれている。星座を形づくるこれらの星は自ら光を出していて，こう星とよばれる。　②　水星や木星は太陽のまわりを公転している天体で，惑星《わくせい》という。　③　フォボスは火星，タイタンは土星のまわりを回っている星で，火星，土星はともに惑星に属する。このような，惑星のまわりを公転している星を衛星という。

問2　海王星は太陽のまわりを公転している惑星，ハレー(すい星)はほうき星ともよばれるすい星，エウロパは木星のまわりを回っている衛星，ベテルギウスはオリオン座にふくまれるこう星である。

問3　図1は，大きな円ばん状の環《わ》を持っているので土星とわかる。図2は，尾《お》がのびていることからすい星である。

問4　惑星のまわりを公転している衛星は，太陽の光を反射《はんしゃ》して光っている。

問5　問1でも述べたように，こう星は自ら光を発している。

B問題　問1　地球を1.00としたときの金星の直径は0.95だから，金星の直径は，12756×0.95＝12118.2(km)となる。

問2　火星の直径は，地球の約半分(0.53)くらいなので，アが選べる。

問3　332946÷(0.06＋0.82＋1.00＋0.11＋317.83＋95.16＋14.54＋17.15)＝745.3…より，太陽の質量は全惑星の質量の合計の745倍になる。

問4　火星の公転周期は1.88年で，木星の公転周期は11.86年だから，火星が7周公転した時点で木星は，1.88×7÷11.86＝1.1…より，1周公転している。

問5　主に岩石と金属でできている惑星は，直径や質量が小さいが密度が大きい。このような惑星を地球型惑星といい，水星，金星，地球，火星が当てはまる。なお，直径が大きく，主にガスでできていて密度が小さい惑星を木星型惑星といい，木星，土星，天王星，海王星が当てはまる。

問6　平均密度が水の密度(1 cm^3あたり1 g)より小さいものは水に浮《う》くことができる。これに当てはまる惑星は土星である。

問7　表より，太陽からの距離《きょり》が長くなるにつれて，公転周期も長くなっていることが読み取れる。

3 生物の分類と進化，地球の歴史についての問題

A問題　問1　表の性質より，植物①は種子植物のうちの被子《ひし》植物，植物②は種子植物のうちの裸《ら》子《し》植物，植物③は種子のかわりに胞子《ほうし》をつくってふえる植物のうち，根・茎《くき》・葉の区別があるシダ植物，植物④は胞子をつくってふえる植物のうち，根・茎・葉の区別がないコケ植物となる。イヌワラビはシダ植物，タンポポは被子植物，スギゴケはコケ植物，アカマツは裸子植物である。

問2　陸上の乾燥《かんそう》にたえられるように，植物③(シダ植物)から種子でふえる植物②(裸子植物)へと進化し，花や実をつくり，種子を動物にも運んでもらえるようなしくみを持つ植物①(被子植物)へと進化したと考えられる。

問3　動物⑤のように背骨を持っていない動物を無せきつい動物といい，ここではイカが当てはまる。背骨を持っている動物をせきつい動物といい，表の性質より，動物⑥は鳥類，動物⑦はは虫類，動物⑨はほ乳類とわかる。動物⑧と動物⑩は魚類か両生類で，このうち体表がウロコでおおわれている動物⑩が魚類，そうではない動物⑧が両生類となる。イルカはほ乳類，ヤモリはは虫類，イモリは両生類，ハトは鳥類，ヒラメは魚類である。

問4　動物は水中や水辺から陸上へと生活場所をかえて進化していったと考えられるので，進化の順に並べると，ここでは，動物⑧(両生類)→動物⑦(は虫類)→動物⑥(鳥類)となる。

B問題　**問1**　魚類が繁栄《はんえい》した⑨の期間は4.2億年前から3.6億年前までなので，その期間は，4.2億−3.6億＝0.6億(年)となる。

問2　大型は虫類が繁栄し始めたのは2.0億年前，ほ乳類が繁栄し始めたのは6600万年前だから，その期間は，2.0億−0.66億＝1.34億(年)になる。

問3　被子植物が出現し始めたのは1.4億年前で，ヒトが出現し始めたのは260万年前なので，その期間は，1.4億−0.026億＝1.374億(年)より，1億3740万年である。

問4　(1)　地球誕生から現在までは46億年で，2011年4月2日午前0時から2024年4月1日24時までの日数は，うるう年が4回あることに注意すると，365×(13−4)+366×4＝4749(日)である。したがって，1億年は，4749÷46＝103.239…より，103.24日に相当する。　(2)　1億年が100日なのだから，100万年は，100×0.01億÷1億＝1(日)である。よって，1日は24時間だから，100万年は24時間に相当する。　(3)　表1より，生命の誕生は38億年前だから，この人の誕生からの日数に置きかえると，100×(46−38)＝800(日)となる。1年を365日として考えると，800日は，800÷365＝2.19…より，約2.19年となる。よって，12×(2.19−2)＝2.28(ヶ月)より，生命の誕生はこの人が2歳《さい》2ヶ月のときに相当する。　(4)　ヒトが出現し始めるのは260万年前なので，現在からの日数は，1×260万÷100万＝2.6(日)となり，現在の2.6日前になる。この人の現在の年齢は，13歳だから，生命の誕生はこの人が12歳11ヶ月のときに相当する。　(5)　2024年4月1日24時の2.6日前は，2024年3月30日の午前中だから，2024年3月30日に相当する。

4　物質の状態変化についての問題

A問題　**問1**　鉄片(固体)を加熱すると液体の鉄に変化する。このように，固体がとけて液体に変化する状態変化をゆう解という。

問2　コップの表面に水滴《すいてき》がついたのは，コップにそそいだ冷たい水によってコップのまわりの空気が冷やされ，空気中にふくみきれなくなった水蒸気が水に変化したからである。この現象のように，気体が液体に変化する状態変化をぎょう縮という。

問3　密度は決まった体積あたりの物質の重さで表されるので，図1のように，粒《つぶ》の数が最も多い固体の状態が密度が最も大きく，図3のように，粒の数が最も少ない気体の状態が密度が最も小さい。

問4　水は液体から固体の氷に状態が変化すると体積が大きくなり，氷のほうが水より密度が小さくなる。そのため，水に氷を入れると氷は浮く。

B問題　**問1**　点Aの固体の状態から圧力を変えずに温度を上げていくと，まず液体のブロックに移動し，さらに温度を上げていくと気体のブロックに移動する。

問2　点Bの液体の状態から温度を変えずに圧力を下げていくと，気体のブロックに移動する。このような変化を蒸発という。

問3　点Cの状態の二酸化炭素を液体にせずに気体に変化させるためには，まず点Cから下に移動する操作をし，次に右に移動する操作をすればよい。したがって，まず，圧力を下げ，その後温度を高くすればよい。

問4　氷をスケートの刃先《はさき》で踏《ふ》むことで圧力が高くなり，点Dから上に移動して液体(水)のブロックに入り，滑《すべ》りやすくなる。よって，このときの変化を矢印で作図すると，解答の図のようになる。

2024 年度　東京農業大学第三高等学校附属中学校

【算　数】〈第３回試験〉（40分）〈満点：100点〉

〔注意事項〕コンパス、分度器は使用しないでください。

1　次の □ にあてはまる数を求めなさい。

(1)　$\frac{1}{3}+1.5\div\left(4-2\frac{1}{2}\right)=$ □

(2)　$8\times($ □ $+3)\div15-1=1$

(3)　$50\times51-50\times50+50\times49-50\times48=$ □

(4)　$3\,\mathrm{L}-0.7\,\mathrm{dL}\times3=$ □ mL

2　次の各問いに答えなさい。

(1)　A，B，C，D，Eの５チームが総当たりで野球の大会を行いました。勝ち数が多いチームを上位とし，勝ち数が同じときは負け数の少ないチームを上位とします。①～⑤のとき，優勝したのはどのチームですか。

①　Bは全敗した。

②　AとCの試合，AとEの試合は引き分けで，これ以外に引き分けの試合はなかった。

③　Aは１試合しか負けなかった。

④　DはCに負けたが，Eに勝った。

⑤　勝ち，負け，引き分けの数がすべて同じで順位が並ぶことはなかった。

(2)　1 個 90 円のりんごと 1 個 50 円のみかんを合わせて 1920 円分買いました。みかんの個数がりんごの個数の 3 倍となるとき，りんごの個数は何個ですか。

(3)　長さ 120 m の電車が，秒速 12 m で長さ 300 m のトンネルを通過します。この電車の先頭がトンネルに入ってから最後尾《び》が出てくるまでに何秒かかりますか。

(4)　男子 12 人，女子 8 人のクラスでテストをしました。クラス全体の平均点は 80 点でした。男子の平均点は，女子の平均点よりも 5 点低くなりました。男子の平均点は何点ですか。

(5)　4000 円をＡさん，Ｂさん，Ｃさんの 3 人で分けます。ＡさんはＢさんの $\frac{1}{3}$ 倍，ＣさんはＡさんの 4 倍になるように分けるとき，Ｃさんの金額はいくらですか。

(6)　右の図の影《かげ》をつけた部分の面積はいくつですか。

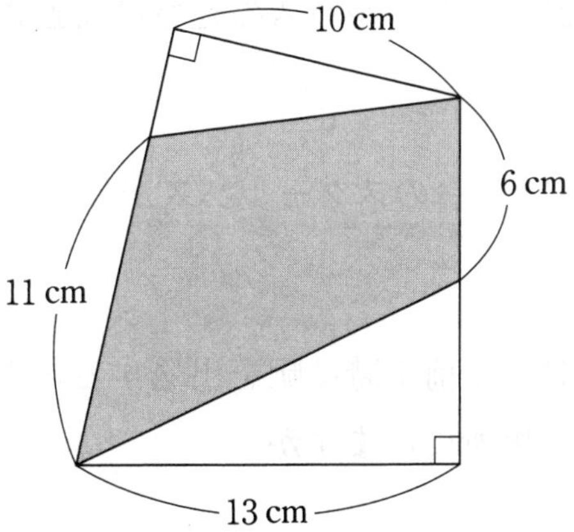

3　下のグラフは，駅と学校の間を運行する２台のスクールバスの様子を表しています。２台のスクールバスの速さは同じで一定であり，駅と学校での停車時間もすべて同じです。次の各問いに答えなさい。

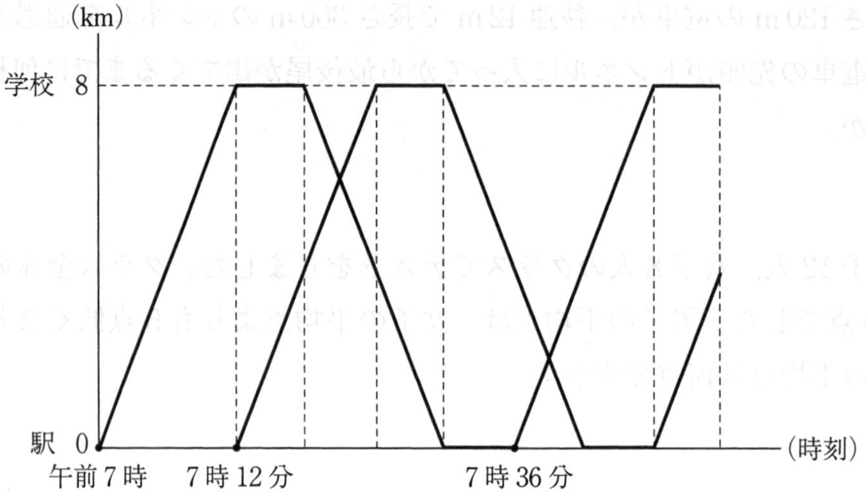

(1)　午前７時からの50分間で２台のスクールバスは何回すれちがいますか。

(2)　スクールバスの速さは時速何 km ですか。

(3)　２台のスクールバスが最初にすれちがうのは何時何分ですか。

(4)　午前７時に駅を出発するスクールバスは７時27分に駅から何 km の場所にいますか。

4　Ａ，Ｂ，Ｃの３種類の機械があります。１つの畑を整備するのにＡを１台使うと20分かかり，Ｂは同じ時間内でＡと比べて半分しか整備することが出来ません。また，１つの畑を整備するのにＡとＣを１台ずつ同時に使うと12分かかります。次の各問いに答えなさい。

(1)　Ｂを１台使うと１つの畑を整備するのに何分かかりますか。

(2)　Ｃを１台使うと１つの畑を整備するのに何分かかりますか。

(3)　Ａを２台，Ｃを１台使うと６つの畑を整備するのに何分かかりますか。ただし，６つの畑はすべて同じ広さとします。

(4)　Ａを２台，Ｃを１台使って６つの畑の整備を始めました。15分過ぎたところでＣが故障したため，Ｃの代わりにＢを１台利用して整備を続けました。故障しなかった場合と比べると何分遅《おそ》くなりますか。ただし，６つの畑はすべて同じ広さとします。

【社　会】〈第３回試験〉（40分）〈満点：100点〉

1　Mさんは、昨年の夏に東北地方へ旅行に出かけました。東北本線で福島から仙台、盛岡、そして秋田を経由して青森に向かう列車の旅です。図１を参考に、後の各問いに答えなさい。

【図１】

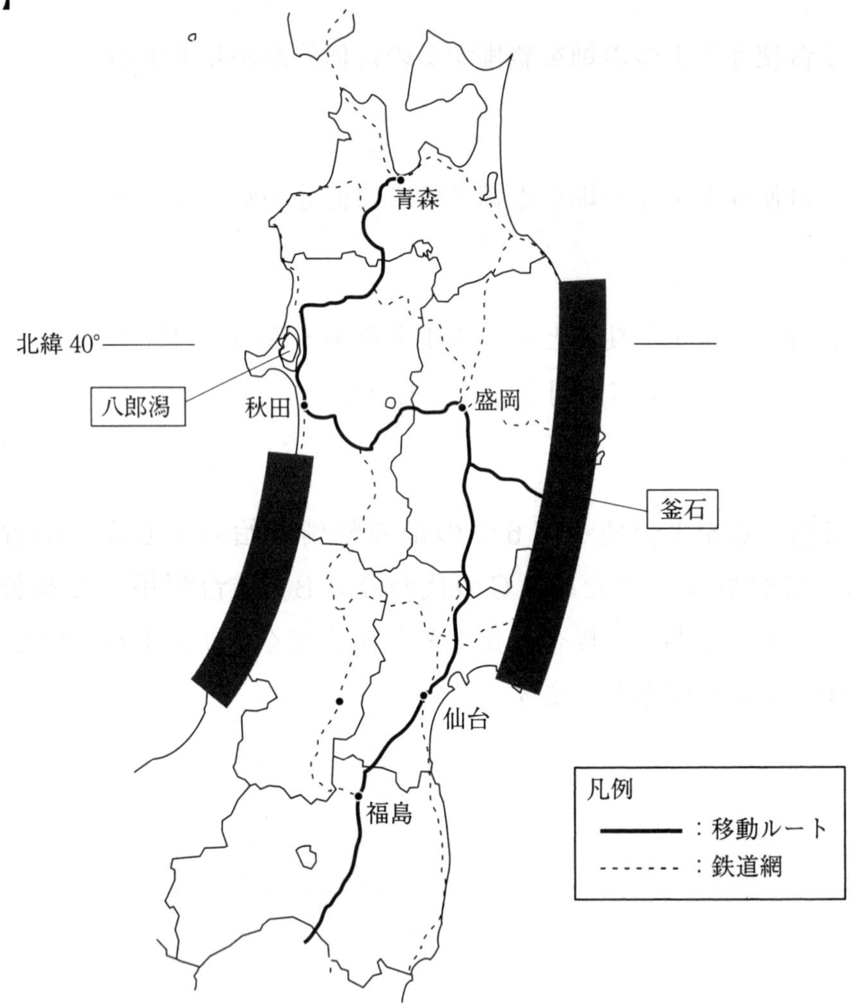

問１　次の図２の**Ａ**・**Ｂ**は、図１中の[redacted]で目隠ししてある太平洋側と日本海側の海岸線を模式的に表したものです。また、説明文①・②は、それぞれの海岸線の特徴やでき方を説明したものです。図２の**Ａ**・**Ｂ**と、説明文①・②の組み合わせとして正しいものを、後の**ア**～**エ**のうちから１つ選び、記号で答えなさい。

【図２】

Ａ

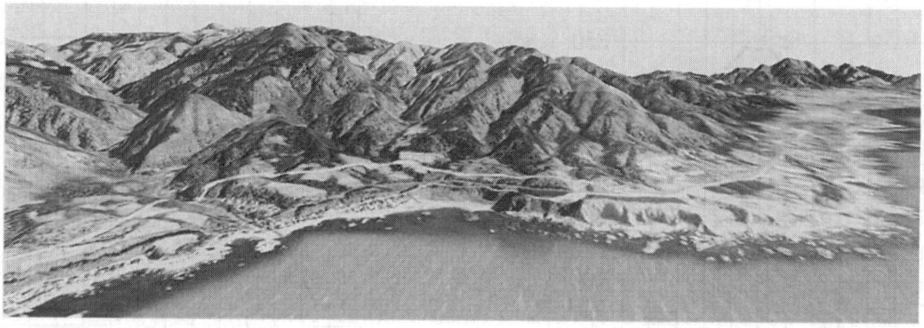

Ｂ

（模式図は国土地理院資料より作成）

【説明文】

① 一般的には、海に対して垂直に切り立った断崖が、河川による浸食で谷が作られ、その後、海面上昇により谷が沈んでできたノコギリ歯状の海岸が見られます。また、土地の隆起の方が速く、数百ｍ級の断崖が続く海岸も見られます。

② 南北に長い海岸を持ち、３つの主要な河川から流出した土砂が堆積して、広大な平野が形成されています。海岸線は弓なり状の砂浜となっています。

	ア	**イ**	**ウ**	**エ**
日本海側	**Ａ** ― ①	**Ａ** ― ②	**Ｂ** ― ①	**Ｂ** ― ②
太平洋側	**Ｂ** ― ②	**Ｂ** ― ①	**Ａ** ― ②	**Ａ** ― ①

問２　図３中の**Ｃ～Ｅ**は、秋田市、盛岡市、釜石市の雨温図を示したものです。仙台市の雨温図を参考に、３都市に当てはまる雨温図の組み合わせとして正しいものを、次の**ア～カ**のうちから１つ選び、記号で答えなさい。

【図３】

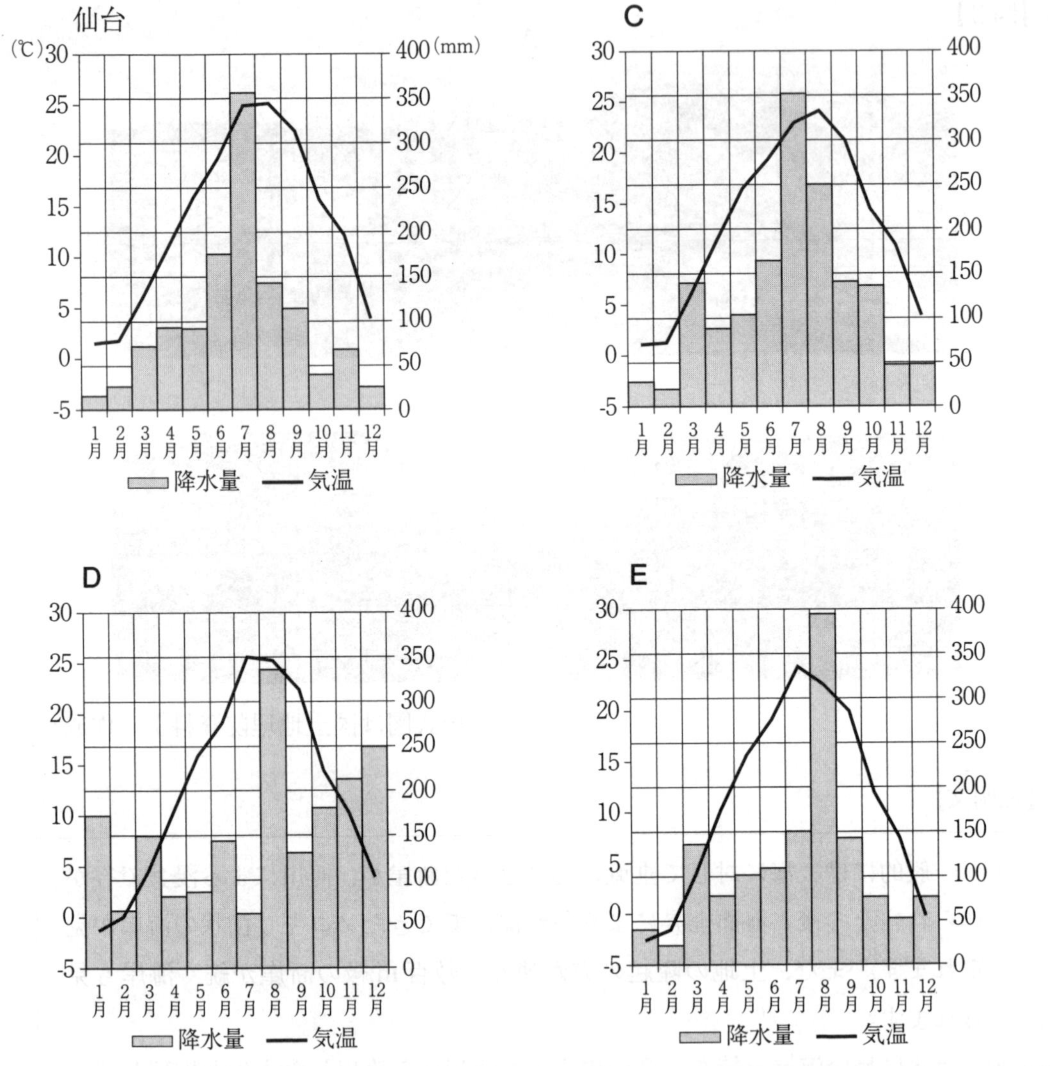

（資料：気象庁データより作成）

	ア	イ	ウ	エ	オ	カ
秋田市	C	C	D	D	E	E
盛岡市	D	E	C	E	C	D
釜石市	E	D	E	C	D	C

問3　図4中の**ア**～**ウ**は、北緯41度、北緯40度、北緯38度付近の断面図を示したものです。東北地方は、太平洋側から順に、北上高地、奥羽山脈、出羽山地と並び、南北にしわが寄った地形となっています。図1を参考に、北緯40度付近の断面図を、次の**ア**～**ウ**のうちから1つ選び、記号で答えなさい。

【図4】

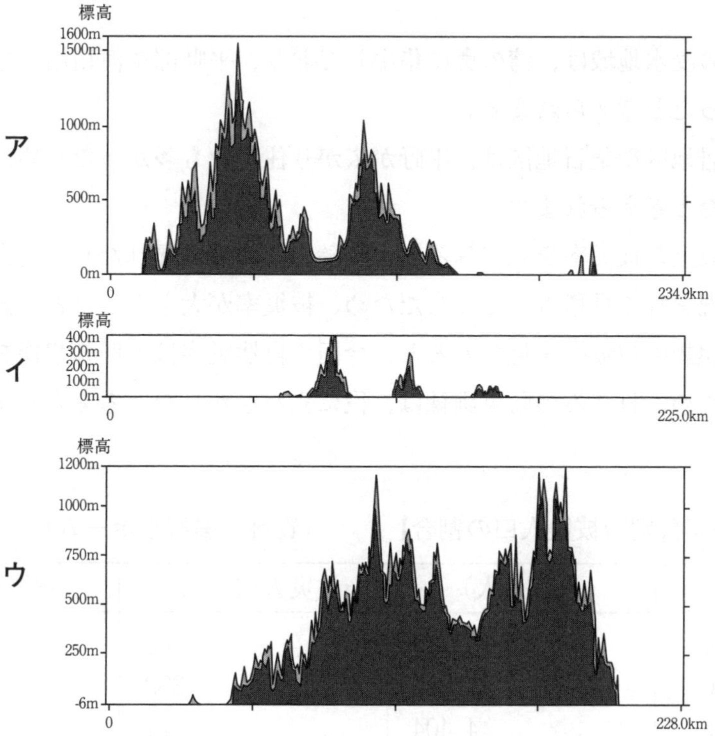

(資料：国土地理院データより作成)

問4　Mさんは、仙台から盛岡に向かう途中、花巻で乗り換えて釜石へ向かうことにしました。後の各問いに答えなさい。

(1)　この地域には、明治時代から昭和時代にかけて、作家、教師、宗教家など多彩な顔を持ち、農民の生活向上を目指し、農業指導を行った人物がいました。また、生涯で多くの短歌、『銀河鉄道の夜』『注文の多い料理店』などの童話も残しています。この人物を、次の**ア**～**エ**のうちから1人選び、記号で答えなさい。

ア　柳田国男　　**イ**　夏目漱石　　**ウ**　萩原朔太郎　　**エ**　宮沢賢治

(2) 2011年3月11日、釜石市でも地震、津波による多くの被害が出ました。資料1は、釜石市における各年代別の被災人口の割合、資料2は、被災規模が大きかった海側4地区における地区別被災状況を示したものです。また、図5は、海側4地区の浸水範囲（■）を示したものです。資料、図を参考に、被災状況をまとめた文のうち誤っているものを、次の**ア**～**エ**のうちから1つ選び、記号で答えなさい。

ア 津波の浸水地域は、湾の奥に集中しており、平野部や河川沿いを中心に被害が広がったと考えられます。

イ 鵜住居《うのすまい》地区や釜石地区は、平野が広がり住宅数も多かったため、被害数が大きかったと考えられます。

ウ 65歳以上の被災率を見てみると、高齢のため逃げ遅れたり、過去の経験から被災状況を甘く見積もったりしたため、被災率が大きかったと考えられます。

エ 0～14歳の被災率を見てみると、今回の自然災害は人間の想像をはるかに上回ったため、日ごろの防災訓練は、役に立たなかったと考えられます。

【資料1：各年代別の被災人口の割合】　（資料：釜石市ホームページより作成）

	人口（人）	被災人口（人）	被災率（%）
65歳以上	13,710	569	4.2
15～64歳	21,876	383	1.8
0～14歳	4,404	21	0.5
計	39,996	973	2.4

【資料2：4地区の被災状況】　（資料：釜石市ホームページより作成）

地区	人口（人）	被災人口（人）	被災住宅数（戸）
鵜住居	6,630	586	1,670
釜　石	6,971	252	1,366
平　田	3,848	29	284
唐　丹	2,106	32	343

【図５：海側４地区の浸水範囲】

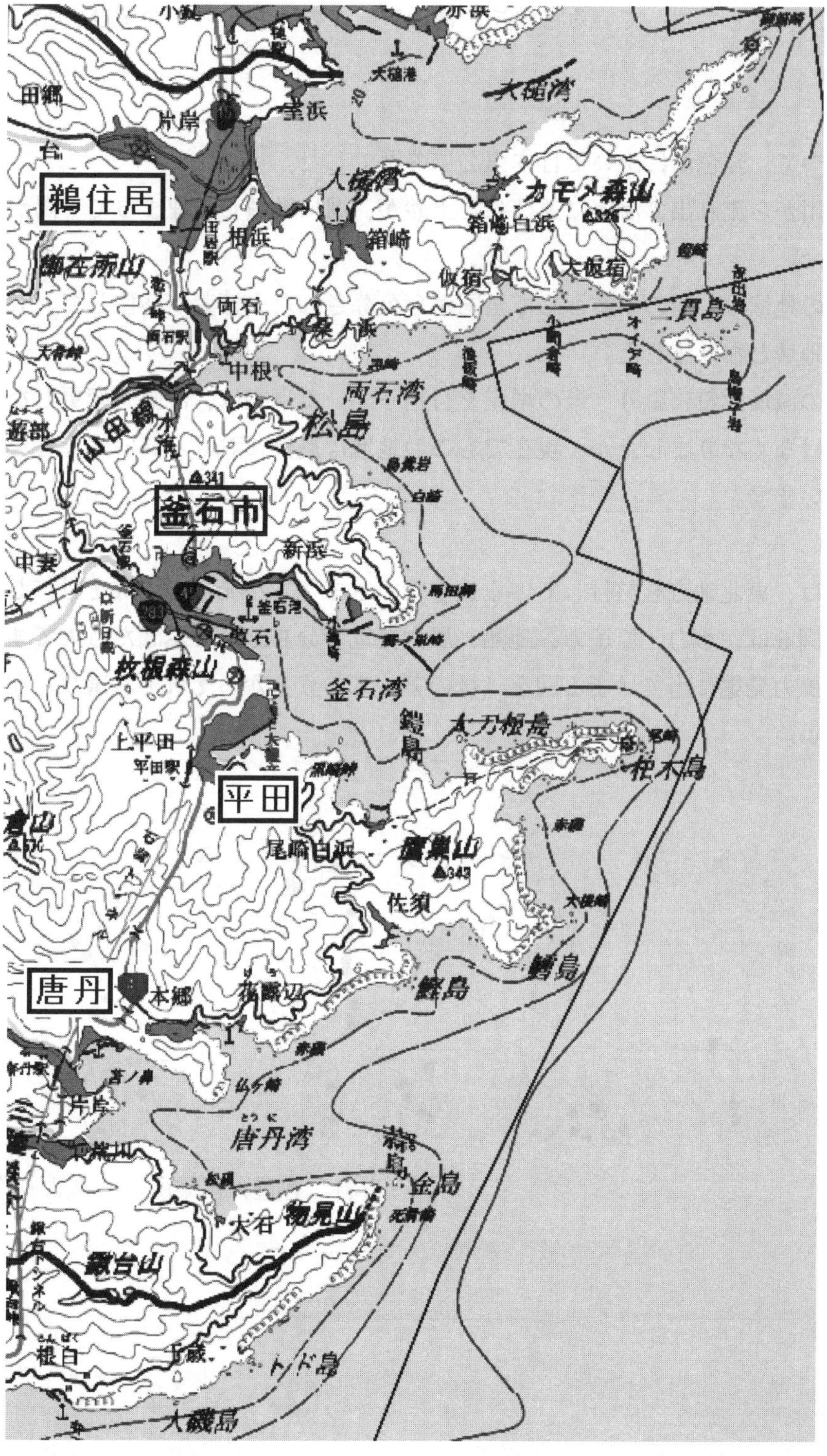

（資料：国土地理院公表資料より作成）

問5　Mさんは、盛岡市を出発したのち、秋田の八郎潟に立ち寄りました。八郎潟について述べた文として誤っているものを、次の**ア**～**エ**のうちから1つ選び、記号で答えなさい。

ア　かつて、琵琶湖に次いで日本第2位の湖でした。

イ　河川から流れ出て海流に運ばれた土砂が、湖に堆積して埋まって干潟ができました。

ウ　この地域は、国の事業として全国から公募された入植者が移住して、大規模稲作地域となりました。

エ　国の減反政策により、米の増産を目指していた事業は、計画を変更しなければいけなくなりましたが、現在でもこの地域は農業における高い生産性を実現しています。

問6　Mさんは、東北地方を旅行している途中で、さまざまな発電の方式を目にしました。次の図6は、水力、原子力、地熱、風力発電の分布地域を示したものです。地熱発電と風力発電に当てはまる図を、後の**ア**～**エ**のうちから**それぞれ選び**、記号で答えなさい。

【図6】

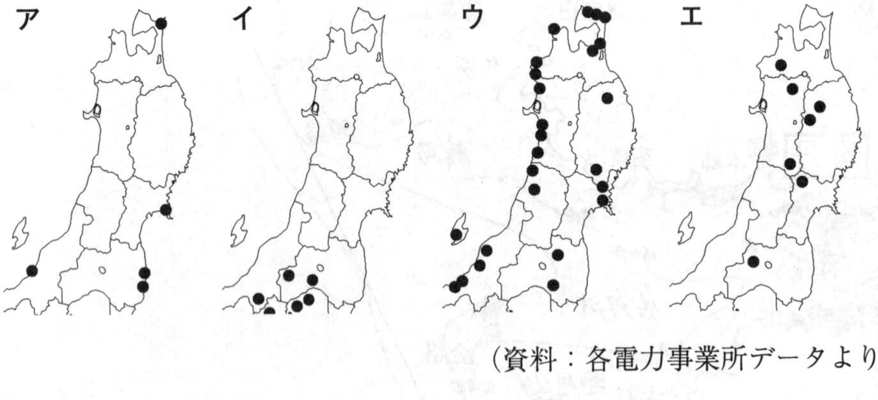

（資料：各電力事業所データより作成）

問７　青森市に到着したＭさんは、そこで青森市が目指す「コンパクトシティ構想」という言葉を耳にしました。次の「コンパクトシティ構想」についての文章を読み、後の各問いに答えなさい。

> 青森市は、かつては東北の玄関口、魚介類や農産物を売る市場などでにぎわっていました。しかし、1988年 F トンネル開通、1998年 F 連絡船の廃止により、徐々にその活気は失われていきました。
>
> 少子高齢化が進む中、青森市は財政の急激な悪化で、これ以上市街地が拡大すれば、充分なサービス提供が不可能になるという問題が起きてきました。また、遅れている下水道の整備の問題、冬の除雪の問題も大きく市の財政を圧迫しました。このようなことから、都市の郊外への広がりをおさえ、都市中心部を再開発して、徒歩で移動できる範囲に住宅や商業施設、行政機関などを集積させようという考えが進められました。これが「コンパクトシティ構想」です。
>
> この構想は、同じような問題を抱えている他の地方都市でも進められています。富山市では、いくつかに集められた住宅地を、右の写真のような①路面電車（ＬＲＴ）で結び、都市の中心部へ住民が移動しやすくしています。
>
> 
>
> しかし実際は、どこの都市も問題を抱えているのが現状です。

(1)　文中の空欄 F に入る語句を答えなさい。

(2)　下線部①に関連して、2023年８月に新たに路面電車を開業させた都市があります。この都市を、次の**ア**～**エ**のうちから１つ選び、記号で答えなさい。

ア　横浜市　　**イ**　広島市　　**ウ**　宇都宮市　　**エ**　さいたま市

(3)　下線部①に関連して、ヨーロッパでは以前から、自家用車を郊外の駐車場に止めて鉄道やバスなどの公共交通機関に乗り換えてアクセスする「パークアンドライド方式」が行われています。これは、ヨーロッパが18世紀末より抱える問題とも関係があります。「パークアンドライド方式」の目的を簡潔に述べなさい。

問8　Mさんは、友だちに東北地方のお土産を買うことにしました。次の図7は、東北6県それぞれの特徴がわかるキャラクターグッズです。仙台と秋田で買ったキャラクターグッズとして当てはまるものを、次の**ア**～**カ**のうちから**それぞれ選び**、記号で答えなさい。

【図7】

〔編集部注…ここにはハローキティとマイメロディの画像・イラストがありましたが，著作権上の都合により掲載できません。〕

ア

鬼の衣装を着て，手に包丁を持っているハローキティの画像

イ

りんごとハローキティのイラスト

ウ

おわんに入っているそばを食べているハローキティと，いくえにも重なったおわんのイラスト

エ

さくらんぼのかぶりものをかぶったハローキティのイラスト

オ

伊達政宗の衣装を着たハローキティのイラスト

カ

赤べこを持ったマイメロディの画像

2　次の文章を読んで、後の各問いに答えなさい。

埼玉県東松山市には、市民に親しまれている箭《や》弓《きゅう》稲荷《いなり》神社があります。記録によると、この神社は、①712年に創建されました。1028年の平忠常の乱のときに、②源頼信が神社に戦勝祈願をしたところ、箭（矢）の形をした白雲があらわれ、そのおかげで勝利したと伝わります。

17世紀以降の江戸時代に入ると、多くの参拝者や市《いち》でにぎわいました。③歌舞伎《かぶき》役者の七代目市川団十郎《いちかわだんじゅうろう》は、箭弓稲荷神社をたいへん敬《うやま》い、石造りの祠《ほこら》を建立しました。神社の入口には、④大正から昭和にかけて活躍した政治家の犬養毅《いぬかいつよし》によって「県社箭弓稲荷神社」(注)と書かれた石造物があります。境内には、花の王様である牡丹が、藤やつつじと咲き競っています。またギネス世界記録に認定されたという、世界一大きなご朱印があったり、「やきゅう」という音から「野球」関係者が多く訪れる神社として知られています。

農大三中の受験生の皆さんも、一度訪れてみてはいかがでしょうか。

（注）実際の文字は「縣社《けんしゃ》箭《や》弓《きゅう》稲荷《いなり》神社」で、裏には1930年９月15日の記載があり、神社では社号標と呼んでいる。

問１　文中の下線部①は、日本の奈良時代です。次の**Ａ**～**Ｄ**は、奈良時代のある人物の説明です。人物名を、後の**ア**～**ク**のうちから**それぞれ選び**、記号で答えなさい。

Ａ　私は、仏教の力で社会の不安をしずめ、743年には大仏をつくる詔《みことのり》を出しました。

Ｂ　私は、民衆への布教と社会事業を行い、のち大僧正《だいそうじょう》となり大仏づくりに協力しました。

Ｃ　私は、筑前《ちくぜん》国の役人だったとき、貧しい農民の生活を「貧窮問答歌《ひんきゅうもんどうか》」にまとめました。

Ｄ　私は、中国の都（長安）にならい、奈良に新しい都（平城京）をつくりました。

ア　天智《てんじ》天皇　　**イ**　行基《ぎょうき》　　**ウ**　聖武《しょうむ》天皇　　**エ**　天武《てんむ》天皇
オ　柿本人麻呂《かきのもとのひとまろ》　　**カ**　元明《げんめい》天皇　　**キ**　鑑真《がんじん》　　**ク**　山上憶良《やまのえのおくら》

問２　文中の下線部②について、次の各問いに答えなさい。

(1)　源氏とならび勢力をのばした一族に平氏がいます。やがて、平清盛が貴族の藤原氏にかわって政治を行いました。平清盛に関連する説明として、誤っているものを、次の**ア～エ**のうちから**２つ**選び、記号で答えなさい。

ア　武士ではじめて太政大臣《だいじょうだいじん》になり、むすめを天皇の妃《きさき》としました。
イ　裁判の基準となる法律をつくり、都には六波羅探題《ろくはらたんだい》を置きました。
ウ　全国に刀狩《かたながり》令を出し、百姓たちから刀や鉄砲などを取り上げました。
エ　世界文化遺産の厳島《いつくしま》神社内に、一族の繁栄を願い経文を納めました。

(2)　源頼信から数えて７代目にあたる源頼朝は、鎌倉に幕府を開きました。源頼朝に関連する説明として誤っているものを、次の**ア～エ**のうちから**２つ**選び、記号で答えなさい。

ア　家来になった武士たちに、先祖からの領地の所有を認めました。
イ　頼朝の「ご恩」に対し、武士たちは「奉公《ほうこう》」を誓い、幕府のために戦いました。
ウ　貿易の利益に目をつけ、明《みん》との国交を開き貿易を開始しました。
エ　下野《しもつけ》国に足利《あしかが》学校を再興し、儒学を学ぶ人たちを集めました。

(3)　源氏の将軍は３代で絶え、その後幕府の実権は、将軍をたすける執権の職についた北条氏に引き継がれました。朝廷は、北条氏が政治を行うようになると、幕府をたおす命令を全国に出しましたが、敗れました。この一連の出来事の名称を答えなさい。

(4)　鎌倉時代には、元の大軍が日本を攻めて来ました。図１の絵巻物は、敵の大船に対し、小船から大船に乗り込んでいく御家人竹崎季長と大矢野三兄弟たちです。このときの鎌倉幕府の執権を、**漢字４字**で答えなさい。

【図１】
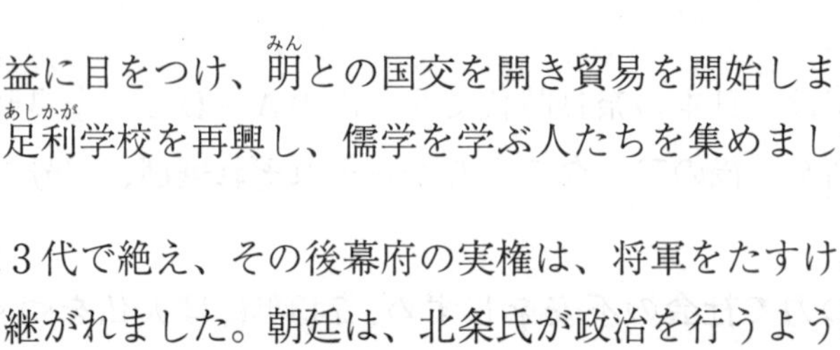

問３　文中の下線部③に関連して、次の各問いに答えなさい。

(1)　人びとが芝居小屋で歌舞伎を楽しんでいたころは、近松門左衛門の浄瑠璃作品も人気を集めていました。歴史上の人物や実際に起きた事件を題材にしていて、現在でも舞台で名作として上演されています。近松の作品として誤っているものを、次の**ア**～**エ**のうちから１つ選び、記号で答えなさい。

ア　「曽根崎心中《そねざきしんじゅう》」　　**イ**　「心中天網島《しんじゅうてんのあみじま》」
ウ　「冥途《めいど》の飛脚《ひきゃく》」　　**エ**　「解体新書《かいたいしんしょ》」

(2)　このころの人びとの様子をえがいた浮世絵も、人びとの楽しみの一つでした。浮世絵は、やがてゴッホらヨーロッパ印象派の画家にも影響を与えました。図２の「東海道五十三次」の作者として正しいものを、次の**ア**～**エ**のうちから１人選び、記号で答えなさい。

【図２】

ア　東洲斎写楽《とうしゅうさいしゃらく》　　**イ**　歌川広重《うたがわひろしげ》　　**ウ**　喜多川歌麿《きたがわうたまろ》　　**エ**　葛飾北斎《かつしかほくさい》

問４　文中の下線部④に関連して、次の各問いに答えなさい。

(1)　大正時代に教育が広まり、生活が豊かになってくると、人びとの民主主義への意識が高まりました。社会的な権利の獲得や差別をなくす動きとして、誤っているものを、次の**ア**～**エ**のうちから１つ選び、記号で答えなさい。

ア　平塚らいてうや市川房枝《いちかわふさえ》は、選挙権などの獲得《かくとく》や女性の権利を守ることを訴えました。
イ　京都市岡崎の公会堂では、全国水平社の創立大会が開かれました。
ウ　小作《こさく》料の引き下げを求める農民運動が起こりました。
エ　ソ連と国交が結ばれたあとに、治安維持法《ちあんいじほう》という法律が定められました。

(2)　昭和時代になると、満州《まんしゅう》事変《じへん》が起こり、やがてアメリカやイギリスなどの国ぐにと戦争をしました。「戦争中の生活」の説明として、誤っているものを、次の**ア**～**エ**のうちから１つ選び、記号で答えなさい。

ア　このころの標語に「欲しがりません、勝つまでは」などがありました。

イ　米や野菜、衣類などが配給《はいきゅう》制になりました。

ウ　三種の神器と呼ばれた、テレビ、電気洗濯機や電気冷蔵庫が家庭に広まりました。

エ　都市部の小学生たちは、地方に集団で疎開《そかい》しました。

問５　次の**ア**～**エ**の歴史事項を、年代の古い順に並べかえなさい。

ア　シャクシャインに率いられたアイヌの人びとは、不正な取引を行っていた松《まつ》前藩《まえはん》や商人たちと戦いました。

イ　大塩平八郎は、飢饉《ききん》でも町の人びとを救おうとしない役人を批判して、大坂で反乱を起こしました。

ウ　外務大臣小村寿太郎のとき条約改正に成功し、関税自主権が回復しました。

エ　銀閣のとなりにある東求堂《とうぐどう》には新しい部屋のつくりがみられ、これを書院造といい、現代の和室のつくりに受け継がれました。

3　2023年１月～６月までの「時事問題」をまとめた次の表を参考に、後の各問いに答えなさい。

１月	日本が国連安全保障理事会の①非常任理事国となる
２月	②トルコ・シリア地震が発生
４月	③こども家庭庁が発足
	フィンランドが④北大西洋条約機構（ＮＡＴＯ）に加盟
	国連は［　**A**　］が中国の人口を上回り、世界一となる見通しを示す
５月	イギリスで⑤チャールズ国王の戴冠《たいかん》式が行われる
	［　**B**　］でサミットが開催され、アメリカの［　**C**　］大統領などが参加
６月	立憲民主党が⑥内閣不信任決議案を提出

問1　表中の A に入る国に最も関係が深い写真を、次の**ア**～**エ**のうちから1つ選び、記号で答えなさい。

ア

イ

ウ

エ

問2　表中の B に入る都市を、次の**ア**～**エ**のうちから1つ選び、記号で答えなさい。

ア　長崎　　**イ**　名古屋　　**ウ**　横浜　　**エ**　広島

問3　表中の C に入るアメリカ大統領の名前を答えなさい。

問4　表中の下線部①に関連して、非常任理事国についての説明として誤っているものを、次の**ア**～**エ**のうちから1つ選び、記号で答えなさい。

ア　非常任理事国の任期は2年です。
イ　非常任理事国には採決の際に拒否権があります。
ウ　非常任理事国の数は10か国です。
エ　日本が非常任理事国を務めた回数は国連加盟国中最多です。

問５　表中の下線部②に関連して、トルコ・シリア地震の震源地を、図中の**ア**～**エ**のうちから１つ選び、記号で答えなさい。

【図】

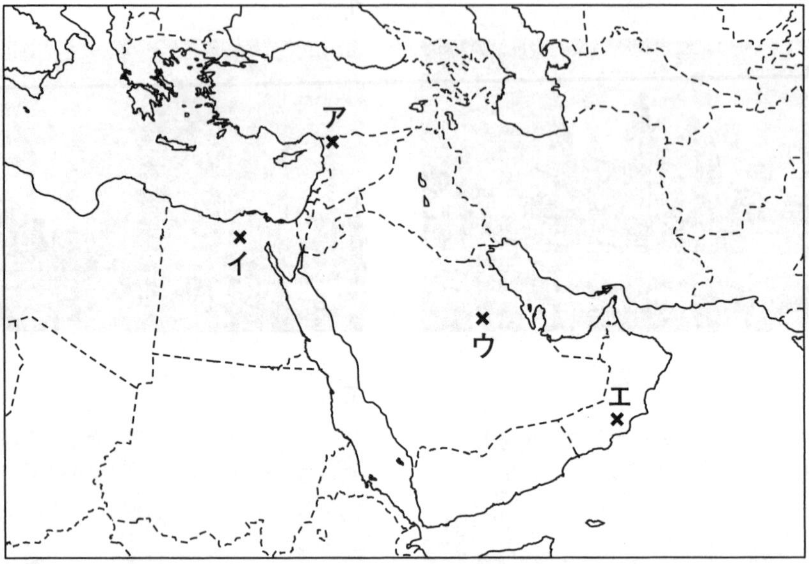

問６　表中の下線部③に関連して、少子化の要因として誤っているものを、次の**ア**～**エ**のうちから１つ選び、記号で答えなさい。

ア　育児にかかる費用の負担が大きいため。
イ　家族形態が多様化したため。
ウ　結婚をする年齢が低くなってきたため。
エ　非正規雇用など不安定な雇用が増えてきたため。

問７　表中の下線部④に関連して、北大西洋条約機構（ＮＡＴＯ）についての説明として誤っているものを、次の**ア**～**エ**のうちから１つ選び、記号で答えなさい。

ア　冷戦期にソビエト連邦に対抗するために設立された、アメリカ主導の軍事同盟です。
イ　ソビエト連邦崩壊後は、東欧諸国も加盟しています。
ウ　本部は、ベルギーのブリュッセルに置かれています。
エ　集団的自衛権の観点から日本も加盟しています。

問8　表中の下線部⑤に関して、チャールズ国王を次の**ア〜エ**のうちから1人選び、記号で答えなさい。

ア

イ

ウ

エ

問9　表中の下線部⑥に関連して、次の文は内閣不信任案を説明したものです。文中の空欄［　X　］・［　Y　］に入る最も適切な語句と数字を答えなさい。なお［　X　］は**漢字3字**で答えること。

> 内閣不信任案が可決された場合、内閣は［　X　］をするか、［　Y　］日以内に衆議院を解散しなければならない。

【理　科】〈第３回試験〉（40分）〈満点：100点〉

1　６種類の気体の性質を示す下の表について、後の問いに答えなさい。

気体名	水素	酸素	二酸化炭素	アンモニア	塩化水素	塩素
色	無色	無色	無色	無色	①	②
におい	なし	なし	③	④	刺激臭《しげきしゅう》	刺激臭
水へのとけやすさ	とけにくい	⑤	少しとける	⑥	よくとける	とける
空気と比べての重さ	⑦	少し重い	⑧	軽い	重い	重い
気体の集め方	⑨	水上置換《ちかん》	下方置換	⑩	⑪	下方置換

表

問１　表の①～⑧に当てはまる気体の性質を、次の**ア**～**コ**から選び、記号で答えなさい。ただし、同じ記号をくり返し使ってもかまいません。

ア　無色　　**イ**　赤かっ色　　**ウ**　黄緑色　　**エ**　なし
オ　刺激臭　　**カ**　よくとける　　**キ**　少しとける　　**ク**　とけにくい
ケ　軽い　　**コ**　重い

問２　⑨～⑪に当てはまる気体の集め方を下の図より選び、記号で答えなさい。ただし、同じ記号をくり返し使ってはいけません。

ア

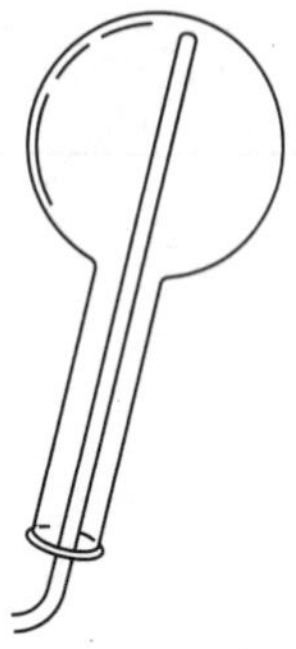

イ

ウ

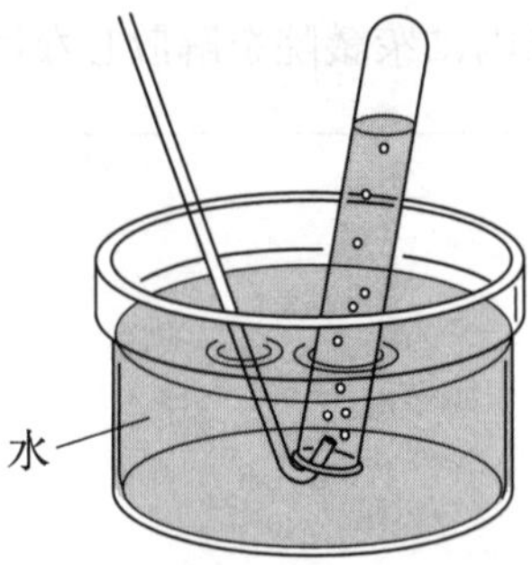

問３　**ア**～**エ**の性質に当てはまる気体を前のページの表の６種類から選び、それぞれ名前を答えなさい。

ア　虫さされの薬の成分として含まれる
イ　燃料《ねんりょう》電池の燃料の一つとして用いられている
ウ　プールの水の殺菌《さっきん》や漂白《ひょうはく》剤を作るのに用いられる
エ　火のついた線香《せんこう》を気体に入れると炎をあげてもえる

問４　図のような装置《そうち》を組み立て、アンモニアを発生させました。後の問いに答えなさい。

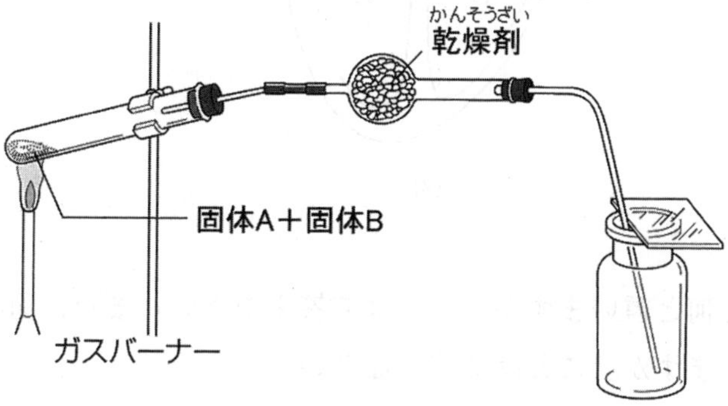

図

(1)　図の装置にはまちがいが２ヶ所あります。その２ヶ所の正しい方法を解答らんに書きなさい。

(2)　アンモニアを発生させるために必要な**固体A**と**固体B**は何ですか。次の**ア**～**エ**から２つ選び、記号で答えなさい。ただし、順番は問いません。

ア　塩化アンモニウム　　**イ**　塩化ナトリウム
ウ　石灰《せっかい》石　　**エ**　水酸化カルシウム

(3)　加熱して少しすると、試験管の口の部分に液体が生じていました。この液体の名前を答えなさい。

2 下の図は、ヒトの心臓を腹側から見たようすを表したものです。図の**A**～**D**は心臓の４つの部屋を、①～④はそれにつながる血管を表しています。図を見て、後の問いに答えなさい。

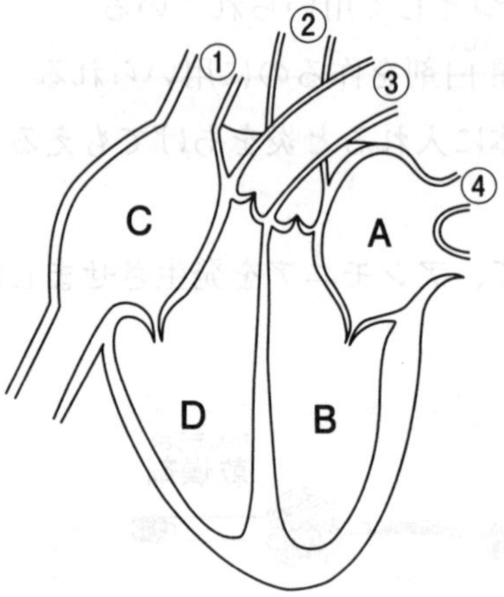

図

問１　図の**A**の部分を何と言いますか。ことばで答えなさい。また、図のような心臓のつくりを何と言いますか。ことばで答えなさい。

問２　図の**A**～**D**のなかで、まわりの筋肉が特に厚くなっているのはどこですか。記号で答えなさい。

問３　図の③の血管を何と言いますか。次の**ア**～**エ**から選び、記号で答えなさい。

ア　大動脈　　**イ**　肺動脈　　**ウ**　大静脈　　**エ**　肺静脈

問４　図の①～④の血管のうち肺から心臓にもどる血液が流れているのはどれですか。番号で答えなさい。

問５　血液の流れる向きを正しく表しているものを、次の**ア**～**エ**から２つ選び、記号で答えなさい。

ア　② → B → A → ④

イ　④ → A → B → ②

ウ　① → C → D → ③

エ　③ → D → C → ①

問６　酸素をおおく含んでいる血液を何と言いますか。漢字３文字で答えなさい。

3　農大三中のタケ君は理科の授業で天気について興味を持ち、夏休みに天気日記をつけました。次の文章はその一部です。後の問いに答えなさい。

> ７月22日　くもりのち晴れ
>
> 関東甲信越《こうしんえつ》で 1 梅雨明けが発表された。いよいよ夏本番だ。日本の夏は 2 湿度《しつど》が高くて、ジメジメしている。
>
> ８月１日　くもり時々晴れ　一時かみなり
>
> 今日で24日連続、3 最高気温が30℃以上だそうだ。雨も少ないので、屋上菜園の大豆が心配だ。
>
> ８月15日　くもり一時雨
>
> 4 台風７号が関西地方に上陸した。関東でも昨日は風が強く、雨もたくさん降っていた。
>
> ８月31日　晴れ時々くもり
>
> 今年の関東の夏は雨が少なく、とても暑かった。これは、5 湿《しめ》った空気が山を越《こ》えて反対側に吹《ふ》き下りる時、乾燥《かんそう》した高温の風になり、気温が上昇《じょうしょう》したためらしい。

問１　晴れの天気記号はどれですか。次の**ア**〜**エ**から選び、記号で答えなさい。

ア　●　　**イ**　○　　**ウ**　◎　　**エ**　⦶

問２　地球の自転によって、日本の上空にはいつも強い西風が吹いており、これが天気に影響《えいきょう》を与《あた》えることがあります。この風を何と言いますか。また、この風に関連している言い伝えを次の**ア**〜**エ**から選び、記号で答えなさい。

ア　ツバメが低く飛ぶと雨

イ　ネコが顔を洗うと雨

ウ　夕焼けの次の日は晴れ

エ　トビが高く飛ぶと晴れ

問３　下線部１について、梅雨前線の形成に関係する気団はどれですか。次の**ア**〜**エ**からすべて選び、記号で答えなさい。

ア　揚子江《ようすこう》気団　　**イ**　シベリア気団

ウ　オホーツク海気団　　**エ**　小笠原《おがさわら》気団

問４　下線部**２**について、図１のような乾湿 球 湿度計《かんしつきゅうしつどけい》を使って、湿度を測定しようとしました。図２は図１の乾球と湿球の一部を、図３は図１についていた表を拡大したものです。このときの湿度は何％ですか。

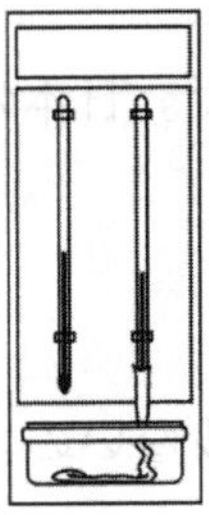

図１

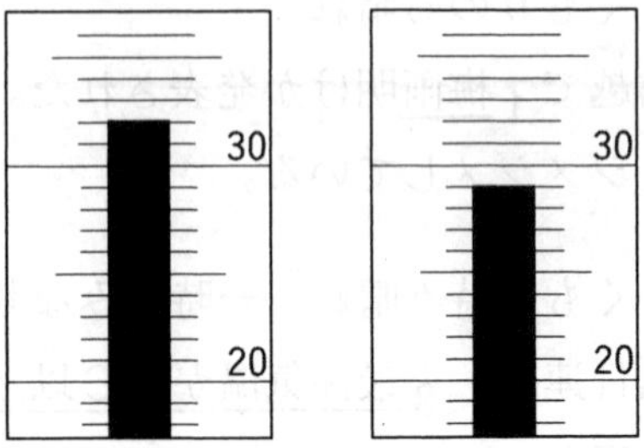

図２

		乾球と湿球の示度の差（℃）						
		0.5	1.0	1.5	2.0	2.5	3.0	3.5
乾球の示度（℃）	35	97	93	90	87	83	80	77
	34	96	93	90	86	83	80	77
	33	96	93	89	86	83	80	76
	32	96	93	89	86	82	79	76
	31	96	93	89	86	82	79	75
	30	96	92	89	85	82	78	75
	29	96	92	89	85	81	78	74
	28	96	92	88	85	81	77	74
	27	96	92	88	84	81	77	73
	26	96	92	88	84	80	76	73

図３

問５　下線部**３**について、最高気温が30℃以上の日を何と言いますか。ことばで答えなさい。

問６　下線部**４**について、次の文章は台風について説明したものです。空らんに適する言葉をそれぞれ**ア**、**イ**から選び、記号で答えなさい。

台風は熱帯（①　**ア**　高気圧　　　**イ**　低気圧）が発達したものです。
台風の目のまわりでは、中心に近いほど風も雨も強く、特に台風の進路の（②　**ア**　右側　　　**イ**　左側）では風が強くなります。

問７　下線部**5**について、次の問いに答えなさい。

(1)　このような現象を何と言いますか。ことばで答えなさい。

(2)　下の図４のように、地点ア（標高０ｍ）から地点ウ（標高2000ｍ）を通って地点エ（標高０ｍ）へと風が山を越えて吹きました。このとき、途中の地点イ（標高800ｍ）から地点ウまで雲が観測されました。地点アでの気温が20℃であった時、地点エでの気温は何℃になりますか。なお、標高が100ｍ変わるごとに雲ができていない空気は１℃変化し、雲ができている空気は0.5℃温度が変化するとします。

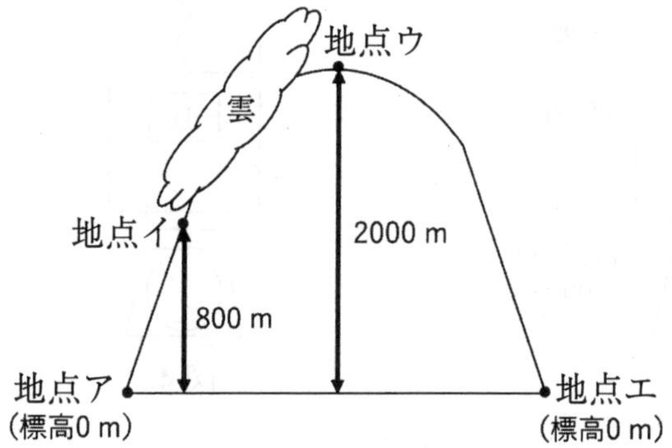

図４

4　水の中の物体にはたらく力を調べる実験を行いました。この実験をもとに、後の問いに答えなさい。ただし、糸の体積や重さは考えないものとし、水１cm³の重さを１ｇとします。また、実験で用いた容器はすべて同じものとします。

【実験】

・図１のように、物体Ａ、Ｂをばねはかりにつるすと、ばねはかりはそれぞれ210ｇ、420ｇを示しました。

・図２のように、目盛りのついた容器に水400 cm³を入れて、物体Ａを容器の中に入れると、水面の位置が500 cm³を示しました。

・図３のように、水400 cm³が入った容器を台ばかりにのせると、台ばかりは650ｇを示しました。

・図４のように、物体Ｂを図３の容器の中に入れると、ばねはかりは300ｇを示しました。

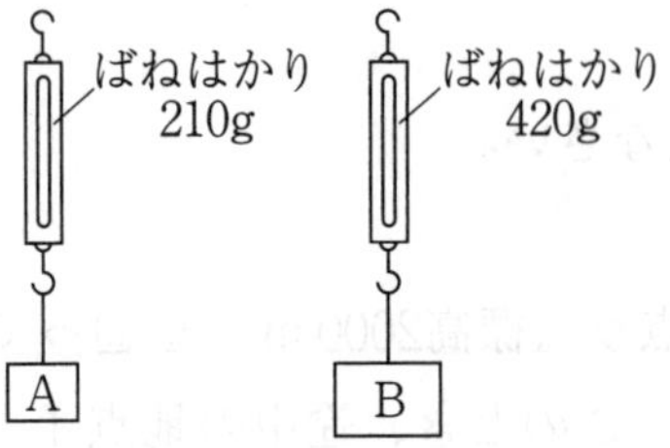

図１

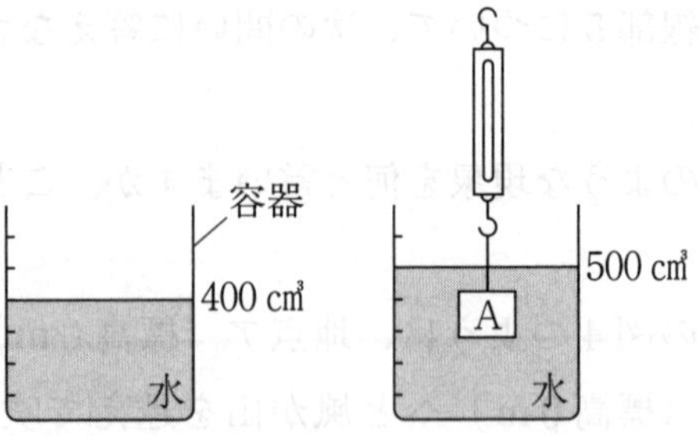

図２

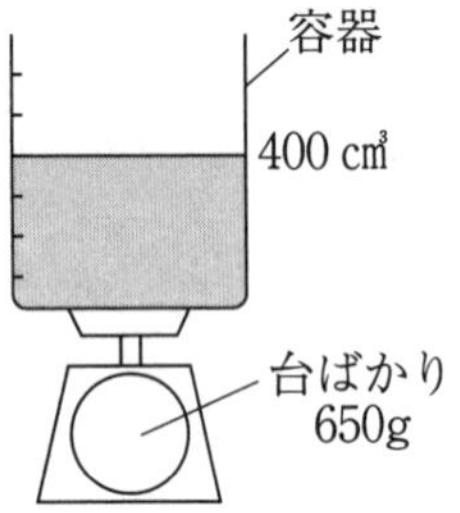

図３

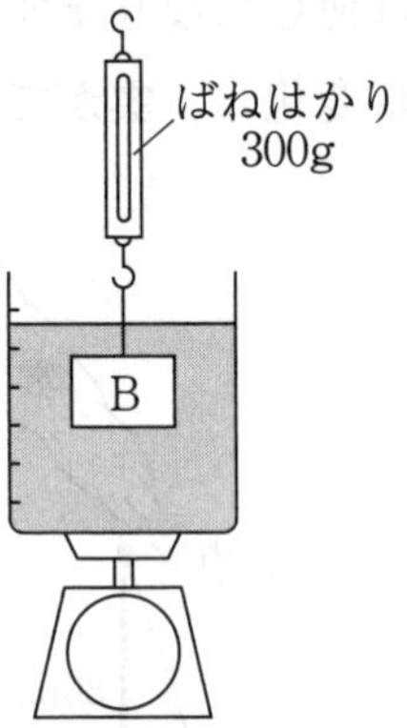

図４

問１　物体Ａの体積は何 cm^3 ですか。

問２　図２の物体Ａにはたらいている浮《ふ》力《りょく》の大きさは何ｇですか。

問３　図２のばねはかりは何ｇを示していますか。

問４　容器の重さは何ｇですか。

問５　物体Ｂの体積は何 cm^3 ですか。

問６　図４の台ばかりは何ｇを示していますか。

問六　――線⑤「植物たちは、そのようになることを望んでいないでしょう」について、次の各問いに答えなさい。

(1)　「そのようになること」とはどんなことですか。文章中の言葉を使い、簡潔に説明しなさい。

(2)　この理由を説明した次の文の空欄に当てはまる内容を、文章中の言葉を使って答えなさい。

・植物たちは、動物たちに［　ⓐ　］もらったり、［　ⓑ　］もらったりすることで、［　ⓒ　］ことを可能にしているから。

問七　次のア～エについて、本文の内容に合うものには1を、合わないものには2を、それぞれ数字で答えなさい。

ア　動物は植物から栄養素を取り入れることで、生命活動に必要不可欠なエネルギーを摂取している。

イ　動物は自分の餌となる植物の種をまき散らすために、広い範囲をウロウロと動きまわっている。

ウ　植物は硝酸カリウムや硝酸アンモニウムなどの肥料からも、アミノ酸をつくることができる。

エ　植物は動物がいなくても生きていけるため、その点で動物よりも優れていると言うことができる。

問二　空欄 X に入る理科の用語を漢字三字で答えなさい。

問三　——線②「このブドウ糖こそが、直接、エネルギーの源になる物質なのです」とありますが、人間を含む動物たちとブドウ糖との関係についての説明として**適切でないもの**を次から一つ選び、記号で答えなさい。

ア　デンプンを口から摂取することで、デンプンからブドウ糖を取り出している。

イ　ブドウ糖は、病気になった際、栄養補給として受ける点滴注射の中身である。

ウ　エネルギーの源となるブドウ糖やデンプンを自分の体内でつくり出している。

エ　ブドウ糖は、蓄えたエネルギーが全て取り出されると、もとの原料にもどる。

問四　——線③「成長し健康に生きるためには、デンプンだけでなく、タンパク質や脂肪やビタミンなどが必要です」とありますが、生きるために必要な「タンパク質」について、人間（動物）と植物に分けて整理した次の表の空欄に当てはまる語句をそれぞれ十二字以内で答えなさい。

人間（動物）	自分でアミノ酸を「　　　」ため、ウシやブタやニワトリ、魚などの肉を食べることで「　　　」。
植物	自分でアミノ酸を「　　　」ため、タンパク質を摂取する必要はないが、養分として「　　　」必要がある。

問五　——線④「植物たちは、自分たちの食糧だけでなく、地球上のすべての動物の食糧を賄っています」とありますが、このように言えるのはどうしてですか。文章中の言葉を使って説明しなさい。

しかし、その食べられる動物の肉は、「何を食べてつくられたのか」ともとをたどれば、まちがいなく植物たちのからだに行きつきます。シマウマやウサギなどは、草食動物であり、植物を食べて生きています。ですから、「すべての動物は、植物たちのからだを食べて生きている」ということになります。

このように、植物たちは、すごい生産能力で、すべての動物の食糧をつくり出しています。しかも、動きまわることがないので、動物によく食べられます。「動物に食べられる」ことは、植物たちが逃れることのできない宿命なのです。もし植物たちが、逃げまわることができ、動物に食べられることを完全に拒否できるとしたら、すべての動物は生きていけません。

しかし、⑤植物たちは、そのようになることを望んでいないでしょう。植物たちは、「少しぐらいなら、動物にからだを食べられてもいい」と思っているはずです。なぜなら、「動物に生きていてほしい」からです。

植物たちは、花粉を運んでもらうのに、虫や鳥などの動物の世話になります。また、動物のからだにくっついてタネを運んでもらいます。動物に実を食べてもらうのは、何よりも大切なことです。食べてもらえば、実の中にあるタネを糞《ふん》といっしょにどこか遠くに排《はい》泄《せつ》してもらえます。あるいは、食べ散らかすようにしてタネをどこかに落としてもらえます。

いずれにせよ、動物に実を食べてもらうと、植物たちはタネをまき散らしてもらえるのです。これらは、動きまわることのない植物たちにとっては、生活の場を移動するのに役立ちます。また、生活の場を広げるのに必要なことです。植物たちは、動きまわることがないのに、生活の場を移動したり、生活の場を広げたりする、〝すごい〟術を身につけているのです。

（田中修『植物はすごい　生き残りをかけたしくみと工夫』による）

問一　――線①「植物は、動きまわって食べ物を探すことがないのに、どのようにエネルギーを手に入れているのだろうか」とありますが、植物がエネルギーを入手する方法を説明した次の文の空欄に当てはまる言葉を、ⓐは一字、ⓑは五字、ⓒは四字で、それぞれ文章中から書き抜きなさい。

・植物はⓐ□とⓑ□□□□□を材料としてⓒ□□□□を用い、葉でブドウ糖を生成している。

ちは、そのアミノ酸を並べ直して、自分に必要なタンパク質をつくっているのです。

ところが、植物たちは、自分でアミノ酸をつくることができます。だから、植物たちは肉を食べる必要はないのです。言い換えると、植物たちは、肉を食べなくても、肉の成分であるアミノ酸をつくり出すことができるのです。

ただ、植物たちがアミノ酸をつくるためには、窒素《ちっそ》という養分が特別に必要です。窒素は、アミノ酸をつくるための原料として必要なのです。そのために、自然の中で自力で生きる植物たちは根によって、養分として窒素を地中から取り込みます。

私たちは、栽培《さいばい》している植物たちのために、窒素肥料として硝酸《しょうさん》カリウムや硝酸アンモニウムなどを土に与えます。植物たちは、それらを吸収してアミノ酸をつくり、自分に必要なタンパク質をつくります。

「植物がアミノ酸をつくるために窒素を吸収しなければならないのなら、人間がアミノ酸を得るためにタンパク質を摂取しなければならないのと、あまり変わらないじゃないか」と思われる方もあるでしょう。ところが、人間は、アミノ酸の原料である硝酸カリウムや硝酸アンモニウムなどをもらっても、アミノ酸をつくることはできません。だから、できあがったアミノ酸をタンパク質として摂取しなければならないのです。

植物たちは、アミノ酸をつくるしくみをもっているので、からだのそれぞれの部分が正常にはたらくために必要なタンパク質を自分でつくります。同様に、植物たちは、成長のためにも健康に生きていくためにも必要な脂肪やビタミンなどもつくり出すことができます。そのため、何も食べずにすくすく成長することができるのです。

このように、植物たちは自分に必要な物質を自分でつくり出すことができるのです。だから、植物たちは動物がいなくても、生きていけます。このことだけで、植物と動物のどちらのほうが〝すごい〟と決める必要はありません。でも、植物たちの〝すごさ〟は十分に納得できるでしょう。

④植物たちは、自分たちの食糧《りょう》だけでなく、地球上のすべての動物の食糧を賄《まかな》っています。私たち人間も、食糧を植物たちに依存しています。「私たちを含めて、動物が食べているものは何か」と考えてください。それは、植物たちのからだである葉や茎、根や実などです。「植物を食べずに、肉を食べている動物もいる」と思う人があるかもしれません。たとえば、「肉食動物」といわれるライオンやチーターは、シマウマなどの肉を食べて生きています。また、タカやワシは、ウサギなどを食べて生きています。

私たちは、デンプンを食べて、ブドウ糖を取り出し、エネルギー源として使っているのです。「消化する」という語がありますが、「デンプンを消化する」ということは、ブドウ糖が連なっているデンプンを切って、ブドウ糖を取り出すことなのです。

植物たちは、水と二酸化炭素からブドウ糖をつくりますが、そのとき、光のエネルギーを使います。その結果、ブドウ糖の中に、光のエネルギーが取り込まれ、蓄《たくわ》えられます。私たちは、摂取《せっしゅ》したブドウ糖をからだの中で分解します。その途上で、ブドウ糖の中に蓄えられていたエネルギーが放出されます。そのエネルギーはすぐに使われることもありますが、からだの中に蓄えられることもあります。

ブドウ糖から得られたエネルギーは、私たちが歩いたり走ったりするためのエネルギーに使われます。また、成長したり、からだを維持したりするための物質をつくるのに役立ちます。ブドウ糖は、蓄えていたすべてのエネルギーが取り出されてしまうと、原料であったもとの水と二酸化炭素にもどって、からだから出て行きます。

植物たちは、エネルギーの源となるブドウ糖やデンプンを自分でつくっているのですから、何も食べなくても、生きていけるのです。食べ物を探し求めて動きまわらなければならない動物を見て、植物たちは、「ウロウロと動きまわらなければ生きていけない、かわいそうな生き物だ」と思っているでしょう。

しかし、動物が食べ物を食べるのは、エネルギー源であるデンプンやブドウ糖を摂取するためだけではありません。私たちは、食べ物と成長と健康の関係をよく知っています。③成長し健康に生きるためには、デンプンだけでなく、タンパク質や脂肪《しぼう》やビタミンなどが必要です。そのために、私たちは肉や果物や野菜を食べます。しかし、植物たちはこれらを食べていません。

果物や野菜は植物のからだの一部ですから、植物たちが食べていなくてもそんなにふしぎではないかもしれません。でも、肉は動物のからだの部分ですから、「植物が成長し健康に生きるためには、お肉を食べなければならないのではないか」との疑問が浮《う》かびます。

私たちが、ウシやブタやニワトリ、魚などの肉を食べるのは、タンパク質を摂取するためです。といっても、ウシやニワトリなどのタンパク質がそのまま必要なのではありません。私たちのからだではたらくタンパク質をつくるための材料が必要なのです。

タンパク質というのは、アミノ酸が連なって並んだものです。ですから、タンパク質をつくるためには、アミノ酸が必要です。私たち人間は、アミノ酸をつくり出すことができません。だから、タンパク質を食べて、それを消化してアミノ酸を取り出すのです。私たところが、ふつう、植物たちが食べ物を食べている姿を見かけることはありません。食べ物を探し求めて、ウロウロと動きまわらなければならない動物は、「①植物は、動きまわって食べ物を探すことがないのに、どのようにエネルギーを手に入れているのだろうか」と、ふしぎに思っているでしょう。

じつは、植物たちは、根から吸った水と空気中の二酸化炭素を材料にして、太陽の光を利用して、葉っぱでブドウ糖やデンプンをつくっているのです。この作用を「 X 」といいます。 X でつくられるブドウ糖やデンプンこそが、生命を維持し成長していくためのエネルギーの源となる物質なのです。

デンプンは、私たち人間の主食であるコメやムギ、トウモロコシなどの主な成分です。ジャガイモやサツマイモにも、多くのデンプンが含まれています。ジャガイモに含まれているデンプンは、容易に取り出すことができます。

ジャガイモをおろし金ですりおろし、おろしたものをさらし布に包み、水を入れた容器の中でもみほぐします。しばらくすると、白いものが容器の底に沈殿《ちんでん》します。上澄みの水を捨て、新しい水を加えてかき混ぜ、再び沈殿するのを待ちます。この操作を何回か繰り返します。この操作を繰り返すほど、沈殿物は精製されます。最後に底にたまった白い沈殿物を乾燥させると、サラサラの真っ白な粉が得られます。それがジャガイモのデンプンです。

同じようにして、カタクリの根から取り出したものが片栗粉《かたくりこ》、クズの根から取り出したものが葛粉《くずこ》、ワラビの地下部にある茎《くき》から取り出したものがわらび粉です。本来は、片栗粉や葛粉、わらび粉の原料は、カタクリ、クズ、ワラビのはずです。ところが、近年は、原料になるこれらの根が手に入りにくいことから、ジャガイモやサツマイモのデンプンが代用されて、このような名前で売られています。たとえば、市販の片栗粉を購入《こうにゅう》されたら、原材料名を見てください。「ジャガイモでんぷん」、あるいは、ただ「でんぷん」と書かれているものが多いのです。

デンプンは、ブドウ糖が結合して並んだ物質です。②このブドウ糖こそが、直接、エネルギーの源になる物質なのです。私たちが病気になり、食欲がなくなって病院に行ったら、栄養補給のための点滴《てき》注射を受けます。点滴注射を受けるときにぶら下がっている袋《ふくろ》には、中に何が入っているかが書かれています。そんな機会はないほうがいいのですが、もし点滴を受けることがあれば、袋に書かれている文字を見てください。「ブドウ糖」、あるいは、英語名で「グルコース」と書かれているはずです。

二

次の慣用句の空欄[A]～[E]に体の部分を表す漢字一字を入れて、慣用句を完成させなさい。また、各慣用句の意味としてふさわしいものを、後のア～オの中からそれぞれ一つずつ選び、記号で答えなさい。

① [A]からうろこが落ちる　…【意味①】
② [B]にたこができる　…【意味②】
③ [C]をとがらせる　…【意味③】
④ [D]をさぐる　…【意味④】
⑤ [E]がおどる　…【意味⑤】

意味
ア　相手の意向を、それとなくうかがうこと。
イ　期待や喜びなどの感情で、わくわくすること。
ウ　くりかえし同じことを言われ、いや気がさすこと。
エ　あることがきっかけで、急に本質が理解できるようになること。
オ　思うようにならないときに、不平不満を顔に出すこと。

三

次の文章を読んで、後の問いに答えなさい。

すべての動物が生命を維持《いじ》し成長していくためには、エネルギーが必要です。そのエネルギーを得るための食べ物を探し求めて、動物はウロウロと動きまわらなければなりません。動物と同じように、植物たちも生きており、ものすごい速さで成長します。だから、植物たちにもエネルギーが必要なはずです。

2024年度

東京農業大学第三高等学校附属中学校

【国　語】〈第三回試験〉（四〇分）〈満点：一〇〇点〉

一　次の各文の――線部のカタカナの語を漢字に直しなさい。

① 中学生をタイショウとしたアンケート
② 月々のシシュツを切りつめて生活する
③ 列車はキセイする人たちで満席だった
④ 健康のために早起きをシュウカンにしている
⑤ 強風が吹いているのでオクナイで過ごす
⑥ 太陽の熱で水がジョウハツした
⑦ その少年はメイロウな性格だった
⑧ かぜをひいてオカンがする
⑨ 相手をウヤマう気持ちを大切にする
⑩ 友人からの頼みをココロヨく引き受けた

2024年度

東京農業大学第三高等学校附属中学校 ▶解　答

※　編集上の都合により，第３回試験の解説は省略させていただきました。

算　数　＜第３回試験＞（40分）＜満点：100点＞

解　答

[1] (1)　$1\frac{1}{3}$　(2)　$\frac{3}{4}$　(3)　100　(4)　2790　[2] (1)　C　(2)　8個　(3)　35秒　(4)　78点　(5)　2000円　(6)　$94cm^2$　[3] (1)　2回　(2)　時速40km　(3)　7時21分　(4)　2km　[4] (1)　40分　(2)　30分　(3)　45分　(4)　2分

社　会　＜第３回試験＞（40分）＜満点：100点＞

解　答

[1] **問１**　イ　**問２**　エ　**問３**　ウ　**問４**　(1)　エ　(2)　エ　**問５**　イ　**問６**　**地熱発電**…エ　**風力発電**…ウ　**問７**　(1)　青函　(2)　ウ　(3)　（例）　大気汚染を防ぐ。（交通渋滞の緩和。）　**問８**　**仙台**…オ　**秋田**…ア　[2] **問１**　**A**　ウ　**B**　イ　**C**　ク　**D**　カ　**問２**　(1)　イ，ウ　(2)　ウ，エ　(3)　承久の乱　(4)　北条時宗　**問３**　(1)　エ　(2)　イ　**問４**　(1)　エ　(2)　ウ　**問５**　エ→ア→イ→ウ　[3] **問１**　イ　**問２**　エ　**問３**　バイデン　**問４**　イ　**問５**　ア　**問６**　ウ　**問７**　エ　**問８**　ウ　**問９**　**X**　総辞職　**Y**　10

理　科　＜第３回試験＞（40分）＜満点：100点＞

解　答

[1] **問１**　①　ア　②　ウ　③　エ　④　オ　⑤　ク　⑥　カ　⑦　ケ　⑧　コ　**問２**　⑨　ウ　⑩　ア　⑪　イ　**問３**　**ア**　アンモニア　**イ**　水素　**ウ**　塩素　**エ**　酸素　**問４**　(1)　（例）　試験管の口を加熱部より下げる。／上方置換で集める。　(2)　ア，エ　(3)　水　[2] **問１**　**Aの部分**…左心房　**つくり**…二心房二心室　**問２**　B　**問３**　イ　**問４**　④　**問５**　イ，ウ　**問６**　動脈血　[3] **問１**　エ　**問２**　**名称**…へん西風　**記号**…ウ　**問３**　ウ，エ　**問４**　79％　**問５**　真夏日　**問６**　①　イ　②　ア　**問７**　(1)　フェーン現象　(2)　26℃　[4] **問１**　$100cm^3$　**問２**　100g　**問３**　110g　**問４**　250g　**問５**　$120cm^3$　**問６**　770g

国　語　＜第３回試験＞（40分）＜満点：100点＞

解　答

一 下記を参照のこと。　二（漢字，意味の順で）①　目，エ　②　耳，ウ　③　口，オ　④　腹，ア　⑤　胸，イ　三 **問１**　ⓐ　水　ⓑ　二酸化炭素　ⓒ　太陽の光　**問２**　光合成　**問３**　ウ　**問４**　**人間（動物）**…（例）（自分でアミノ酸を）つくり出すことができない（ため，ウシやブタやニワトリ，魚などの肉を食べることで）タンパク質を摂取している（。）　**植物**…（例）（自分でアミノ酸を）つくり出すことができる（ため，タンパク質を摂取する必要はないが，養分として）地中から窒素を取り込む（必要がある。）　**問５**（例）肉食動物に食べられる草食動物が植物のからだを食べて生きていることを考えると，植物がすべての動物の食糧をつくり出していると言えるから。　**問６**　(1)（例）植物が逃げまわって動物に食べられることを拒否し，すべての動物が生きていけなくなること。　(2)　ⓐ（例）花粉を運んで　ⓑ（例）実を食べて　ⓒ（例）生活の場を移動し，広げる　**問７**　**ア**　1　**イ**　2　**ウ**　1　**エ**　2

●漢字の書き取り

一 ①　対象　②　支出　③　帰省　④　習慣　⑤　屋内　⑥　蒸発　⑦　明朗　⑧　悪寒　⑨　敬(う)　⑩　快(く)

2023年度 東京農業大学第三高等学校附属中学校

【算　数】〈第１回試験〉（40分）〈満点：100点〉

〔注意事項〕コンパス、分度器は使用しないでください。

1　次の □ にあてはまる数を求めなさい。

(1)　$0.75 \div \left(\frac{15}{4} - 1\frac{2}{3} \times 1.5\right) =$ □

(2)　$20 - 12 \times (7.3 - 1.3) \div$ □ $= 12$

(3)　$(0.5 + 0.25 + 0.125 + 0.0625) \times 16 =$ □

2　次の各問いに答えなさい。

(1)　$a▲b = (a + b) \times b$ というきまりで計算をします。
このとき，次の □ にあてはまる数を求めなさい。

$(4▲2)▲5 =$ □

(2)　A，B，Cの３人が算数のテストを受けました。AとBの２人の平均点が61.5点，BとCの２人の平均点が68点，AとCの２人の平均点が65.5点でした。この３人の平均点は何点ですか。

(3)　次の①，②の両方にあてはまる整数Nがあります。

①　$N \times N$ を計算すると，100より大きく，500より小さくなる。

②　Nの約数の個数は４個である。

このような整数Nのうち，各位の数の和が最も大きいものを求めなさい。

(4)　空気中では，音は１秒間に340 m の速さで伝わります。また，ジェット機が時速1320 km で進んでいます。このとき，１分間に音が伝わる距離《きょり》とジェット機が進む距離《きょり》の差は何 m ですか。

(5)　右の図は，ぴったり並べた空き缶《かん》をひもでしばり，上から見たときの様子を表しています。影《かげ》をつけた部分の面積を求めなさい。ただし，空き缶《かん》はすべて底面の半径が５cm の円であるとし，円周率は3.14とします。

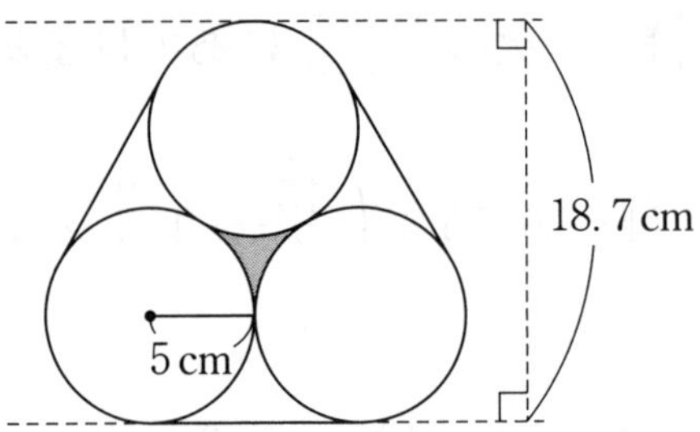

3　下の図１のように台形ABCDがあり，点ＰはＢを出発し，毎秒１cm の速さで台形の辺上をＢ→Ｃ→Ｄ→Ａ→Ｂ→Ｃ→… の順に動いています。下の図２は，点ＰがＢを出発してからの時間と三角形ＰＢＣの面積の関係を表したものです。次の各問いに答えなさい。

図１

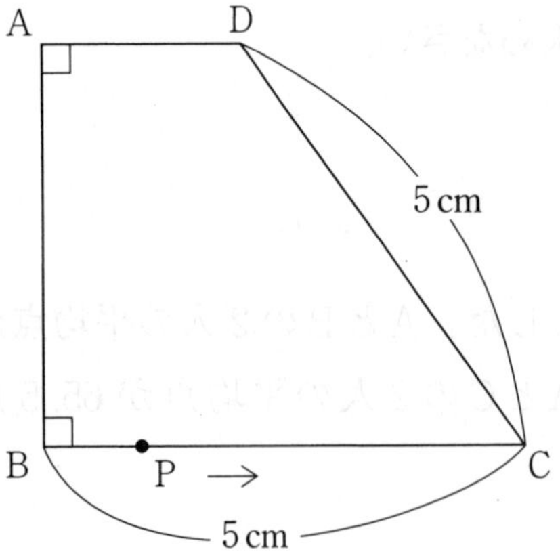

図２

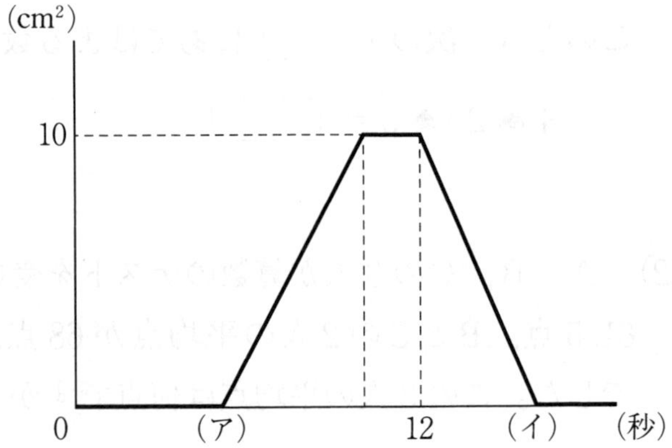

(1)　図２の（ア）にあてはまる数を求めなさい。

(2)　辺ADの長さを求めなさい。

(3)　図２の（イ）にあてはまる数を求めなさい。

(4)　点ＰがＢを出発してから2023秒後の三角形ＰＢＣの面積を求めなさい。

4　下のように，ある規則にしたがって数が並んでいます。

１，２，２，３，３，３，４，４，４，４，５，……

次の各問いに答えなさい。

(1)　前から20番目の数はいくつですか。

(2)　前から20番目までの数の和はいくつですか。

(3)　前から数を足していくとき，初めてその和が150より大きくなるのは前から何番目までの数を足したときですか。

(4)　前から数をかけていくとき，初めてその積の下６けたに０だけが並ぶのは前から何番目までの数をかけたときですか。

5　ある水そうには水を入れる給水管Ａ，Ｂの２本と，水を出す排《はい》水管が１本あります。この水そうを満水にするのに排《はい》水管を閉じて給水管Ａだけで水を入れると30分，給水管Ｂだけで水を入れると20分かかります。また，排《はい》水管を開くと満水であった水そうは40分で空になります。次の各問いに答えなさい。

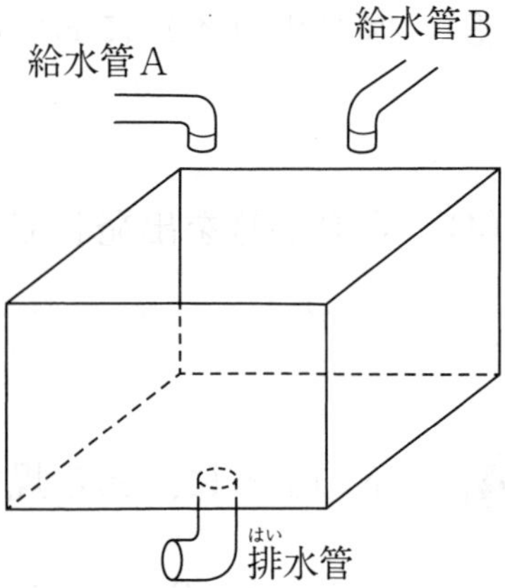

(1)　排《はい》水管を閉じて給水管Ａだけで水そうのちょうど半分まで水を入れて，残りを給水管Ｂだけで水を入れます。満水になるまでに全部で何分かかりますか。

(2)　排《はい》水管を閉じて給水管Ａ，Ｂの両方で水を入れるとき，満水になるまでに何分かかりますか。

(3)　排《はい》水管を閉じて給水管Ａだけで10分間水を入れた後，給水管Ｂも開いて２本の給水管で水を入れます。満水になるまでに全部で何分かかりますか。

(4)　給水管Ａだけで水を入れ始めてから20分後に排《はい》水管が開いているのに気づきました。そこですぐに排《はい》水管を閉じ，給水管Ｂを開いて２本の給水管で水を入れました。満水になるまでに全部で何分かかりますか。

【社会・理科】〈第１回試験〉（40分）〈満点：100点〉

1　**M**さんは、世界の諸問題（人口、農業、環境）について調べてみました。後の各問いに答えなさい。

問１　**M**さんは、世界の人口上位10カ国の表（図１）を作り、その場所を世界地図（次のページ図２）に**A**～**J**の記号で記しました。また、コメの生産量上位10カ国に●を付けて世界地図を完成させました。図１中のブラジル、ナイジェリア、メキシコに該当する場所を、図２中の**A**～**J**よりそれぞれ選び、記号で答えなさい。

【図１】（単位：億人）

１位：中華人民共和国　(14.39)	６位：ブラジル　(2.13)
２位：インド　(13.80)	７位：ナイジェリア　(2.06)
３位：アメリカ合衆国　(3.31)	８位：バングラデシュ　(1.65)
４位：インドネシア　(2.74)	９位：ロシア連邦　(1.46)
５位：パキスタン　(2.20)	10位：メキシコ　(1.29)

（資料：2022年版　統計要覧より作成。）

問２　図２中の**H**に当てはまる国の地図を、次の**ア**～**エ**のうちから１つ選び、記号で答えなさい。なお、それぞれの地図の縮尺は変えてあります。島しょ部は、一部削除してあります。

ア

イ

ウ

エ

【図２】

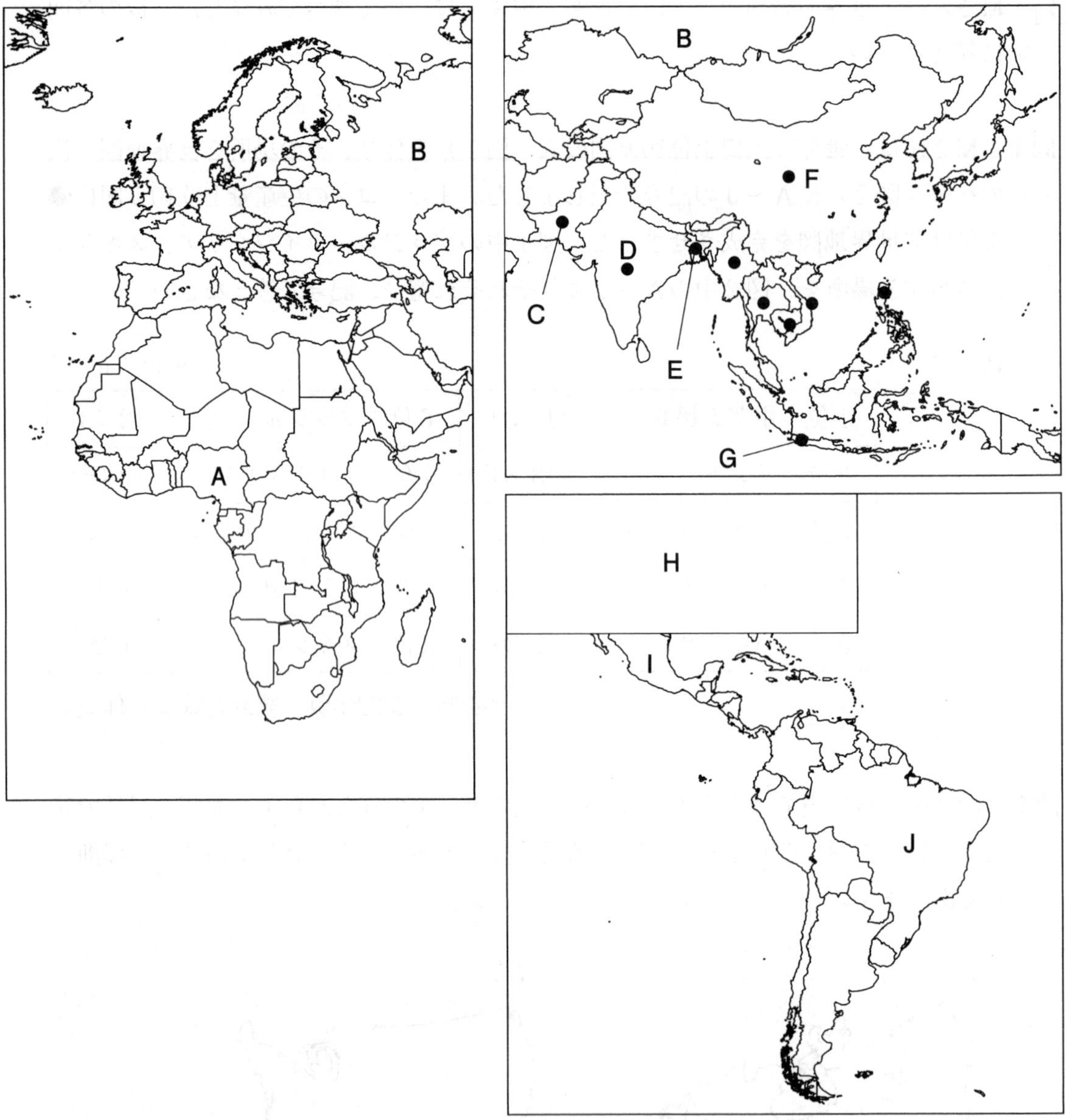

問３　Ｍさんは、発展途上国と先進国の人口問題について、特に労働力に注目をして、以下の文章にまとめました。文中の空欄 X ・ Y に最も適する語句をそれぞれ答えなさい。

> 発展途上国は、 X が生計を支える労働者と考え、先進国は、労働力不足から Y 労働者の導入を図っている。

問４　コメ（水稲）の栽培条件の一つに、大河川とその中下流域に広がる平原の存在があげられます。図２中の国記号と河川名の組み合わせとして誤っているものを、次の**ア**～**エ**のうちから１つ選び、記号で答えなさい。

ア　**C** ― メコン川　　　**イ**　**D** ― ガンジス川
ウ　**E** ― ガンジス川　　**エ**　**F** ― 長江

問５　Ｍさんは、図２中の●のついたコメの生産量上位10カ国において、コメを増産させた方法について調べました。次の文章の**ア**～**エ**のうちから誤っているものを１つ選び、記号で答えなさい。

ア　新たに水田を開こんし、栽培面積を増やしました。
イ　同じ土地を使って、年間２回栽培する二期作を実施しました。
ウ　品種改良された多収品種のコメを導入する、白い革命を実施しました。
エ　農地の整備、灌がい設備の普及、水の管理など、農業技術の向上に努めました。

問６　図２中の**Ｇ**国では、大河川がないため下の図３のような工夫をして、雨水や湧水を有効的に活用しています。図３のような工夫をしている水田を何といいますか、答えなさい。

【図３】

問７　**Ｍ**さんは、図２中の**Ｇ**国の首都の一部が水没する被害が出ていることを知りました。後の各問いに答えなさい。

(1)　**Ｇ**国の首都名を、次の**ア**～**エ**のうちから１つ選び、記号で答えなさい。

ア　ネーピードー　**イ**　クアラルンプール
ウ　バンコク　**エ**　ジャカルタ

(2)　水没の対策として、現在実施されていることや、考えられていることとして誤っているものを、次の**ア**～**エ**のうちから１つ選び、記号で答えなさい。

ア　首都を他地域に移す計画が発表されました。
イ　首都の沖合に巨大な防潮堤を建設中です。
ウ　地下水のくみ上げを規制する条例が出されました。
エ　首都全体を埋め立てて、標高を上げようとしています。

2　次の図１を参考にして、後の各問いに答えなさい。

【図１】

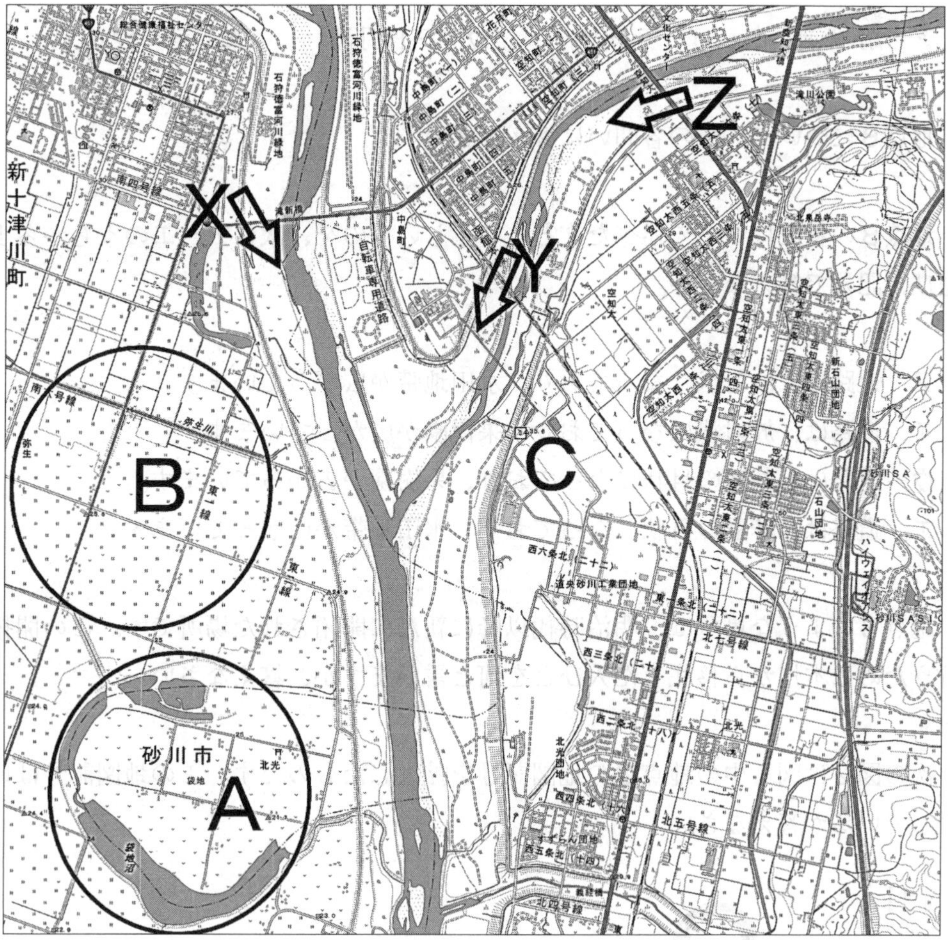

（国土地理院の地図を加工）

問１　図１中の地点**A**について、後の各問いに答えなさい。

(1)　地点**A**における沼について述べた文として正しいものを、次の**ア**～**エ**のうちから１つ選び、記号で答えなさい。

ア　川が山地から平地へ流れるときに、土砂などが堆積して扇《おうぎ》のような形に広がった地形。

イ　川が海へと流れ出る際に、土砂などが堆積して三角形の低地を作った地形。

ウ　かつて河川が流れていた部分が、切り離されてできた地形。

エ　川が氾濫《はんらん》した際に川岸に土砂が堆積し、周囲より少し高くなった地形。

⑵　地点**A**の地形を何といいますか。次の**ア**～**エ**のうちから１つ選び、記号で答えなさい。

ア　扇《せん》状《じょう》地《ち》　　**イ**　三角州　　**ウ**　三日月湖　　**エ**　河岸段丘

問２　地点**B**について、後の各問いに答えなさい。

⑴　地点**B**の特徴について述べた文として正しいものを、次の**ア**～**エ**のうちから１つ選び、記号で答えなさい。

ア　道路は、放射状になっており、水田地帯が広がっています。
イ　道路は、放射状になっており、果樹園が広がっています。
ウ　道路は、碁盤の目状になっており、果樹園が広がっています。
エ　道路は、碁盤の目状になっており、水田地帯が広がっています。

⑵　地点**B**のような場所は、明治時代以降に新たに開拓された場所です。この開拓を行うために本州から移住した人びとを何と言いますか、答えなさい。

問３　次の図２は図１中の地点**C**の地図記号を拡大したものです。この地図記号は何を表しているか答えなさい。

【図２】

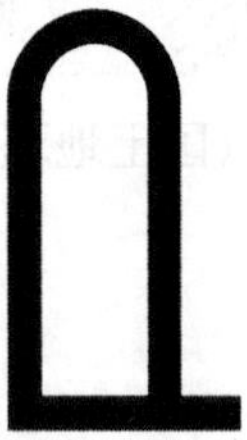

問４　次の図３は図１中の**Ｘ**～**Ｚ**のいずれかの場所から矢印の方向を見た様子です。図３の場所として最も適当なものを**Ｘ**～**Ｚ**のうちから１つ選び、記号で答えなさい。

【図３】

(引用：Google Earthより)

問５　図１中の土地の利用方法について述べた文として正しいものを、次の**ア**～**エ**のうちから１つ選び、記号で答えなさい。

ア　街は川の氾濫を避けるために、山の中に立地しています。

イ　河川の近くでは、水田の他に畑や広葉樹林もありますが、川岸には荒れ地もあります。

ウ　高速道路は、アクセスのよい街の中を通っています。

エ　鉄道（函館本線）を境に、新十津川町と砂川市にわかれています。

3 次の文章を読んで、後の各問いに答えなさい。

2022年７月８日、安倍晋三元①総理大臣が、参議院選挙の応援演説を行っていた②奈良県において、背後から銃撃されて死亡するという、大変ショッキングな事件がおきてしまいました。

過去をふり返ると、戦前の1932年に、海軍の青年将校の一団が首相官邸におし入り、犬養毅《いぬかいつよし》首相を暗殺しました。これを [A] 事件といいます。そして、この事件をきっかけに、政党内閣が崩壊《ほうかい》しました。４年後の1936年には、陸軍の青年将校が、国会・首相官邸・警視庁などを占拠した [B] 事件が発生して、首相経験者の③高橋是清《これきよ》が殺害されています。この事件をきっかけにして、軍部は政治上の発言力を強め、政治を動かすようになりました。

安倍元首相の殺害は、民主主義の柱とも言うべき、選挙の期間中におこりました。この事件は、私たちにどのようなメッセージを伝えているのでしょうか。

問１ 文中の空欄 [A] ・ [B] に入る語句の組み合わせとして正しいものを、次の**ア**～**エ**のうちから１つ選び、記号で答えなさい。

ア A：三・一五 B：四・一六　**イ** A：二・二六 B：四・一六
ウ A：五・一五 B：三・一五　**エ** A：五・一五 B：二・二六

問２ 文中の下線部①に関連して、後の各問いに答えなさい。

(1) 初代の内閣総理大臣である伊藤博文の在任中の出来事として正しいものを、次の**ア**～**エ**のうちから１つ選び、記号で答えなさい。

ア 韓国併合　**イ** 第一次世界大戦
ウ 米騒動　**エ** ノルマントン号事件

(2) 歴代総理大臣を説明した文として誤っているものを、次の**ア**～**エ**のうちから１つ選び、記号で答えなさい。

ア 原敬《はらたかし》：はじめて華族以外から首相になった人物で、平民宰相とよばれました。
イ 東条英機：陸軍大臣から1941年に首相になり、太平洋戦争を開戦しました。
ウ 吉田茂：アメリカのサンフランシスコで開かれた講和会議で、条約に調印しました。
エ 中曽根康弘：1978年に日中平和友好条約へ調印して、中国との国交を回復しました。

問３　文中の下線部②に関連して、後の各問いに答えなさい。

⑴　奈良県ならびに平城京に関する説明として誤っているものを、次の**ア～エ**のうちから１つ選び、記号で答えなさい。

ア　奈良県は日本の近畿地方にあり、律令制のもとでは大和国《やまとのくに》とよばれていました。

イ　奈良県は、日本国内で最も多い世界遺産登録数を誇っています。

ウ　桓武天皇は、710年に藤原京から奈良盆地の平城京へと都を移しました。

エ　平城京には、貴族や庶民が住み、興福寺・東大寺など立派な寺院がありました。

⑵　奈良時代は、聖武天皇のころに最も文化が栄えました。この文化は、このころの元号を用いて何文化といいますか。**漢字**で答えなさい。

⑶　奈良時代に、朝廷がつくらせた歴史書の名を**２つ**答えなさい。

問４　文中の下線部③に関連して、高橋是清は1921年に首相、その後蔵相として活躍し、1936年に暗殺されました。この時期の出来事について、後の各問いに答えなさい。

⑴　この間の出来事として誤っているものを、次の**ア～エ**のうちから１つ選び、記号で答えなさい。

ア　1923年９月１日午前11時58分、はげしい地震が関東地方南部をおそい、関東大震災とよばれる大災害となりました。

イ　1925年、加藤高明内閣のもとで、満25歳以上のすべての男性に選挙権をあたえる普通選挙法が定められました。

ウ　1925年、加藤高明内閣のもとで、社会のしくみを変えようとする社会主義運動を取りしまるため、治安維持法が定められました。

エ　1931年の満州事変は、北京郊外の盧《ろ》溝橋《こうきょう》で日中両軍が衝突したことをきっかけにおこりました。

(2)　中国は、1931年の満州事変を日本の侵略であるとして国際連盟に訴えました。国際連盟は下の写真にある調査団を満州に送りました。調査団の団長名を答えなさい。

【写真】

(3)　四民平等といわれながらも、きびしい差別に苦しんできた人びとによって、1922年に京都である団体が結成されました。資料はその団体の宣言書の一部分です。団体名を**漢字５字**で答えなさい。

【資料】

…私たちの祖先は差別を受けながらも、自由で平等な社会を願い、闘ってきました。
人間を尊敬することによって、自らを解放する運動をすすめよう。私たちは、心から人間の尊さやあたたかさが大切にされる、差別のない世の中を心から願うのです。

人の世に熱あれ、人間に光あれ。

（現代語にあらためています）

4 次の資料を見て、後の各問いに答えなさい。

問１ 資料**Ａ**・**Ｂ**は蒙古襲来を描いた絵図です。**Ａ**・**Ｂ**の説明文①・②について、その正誤の組み合わせとして正しいものを、次の**ア**～**エ**のうちから１つ選び、記号で答えなさい。

【資料】　**Ａ**

Ｂ

①　**Ａ**には、元軍が火薬兵器（てつはう）を使用して集団戦法をとっている様子が描かれており、日本軍の一騎打ち（一対一の戦い）戦法との違いがわかります。

②　**Ｂ**には、元軍との２度目の戦いに備えて築かれた防塁が描かれており、高さは２～３ｍありました。この絵図は、文永の役の時のものと考えられています。

ア　①：正　②：正　　**イ**　①：正　②：誤
ウ　①：誤　②：正　　**エ**　①：誤　②：誤

問２ **Ａ**の絵図に描かれている馬上の人物は誰ですか。正しいものを、次の**ア**～**エ**のうちから１人選び、記号で答えなさい。

ア　北条義時　　**イ**　北条泰時　　**ウ**　安達泰盛　　**エ**　竹崎季長

5 次の文章を読んで、後の各問いに答えなさい。

日本の政治は、国会、内閣、①裁判所が担《にな》い、チェックし合う仕組みになっています。これを②三権分立といい、③日本国憲法に定められています。「唯一の［ A ］機関」である国会は、④衆議院と⑤参議院からなる二院制です。議員は、「全国民の代表」として国民の⑥選挙で選ばれます。内閣総理大臣は、国会議員の中から国会の議決で指名され、［ B ］が任命します。このように国会と内閣が密接な関係にある制度を［ C ］といいます。

問１ 文中の空欄［ A ］～［ C ］に当てはまる最も適当な語句をそれぞれ答えなさい。

問２ 文中の下線部①に関連して、国民は三審制のもとで最大３回裁判が受けられ、図のような流れで裁判が進みます。図中の空欄［ D ］・［ E ］に当てはまる語句をそれぞれ答えなさい。

【図】

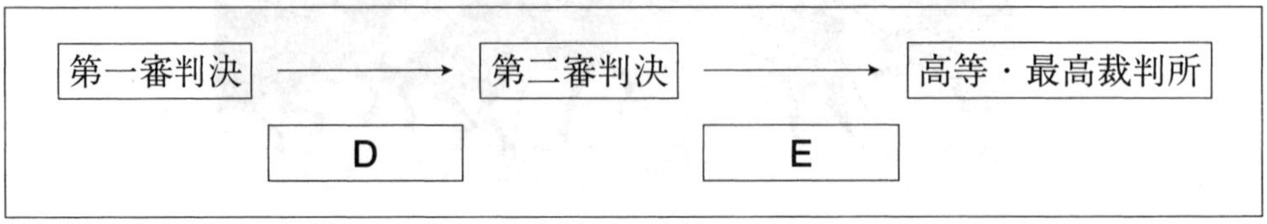

問３ 文中の下線部②に関連して、三権分立の考えを唱えた人物と著書名の組み合わせとして正しいものを、次の**ア**～**エ**のうちから１つ選び、記号で答えなさい。

ア ルソー・『法の精神』　　**イ** ルソー・『社会契約論』
ウ モンテスキュー・『法の精神』　　**エ** モンテスキュー・『社会契約論』

問４ 文中の下線部③に関連して、**天皇の地位**は、大日本帝国憲法と日本国憲法では、どのように変わりましたか。「主権」という言葉を必ず使用して説明しなさい。

問５ 文中の下線部④に関連して、衆議院と参議院では、衆議院により大きな権限が与えられています。その理由を解答用紙の空欄に当てはまるように答えなさい。

問６　文中の下線部⑤に関連して、参議院議員選挙の制度や仕組みが、2019年から変わりました。変更内容として正しいものを、次の**ア**～**エ**のうちから１つ選び、記号で答えなさい。

ア　立候補できる年齢が引き下げられました。
イ　議員の任期が長くなりました。
ウ　議員定数が増えました。
エ　女性議員を増やすため、女性のみが立候補できる選挙区を設けました。

問７　文中の下線部⑥に関連して、後の各問いに答えなさい。

(1)　「一票の格差」が日本国憲法に反しているかどうかが、選挙のたびに裁判で争われています。「一票の格差」は主に憲法のどのような権利に照らして問題になっていますか。次の**ア**～**エ**のうちから１つ選び、記号で答えなさい。

ア　表現の自由　　　**イ**　生存権
ウ　教育を受ける権利　　　**エ**　法の下の平等

(2)　写真は、投票所の投票記載台です。このような投票記載台は、選挙の四原則のうち何を守るために設置されているのか答えなさい。

【写真】

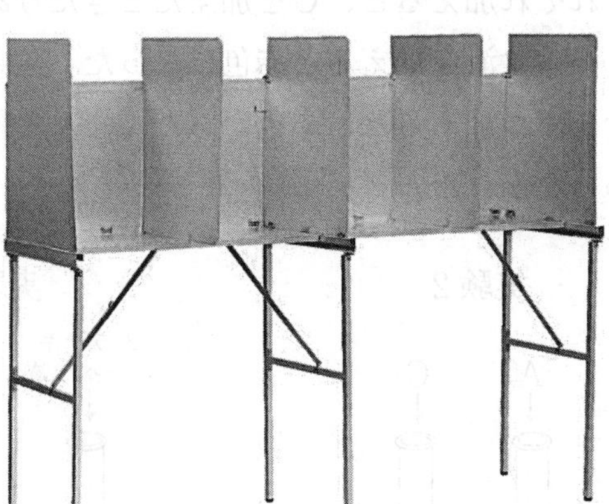

6 水溶《よう》液について次の各問いに答えなさい。

問１ 水溶液の性質は、指示薬の色によって調べることができます。次の表の①～⑤にあてはまる色を**ア～オ**から選び、記号で答えなさい。同じ記号を何回使ってもかまいません。

指示薬	酸性	中性	アルカリ性
赤色リトマス紙	赤色のまま	赤色のまま	①
青色リトマス紙	②	青色のまま	青色のまま
ＢＴＢ液	黄色	③	青色
フェノールフタレイン液	無色	無色	④
ムラサキキャベツ液	赤色	⑤	黄色

表

ア 赤色　**イ** 青色　**ウ** 黄色　**エ** 緑色　**オ** むらさき色

問２ ムラサキキャベツ液を使って、クエン酸溶液、食塩水、重そう溶液のどれかが入った溶液A、B、Cについて調べる実験をしました。後の問いに答えなさい。

実験１　Aにムラサキキャベツ液を入れたらむらさき色になった。
実験２　BにA、Cをそれぞれ加えると、Cを加えたときだけあわが発生した。
実験３　Cにムラサキキャベツ液を加えると赤色になった。さらに水酸化ナトリウム水溶液を少しずつ加えると、赤色からだんだんと変化して、黄色になった後は変わらなかった。

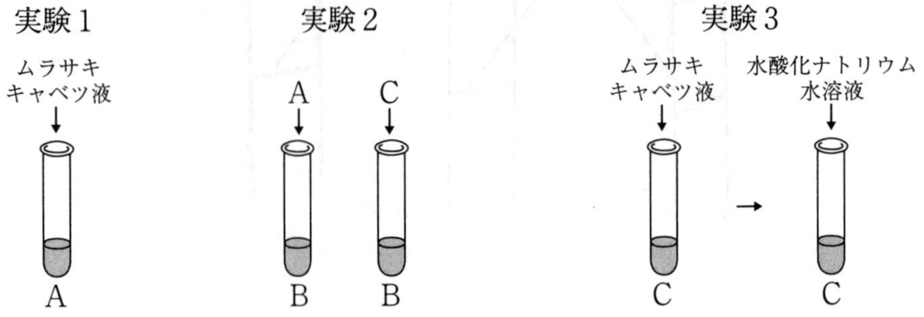

① 実験１～３により、A、B、Cは何の溶液と分かりますか。クエン酸溶液、食塩水、重そう溶液で答えなさい。

② 実験２で発生したあわは何ですか。物質名を漢字で答えなさい。

③ 実験３において水ができる反応を何と呼びますか。

問３ 次の**ア**～**カ**の水溶液について、後の問いに答えなさい。

ア 塩酸	**イ** 食塩水	**ウ** アンモニア水	**エ** 炭酸水
オ 水酸化ナトリウム水溶液		**カ** 砂糖水	

① 赤色リトマス紙の色を変えるものをすべて選び、記号で答えなさい。

② 電気を通さないものをすべて選び、記号で答えなさい。

③ 水を蒸発させると白い固体が残るものをすべて選び、記号で答えなさい。

④ ２種類の水溶液をまぜ合わせると**イ**ができる組み合わせを答えなさい。

⑤ まぜ合わせる割合によって、酸性にもアルカリ性にもなる２種類の水溶液の組み合わせは何通りありますか。

7　**A問題**

図１のようなふりこを用いて、ふりこの長さ、おもりの重さ、ふれはばを変化させたときの１往復する時間を測定する実験を行いました。その結果をまとめたものが表１です。また、あるふりこが10往復する時間を５回測定し、それぞれの１往復する時間を求め、その結果をまとめたものが表２です。後の問いに答えなさい。

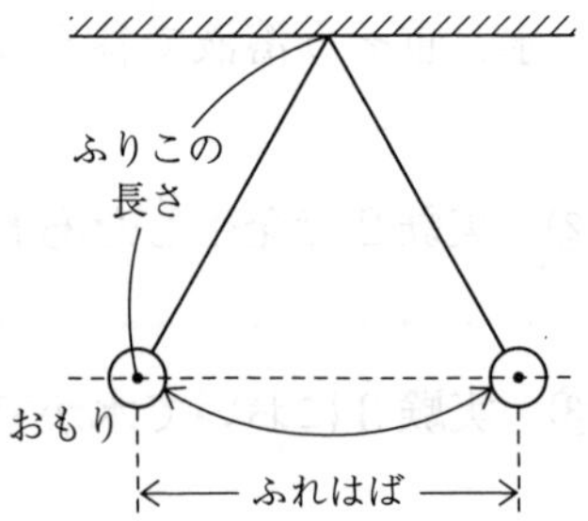

図１

	ふりこの長さ（cm）	おもりの重さ（g）	ふれはば（cm）	１往復する時間（秒）
パターン１	20	10	10	0.9
パターン２	20	20	10	（　**1**　）
パターン３	50	10	10	1.4
パターン４	50	10	20	（　**2**　）
パターン５	80	10	10	1.8
パターン６	100	10	10	2

表１

	１回目	２回目	３回目	４回目	５回目
10往復する時間（秒）	29.1	27.9	28.4	28.1	28.8
１往復する時間（秒）	2.91	2.79	（　**3**　）	2.81	2.88

表２

問１　表１の（　**1**　）（　**2**　）に入る数字として適切なものを、次の**ア**～**オ**から選び、それぞれ記号で答えなさい。

ア　0.9　　**イ**　1.8　　**ウ**　0.45　　**エ**　1.4　　**オ**　2.8

問２　表２の（　**3**　）に入る適切な数字を答えなさい。

問３　表２の１回目から５回目の結果を用いて、１往復する時間の平均を求めなさい。ただし、小数第三位を四捨五入して小数第二位まで答えなさい。

問４　図２のように、おもりの位置が最も高い地点**A**に到達《とうたつ》した瞬間《しゅんかん》に糸を切りました。糸を切ったあとのおもりの運動する方向をあらわした矢印として正しいものを、図３の**ア**～**ウ**から選び、記号で答えなさい。ただし、糸の重さは無視できるものとします。

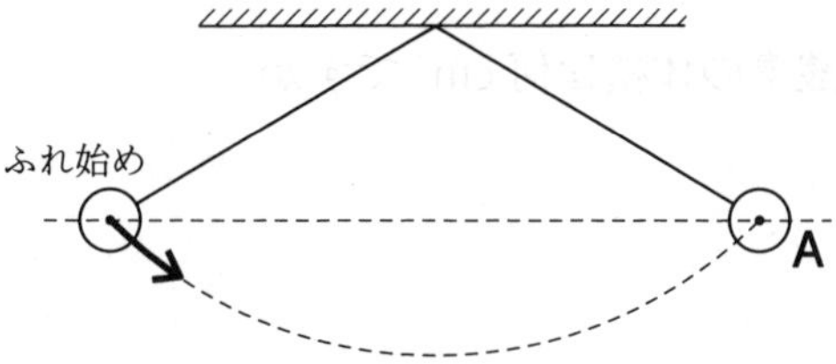

図２

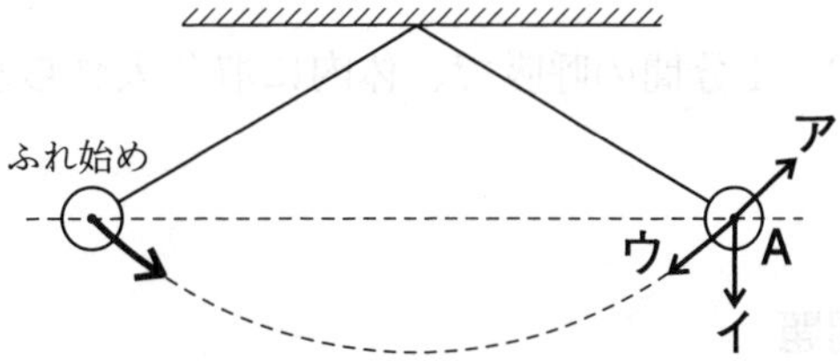

図３

B問題

下の図は、安静時にヒトの１回の呼吸で出入りする空気全体を100％としたときの、すう息とはく息にふくまれている気体の体積の割合を示したものです。図を見て、後の問いに答えなさい。

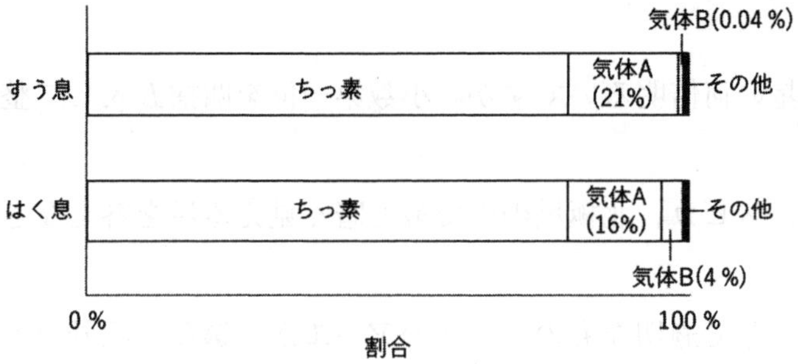

図

問１　酸素は、気体**A**と気体**B**のどちらですか。

問２　気体**B**以外で、すう息よりもはく息の方に多くふくまれている気体があります。その気体の名前を答えなさい。

問３　ヒトの１回の呼吸で出入りする、すう息とはく息のそれぞれの空気の体積を600 cm^3 、１分間の呼吸数を19回として、次の問いに答えなさい。

①　１回の呼吸で、すう息にふくまれている空気のうち、酸素の体積は何 cm^3 ですか。

②　１分間の呼吸で、体内に取り入れられる酸素の体積は何 cm^3 ですか。

C問題

夜空には色々な明るさや色の星があります。明るさは、地球上から見て一番明るく見える星を１等星、目で見ることのできる範囲《はんい》で一番暗い星を６等星として、すべての星を６段階の明るさに分けて考え、それを等級と呼びます。等級が１等級上がると、明るさは約2.5倍明るくなります。また、地球から同じ距離《きょり》に星があるとして見たとき、その等級が必ずしも正しいとは限りません。それぞれの星の色は温度が(　**あ**　)方から赤色、だいだい色、黄色、白色、青白色に変わっていきます。等級や温度をもとに、例えばベテルギウスは赤色の１等星、スピカは青白色の１等星、北極星は黄色の２等星というように分類することができます。

問１　１等星は６等星の何倍明るいですか。小数第一位を四捨五入して整数で答えなさい。

問２　ベテルギウス、スピカ、北極星の中で最も暗く見える星を答えなさい。

問３　下線部の理由として適切なものを、次の**ア**～**エ**から選び、記号で答えなさい。

ア　星と地球との距離はそれぞれ違《ちが》うから
イ　地球が太陽の周りを公転しているから
ウ　地球が自転しているから
エ　星が自転しているから

問４　文章中の（　**あ**　）に入る語句を「高い」、「低い」で答えなさい。

問５　ベテルギウス、スピカ、北極星の中で最も温度が高い星を答えなさい。

誰が何をどんなふうに改変した	いわゆる普通種と呼ばれる虫は、〔　　　　〕。
その結果	一方、そうでない虫たちは、〔　　　　〕。

問八　――線⑥「環境への要求性は高くない」とありますが、それはどういうことですか。最もふさわしいものを次から選び、記号で答えなさい。

ア　木よりもコンクリートの断片の下に住むということ。
イ　その環境で手に入るものなら何でも食べるということ。
ウ　簡単につかまえられるほどたくさんいるということ。
エ　環境が変わっても習慣を変えていかないということ。

問九　――線⑦「人間はかなり勝手だから、自分の身のまわりに住んでいる虫を、要するに普通種と呼ぶのである」とありますが、なぜ人間が普通種と呼ぶことが勝手だというのですか。簡潔に説明しなさい。

問十　空欄［Ⅲ］・［Ⅳ］に当てはまる語句の組み合わせとして最もふさわしいものを次から選び、記号で答えなさい。

ア　Ⅲ＝コンクリートの断片の下　・Ⅳ＝光の届かない場所
イ　Ⅲ＝虫かごの中　・Ⅳ＝人間に支配された状況
ウ　Ⅲ＝キッチンのどこか　・Ⅳ＝あたたかくてしめった場所
エ　Ⅲ＝冷蔵庫の後ろ　・Ⅳ＝人間の作った環境

問四　――線③「ほとんど落語の世界である」とありますが、これはどういうことを表していますか。最もふさわしいものを次から選び、記号で答えなさい。

ア　江戸時代の人のような古くさい会話の内容だということ。
イ　子どもには意味の分からない大人の笑い話だということ。
ウ　話がかみ合わない、おかしな言葉のやり取りだということ。
エ　知ったかぶりの大人を子どもがやり込める話だということ。

問五　空欄［Ⅰ］・［Ⅱ］に当てはまる語の組み合わせとして最もふさわしいものを次から選び、記号で答えなさい。

ア　Ⅰ＝昔　・Ⅱ＝今
イ　Ⅰ＝朝　・Ⅱ＝夜
ウ　Ⅰ＝里　・Ⅱ＝山
エ　Ⅰ＝ペット・Ⅱ＝野生

問六　――線④「自然の状態ではむしろ荒れた環境、最近なんらかのできごとで、新しく生じた環境」とありますが、それはどういう環境ですか。文章中の言葉を使って説明しなさい。

問七　――線⑤「二本足の連中のやること」とありますが、それは誰が何をどんなふうに改変して、その結果どうなったというのですか。それを整理した次の表の空欄に当てはまる説明を、文章中の言葉を使って書きなさい。ただし、「その結果」に関しては、解答用紙の言葉につづけるようにして答えなさい。

C「偏見」
ア　めずらしい見方
イ　ありふれた見方
ウ　かたよった見方
エ　人間くさい見方

問二　――線①「そんなに大きいのが好きなら、虫なんか集めないで、恐竜の骨でも掘りゃいいと私は思う」とありますが、筆者がそう思う理由を説明した文として、**ふさわしくないもの**を次から一つ選び、記号で答えなさい。
ア　大きさで言えば恐竜の骨の方がずっと大きくて珍しいものだと思うから。
イ　どうしてそんなにオオクワガタをつかまえたがるのか理解できないから。
ウ　虫は大きくても10センチに満たないので大したものではないと思うから。
エ　恐竜の骨を見つけたらクワガタのことなど好きではなくなると思うから。

問三　――線②「それからおもむろに、目の前で踏み潰せばいい」とありますが、なぜそのようなことをするのですか。その理由として考えられることを説明した次の文の中から、最もふさわしいものを選び、記号で答えなさい。
ア　大きなクワガタをつかまえたくてうかれている人を落胆させるため。
イ　大きなクワガタをつかまえられると自慢する人に反省させるため。
ウ　大きなクワガタをつかまえに行こうという強引な誘いを断るため。
エ　クワガタをつかまえるために外国へ行くのをあきらめさせるため。

（養老孟司・海野和男『虫は人の鏡　擬態の解剖学』による）

※1甲虫…カブトムシ・カミキリムシ・コガネムシ・テントウムシなどコウチュウ目に属する昆虫の呼び名。
※2池田清彦…生物学者。昆虫採集マニアで昆虫についての著作も多く、著者の養老孟司氏と親交がある。
※3ヴェトナム…ベトナムと同じ。東南アジアにある、ベトナム社会主義共和国のこと。
※4攪乱…かき乱すこと。
※5栄光学園…神奈川県にある私立栄光学園中学高等学校のこと。
※6別府…大分県別府市の別府温泉。

問一　＝＝線Ａ「狂気の沙汰」、Ｂ「局地的に」、Ｃ「偏見」の文章中での意味として、最もふさわしいものをそれぞれの語群から一つずつ選び、記号で答えなさい。

Ａ「狂気の沙汰」
ア　不思議なほどだ
イ　異常なほどだ
ウ　冗談みたいだ
エ　競争みたいだ

Ｂ「局地的に」
ア　狭い範囲に限られて
イ　広い範囲に広がって
ウ　遠い場所から順番に
エ　近いところで転々と

草原になり、やがて裸の地面に変わる。しかもその変化の速度が、無茶苦茶に速い。安定した自然環境に適応する虫たちは、それにはとてもついていけない。だから、どんどんいなくなってしまう。ところが、たくさんある虫のなかには、好んでそういう環境を利用していたものがいる。それまでは、たまにしか起こらない、洪水だとか、噴火だとか、山崩れだとか、そんな異変で、変化したばかりの荒れ地を利用していた。それが、人間のおかげで、世の中、荒れ地ばかりになった。それなら、わが世の春であろう。それでつまり、いわゆる普通種が生じたのではないか。私はそう疑っている。

エゾカタビロオサムシとか、トウキョウヒメハンミョウなどは、そうざらに見かける虫ではない。しかし、特別珍しいというものでもない。ただし、こういう虫を、たとえば私は、山のなかでほとんど見たことがない。どちらかといえば、やはり市中に近く住んでいるのである。エゾカタビロオサムシは、私が中学、高校の頃に通っていた栄光学園※5の運動場にしばしば出没した。ここは海軍水雷学校の跡地だったが、もともと舗装《ほそう》してあったらしい。私どもの学校になったときは、かなり荒れていて、舗装はほとんど壊れ、草地といったほうがよくなっていた。秋の運動会の前には、われわれ生徒が草むしりをする。そのついでに、草叢《くさむら》に残っているコンクリートの断片を片付けたりしたのである。そこで草むしりをしていると、このオサムシがいくつも出てくる。それを友人が捕まえて、私に届けてくれるのが、いわばほとんど習慣になっていた。この虫の餌《えさ》は、ガなどの幼虫である。おそらくどういう幼虫であれ、さして選《よ》り好みはしないのであろうから、その意味でも、⑥環境への要求性は高くないはずである。

トウキョウヒメハンミョウは、いまでも我が家の庭に住んでいる。こんなもの、山や林で捕まえようとしたって、見つかるわけがない。要するに、家の庭だとか、運動場のように、荒れ地に草が生えてきたばかり、そんなところに好んで住んでいるとしか思えない。だから私は、そういうものが、普通種の起源ではないか、と思うのである。

⑦人間はかなり勝手だから、自分の身のまわりに住んでいる虫を、要するに普通種と呼ぶのである。そのなかには、人間がいなくなったら、珍虫に変わるものがないとはいえない。自然の山野で、たとえばチャバネゴキブリを捕まえようと思ったら、いったいどこを探せばいいのか、［Ⅲ］なんぞという場所は、天然自然の山野にはまずない。たぶん別府※6のような温泉地に行き、お湯を引いている管のそばでも探せばいいかもしれない。それだってやっぱり、［Ⅳ］ではないか。つまりもともと「普通種」なんてものは、そうはいないはずなのである。そのかなりの部分を作り出したのは、われわれ人間だというべきであろう。

名前だな、それがそんなに珍しいのか」

まあ、③ほとんど落語の世界である。

そういうわけで、珍しい虫には、それでも大勢の注目が集まる。そこで思うのだが、では、どこにでもいる普通種とはなにか。これがあんがい、正体がわからないのである。珍しい虫の話からはじまるから、写真はと期待して見ると、くだらない虫ばかり並んでいる。アブラゼミ、エンマコオロギ、ヤマトシジミ、ナミアゲハ、シマハナアブ、ミンミンゼミ、ナナホシテントウ、アシナガバチ、セマダラコガネなどなど。

こんな虫、どこにでもいるじゃないか。皆さん、そうおっしゃる。そんな気もするのだが、よく考えてみると、かならずしもそうでもない。ウンウンいって、高い山に登り、セミの声をきく。アブラゼミなんか、鳴いてない。エゾゼミがワンワン鳴いてたりする。つまり、場所によるのである。

ナナホシテントウなんか、いくらでもいる。都会の公園にすらいる。それでは、天然林に入って、ナナホシテントウを採ろうと思ったら、捕まるだろうか。あんがい、見つからないのではないか。

鳥でいうなら、スズメである。スズメは［ Ⅰ ］の鳥で、［ Ⅱ ］の鳥ではない。どうも人間にくっついている傾向がある。天然林にスズメはまずいないであろう。さてそれでは、仮に人類がいなかったとしよう。こういう普通種はどこにいるだろうか。いたるところにいるに決まっているじゃないか。それがC偏見ではないか、と私は思うのである。

人間がいないと、いたるところがいわば原生林や原野になっていくはずである。そうならないところはどこか。ついこの間、洪水があって、そこに土が流れてきて、荒れ地になっている。やっと草がいくらか生えだしたか。そんなところなら、ナナホシテントウだの、エンマコオロギだの、クロヤマアリが住みつきそうな気がする。つまり私は、こうした「いわゆる普通種」とは、④自然の状態ではむしろ荒れた環境、最近なんらかのできごとで、新しく生じた環境を利用していた虫ではないか、という気がするのである。

そうでない、伝統的に林だったところ、そういうところでは、なんらかの※4攪乱《かくらん》が生じないかぎり、生態系がわりあい安定している。こうした普通種は、そういうところにはあまり入れない虫なのではないか。

ところが、そこへ人間がやってきた。この⑤二本足の連中のやることといえば、まずなにより自然の改変である。海は陸になり、林は

三　次の文章を読んで、後の問いに答えなさい。

虫好きの人は、もちろん本当は、珍しい虫が大好きなのである。たいていの人が好むのが、好きな虫の中でも、派手なもの、大きなもの、変わった形のもの。しかし、たくさんいてはダメ。個体数が少ないほどいい。なかでもとくに少ないものを、珍虫というのである。

そもそも派手、大きい、奇妙が好きだから、甲虫[※1]好きなら、つまりはたとえばクワガタムシ好きが多くなる。とくにオオクワガタは、昔からそれほど個体数が多い虫ではない。しかも、柄が大きい。だから、好きな人は極端に好き、その好きさ加減はほとんどA狂気の沙汰である。いまでは、オオクワガタは大きさ競争になっているのは、ご存じのとおり。一ミリ、何十万円なんていう話に、冗談だとしても、なっているのである。①そんなに大きいのが好きなら、虫なんか集めないで、恐竜の骨でも掘りゃいいと私は思う。

友だちのクワガタ狂い、池田清彦[※2]が来ていう。養老さん、オオクワガタ、採りに行こう。最高記録七六ミリというのが出た。ヴェトナム[※3]に行けば、もっと大きいのが、きっといるよ。それでとうとう、いずれヴェトナムまで行く約束をしてしまった。

こういう人を悲しませるのは、簡単である。たとえば八〇ミリという、いまだかつて史上にない大きさのオオクワガタを、まず見つけてしまう。「採った、採った、どうだ、大きいだろう」。そう言って、十分に見せておいて、悔しがらせ、②それからおもむろに、目の前で踏み潰《つぶ》せばいい。こんなことを書くと、ヴェトナムに連れて行ってもらえないかもしれない。

珍しい虫といっても、いろいろある。ある土地にしか、見られない。広い範囲で見られるはずが、めったに捕まらない。あるいは、どういう環境に住んでいるか、それがわからないから、捕まえようがない。そういう虫は、図鑑では「あまり多くない」、「少ない」、「稀《まれ》」などと、段階をつけて書いてある。B「局地的に見られる」とか、「局地的に多産する」などと書くこともある。

子どもの頃には、そういう「珍しい」虫が欲しくてたまらなかった。図鑑に「稀なり」なんて書いてある虫などを、間違って手にいれたら大変である。しばらく持って歩き、見せて歩く。虫なんか見せたところで、ほとんど大人はわかりはしない。

「それはなんという虫だい、なになに、ヒゲナガコバネカミキリ、それにコジマがつく、そんな虫があるのか、ずいぶん小さいな、まだ子どもじゃないのか、名前はなんだっけ、ヒゲソリカミソリ、えっ違う、さっきはちゃんと言った、そうか、しかし舌を噛《か》みそうな

二

次の①〜⑤の各組が類義語の組み合わせに、⑥〜⑩の各組が対義語の組み合わせになるように、□にあてはまる漢字一字をそれぞれ答えなさい。

① 外観＝外□
② 著名＝□名
③ 無念＝□念
④ □内＝親族
⑤ 地味＝□素
⑥ 起点⇔□点
⑦ 束縛⇔□由
⑧ □災⇔人災
⑨ 垂直⇔□平
⑩ 許可⇔□止

2023年度 東京農業大学第三高等学校附属中学校

【国　語】〈第一回試験〉（四〇分）〈満点：一〇〇点〉

一　次の各文の――線部のカタカナの語を漢字に直しなさい。

①　話し合いのセッテンをさがす
②　同じ地域でグンパツ地震が起こる
③　方針を一八〇度テンカイさせる
④　カタガミに合わせて布を切る
⑤　最終決定をホリュウする
⑥　乗りこし運賃をセイサンする
⑦　いたずらのチョウホンニンはだれだ
⑧　努力が結果にハンエイする
⑨　ベンカイの余地が残されていない
⑩　大勢の客で店内がコみ合う

2023年度
東京農業大学第三高等学校附属中学校 ▶解説と解答

算 数 ＜第１回試験＞（40分）＜満点：100点＞

解 答

1 (1) $\frac{3}{5}$ (2) 9 (3) 15 2 (1) 85 (2) 65点 (3) 15 (4) 1600m (5) 4.25cm^2 3 (1) 5 (2) 2 cm (3) 16 (4) 4 cm^2 4 (1) 6 (2) 85 (3) 前から30番目まで (4) 前から46番目まで 5 (1) 25分 (2) 12分 (3) 18分 (4) 30分

解 説

1 四則計算，逆算

(1) $0.75\div\left(\frac{15}{4}-1\frac{2}{3}\times1.5\right)=\frac{3}{4}\div\left(\frac{15}{4}-\frac{5}{3}\times\frac{3}{2}\right)=\frac{3}{4}\div\left(\frac{15}{4}-\frac{5}{2}\right)=\frac{3}{4}\div\left(\frac{15}{4}-\frac{10}{4}\right)=\frac{3}{4}\div\frac{5}{4}=\frac{3}{4}\times\frac{4}{5}=\frac{3}{5}$

(2) 12×(7.3−1.3)＝12×６＝72より，20−72÷□＝12，72÷□＝20−12＝８　よって，□＝72÷８＝９

(3) $(0.5+0.25+0.125+0.0625)\times16=\left(\frac{1}{2}+\frac{1}{4}+\frac{1}{8}+\frac{1}{16}\right)\times16=\left(\frac{8}{16}+\frac{4}{16}+\frac{2}{16}+\frac{1}{16}\right)\times16=\frac{15}{16}\times16=15$

2 約束記号，平均とのべ，整数の性質，速さ，面積

(1) きまりにしたがって計算すると，４▲２＝（４＋２）×２＝６×２＝12になる。よって，（４▲２）▲５＝12▲５＝（12＋５）×５＝17×５＝85と求められる。

(2) （平均点）＝（合計点）÷（人数）より，（合計点）＝（平均点）×（人数）となるから，A，B，Cの点数をそれぞれⒶ，Ⓑ，Ⓒとすると，右の図１の３つの式を作ることができる。３つの式を加えると，（Ⓐ＋Ⓑ＋Ⓒ）×２＝123＋136＋131＝390（点）となるので，Ⓐ＋Ⓑ＋Ⓒ＝390÷２＝195（点）とわかる。よって，３人の平均点は，195÷３＝65（点）である。

図１

Ⓐ＋Ⓑ　　＝61.5×２＝123（点）
　　Ⓑ＋Ⓒ＝68　×２＝136（点）
Ⓐ　　＋Ⓒ＝65.5×２＝131（点）

(3) 10×10＝100，22×22＝484より，Nは11以上22以下の整数である。また，約数の個数が４個である整数は，素数の積で表したときに，㋐□×□×□，または，㋑□×△と表すことができる。㋐にあてはまる整数は小さい順に，２×２×２＝８，３×３×３＝27，…となるが，この中には①の条件に合う数はない。そこで，㋑にあてはまる数で①の条件に合う数は，２×７＝14，３×５＝15，３×７＝21，２×11＝22の４個あり，このうち各位の数の和が最も大きい数は15である。

(4) 音の速さを分速に直すと，340×60＝20400（m）になり，ジェット機の速さを分速に直すと，1320÷60＝22（km），22×1000＝22000（m）になる。よって，１分間に音が伝わる距離《きょり》とジェット機が進む距離の差は，22000−20400＝1600（m）とわかる。

(5) 下の図２のように，３つの円の中心をA，B，Cとすると，AB，BC，CAの長さは等しいから，三角形ABCは正三角形になる。この正三角形は，底辺が，５＋５＝10（cm），高さが，18.7−

（５＋５）＝8.7(cm)なので，面積は，10×8.7÷２＝43.5(cm^2)とわかる。また，斜線《しゃせん》部分を集めると半径５cmの半円になる。よって，斜線部分の面積は，５×５×3.14÷２＝39.25(cm^2)だから，影《かげ》をつけた部分の面積は，43.5－39.25＝4.25(cm^2)と求められる。

図２

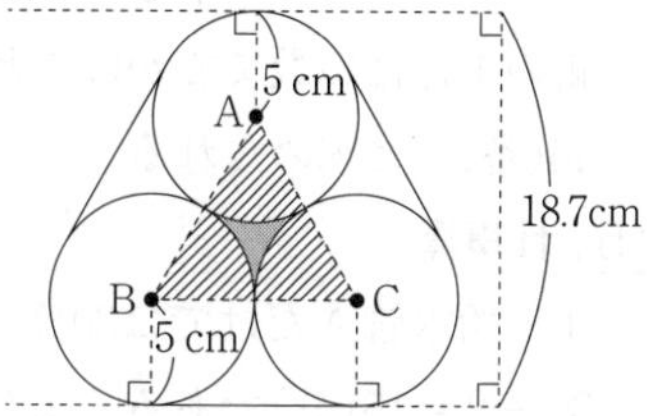

3 グラフ―図形上の点の移動，面積

(1) 点Ｐが辺BC上を動くときの三角形PBCの面積は０cm^{2}である。よって，(ア)は点Ｐが頂点Ｃに着く時間だから，５÷１＝５(秒)とわかる。

(2) 点Ｐが頂点Ａに着く時間が12秒なので，辺BC，辺CD，辺ADの長さの和は，１×12＝12(cm)とわかる。よって，辺ADの長さは，12－（５＋５）＝２(cm)である。

(3) 点Ｐが辺AD上を動くときの三角形PBCの面積が10cm^{2}だから，辺ABの長さを□cmとすると，５×□÷２＝10(cm^2)と表すことができる。よって，□＝10×２÷５＝４(cm)なので，点Ｐが辺AB上を動く時間は，４÷１＝４(秒)とわかる。したがって，(イ)にあてはまる数は，12＋４＝16(秒)である。

(4) (3)から，点Ｐは16秒で１周することがわかる。よって，2023÷16＝126余り７より，2023秒後までには126周し，さらに７秒動くから，下の図①の(ウ)にあてはまる面積を求めればよい。点Ｐが辺CD上を動くとき，三角形PBCの面積は５秒間で10cm^{2}増えるので，１秒間に，10÷５＝２(cm^2)の割合で増える。したがって，７－５＝２(秒間)では，２×２＝４(cm^2)増えるから，７秒後の面積(2023秒後の面積)は４cm^{2}と求められる。

図①

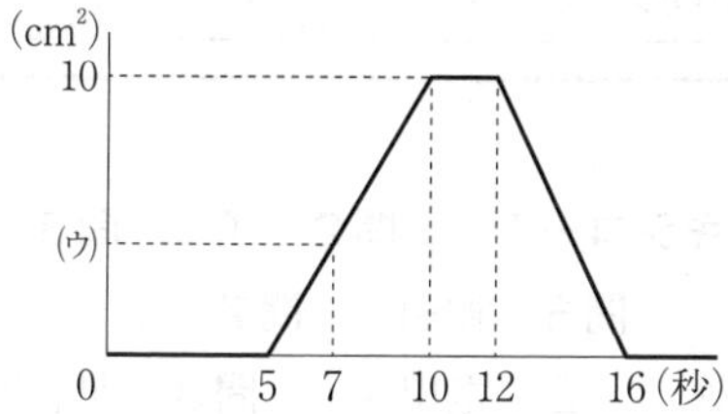

図②

		和
(１組)	1	1
(２組)	2，2	2×2＝4
(３組)	3，3，3	3×3＝9
(４組)	4，4，4，4	4×4＝16
(５組)	5，5，5，5，5	5×5＝25
(６組)	6，6，6，6，6，6	6×6＝36

4 数列

(1) 上の図②のように組に分けると，５組までに並んでいる個数の合計は，１＋２＋３＋４＋５＝15(個)，６組までに並んでいる個数の合計は，15＋６＝21(個)になる。よって，前から20番目の数は６組の，20－15＝５(番目)の数だから，６とわかる。

(2) 各組の和は図②のようになるから，５組までの和は，１＋４＋９＋16＋25＝55とわかる。ここへ６組の５個を加えると，55＋６×５＝85と求められる。

(3) ６組までの和は，55＋36＝91となる。また，７組の和は，７×７＝49なので，７組までの和は，91＋49＝140とわかる。さらに，８組の数は８だから，140＋８＝148，148＋８＝156より，和が150より大きくなるのは８組の２番目の数まで足したときである。よって，前から，（１＋２＋…＋７）＋２＝（１＋７）×７÷２＋２＝30(番目)となる。

(4) かけていく数を素数の積で表したときに，（２×５）が１つできるごとに，積の一の位から並ぶ０の個数が１個増える。また，５組までに５は５個あるから，５組までかけると，（２×５）が５つできる。よって，下６けたに０だけが並ぶのは，次に５をふくむ10をかけたときである。つまり10組の１番目の数までかけたときなので，前から，（１＋２＋…＋９）＋１＝（１＋９）×９÷２＋１＝46(番目)と求められる。

5 仕事算

(1) 給水管Ａだけでは30分で満水になるから，給水管Ａだけで半分まで入れるのにかかる時間は，30÷２＝15(分)である。また，給水管Ｂだけでは20分で満水になるので，給水管Ｂだけで残りの半分を入れるのにかかる時間は，20÷２＝10(分)となる。よって，全部で，15＋10＝25(分)かかる。

(2) 水そうの容積を30と20と40の最小公倍数の120とすると，給水管Ａから１分間に入る水の量は，120÷30＝４，給水管Ｂから１分間に入る水の量は，120÷20＝６となる。よって，給水管Ａ，Ｂの両方で入れると１分間に，４＋６＝10の水が入るから，満水になるまでの時間は，120÷10＝12(分)と求められる。

(3) 給水管Ａから10分間で入る水の量は，４×10＝40なので，残りの水の量は，120－40＝80となる。これを給水管Ａ，Ｂの両方で入れると，あと，80÷10＝８(分)かかるから，満水になるまでの時間は，10＋８＝18(分)である。

(4) 排水《はいすい》管から１分間に出る水の量は，120÷40＝３なので，給水管Ａと排水管の両方を開くと１分間に，４－３＝１の水が入る。よって，20分間で入る水の量は，１×20＝20だから，残りの水の量は，120－20＝100となる。これを給水管Ａ，Ｂの両方で入れると，あと，100÷10＝10(分)かかるので，満水になるまでの時間は，20＋10＝30(分)と求められる。

社会・理科 ＜第１回試験＞（40分）＜満点：100点＞

解　答

1 **問１** ブラジル…Ｊ　ナイジェリア…Ａ　メキシコ…Ｉ　**問２** イ　**問３** Ｘ 子ども(児童)　Ｙ 外国人　**問４** ア　**問５** ウ　**問６** 棚田　**問７** (1) エ　(2) エ　**2** **問１** (1) ウ　(2) ウ　**問２** (1) エ　(2) 屯田兵　**問３** 記念碑　**問４** Ｘ　**問５** イ　**3** **問１** エ　**問２** (1) エ　(2) エ　**問３** (1) ウ　(2) 天平(文化)　(3) 古事記，日本書紀　**問４** (1) エ　(2) リットン　(3) 全国水平社　**4** **問１** イ　**問２** エ　**5** **問１** Ａ 立法　Ｂ 天皇　Ｃ 議院内閣制　**問２** Ｄ 控訴　Ｅ 上告　**問３** ウ　**問４** (例) 大日本帝国憲法では主権を持っていたが，日本国憲法では象徴である。　**問５** (衆議院は)任期(が短く，)解散(もあり，国民の意見を反映しやすいから。)　**問６** ウ　**問７** (1) エ　(2) 秘密選挙　**6** **問１** ① イ　② ア　③ エ　④ ア　⑤ オ　**問２** ① Ａ 食塩水　Ｂ 重そう溶液　Ｃ クエン酸溶液　② 二酸化炭素　③ 中和　**問３** ① ウ，オ　② カ　③ イ，オ，カ　④ アとオ　⑤ ４通り　**7** **Ａ問題** **問１** １ ア　２ エ　**問２** 2.84　**問３** 2.85　**問４** イ　**Ｂ問題** **問１** 気体Ａ　**問２** 水蒸気　**問３** ① 126cm^3　② 570cm^3　**Ｃ問題** **問１** 98倍　**問２** 北極星　**問３** ア　**問４** 低い　**問５** スピカ

解　説

1 世界の人口・農業・環境についての問題

問１　Ａはナイジェリア，Ｂはロシア，Ｃはパキスタン，Ｄはインド，Ｅはバングラデシュ，Ｆは中華人民共和国(中国)，Ｇはインドネシア，Ｈはアメリカ，Ｉはメキシコ，Ｊはブラジルである。

問２　アメリカとその北に位置するカナダとの国境線は，中央から西にかけては北緯49度線にそって直線的に引かれ，中央から東にかけては五大湖やセントローレンス川などの自然が国境線となっている。なお，アはカナダ，ウはオーストラリア，エはロシア。

問３　発展途上国は，出生率が高く，人口増加が著しい。これには労働力確保の意味合いがあり，子どもが生計や労働を支える者と考えられている。一方，先進国は，出生率が低下し，労働力が不足しているため，外国人労働者にたよっている。

問４　メコン川は，チベット高原を源流とし，中国を南下し，ミャンマーとラオスの国境，タイとラオスの国境，カンボジア，ベトナムを流れて南シナ海に注ぐ。Ｃのパキスタンを流れてアラビア海に注ぐのはインダス川である。

問５　インドでは，1960年代末から食料自給率を高めるため，品種改良された多収量品種のコメや小麦を導入する緑の革命を実施してきたので，ウが誤っている。なお，白い革命は，1970年代から行われた，牛乳の生産を増やすための政策である。

問６　【図３】はインドネシアのバリ島にみられるテガラランの棚田である。バリ島は，島の中央に山々が並び，平地が少なく傾斜《けいしゃ》地が多いため，急斜面に区画の小さな棚田をつくり，雨水やわき水を有効活用している。

問７　⑴　インドネシアの首都ジャカルタがあるジャワ島は，人口が集中し経済発展をとげているが，災害や公害になやまされ，他の島との経済格差が広がり続けているため，2024年にカリマンタン(ボルネオ)島の東部に位置するヌサンタラに首都を移転する予定である。なお，アはミャンマー，イはマレーシア，ウはタイの首都。　⑵　ジャカルタは，地下水のくみ上げによる地盤沈下《じばんちんか》と地球温暖化による海面上昇が原因で，首都の一部が水没する被害が出ている。そのため，⑴のとおり首都移転が予定され，首都の沖合に巨大な防潮堤を建設中である。また，地盤沈下の原因である地下水のくみ上げの規制を強化し，地下水に代わる水資源を確保することも対策として考えられる。

2 地形図の読み取りについての問題

問１　⑴，⑵　Ａの部分には，蛇行《だこう》する川が長期間にわたって浸食《しんしょく》やたい積をくり返したり，洪水などによってはんらんしたりして川の流れが変わったときに，もとの流れだったところが新しい流れと切り離されてできた沼がみられる。この地形を三日月湖という。

問２　⑴　Ｂの道路は，縦と横に等間隔に区画されるように走っており，水田(||)が広がっている。なお，果樹園の地図記号は(ȯ)である。　⑵　明治政府は1874年に屯田兵制度を創設し，東北地方の旧士族などを屯田兵として北海道に送り，北海道の警備や開拓《かいたく》にあたらせた。

問３　地図記号の(Ω)は記念碑を表している。石でできた記念碑を前から見た形とその影の形からつくられた。

問４　【図３】で，すぐ目の前(手前)に石狩川があり，左手から流れてくる空知川と合流しているので，【図１】中の【図３】の場所はＸと判断できる。ＹやＺから見ると，目の前を流れる川はその先で右手から流れてくる川と合流する。

問5　河川の近くには水田，畑(∨)，広葉樹林(Q)，荒れ地(ıılı)がみられる。なお，アについて，街は平野に立地している。ウについて，街は函館《はこだて》本線の周辺につくられており，高速道路はその外側の水田地帯を通っている。エについて，新十津川町と砂川市の境(市区町村界)（━･･━)は，地点Aを見ると三日月湖を通っていることから，蛇行していたときの石狩川を基準にしたと考えられる。

3　歴代の総理大臣で振り返る歴史についての問題

問1　1932年5月15日，日本の政党政治に不満をいだき，軍中心の政権をつくろうと考えた海軍の青年将校らが首相官邸《かんてい》をおそい，満州国の承認に反対していた犬養毅《いぬかいつよし》首相を殺害した。これを五・一五事件という。1936年2月26日，陸軍の青年将校たちが，国会・首相官邸・警視庁などをおそって占拠《せんきょ》し，軍政府を樹立しようとしたが，反乱軍として鎮圧《ちんあつ》された。これを二・二六事件という。

問2　(1)　伊藤博文は1885年に内閣制度が創設されると初代内閣総理大臣(首相)となり，1888年4月まで務めた。1886年にイギリスのノルマントン号が紀伊半島の沖合で沈没し，乗組員はボートで脱出したが日本人乗客は全員死亡するという事件が起こった。領事裁判権によりイギリス人の船長はイギリス領事館で裁判にかけられ，軽い罪に問われただけであったため，不平等条約の改正を求める国民の声が高まった。これをノルマントン号事件という。なお，アは1910年，イは1914～18年，ウは1918年のできごと。　(2)　1978年に日中平和友好条約に調印したのは福田赳夫《たけお》首相である。なお，中曽根康弘《なかそねやすひろ》は，1982年11月～87年11月まで首相を務めた。

問3　(1)　710年に藤原京から奈良盆地の平城京へと都を移したのは元明天皇である。なお，桓武天皇は，律令政治がくずれ始め，仏教勢力が力を持ってくると，寺院などを奈良に残したまま遷都《せんと》することを決め，784年に長岡京に，794年には平安京に都を移した。　(2)　奈良時代の聖武天皇のころに栄えた文化は，唐(中国)の文化や仏教の影響《えいきょう》を受けた国際色豊かな文化で，そのときの年号を用いて天平文化とよばれる。　(3)　『古事記』と『日本書紀』は，天皇の命令によって8世紀につくられた歴史書で，大王を中心とする豪族の連合政権と考えられている大和朝廷が，日本を統一していく過程も記されている。

問4　(1)　1931年9月，関東軍が奉天郊外の柳条湖《りゅうじょうこ》において南満州鉄道の線路を爆破し，これを中国側のしわざであるとして軍事行動を開始した。これにより満州事変が始まり，日本軍は半年あまりの間に満洲のほぼ全域を占領した。なお，1937年に北京郊外の盧溝橋《ろこうきょう》で日中両軍が衝突したことをきっかけに起こったのは日中戦争である。　(2)　1932年，中国の訴えを受けた国際連盟は，満州国が成立したいきさつを調べるために，イギリスのリットンを団長とする調査団を満州に派遣した。　(3)　全国水平社は，身分制度が廃止《はいし》された後もきびしい差別を受け続けた被差別部落の人びとが，差別をなくし奪《うば》われた人間性を取りもどす運動のために1922年に結成した組織で，その創立大会において，16歳の少年代表者が「人の世に熱あれ，人間に光あれ」と結ぶ水平社宣言を発表した。

4　蒙古襲来を描いた絵図についての問題

問1　鎌倉幕府の第8代執権北条時宗は，1274年に攻めてきた元軍の集団戦法や「てつはう」という火薬を爆発させる武器に苦戦したが，なんとかこれを退けると，博多湾の海岸に石塁《せきるい》を築き，九州北部の要地を御家人に警備させる役目を強化するなどして，元軍の再度の襲来《しゅうらい》に備えた。そのあとの1281年の元軍との2度目の戦いは弘安の役とよばれるので，②は誤り。

問２　肥後国(熊本県)の御家人竹崎季長《すえなが》は，蒙古襲来のときの自分の働きを主張して鎌倉幕府から恩賞をもらい，子孫にその活躍《かつやく》を伝えるために資料Ａの『蒙古襲来絵詞《えことば》』を描かせたといわれる。

5　三権分立についての問題

問１　**Ａ**　日本国憲法第41条で，「国会は，国権の最高機関であって，国の唯一の立法機関である」と定められている。　**Ｂ**　日本国憲法第６条で，「天皇は，国会の指名に基《もとづ》いて，内閣総理大臣を任命する」と定められている。　**Ｃ**　内閣が国会の信任にもとづいて成立し，国会に対し連帯して責任を負うしくみを議院内閣制といい，国会が国民によって選ばれた議員からなる国民を代表する機関であることから，内閣は国会に対して責任を負っている。

問２　裁判を慎重《しんちょう》に行って裁判でのまちがいを防ぐため，判決に納得できないときは一つの事件について３回まで裁判を受けられる三審制が導入されている。一審の判決に不服の場合に第二審に訴えることを控訴，第二審の判決に不服の場合に第三審の高等裁判所・最高裁判所に訴えることを上告という。

問３　フランスの政治思想家であるモンテスキューは，18世紀に書いた『法の精神』の中で，法をつくる立法権，政治を行う行政権，法にもとづいて争いを解決する司法権に権力を分ける三権分立を主張し，アメリカ合衆国憲法やフランス人権宣言に影響を与えた。

問４　大日本帝国憲法においては，天皇は主権者であり，緊急勅令・条約締結・統帥《とうすい》権など広範囲におよぶ権限を持つ絶対的な存在であった。一方，日本国憲法では，第１条で「天皇は，日本国の象徴であり日本国民統合の象徴であって，この地位は，主権の存する日本国民の総意に基く」と定められている。

問５　衆議院議員の任期は４年で参議院議員の任期６年に比べて短く，衆議院は任期途中で解散することもあるので，参議院より国民の意思や世論を反映しやすいと考えられている。そのため，衆議院には参議院よりも強い権限が与えられており，これを衆議院の優越という。

問６　2018年７月に改正公職選挙法が成立し，参議院議員の定数が６増えることが決定した。これにより，参議院議員の定数は2019年と2022年の参議院議員選挙で３ずつ増え，選挙区が148名，比例代表が100名の計248名となった。

問７　(1)　日本国憲法第14条では，「すべて国民は，法の下に平等であって，人種，信条，性別，社会的身分又は門地により，政治的，経済的又は社会的関係において，差別されない」と定められており，選挙区間における有権者数と議員定数の比率に不均衡《きんこう》がある「一票の格差」は，この「法の下の平等」に反しているとされる。　(2)　選挙の四原則は，一定年齢になったすべての国民に選挙権を与える(普通選挙)，一人一票の公平な投票権を持たせる(平等選挙)，有権者が候補者に直接投票する(直接選挙)，有権者がだれに投票したかを知られないようにする(秘密選挙)である。写真では，どの候補者の名前を記載したか見えないようになっているので，秘密選挙の原則を守っているといえる。

6　水溶《よう》液の性質についての問題

問１　①，②　アルカリ性の水溶液を赤色リトマス紙につけると青色に変化し，酸性の水溶液を青色リトマス紙につけると赤色に変化する。　③　中性の水溶液にBTB液を入れると緑色になる。　④　アルカリ性の水溶液にフェノールフタレイン液を入れると赤色になる。　⑤　中性の水溶液にムラサキキャベツ液を入れるとむらさき色になる。

問２　①　クエン酸溶液は酸性，食塩水は中性，重そう溶液はアルカリ性の水溶液である。ムラサキキャベツ液を加えたときの色の変化から，Ａは食塩水，Ｃはクエン酸溶液とわかり，残りのＢが重そう溶液となる。　②　重そう溶液にクエン酸溶液を加えると，二酸化炭素のあわが発生する。　③　酸性のクエン酸溶液にアルカリ性の水酸化ナトリウム水溶液を加えると，たがいの性質を打ち消し合う中和反応が起こり，水ができる。

問３　①　塩酸と炭酸水は酸性，食塩水と砂糖水は中性，アンモニア水と水酸化ナトリウム水溶液はアルカリ性の水溶液である。このうち，赤色リトマス紙の色を変化させるのはアルカリ性の水溶液なので，アンモニア水と水酸化ナトリウム水溶液である。　②　酸性とアルカリ性の水溶液は電気を通す。中性の水溶液のうち，食塩水は電気を通すが，砂糖水は電気を通さない。　③　塩酸は気体の塩化水素，食塩水は固体の食塩，アンモニア水は気体のアンモニア，炭酸水は気体の二酸化炭素，水酸化ナトリウム水溶液は固体の水酸化ナトリウム，砂糖水は固体の砂糖がとけている。水溶液から水を蒸発させると，気体がとけている水溶液ではとけていた気体が空気中ににげて後に何も残らないが，固体がとけている水溶液ではとけていた固体が残る。よって，水を蒸発させたとき白い固体が残る水溶液は食塩水と水酸化ナトリウム水溶液，砂糖水となる。なお，加熱して水を蒸発させた場合，砂糖水は黒くこげたものが残る。　④　塩酸と水酸化ナトリウム水溶液が過不足なく反応すると，食塩水ができる。　⑤　中和反応では，過不足なく反応する量より，酸性の水溶液の方が多いと酸性になり，アルカリ性の水溶液の方が多いとアルカリ性になる。ここでは，酸性の水溶液が２種類，アルカリ性の水溶液が２種類あるので，まぜ合わせたとき，酸性にもアルカリ性にもなる２種類の水溶液の組み合わせは，２×２＝４(通り)ある。

7　ふりこの性質，呼吸と気体の割合，星の明るさについての問題

Ａ問題　問１　ふりこが１往復する時間はおもりの重さやふれはばに関係せず，ふりこの長さだけで決まる。したがって，ふりこが１往復する時間は，パターン２ではパターン１と同じ0.9秒，パターン４ではパターン３と同じ1.4秒となる。

問２　10往復する時間が28.4秒だから，１往復する時間は，28.4÷10＝2.84(秒)である。

問３　１往復する時間の平均は，(2.91＋2.79＋2.84＋2.81＋2.88)÷５＝2.846(秒)より，2.85秒になる。

問４　地点Ａではおもりは一瞬《いっしゅん》静止しているので，地点Ａで糸を切るとおもりは真下に落ちる。

Ｂ問題　問１　空気中にふくまれている体積の割合は，ちっ素が約78％，酸素が約21％，二酸化炭素が約0.04％である。よって，気体Ａには酸素，気体Ｂには二酸化炭素が当てはまる。

問２　呼吸では酸素が使われ，二酸化炭素と水蒸気が出される。したがって，二酸化炭素以外ですう息よりもはく息の方に多くふくまれているのは水蒸気である。

問３　①　１回の呼吸で，すう息にふくまれている酸素の体積は，$600\times\frac{21}{100}=126(\mathrm{cm}^3)$になる。
②　呼吸で体内に取り入れられる酸素の割合は，21－16＝５(％)である。したがって，１回の呼吸で体内に取り入れられる酸素の体積は，$600\times\frac{5}{100}=30(\mathrm{cm}^3)$となり，１分間の呼吸数が19回のとき，１分間で体内に取り入れられる酸素の体積は，$30\times19=570(\mathrm{cm}^3)$と求められる。

Ｃ問題　問１　等級が１等級上がると，明るさは約2.5倍明るくなるのだから，１等星は６等星より，2.5×2.5×2.5×2.5×2.5＝97.6…より，98倍明るい。

問２　ベテルギウスとスピカは１等星で，北極星は２等星である。よって，北極星が最も暗い。

問３　星と地球との距離《きょり》はそれぞれ違《ちが》うため，地球から同じ距離に星があるとして見たとき，その明るさが等級通りになるとは限らない。たとえば，地球から同じ距離に星があるとすると，現在遠くにある星は近づけると明るく見えるようになるため等級が小さくなり，近くにある星は遠ざけると暗く見えるようになるので，等級が大きくなる。

問４，問５　星の色は表面温度が低いほうから，赤色(ベテルギウス)，だいだい色，黄色(北極星)，白色，青白色(スピカ)のように変わっていく。

国　語　＜第１回試験＞（40分）＜満点：100点＞

解　答

一　下記を参照のこと。　二　①　(外)見　②　有(名)　③　残(念)　④　身(内)　⑤　質(素)　⑥　終(点)　⑦　自(由)　⑧　天(災)　⑨　水(平)　⑩　禁(止)

三　**問１**　**A**　イ　**B**　ア　**C**　ウ　**問２**　エ　**問３**　ア　**問４**　ウ　**問５**　ウ

問６　(例)　洪水や噴火，山崩れといった自然の異変で変化したばかりの荒れ地となった環境。

問７　**誰が何をどんなふうに改変した**…(例)　人間が，自然の海や林を，無茶苦茶に速い速度で改変した。　**その結果**…(例)　(いわゆる普通種と呼ばれる虫は，)好んで人間の作った環境を利用し，数を多く増やした(。一方，そうでない虫たちは，)人間による自然の改変にはとてもついてゆけず，どんどんいなくなってしまった(。)　**問８**　イ　**問９**　(例)　人間にとって普通なことは，虫にとっては普通でないから。　**問10**　エ

●漢字の書き取り

一　①　接点　②　群発　③　転回　④　型紙　⑤　保留　⑥　精算　⑦　張本人　⑧　反映　⑨　弁解　⑩　混(み合う)

解　説

一　漢字の書き取り

①　異なる二つのものがふれあっているところ。　②　地震《じしん》などが，ある期間，同じ地域に集中的に起こること。　③　正反対に向きを変えること。　④　服の型に切りぬいた紙。　⑤　そのままの状態でとどめておくこと。　⑥　金額などを正確に細かく計算すること。　⑦　事件や問題が起こるおおもとをつくった人。　⑧　影響《えいきょう》がほかのところにまでおよぶこと。　⑨　言いわけをすること。申しひらきをすること。　⑩　音読みは「コン」で，「混雑」などの熟語がある。

二　類義語・対義語の知識

①　「外観」「外見」は，外からの見た目。　②　「著名」「有名」は，世の中によく知られているようす。　③　「無念」「残念」は，くやしいと思う気持ち。　④　「身内」「親族」は，親せきのこと。　⑤　「地味」「質素」は，飾《かざ》らないようす。　⑥　始まる場所を示す「起点」の対義語は，ものごとの終わりという意味の「終点」である。　⑦　行動を制限して自由にさせないことを意味する「束縛《そくばく》」の対義語は，ほかからしばられないようすをいう「自由」になる。　⑧　人間の不注意などがもとで起こる災《わざわ》いをいう「人災」の対義語は，地震・台風・大水など，自然

の力で起こる災いという意味の「天災」である。　⑨　平面に対して直角をなすようすをいう「垂直」の対義語は，平らなようすを表す「水平」になる。　⑩　願い出ていることに対し，よいと許すことをいう「許可」の対義語は，してはいけないと止めるという意味の「禁止」である。

三　出典は養老孟司《ようろうたけし》の『虫は人の鏡　擬態《ぎたい》の解剖《かいぼう》学』による。「普通種《ふつうしゅ》」とよばれる虫は，人間が自然を改変してつくった環境《かんきょう》を利用して数を増やしたと述べられている。

問１　A　異常な行動。正常とはいえないようす。　B　ある地域に限られているようす。　C　かたよった見方。一方的なものの見方。

問２　「そんなに大きいのが好きなら」という条件があることから，虫よりはるかに恐竜《きょうりゅう》の骨のほうが大きく，珍《めずら》しさもまさるからというアは合う。また，大きさという点から，大きくても10センチ未満である虫は大したものではないからというウもよい。オオクワガタの大きさによっては，法外な値段がつくことに筆者があきれているようすが直前の文からはうかがえるので，イも正しい。

問３　この段落では，大きいクワガタを好む人を悲しませる方法について述べられている。ぼう線②の行動は，大きなクワガタをつかまえたくてたまらない人をがっかりさせる方法なので，アがよい。

問４　珍しい虫を手に入れ，虫にくわしくない大人に見せたときの相手の反応が直前の部分に書かれているが，これを筆者はぼう線③のように表現している。大人はその珍しい虫の聞きなれない名前も覚えられず，妙《みょう》なやり取りをしているのだから，ウがあてはまる。

問５　Ⅰ，Ⅱ　スズメは「人間にくっついている傾向《けいこう》」があり，天然林には「まずいない」のだから，人間がいる「里」の鳥であり，人間の住みかと離《はな》れた「山」の鳥ではない，といえる。よって，ウが合う。

問６　ぼう線④は，「いわゆる普通種」が利用していたと筆者が考える環境である。二段落先の内容もふくめてまとめると，洪水《こうずい》や噴火《ふんか》，山崩《やまくず》れなどの自然の異変によって変化したばかりの，荒《あ》れ地となった環境といえる。

問７　「二本足の連中」とは「人間」を指す。ぼう線⑤に続く部分から，人間が自然の海や林を，無茶苦茶に速い速度で改変したことが明らかである。同じ段落の後半にあるとおり，いわゆる普通種の虫は好んで人間のつくった環境を利用し，「わが世の春」と言わんばかりに数を多く増やした。その一方，安定した自然環境に適応する，普通種でない虫たちは，人間による自然の改変にはついてゆけず，どんどんいなくなってしまったのである。

問８　直前の部分に注意する。オサムシの餌《えさ》はガなどの幼虫だが，ほかの虫の幼虫であろうと選《よ》り好みは大してしないのだろうという意味で「環境への要求性は高くない」と言っているのだから，イがよい。

問９　人間が自然を改変した環境を好む虫を，人間は「普通種」とよぶようになった。だが，安定した自然環境に適応する虫はどんどんいなくなったことからわかるとおり，人間にとっての「普通」なことが必ずしも虫にとっては「普通」でないので，「勝手」だと筆者は言っているのである。

問10　Ⅲ　「天然自然の山野にはまずない」場所で，チャバネゴキブリをよく見かける場所が入るので，「キッチンのどこか」か「冷蔵庫の後ろ」がよい。　Ⅳ　温泉地でお湯を引いている管のそばにあてはまる内容が入るので，「あたたかくてしめった場所」か「人間の作った環境」が候補になるが，「それだってやっぱり」と前にあることから，Ⅲの場所にも合致《がっち》する「人間の作った環境」がよい。「キッチンのどこか」だと，「あたたかくてしめった場所」とは限らない。

Dr.福井の入試に勝つ！ 脳とからだのウルトラ科学

入試当日の朝食で，脳力をアップ！

朝食を食べない学生は，朝食をきちんと食べる学生に比べて成績が悪かった――という研究発表がある。まあ，ちょっと考えればわかると思うけど，朝食を食べないということは，車にガソリンを入れないで走らせようとするようなものだ。体がガス欠になった状態では，頭が十分に働くわけがない。入試当日の朝食はちゃんと食べよう！　朝食を食べた効果があらわれるように，試験開始の2時間以上前に食べるようにするとよい。

では，入試当日の朝食にふさわしいものは何か？

まず，脳の直接のエネルギー源はブドウ糖だけであるから，それを補給するためのご飯やパン，これは絶対に必要だ。また，砂糖や果物の糖分は吸収されやすく，効果が速くあらわれやすいので，パンにジャムをぬったり果物を食べたりするのもよいだろう。

次に，タンパク質。これは脳の温度を上げる作用がある。温度が低いままでは十分に働かないからね。タンパク質を多くふくむのは肉や魚，牛乳，卵，大豆などだが，ここでは大豆でできたとうふのみそ汁や納豆をオススメする。そして，記憶力がアップするDHAを多くふくんでいる青魚，つまりサバやイワシなども食べておきたい。

生野菜も忘れてはならない。その中にふくまれるビタミンBは，ブドウ糖を脳に吸収しやすくする働きを持つので，結果的に脳力アップにつながるんだ。

コーヒーや紅茶，緑茶は，カフェインという成分の作用で目覚めをうながすが，トイレが近くなってしまうので，飲みすぎに注意！　試験当日はひかえたほうがよいだろう。眠気を覚ましたいときはガムをかむといい。脳が刺激《しげき》されて活性化し，目が覚めるんだ。

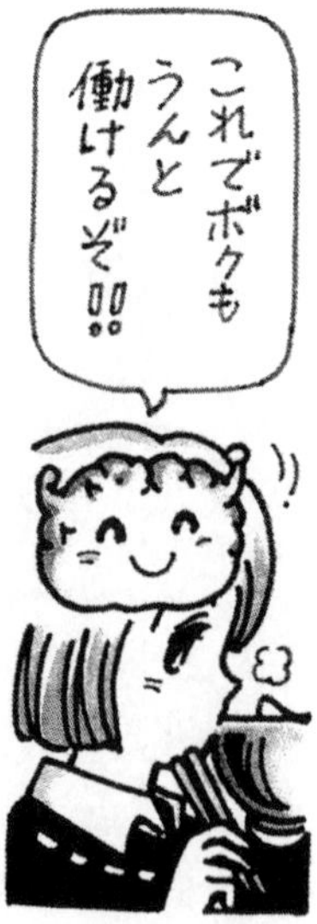

Dr.福井（福井《ふくい》一成《かずしげ》）…医学博士。開成中・高から東大・文Ⅱに入学後，再受験して翌年東大・理Ⅲに合格。同大医学部卒。さまざまな勉強法や脳科学に関する著書多数。

2023 年度　東京農業大学第三高等学校附属中学校

【総合理科】〈総合理科入試〉（60分）〈満点：120点〉

1　**A問題**

私達《たち》の身の回りのものには、気が付かないほど多くのレンズが使われています。例を挙げれば、スマートフォンのカメラや、エアコン・テレビなどのリモコンに付いているレンズ、視力を補正するための眼鏡等、家の中を探すだけでも様々なレンズが見つかります。このように生活に欠かせないレンズについて、次の文を読み、後の問いに答えなさい。

レンズにはとつレンズとおうレンズの２種類あります。まずは、とつレンズについて考えていきます。とつレンズは中心が周りより厚くなっており、通った光が集まる性質があります。この光が集まる点をしょう点といい、レンズの中心からしょう点までの距離《きょり》をしょう点距離といいます。図１のように、物体の１点（①）から出た光が、レンズを通ったあと、１点（②）に集まると、そこに物体の像ができます。像には、光が集まってできる実像と光が集まらないでできるきょ像があります。次に、おうレンズは図２のように、中心が周りよりうすくなっており、通った光が広がっていく性質があります。

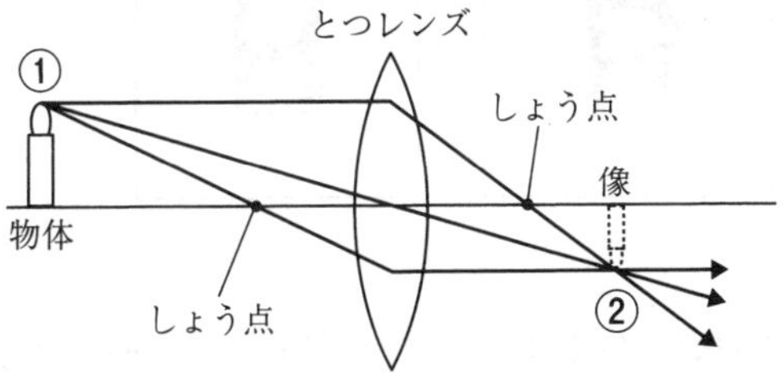

図１

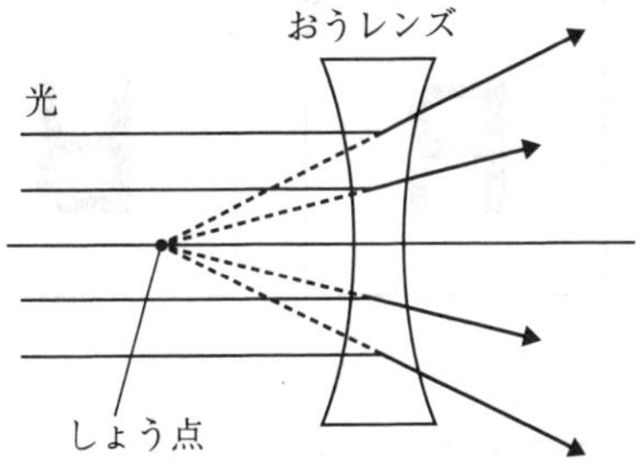

図２

このとつレンズを用いて、以下の実験を行いました。

図3のように、光学台にとつレンズと電球、**R**と書いた透明《とうめい》なガラス板を固定しました。その後、スクリーンに像がはっきりと映るように、スクリーンの位置を定めました。このとき、とつレンズとガラス板の距離が60 cmであり、スクリーンに映った像の大きさはガラス板に書かれた**R**の大きさの高さ、幅ともに半分でした。

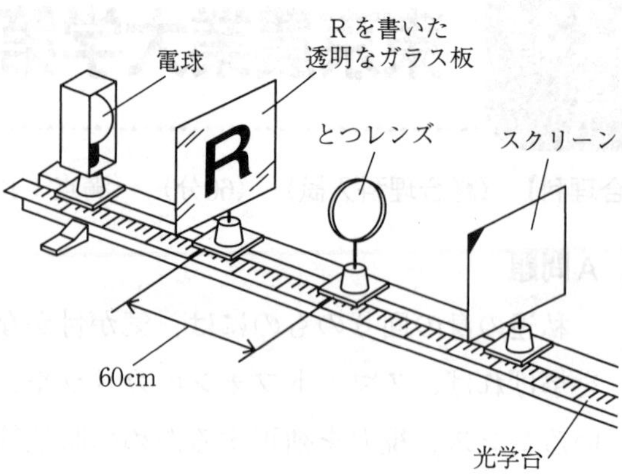

図3

問1　とつレンズからスクリーンまでの距離は何cmですか。

問2　このとつレンズのしょう点距離は何cmですか。

問3　このとき、スクリーンに映った像をとつレンズ側から見るとどのように見えますか。次の**ア**～**エ**から選び、記号で答えなさい。

ア

イ

ウ

エ

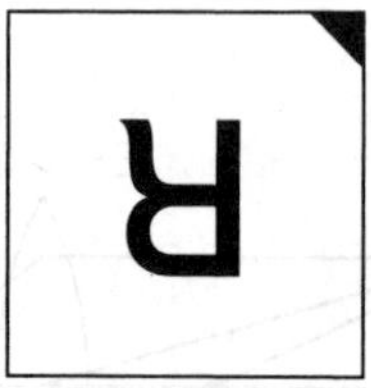

問4　このとき、とつレンズの上半分を黒い板でかくすと、スクリーンに映った像はどうなりますか。次の**ア**～**エ**から選び、記号で答えなさい。

ア　像は映らなくなる　　**イ**　像が半分に欠ける
ウ　暗くなる　　**エ**　変化はない

問5　ガラス板をとつレンズに近づけていくとスクリーンに像が映らなくなりました。ガラス板ととつレンズの距離が何cm以下になるとスクリーンに像が映らなくなりますか。

B問題

人の体の中にもレンズがあります。それは、目の中にあるレンズ（水晶体《すいしょうたい》）です。図1のように水晶体は、とつレンズのはたらきをしていて、（　**ア**　）の上に像をつくり、ここにできた像を、視神経を通して脳へ送ることで人はものを見ることができます。また、図1の（　**イ**　）も眼球を守る役割だけでなく、レンズのはたらきがあります。水晶体は、身近なガラスのレンズのようにかたいものではなく、弾性《だんせい》があり、見るものによって厚みを変えてピントを合わせることができます。つまり、人は見るものに合わせてレンズの厚みを変えることで、（　**ア**　）の上に像ができるように調整をしています。しかし図2のように、その調整がうまくいかず、（　**ア**　）の前で像ができてしまい、ピントが合わずにぼやけて見えてしまうことがあります。これを近視眼といいます。その場合には、図3のようにレンズ(めがねやコンタクトレンズ)を利用することで、（　**ア**　）の上に像ができるように矯正《きょうせい》をすることができます。

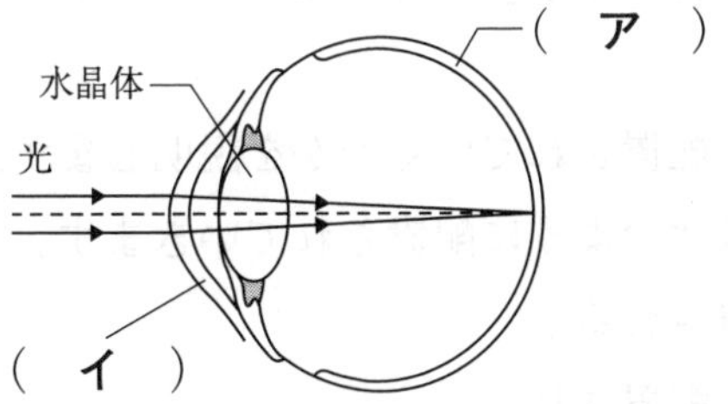

図1

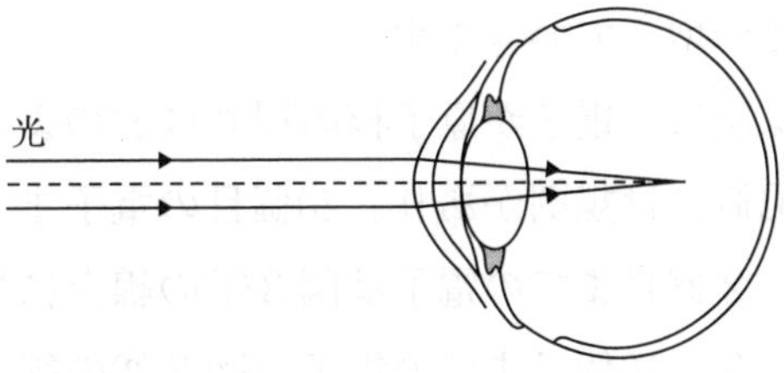

図2

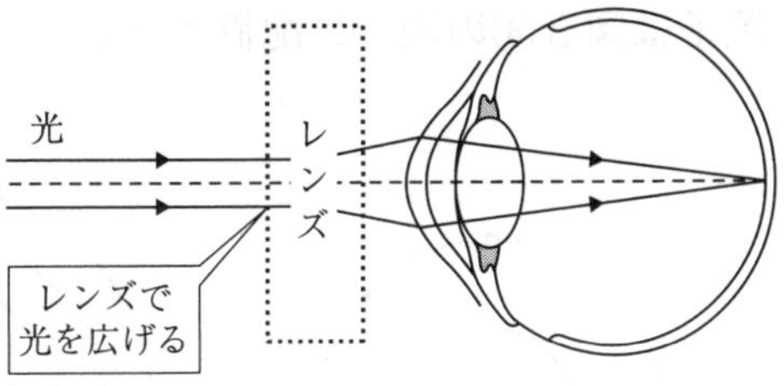

図3

問1　文章中の（　**ア**　）（　**イ**　）に入る言葉を答えなさい。

問2　図3において、使用するレンズはとつレンズとおうレンズのどちらですか。

2 A問題

みなさんは「原子《げんし》」ということばを聞いたことはありますか。「原子」とは物質を構成する最も小さな粒《つぶ》のことで、たくさんの種類があります。では、「原子」の種類によって何が違うのでしょうか。

図１は水素の「原子」の構造を、図２は酸素の「原子」の構造を簡単に表していますが、明らかな違いが見て取れます。まず水素の「原子」ですが、中心の原子核《げんしかく》と呼ばれる部分（●）の周りに電子《でんし》と呼ばれるもの（•）が１つある構造をしています。次に酸素の「原子」ですが、中心の原子核と呼ばれる部分の周りに、電子と呼ばれるものが８個ある構造をしています。なお、電子はマイナスの電気を持っていて、原子核には電子と同じ数のプラスの電気を持った陽子《ようし》と呼ばれるものがあります。では、他の原子はどのような構造をしているのでしょうか。実は電子の数と陽子の数はその「原子」によって決まっていて、それぞれその数は異なります。陽子１個の水素から始まり、２個のもの、３個のもの…というように「原子」の種類によって陽子の数が１個ずつ増えていきます。

では次に、電子が原子核の周りにどのように配置されていくのかを説明します。電子の配置には規則があり、20個目の電子までは次のように配置されていきます。

1）２個目までの電子は図３①の線上に配置される。
2）３～10個目までの電子は図３②の線上に配置される。
3）11～18個目までの電子は図３③の線上に配置される。
4）19個目と20個目の電子は図３④の線上に配置される。

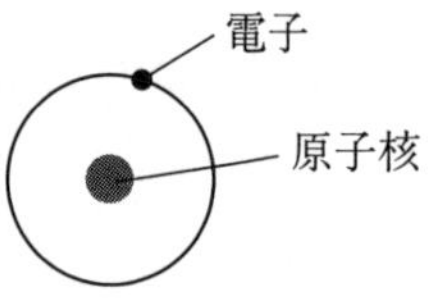

図１

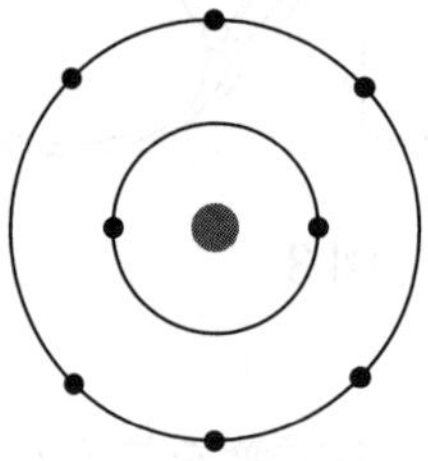
図２

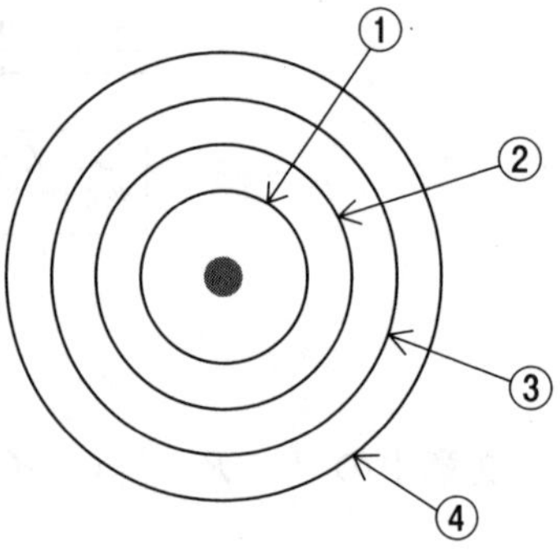

図３

問1　酸素の「原子」は陽子を何個持っていますか。数字で答えなさい。

問2　「原子」を陽子の数が小さい順に並べたとき、水素と酸素の間には何種類の「原子」がありますか。数字で答えなさい。

問3　電子の配置の規則にしたがって、電子の数がそれぞれ4個、13個、19個の「原子」の電子の配置を解答用紙に黒丸（•）で書きこみなさい。

B問題

原子の種類を元素といいます。それぞれの元素の性質や特ちょうを考えて、並べたものを周期表といい、1869年にドミトリ・メンデレーエフが発表しました。メンデレーエフは1860年に開かれた原子の重さの正しい決め方を討議したカールスルーエ国際会議の内容を活用して、当時発見されていた元素の中で、似たような性質を示すアルカリ金属と呼ばれるグループとハロゲンと呼ばれるグループを原子の重さの順に縦に並べました。そして、その重さの間（点線部）にあてはまるその他の元素を、重さの順に横に並べていきました（図1）。

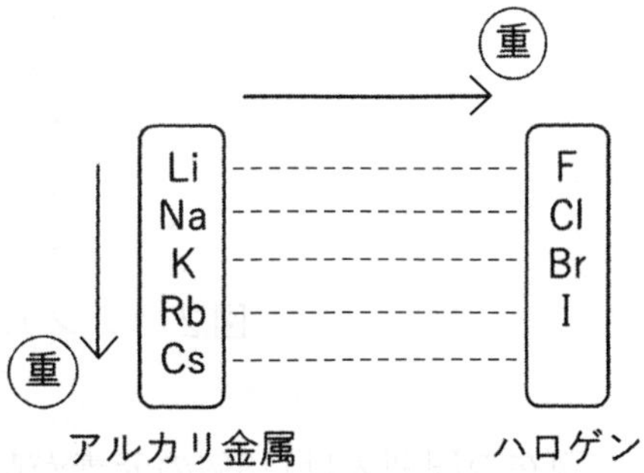

図1

その結果、原子の重さの順に並べていくと、周期的に性質の似たものが表れることが分かり、これを表にまとめたものを周期表と名付けました（図2）。図の中の数値は原子の重さを表しており、縦と横で規則正しく並べています。ただし、当時発見されていた元素は63個しかなく、まだ空きが多く存在しました。そこでメンデレーエフは空きとなっているところに入るであろう元素の性質（重さや融《と》ける温度など）を推定し、その性質の元素が存在すると予言しました。周りからは疑いの目で見られましたが、後に空きにあてはまる元素が見つかり、それは<u>メンデレーエフの予想</u>とほとんど違ってはいなかったため、高く評価されることになりました。

			Ti=50	Zr=90	?=180
			V=51	Nb=94	Ta=182
			Cr=52	Mo=96	W=186
			Mn=55	Rh=104.4	Pt=197.4
			Fe=56	Ru=104.4	Ir=198
			Ni=Co=59	Pl=106.6	Os=199
H=1			Cu=63.4	Ag=108	Hg=200
	Be=9.4	Mg=24	Zn=65.2	Cd=112	
	B=11	Al=27.4	?=68	Ur=116	Au=197?
	C=12	Si=28	?=70	Sn=118	
	N=14	P=31	As=75	Sb=122	Bi=210?
	O=16	S=32	Se=79.4	Te=128?	
	F=19	Cl=35.5	Br=80	I=127	
Li=7	Na=23	K=39	Rb=85.4	Cs=133	Tl=204
		Ca=40	Sr=87.6	Ba=137	Pb=207
		?=45	Ce=92		
		?Er=56	La=94		
		?Yt=60	Di=95		
		?In=75.6	Th=118?		

図２　メンデレーエフが作成した周期表

現在の周期表は118個の元素が載《の》っており、原子の中に存在する陽子の数で並べられています。陽子の数は原子番号と呼ばれ、その数はアルファベットで表わされた元素の記号の左下に示されています（図３）。原子の重さは隣《となり》同士《どうし》で逆転する場合もありますが、基本的には原子番号の順番に重くなっています。また、これらの元素は金属の性質を示すかどうかで２つのグループに分けることができ、金属の性質を示す元素を金属元素、示さない元素を非金属元素と呼びます。これらの元素が結びついて様々な物質が作られていきますが、金属元素どうしが結びつく場合は金属結合、金属元素と非金属元素が結びつく場合はイオン結合、非金属元素どうしが結びつく場合は共有結合と呼ばれる結合を作ります。後の問いに答えなさい。

$_{1}$H																	$_{2}$He
$_{3}$Li	$_{4}$Be	□・・・金属元素					■・・・非金属元素					$_{5}$B	$_{6}$C	$_{7}$N	$_{8}$O	$_{9}$F	$_{10}$Ne
$_{11}$Na	$_{12}$Mg	＊100番～118番の元素は、金属元素か非金属元素か不明										$_{13}$Al	$_{14}$Si	$_{15}$P	$_{16}$S	$_{17}$Cl	$_{18}$Ar
$_{19}$K	$_{20}$Ca	$_{21}$Sc	$_{22}$Ti	$_{23}$V	$_{24}$Cr	$_{25}$Mn	$_{26}$Fe	$_{27}$Co	$_{28}$Ni	$_{29}$Cu	$_{30}$Zn	$_{31}$Ga	$_{32}$Ge	$_{33}$As	$_{34}$Se	$_{35}$Br	$_{36}$Kr
$_{37}$Rb	$_{38}$Sr	$_{39}$Y	$_{40}$Zr	$_{41}$Nb	$_{42}$Mo	$_{43}$Tc	$_{44}$Ru	$_{45}$Rh	$_{46}$Pd	$_{47}$Ag	$_{48}$Cd	$_{49}$In	$_{50}$Sn	$_{51}$Sb	$_{52}$Te	$_{53}$I	$_{54}$Xe
$_{55}$Cs	$_{56}$Ba	57~71 ﾗﾝﾀﾉｲﾄﾞ	$_{72}$Hf	$_{73}$Ta	$_{74}$W	$_{75}$Re	$_{76}$Os	$_{77}$Ir	$_{78}$Pt	$_{79}$Au	$_{80}$Hg	$_{81}$Tl	$_{82}$Pb	$_{83}$Bi	$_{84}$Po	$_{85}$At	$_{86}$Rn
$_{87}$Fr	$_{88}$Ra	89~103 ｱｸﾁﾉｲﾄﾞ	$_{104}$Rf	$_{105}$Db	$_{106}$Sg	$_{107}$Bh	$_{108}$Hs	$_{109}$Mt	$_{110}$Ds	$_{111}$Rg	$_{112}$Cn	$_{113}$Nh	$_{114}$Fl	$_{115}$Mc	$_{116}$Lv	$_{117}$Ts	$_{118}$Og

図３　現在の周期表

問1　次の元素のうち、最も重い元素はどれですか。**ア〜エ**から選び、記号で答えなさい。

ア　Ca　　**イ**　Au　　**ウ**　Fe　　**エ**　I

問2　次の物質のうち、イオン結合を作っているものはどれですか。**ア〜エ**から選び、記号で答えなさい。

ア　CO_2　　**イ**　H_2　　**ウ**　NaCl　　**エ**　CCl_4

問3　日本が命名したニホニウムNhは原子番号が113番で、亜鉛《あえん》Znとある原子をぶつけ、合体させることによって人工的に作成した元素です。このぶつけた原子はどれですか。**ア〜エ**から選び、記号で答えなさい。

ア　Bi　　**イ**　Y　　**ウ**　Po　　**エ**　Rf

問4　下線部についてメンデレーエフはまだ発見されていないエカアルミニウムやエカケイ素が存在すると考え、エカアルミニウムの重さは68、エカケイ素の重さは70と予想した結果、予想と一致《いっち》した元素が後に発見されました。図2と図3を参考にして、エカアルミニウムとエカケイ素の元素の記号の組み合わせとして、最も正しいものを次の**ア〜エ**から選び、記号で答えなさい。

ア　エカアルミニウム…Al
　　エカケイ素…………P

イ　エカアルミニウム…B
　　エカケイ素…………Zn

ウ　エカアルミニウム…Ga
　　エカケイ素…………Ge

エ　エカアルミニウム…Ru
　　エカケイ素…………Rh

3 A問題

次の図のように、バッタ、クモ、ハエ、アリをいろいろな特ちょうをもとに分類すると、それぞれの生物は**A**～**D**のいずれかにあてはまりました。後の問いに答えなさい。

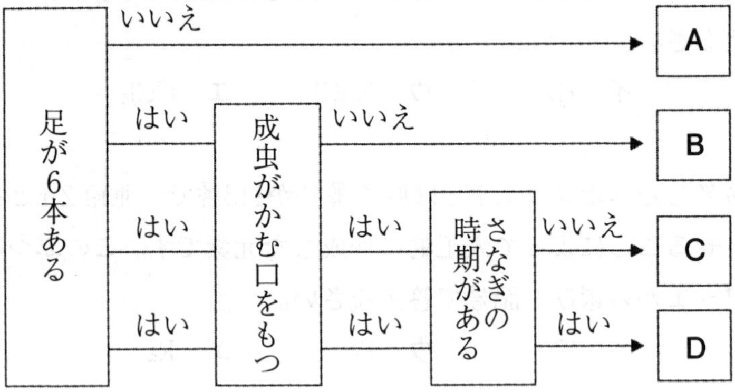

図

問1　図の**B**には、どのような特ちょうをもつ生物があてはまる可能性がありますか。次の**ア**～**エ**から選び、記号で答えなさい。

ア　足が6本あり、成虫がかむ口をもつ。

イ　足が8本あり、成虫がかむ口をもつ。

ウ　足が6本あり、成虫がなめる口をもつ。

エ　足が8本あり、成虫がなめる口をもつ。

問2　図の**A**と**C**にあてはまる生物を次の**ア**～**エ**からそれぞれ選び、記号で答えなさい。

ア　バッタ　　**イ**　クモ　　**ウ**　ハエ　　**エ**　アリ

B問題

ダンゴムシはからだを外骨格《がいこっかく》でおおわれた、節《ふし》のあるあしをもつ節足《せっそく》動物です。植木鉢の下や、公園の落ち葉の中などにいて、主に落ち葉などを食べます。農大三中の榎本武揚《えのもとたけあき》さんは、動き回っているダンゴムシを観察していると、進む向きに決まりのようなものはないのか気になり、夏休みの自由研究で調べることにしました。下の研究レポートは、榎本武揚さんがまとめたものです。後の問いに答えなさい。

虫の動きに決まりはあるの？
～ダンゴムシの行動の研究～

東京農業大学第三高等学校附属中学校
1年2組　　名前　榎本　武揚

【研究の目的】

理科の実習で雑木林《ぞうきばやし》に入ったとき、落ち葉の下にたくさんのダンゴムシを見つけた。動き回っているダンゴムシを観察していると、その進む向きに決まりがあるように感じて、その決まりが何かを調べることにした。

【材料と方法】

〇材料　オカダンゴムシ（*Armadillidium vulgare*）：体長0.6cm～1.6cmのもの、厚紙、カッターナイフ、セロハンテープ、接着剤、ピンセット

〇方法　厚紙を使って図1のような部品をつくり、それをつなぎ合わせて、いくつかの迷路《めいろ》をつくった。それらの迷路を使って**〈実験1〉**と**〈実験2〉**を行い、ダンゴムシが進む向きの決まりを調べた。なお、部品をつなぎ合わせるときは、部品どうしを重ねることなくセロハンテープでつないだ。部品の側面に別の部品をつなぎ合わせるときは、通路をふさぐ部分の壁面をカッターナイフで切り取った。

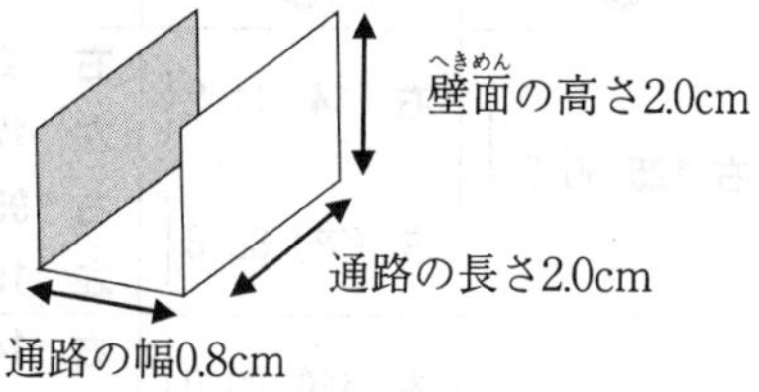

図1

〈実験1〉T字の道の曲がり方を調べる

T字の道を曲がるときに、その方向に決まりがあるかを調べる。

(1)　分岐点《ぶんきてん》が複数ある迷路（図2）をつくった。

(2)　スタート地点（㋜）にダンゴムシを置き、各分岐点での曲がる方向とゴール地点の場所を記録した。

(3)　(2)を250個体のダンゴムシで行い、表に結果をまとめた。

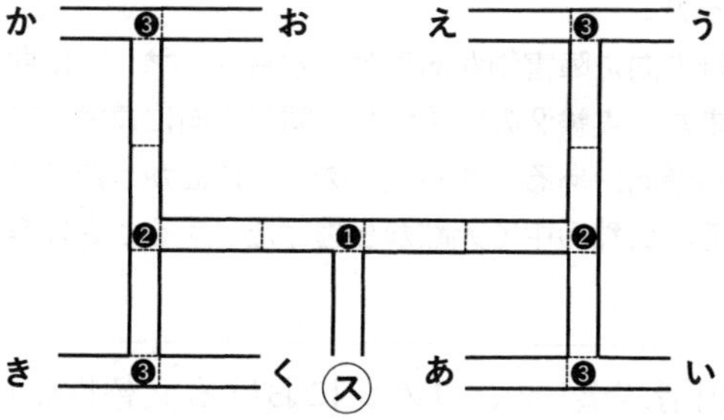

図2

㋜はダンゴムシのスタート地点、**あ**～**く**はゴール地点、❶～❸はスタート地点から進み、訪れた分岐点の順をそれぞれ示している。また、破線はつなぎ合わせた辺を表している。

〈実験２〉 強制《きょうせい》的に右に曲がらせた場合

予《あらかじ》め強制的に右に１回曲がらせた場合と、予め強制的に右に２回曲がらせた場合とで、その次の分岐点での曲がる方向の選び方に違《ちが》いが出るかを調べる。

(1) 強制的に右に１回曲がるようにした右Ｌ型迷路（図３）と、強制的に右に２回曲がるようにした右Ｌ－Ｌ型迷路（図４）をつくった。

(2) ダンゴムシをスタート地点（ス）に置き、最後のＴ字の分岐点で曲がる方向を調べた。

(3) 右Ｌ型迷路（図３）と右Ｌ－Ｌ型迷路（図４）で(2)をそれぞれ200個体のダンゴムシで行い、表にまとめた。

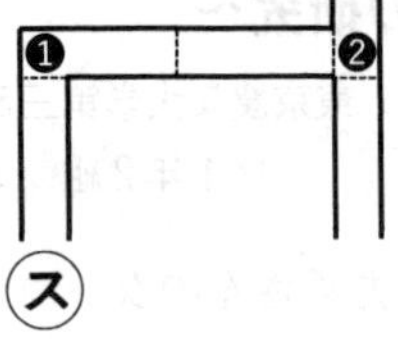

図３　右Ｌ型迷路

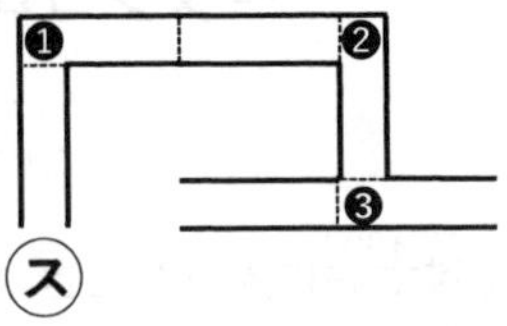

図４　右Ｌ－Ｌ型迷路

【結果】

〈実験１〉 Ｔ字の道の曲がり方を調べる

第１分岐点（❶）	第２分岐点（❷）	第３分岐点（❸）	全個体数に対する割合(%)	行動型
右 **125** 50.0	右 **14** 11.2	右 **2** 14.3	0.8	**右右右**
		左 **12** 85.7	（エ）	**右右左**
	左（ア）88.8	右 **95** 85.6	38.0	**右左右**
		左 **16** 14.4	6.4	**右左左**
左 **125** 50.0	右 **110** 88.0	右 **14** 12.7	5.6	**左右右**
		左（イ） 87.3	38.4	**左右左**
	左 **15** 12.0	右 **13** （ウ）	5.2	**左左右**
		左 **2** 13.3	0.8	**左左左**

右は分岐点において進行方向に対して右に曲がったもの、**左**は分岐点において進行方向に対して左に曲がったものを示す。数字の**太字**は実験個体数、細字は百分率を示す。

〈実験２〉 強制的に右に曲がらせた場合

	最後のＴ字の分岐点における曲がる向きの割合	左(%)：右(%)
迷路型	右Ｌ型迷路	82.2：17.8
	右Ｌ－Ｌ型迷路	99.5：0.5

【考察《こうさつ》】

①ダンゴムシが動くときは、さかんに触角《しょっかく》を動かしていた。触角を動かすことで、周りの障害物《しょうがいぶつ》などを確かめているようだった。

②実験１の結果から、ダンゴムシは進行方向に障害物があると、左右（　㋐　）に曲がる反応をするということが分かった。また、実験２の結果から、同じ方向に連続して曲がった方がその反応は（　㋑　）くなる傾向《けいこう》がある。左右（　㋐　）に曲がった方が、せまい範囲《はんい》をぐるぐる回らずにすむので、自然の中で天敵から逃げたりするときに有利になると考える。

（研究レポートの内容：渡辺宗孝・岩田清二著「ダンゴムシにおける交替《こうたい》性転向反応」〔動物心理学年報第６集　1956〕より引用、一部改変）

問1　**〈実験1〉**の行動型において、「左右左」のグループは図2の迷路のどのゴールに行きつきますか。図2の**あ**～**く**の中から選び、記号で答えなさい。

問2　**〈実験1〉**の結果の表の空欄《くうらん》（　**ア**　）～（　**エ**　）に入る数字を、それぞれ答えなさい。

問3　**〈実験2〉**の結果から分かることとして最も適当なものを、次の**ア**～**ウ**のうちから選び、記号で答えなさい。

ア　予め強制的に右に1回曲がらせた場合と予め強制的に右に2回曲がらせた場合では、予め強制的に右に1回曲がらせた場合の方が、最後のT字の分岐点において左に曲がる割合が大きい。

イ　予め強制的に右に1回曲がらせた場合と予め強制的に右に2回曲がらせた場合では、予め強制的に右に2回曲がらせた場合の方が、最後のT字の分岐点において左に曲がる割合が大きい。

ウ　予め強制的に右に1回曲がらせた場合と予め強制的に右に2回曲がらせた場合では、最後のT字の分岐点において左に曲がる割合は変わらない。

問4　考察の空欄（　㋐　）に入ることばとして適当なものをひらがな3文字で答えなさい。

問5　考察の空欄（　㋑　）に入ることばとして適当なものを漢字1文字で答えなさい。

4 **A問題**

日本の湖について調べたところ、表のようにまとめられました。表をもとに、後の問いに答えなさい。

番号	名称《めいしょう》	面積（km^2）	標高（m）	周囲長（km）	最大水深（m）
1	琵琶湖（びわこ）	669.3	85	241	103.8
2	霞ヶ浦（かすみがうら）	168.2	0	120	11.9
3	サロマ湖（さろまこ）	151.6	0	87	19.6
4	中禅寺湖（ちゅうぜんじこ）	11.9	1269	22	163
5	田沢湖（たざわこ）	25.8	249	20	423.4
6	本栖湖（もとすこ）	4.7	900	11	121.6

表

問1　表の**1**～**3**の湖がある道県を次の**ア**～**カ**から選び、それぞれ記号で答えなさい。

ア　北海道　　**イ**　秋田県　　**ウ**　茨城県
エ　栃木県　　**オ**　山梨県　　**カ**　滋賀県

問2　最も面積の広い湖と、最も面積の狭《せま》い湖の面積の差はいくらになりますか。

問3　湖の底の標高が最も高い湖はどれですか。**1**～**6**から選び、番号で答えなさい。

問4　湖の底が海面よりも低い湖はどれですか。**1**～**6**からすべて選び、番号で答えなさい。

B問題

流れる水のはたらきとして、しん食、運ぱん、たい積があります。日本各地にはこれらのはたらきによりできた、特ちょう的な地形が数多く存在します。

川の上流でしん食によりできた土砂《どしゃ》が運ぱんされ、河口や海底などでたい積をします。長い年月をかけて、たい積がくり返されることにより、地層ができあがります。

しん食、運ぱん、たい積のどのはたらきが起こるのかは、水の流速と土砂の粒《つぶ》の大きさで決まります。その関係を示したものが図1のグラフです。

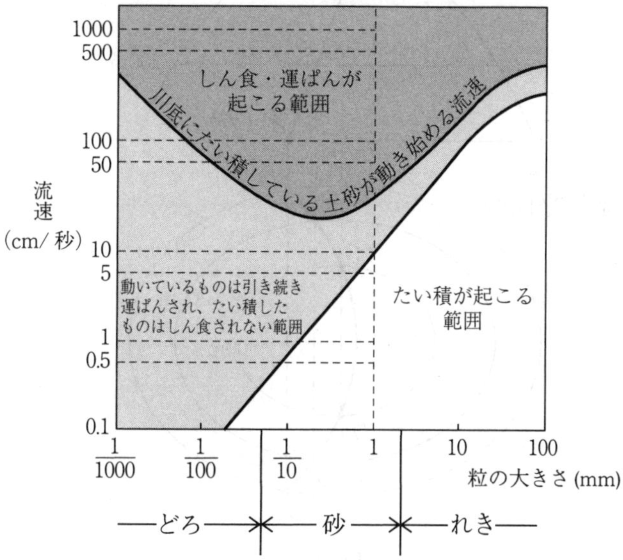

図1　川における土砂の粒の大きさと流速の関係

地層の重なり方を表したものに図2のような地質断面図と地質平面図があります。地質断面図は地下における地層の分布や構造を表したもの、地質平面図は地表にみられる地層の分布を地形図上に表したものです。図2の立体図にある地層(グレー部分)について、地質断面図と、地質平面図のかき方は次のようになっています。

〈地質断面図〉

①　地形の断面図に、各標高と地層の境界の交点(㋐、㋒、㋔)をかきこむ。

②　①でかいた交点(㋐、㋒、㋔)を直線(しゅう曲している場合は曲線)で結ぶ。

〈地質平面図〉

①　地形図に、等高線と地層の境界線の交点(㋐～㋕)をかきこむ。

②　①でかいた交点(㋐～㋕)をなめらかな線で結ぶ。

これらを参考にして、後の問いに答えなさい。

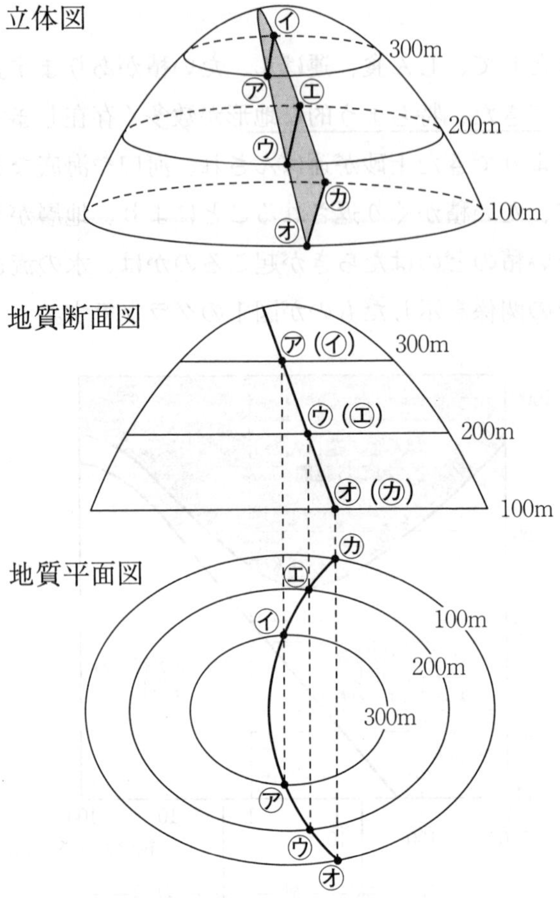

図2

問1　図1を参考にしてすべてのどろ、砂、れきがたい積している状態で流速を0 cm/秒から徐々《じょじょ》に大きくしていったとき、最初に動き始めるのは、どろ、砂、れきのどれですか。

問2　図3のような川の4地点（**ア**～**エ**）で流速を調べたところ、表1のような結果が得られました。粒の大きさが1 mmの砂がたい積する地点はどこですか。図1を参考にして**ア**～**エ**からすべて選び、記号で答えなさい。なお、あてはまるものがないときは解答らんに「なし」と書きなさい。

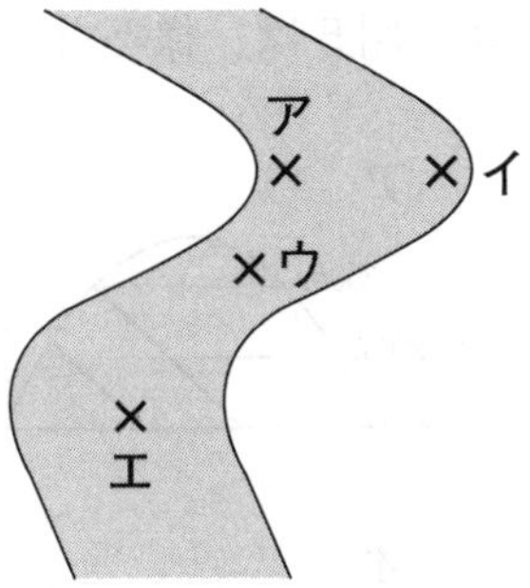

図3

地点	**ア**	**イ**	**ウ**	**エ**
流速（cm/秒）	9.4	11.2	10.7	8.5

表1

問3　下線部の例として、宮崎県青島《あおしま》の海岸があげられます。青島の海岸は図4のように地表面に凹凸《おうとつ》がみられます。この地形は、砂岩《さがん》と泥岩《でいがん》が交ごにくり返し重なった地層がかたむきながら隆起《りゅうき》し、波のしん食を受けたことによってできたものです。くぼんでいる部分は砂岩の層と泥岩の層のどちらですか。次の表2を参考に答えなさい。

図4

	砂岩	泥岩
構成する粒の大きさ	$2 \sim \frac{1}{16}$ mm	$\frac{1}{16}$ mm 以下
岩石のかたさ	かたい	やわらかい
その他	建築・土木用の石材や砥石《といし》など、様々な用途がある。	泥岩の中でもより細かい粒からできているものを粘土岩《ねんどがん》という。

表2　砂岩と泥岩の特ちょう

問4　図5は、様々なところの地質断面図と地質平面図です。後の問いに答えなさい。

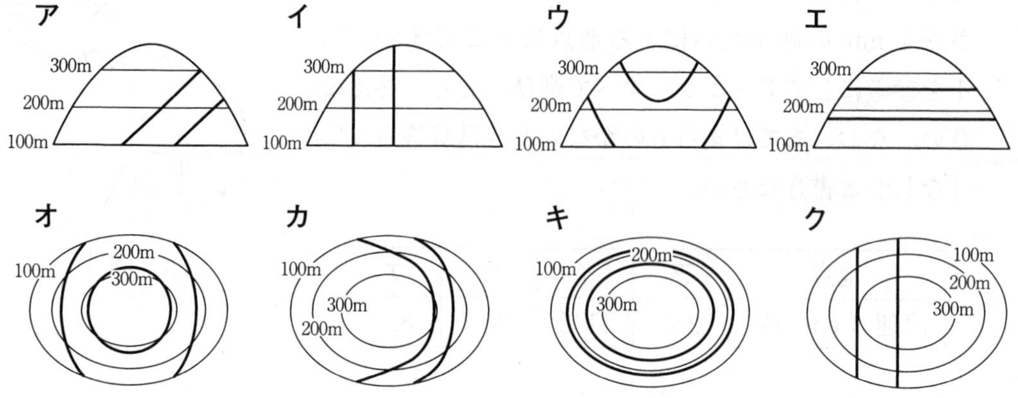

図5

①　図6の立体図で示した地層を地質断面図と地質平面図で表すとどのようになりますか。図5の**ア**～**ク**からそれぞれ選び、記号で答えなさい。

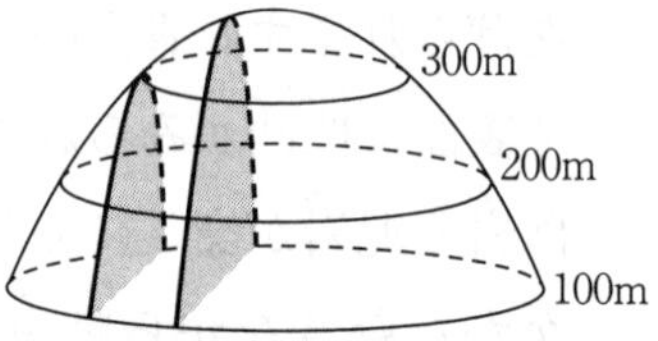

図6

②　図7の地質断面図が示す地層を地質平面図で表すとどのようになりますか。解答用紙の図に示しなさい。

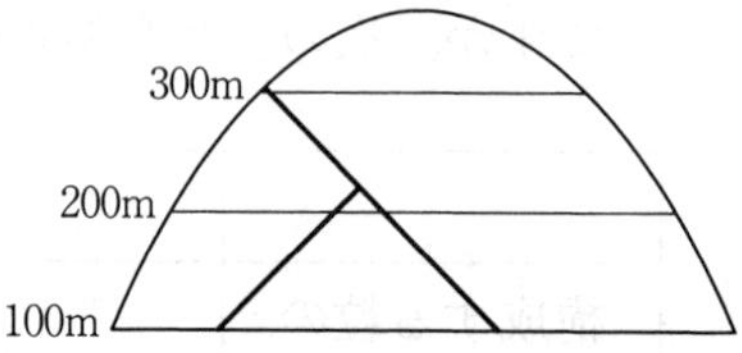

図7

2023年度
東京農業大学第三高等学校附属中学校 ▶解説と解答

理 科 ＜総合理科入試＞（60分）＜満点：120点＞

解 答

1 **A問題** **問1** 30cm **問2** 20cm **問3** イ **問4** ウ **問5** 20cm **B問題** **問1** **ア** もう膜 **イ** 角膜 **問2** おうレンズ **2** **A問題** **問1** 8個 **問2** 6種類 **問3** （例） 解説の図を参照のこと。 **B問題** **問1** イ **問2** ウ **問3** ア **問4** ウ **3** **A問題** **問1** ウ **問2** **A** イ **C** ア **B問題** **問1** か **問2** **ア** 111 **イ** 96 **ウ** 86.7 **エ** 4.8 **問3** イ **問4** こうご **問5** 強（高） **4** **A問題** **問1** **1** カ **2** ウ **3** ア **問2** $664.6km^2$ **問3** 4 **問4** 1，2，3，5 **B問題** **問1** 砂 **問2** ア，エ **問3** 泥岩の層 **問4** ① **地質断面図**…イ **地質平面図**…ク ② （例） 解説の図を参照のこと。

解 説

1 **とつレンズによる像と人の目についての問題**

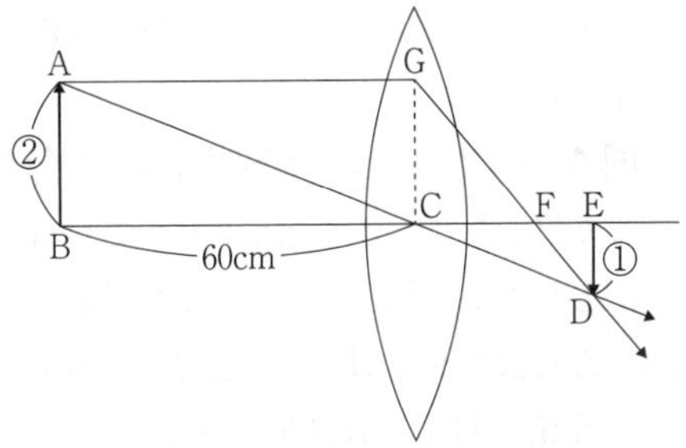

A問題 **問1** とつレンズとガラス板の距離《きょり》を60cmにして，像ができるときのようすは，右の図のようになる。このとき，スクリーンに映った像の大きさが，ガラス板に書かれたRの大きさの半分になったとあるので，ガラス板の高さを②とすると，像の高さは①となる。図の三角形ABCと三角形DECは相似で，相似比は2：1である。BCの長さは60cmなので，CEの長さは，$60\times\frac{1}{2}=30$(cm)となる。 **問2** 三角形GCFと三角形DEFは相似で，相似比は2：1である。CEの長さは30cmだから，CFの長さ(しょう点距離)は，$30\times\frac{2}{2+1}=20$(cm)である。

問3 スクリーンに映った像をとつレンズの反対側から見ると，上下左右が反対になって見える。この像をとつレンズ側から見ると，イのように見える。

問4 とつレンズの上半分を黒い板でかくしても，像ができる位置や像の形は変わらない。ただし，像に集まる光の量が半分になるので，像が暗くなる。

問5 ガラス板をとつレンズのしょう点の位置に置くと，スクリーンに像が映らなくなる。よって，ガラス板ととつレンズの距離が，しょう点距離である20cm以下のとき，スクリーンに像が映らなくなる。

B問題 **問1** 人の目では，もう膜《まく》(ア)の上に像ができる。角膜(イ)は，目のいちばん前にある透《とう》明《めい》な組織で，レンズの役割を持ち，光の取り入れ口になっている。

問2 A問題の図1，図2より，とつレンズは光を集める性質があるのに対し，おうレンズは光を広げる性質がある。よって，図３のように光を広げる場合にはおうレンズを用いる。

2 原子《げんし》と周期表についての問題

A問題　問１　原子核《かく》には電子と同じ数のプラスの電気を持った陽子と呼ばれるものがあると述べられている。酸素の原子には電子が８個あるので，酸素の原子は陽子を８個持っている。

問２　水素の原子には電子が１個あるので，水素の原子は陽子を１個持っている。よって，陽子の数が小さい順に原子を並べたとき，陽子を１個持っている水素と，陽子を８個持っている酸素の間には，陽子を２～７個持った６種類の原子があると考えられる。

問３　電子の配置の規則にしたがって，電子を配置していくと，右の図のようになる。

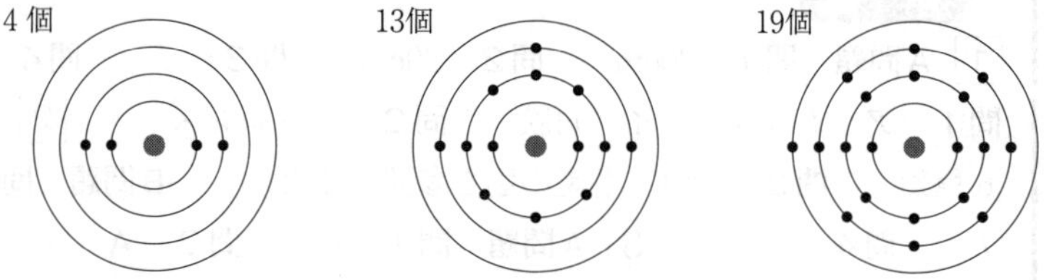

B問題　問１　Ca(カルシウム)の原子番号は20，Au(金)の原子番号は79，Fe(鉄)の原子番号は26，Ｉ(ヨウ素)の原子番号は53である。基本的には原子番号の順に重くなると述べられているので，最も重い元素は，原子番号が最も大きいAuである。

問２　イオン結合は，金属元素と非金属元素が結びつく場合だから，金属元素Na(ナトリウム)と非金属元素Cl(塩素)が結びついたNaCl(塩化ナトリウム)がイオン結合を作っている。

問３　ニホニウムの原子番号，つまり陽子の数は113，亜鉛《あえん》は30なので，亜鉛にぶつけた原子の陽子の数(原子番号)は，113－30＝83である。周期表より，原子番号が83の元素はBi(ビスマス)とわかる。

問４　図２で，重さが68と70の原子はZn(亜鉛)とAs(ヒ素)の間にある。よって，図３で，原子番号がZnより大きくAsより小さい元素はGaとGeだから，重さが68のエカアルミニウムの元素の記号はGa，重さが70のエカケイ素の元素の記号はGeと考えられる。

3 こん虫やダンゴムシの生態についての問題

A問題　問１　Bは足が６本で，成虫がかむ口を持っていない生物だからハエである。なお，ハエはなめる口を持っている。

問２　Aは足が６本ではない生物なのでクモ，Cは足が６本で，成虫がかむ口を持っており，さなぎの時期がない生物だからバッタが当てはまる。

B問題　問１　㋜からスタートし，左右左と進むと，右の図の矢印のように進むことになるので，「か」に行きつく。

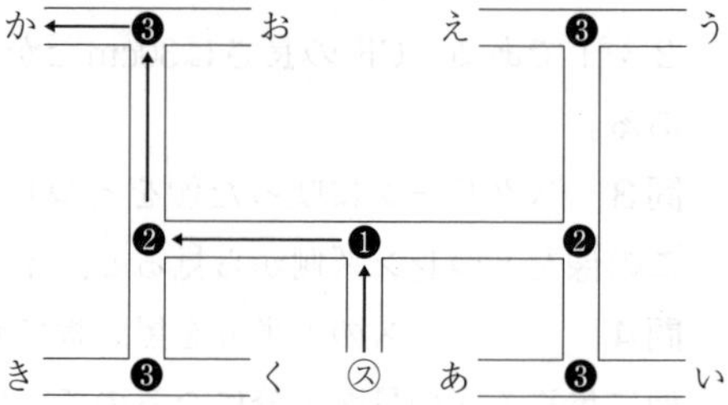

問２　ア　❶で右に曲がった125個体のうち，14個体が右に曲がったので，左に曲がった個体は，125－14＝111(個体)である。　**イ**　❷で右に曲がった110個体のうち，14個体が右に曲がったから，左に曲がった個体は，110－14＝96(個体)となる。　**ウ**　❷で左に曲がった15個体のうち，左に曲がった２個体の割合が13.3％なので，右に曲がった13個体の割合は，100－13.3＝86.7(％)になる。　**エ**　全個体数(250個体)のうち，右右左と曲がった12個体の割合は，12÷250×100＝4.8(％)と求められる。

問３　予《あらかじ》め強制的に右に１回曲がらせた場合，最後のＴ字路で左に曲がる割合は82.2％なのに対し，予め強制的に右に２回曲がらせた場合，最後のＴ字路で左に曲がる割合は99.5％と高くなっている。

問４，**問５**　実験１から，ダンゴムシは進行方向に障害物《しょうがいぶつ》があると，左右交ごに曲がることが多いとわかる。また，実験２から，同じ方向に連続で曲がったときの方が，次の分岐点《ぶんきてん》で，それとは逆に曲がる割合が高くなることがわかる。

4　湖の標高や深さ，流れる水のはたらきについての問題

Ａ問題　問１　琵琶《びわ》湖は滋賀県，霞《かすみ》ヶ浦《うら》は茨城県，サロマ湖は北海道にある。なお，中禅寺《ちゅうぜんじ》湖は栃木県，田沢《たざわ》湖は秋田県，本栖《もとす》湖は山梨県にある。

問２　最も面積の広い琵琶湖と，最も面積の狭《せま》い本栖湖の面積の差は，669.3－4.7＝664.6(km^2)である。

問３　中禅寺湖の底の標高は，1269－163＝1106(m)と最も高い。

問４　琵琶湖，霞ヶ浦，サロマ湖，田沢湖は，標高よりも最大水深の方が大きいので，湖の底が海面(標高０m)よりも低い。

Ｂ問題　問１　図１より，川底にたい積している土砂が動き始める流速が最もおそいのは，粒《つぶ》の大きさが$\frac{1}{10}$～１mmの砂であることが読み取れる。

問２　粒の大きさが１mmの砂がたい積するのは，図１より，流速が10cm/秒以下になったときである。流速が10cm/秒以下の地点は，アとエである。

問３　交ごにくり返し重なった砂岩と泥岩《でいがん》の層が隆起《りゅうき》したあと，やわらかい泥岩が波によってしん食され，砂岩が残って，規則的に凹凸《おうとつ》が見られる地形になっている。

問４　①　図６は，地面に対して垂直な地層なので，地質断面図ではイのようになり，地質平面図ではクのような直線で表される。　②　地質断面図において，標高が100m，200m，300mの地点と対応する点を地質平面図に表すと，右の図のようになる。

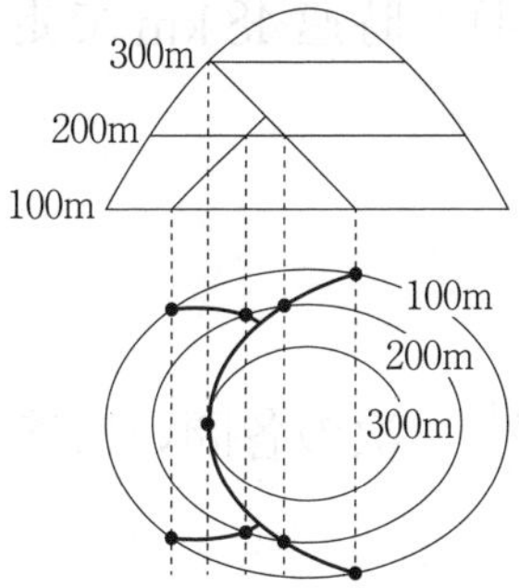

2023 年度 東京農業大学第三高等学校附属中学校

【算　数】〈第３回試験〉（40分）〈満点：100点〉

〔注意事項〕コンパス、分度器は使用しないでください。

1　次の $\square$ にあてはまる数を求めなさい。

(1)　$1\frac{3}{4} \times \frac{5}{7} - 1.25 \div \frac{10}{3} = \square$

(2)　$8.3 \times 4 \times 2.023 - 0.16 \times 2 \times 20.23 = \square$

(3)　$2 \times \square - \frac{6}{5} = \square \times 1.8$

（ただし，$\square$ には同じ数が入ります。）

(4)　時速 48 km で走っている車は，３秒間に $\square$ m だけ進みます。

2　次の各問いに答えなさい。

(1)　下のように，ある規則にしたがって数が並んでいます。前から数えて 71 番目の数の一の位はいくつですか。

1，7，49，343，……

(2)　コインを１回投げて表が出れば３点足され，裏が出れば２点引かれるゲームがあります。はじめに 40 点持っていて，このゲームを 20 回行ったところ，70 点になりました。表は何回出ましたか。

(3)　右の柱状グラフは，あるクラスの女子のうで立てふせの記録を0回以上5回未満，5回以上10回未満のように5回ずつに区切って整理したものです。うで立てふせの記録が15回以上の人は，全体の何％ですか。

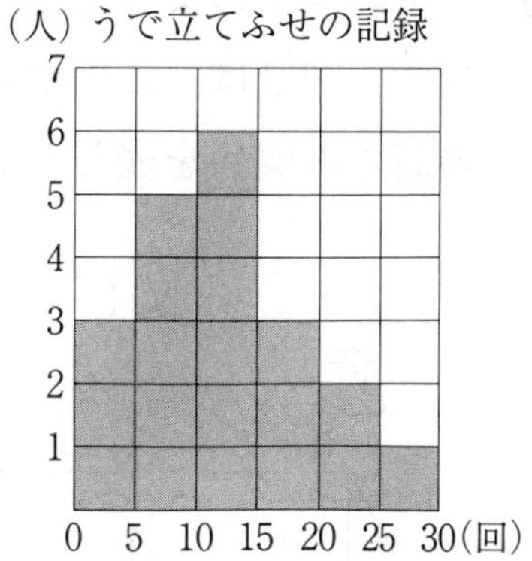

(4)　9％の食塩水400gに，水を加えて6％の食塩水を作りました。加えた水は何gですか。

(5)　ある姉妹の家から駅までの道のりは1.5kmです。妹が駅に向かって家を出発してから12分後に，姉が自転車で同じ道を追いかけました。妹の歩く速さは分速70m，姉が自転車で進む速さは分速210mです。このとき，姉が妹に追いつくのは，駅まで残り何mの地点ですか。

(6)　右の図のように，長方形の紙を折り曲げてできる角㋐の大きさを求めなさい。

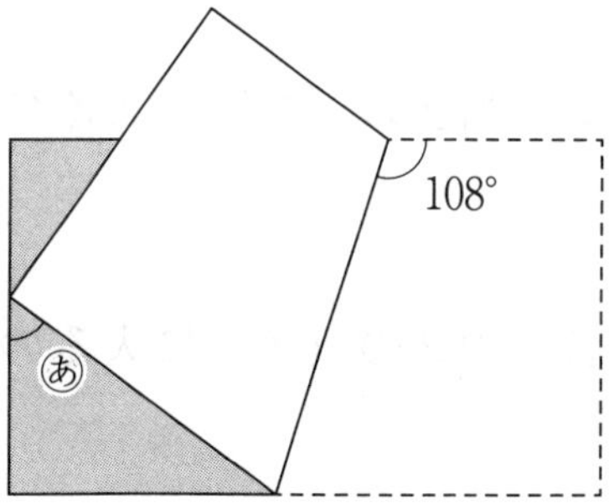

3　下の図１のように仕切りがついた直方体の水そうに立方体の石が入っています。図２は，この水そうに毎分一定の割合で水を入れたときの時刻と水面の高さの関係を表したものです。次の各問いに答えなさい。

図１

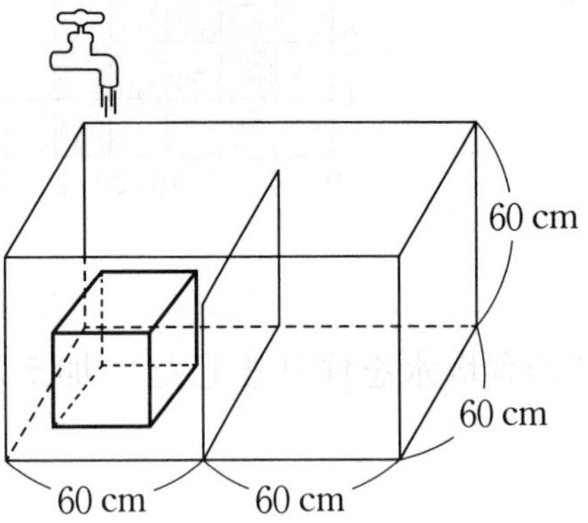

図２

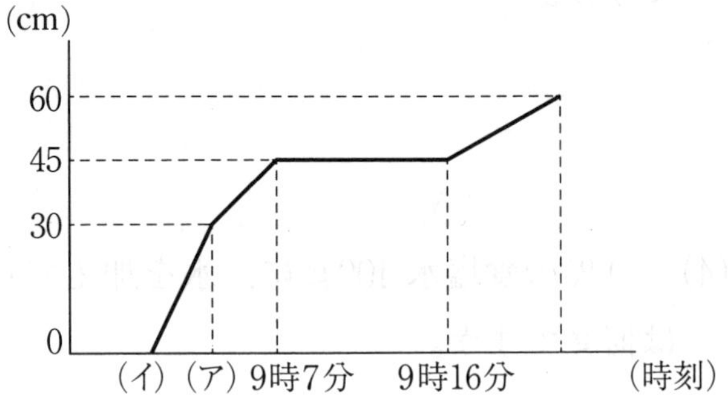

(1)　仕切りの高さは何 cm ですか。

(2)　毎分何Ｌずつ水を入れていますか。

(3)　図２の（ア）に入るのは何時何分ですか。

(4)　図２の（イ）に入るのは何時何分何秒ですか。

4　下の図１～図３をいくつかの色でぬり分けます。ただし，となり合った部分には異なる色をぬるものとします。次の各問いに答えなさい。

図１　図２　図３

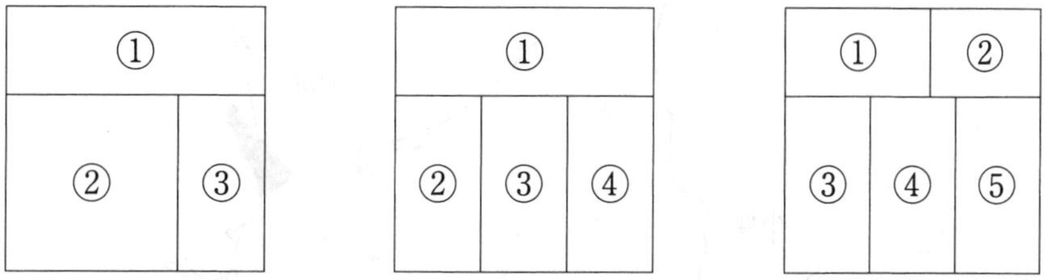

(1)　図１の①～③の部分を赤，青，黄の３色をすべて使ってぬり分ける方法は何通りありますか。

(2)　図２の①～④の部分を赤，青，黄の３色をすべて使ってぬり分ける方法は何通りありますか。

(3)　図２の①～④の部分を赤，青，黄，緑の４色を使ってぬり分ける方法は何通りありますか。ただし，使わない色があってもよいものとします。

(4)　図３の①～⑤の部分を赤，青，黄，緑の４色を使ってぬり分ける方法は何通りありますか。ただし，使わない色があってもよいものとします。

【社　会】〈第３回試験〉（40分）〈満点：100点〉

1　図１を参考に、後の各問いに答えなさい。

【図１】

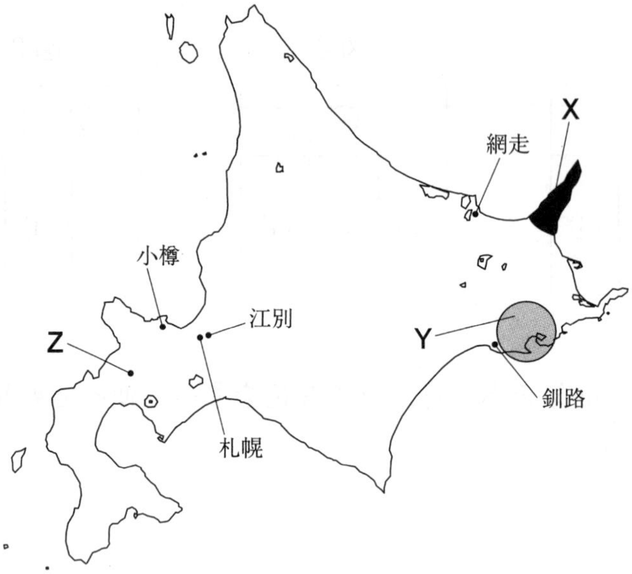

問１　図２の**Ａ～Ｃ**は、図１中の小樽、網走、釧路の雨温図です。それぞれの都市と雨温図の組み合わせとして正しいものを、次の**ア～カ**のうちから１つ選び、記号で答えなさい。

【図２】

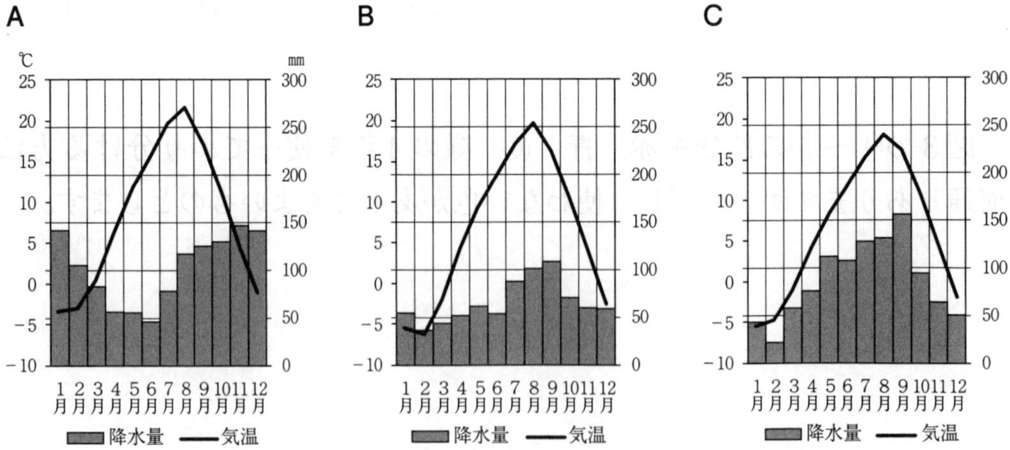

（引用：気象庁のホームページより作成）

	ア	イ	ウ	エ	オ	カ
A	小樽	小樽	網走	網走	釧路	釧路
B	網走	釧路	釧路	小樽	網走	小樽
C	釧路	網走	小樽	釧路	小樽	網走

問２　図３は図１中の札幌と江別の雨温図です。この２つの都市は隣接した都市ですが、図３を見ると一年を通して札幌の方が温暖であり、特に１月では３℃も平均気温に差があります。これは都市特有のある現象が原因です。その現象名を答えなさい。

【図３】

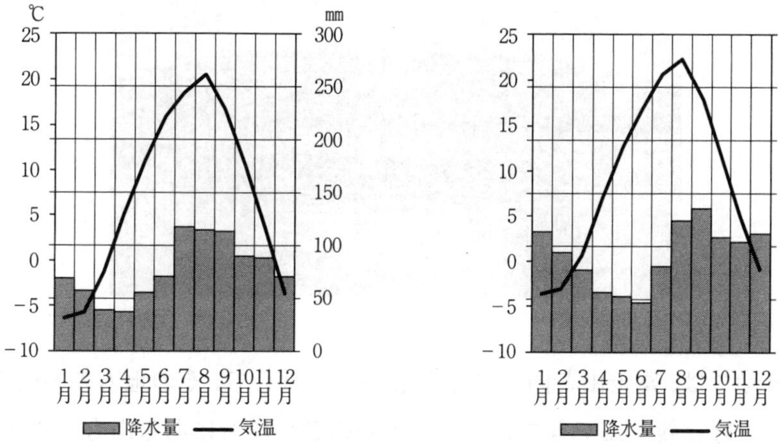

江別　　　札幌

（引用：気象庁のホームページより作成）

問３　図１中の**X**の地域について説明した文章を読み、後の各問いに答えなさい。

> 北海道に昔から住んでいる［　D　］の人たちは、［　E　］を「シリ・エトコ」と呼んでいました。「シリ・エトコ」には「地の・突き出たところ」という意味があり、この「シリ・エトコ」が地名のもとになりました。
>
> （引用：北海道自然環境局ホームページ　一部改変）

(1)　文中の空欄［　D　］にあてはまる語句を、**カタカナ３字**で答えなさい。

(2)　文中の空欄［　E　］にあてはまる地名を、**漢字２字**で答えなさい。

(3)　図１中の**Y**の地域は、湖沼の自然保全を目的としたある条約に登録されています。この条約名を答えなさい。

問４　次の写真１は、富士山です。写真１を参考に後の各問いに答えなさい。

【写真１】

(1)　日本各地では、富士山と同じような形の山に対して、その地方の名前を付けて「○○富士」と呼び親しんできました。図１中の**Ｚ**の場所にある山も、北海道では「○○富士」と呼ばれて親しまれています。現地では何富士と呼ばれているでしょうか。次の**ア**～**エ**のうちから１つ選び、記号で答えなさい。

ア　津軽富士　　**イ**　蝦夷富士　　**ウ**　薩摩富士　　**エ**　榛名富士

(2)　次の図４は富士山の成り立ちを模式的に示したものです。このように富士山は複数回の噴火と火山灰の降灰を繰り返すことで、きれいな三角形の山となりました。このような成り立ちの火山を何というでしょうか。あてはまる語句を**漢字２字**で答えなさい。

【図４】

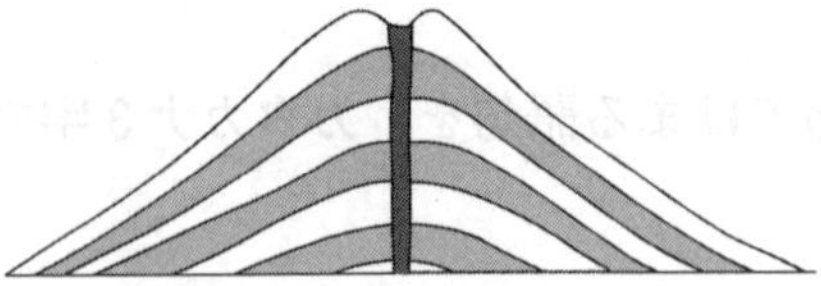

問５　北海道の農業は、地域ごとに特色があります。図５は、北海道を地域ごとに分けたものです。後のグラフの**Ｆ**～**Ｉ**は図５中の地域ごとの作付面積の割合を示しています。それぞれの地域とグラフの組み合わせとして正しいものを、次の**ア**～**カ**のうちから１つ選び、記号で答えなさい。

【図５】

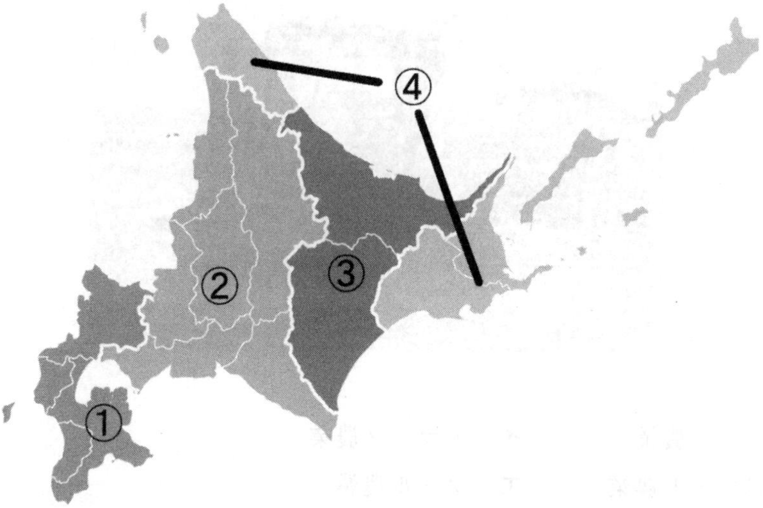

【グラフ】

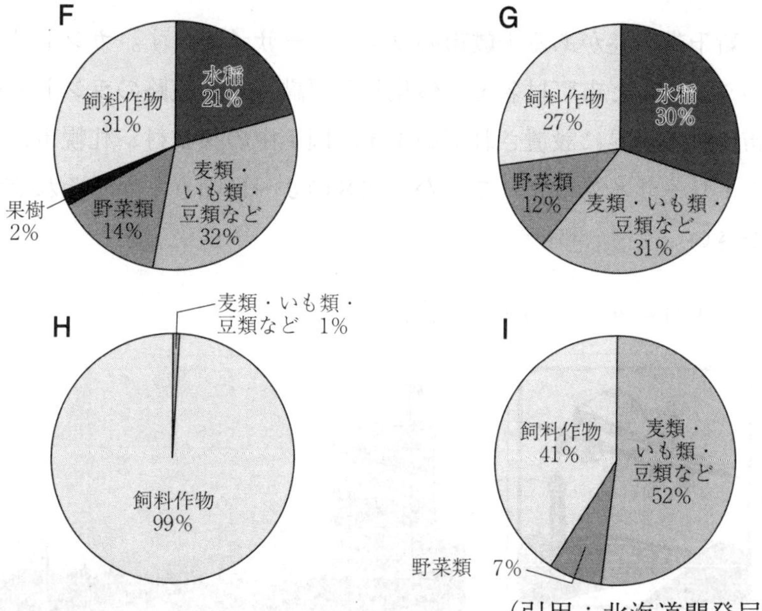

（引用：北海道開発局ＨＰより）

	ア	イ	ウ	エ	オ	カ
Ｆ	①	①	②	②	③	②
Ｇ	②	②	①	①	④	③
Ｈ	③	④	③	④	①	④
Ｉ	④	③	④	③	②	①

問６　写真２は、北海道で導入が進むロボット技術やＩＣＴ等の先端技術の活用による新たな農業の写真です。このような農業を何といいますか。次の**ア**～**エ**のうちから１つ選び、記号で答えなさい。

【写真２】

ア　スリム農業　　　**イ**　トラック農業
ウ　スマート農業　　**エ**　クール農業

問７　図６は、新千歳空港がある千歳市のカントリーサインです。カントリーサインとは、まちのシンボルと市町村名を一体化した標識です。道路のランドマークのひとつとして市町村の境界に設置されています。図７中の猿払村、札幌市、夕張市、奥尻町のカントリーサインはどれですか。図８の**Ｊ**～**Ｍ**のうちからそれぞれ選び、記号で答えなさい。

【図６】　カントリーサインの例（千歳市）

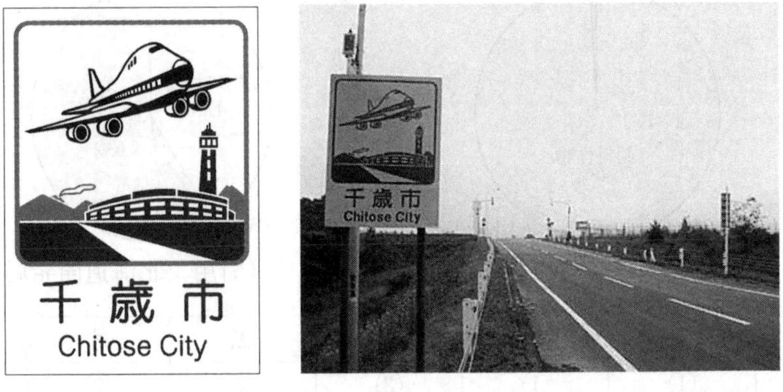

【図7】

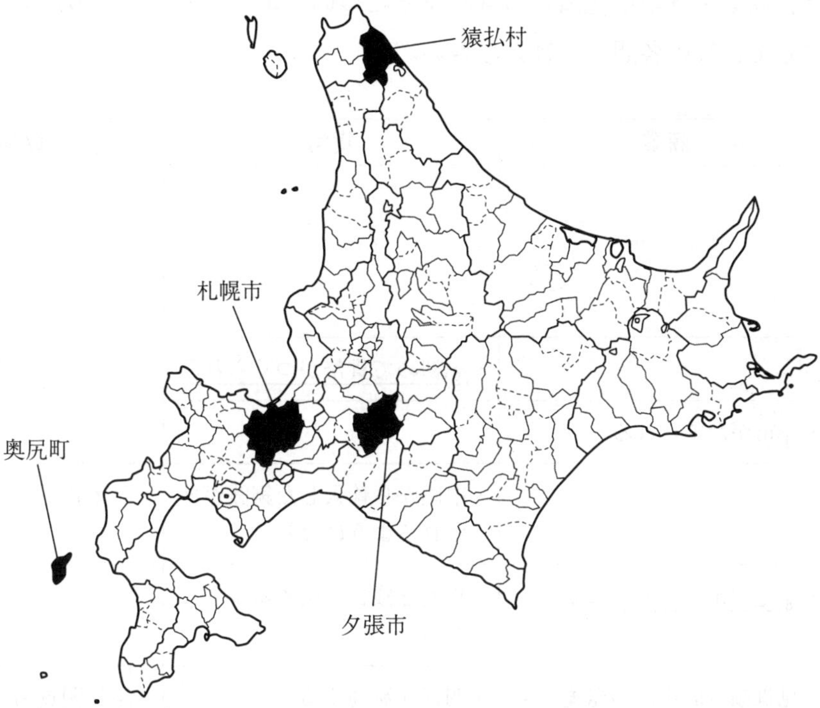

【図8】

問8　近年では、さけの稚魚《ちぎょ》をある程度まで育ててから自然の河川に放流し、大きくなって戻ってきたさけをとる漁業に力を入れるようになりました。このような漁業を何といいますか、答えなさい。

2　下の表は、商業・貨幣や他国との貿易などについて年代ごとにまとめたものです。表を参考にして、後の各問いに答えなさい。

時代	商業	貨幣	貿易
旧石器 ①縄文 弥生 古墳			
飛鳥		・②初めて貨幣がつくられる	
奈良	・③市《いち》がたてられる		
平安		・中国から輸入した銅銭が使われるようになる	・日宋貿易
鎌倉	・④定期市がたてられる	・年貢を銭貨で納めるようになる	
室町 安土桃山	・見世棚（店棚）の発達 ・行商人の活躍 ・⑥座（同業者組合）の結成	・明銭が流通する ・金融業者が力を持つようになる	・⑤日明貿易
江戸	・三井呉服店の新商法が評判となる ・⑦株仲間の結成	・貨幣を金・銀・銭貨で統一する ・両替商が登場する	・鎖国下で中国・オランダと貿易
明治	・⑧新貨条例が発布される ・国立銀行が設立される		・関税自主権の回復
大正	・［　X　］による金融や産業の支配が強まる		
昭和戦前	・戦争状況の悪化により、配給制や切符制が始まる		
昭和戦後	・［　X　］が解体される ・スーパーマーケットや、［　Y　］が誕生する	・ハイパーインフレの発生	

問１　表中の下線部①について、後の各問いに答えなさい。

(1)　青森県で見つかった、縄文時代を代表する大規模な遺跡を何といいますか、答えなさい。

(2)　(1)の遺跡では、ヒスイや黒曜石が見つかっています。ヒスイは新潟県糸魚川で採れるもので、青森県では採れないものです。なぜ青森県で発見されたのでしょうか。簡単に説明しなさい。

問２　表中の下線部②について、日本で初めてつくられた貨幣の名称を答えなさい。

問３　表中の下線部③について、後の各問いに答えなさい。

(1)　市は、都の中心をはしる朱雀大路《すざくおおじ》を境として東西に置かれました。このときの都の名称を答えなさい。

(2)　市では「和同開珎」という貨幣が使用されました。この貨幣に使用された銅はどこから産出しましたか。次の**ア**～**エ**のうちから１つ選び、記号で答えなさい。

ア　出羽《でわ》国　　**イ**　下野《しもつけ》国　　**ウ**　武蔵《むさし》国　　**エ**　伊予《いよ》国

問４　下の資料は、表中の下線部④の様子を描いたものです。この資料の説明として誤っているものを、次の**ア**～**エ**のうちから１つ選び、記号で答えなさい。

【資料】

ア　市場には、武士や女性・子どもなど、さまざまな人びとが集まっていることが分かります。

イ　資料の左下には舟が描かれており、川の近くに市場があったことが分かります。

ウ　柱を境に、商品ごとに販売する場所が区切られていることが分かります。

エ　品物を売る人びとは、男性のみと決められていました。

問5　表中の下線部⑤について、日明貿易はどのように行われましたか。下の絵画資料を参考にして、簡単に説明しなさい。

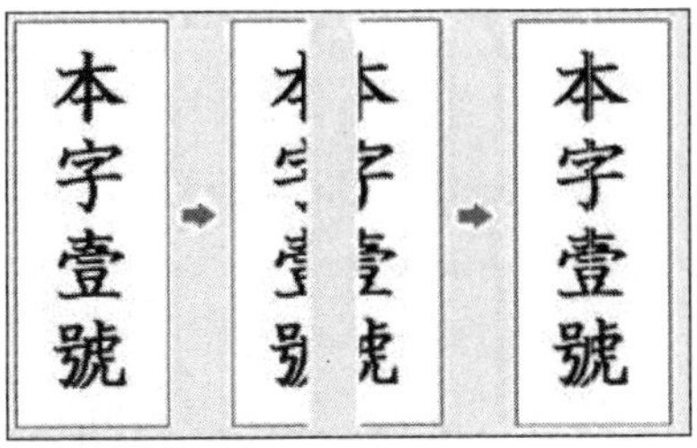

問6　表中の下線部⑥について、座の結成が自由な商業活動をさまたげていると考えた織田信長は、安土城下で座の禁止を命じました。この政策を何といいますか、答えなさい。

問7　表中の下線部⑦について、この株仲間は江戸では「十組問屋」、大坂では「二十四組問屋」として認められ、都市のにぎわいの中で発展しました。特に大坂は多くの蔵屋敷があり、商業の取引が活発に行われました。このことから大坂は何と呼ばれましたか。**5字**で答えなさい。

問8　表中の下線部⑧の条例により、お金の単位が新たに3種類決められました。このとき決められた単位の組み合わせとして正しいものを、次の**ア**～**エ**のうちから1つ選び、記号で答えなさい。

ア　円・銭・厘　　　**イ**　円・朱・銭
ウ　歩・段・町　　　**エ**　斗・升・合

問9　表中の空欄 X には、この時期経済や産業を独占していた経営の形態があてはまります。最も適当な語句を答えなさい。

問10　表中の空欄 Y には、今年度の体験授業で扱った業種があてはまります。24時間営業を行うことが多く、災害時にも食料を提供する拠点として期待されている店舗もあります。最も適当な語句を**カタカナ10字**で答えなさい。

3　2022年７月までの「時事問題」をまとめた次の表を参考に、後の各問いに答えなさい。

２月　中国の[　A　]でオリンピックが開幕

①ロシア軍がウクライナ侵攻

３月　②日本の電力需給がひっ迫

４月　[　B　]の沿岸で観光船が沈没

５月　③沖縄の本土復帰から50周年

アメリカの[　C　]大統領が初来日

６月　④「こども家庭庁」の設置法案が可決

７月　イギリスから[　D　]が中国に返還されて25周年

⑤参議院議員選挙の実施

問１　表中の空欄[　A　]・[　D　]には、ともに中国の都市名が入ります。最も適当な都市の名前を、次の**ア**～**オ**のうちからそれぞれ選び、記号で答えなさい。

ア　北京　　**イ**　南京　　**ウ**　上海　　**エ**　台北　　**オ**　香港

問２　表中の空欄[　B　]には、ある日本の世界遺産の名称が入ります。その写真として正しいものを、次の**ア**～**エ**のうちから１つ選び、記号で答えなさい。

ア

イ

ウ

エ

問３　表中の空欄 C にあてはまるアメリカ大統領の名前を答えなさい。

問４　表中の下線部①に関連して、次の各問いに答えなさい。

(1)　ウクライナの場所を、下の地図中の**ア**～**エ**のうちから１つ選び、記号で答えなさい。

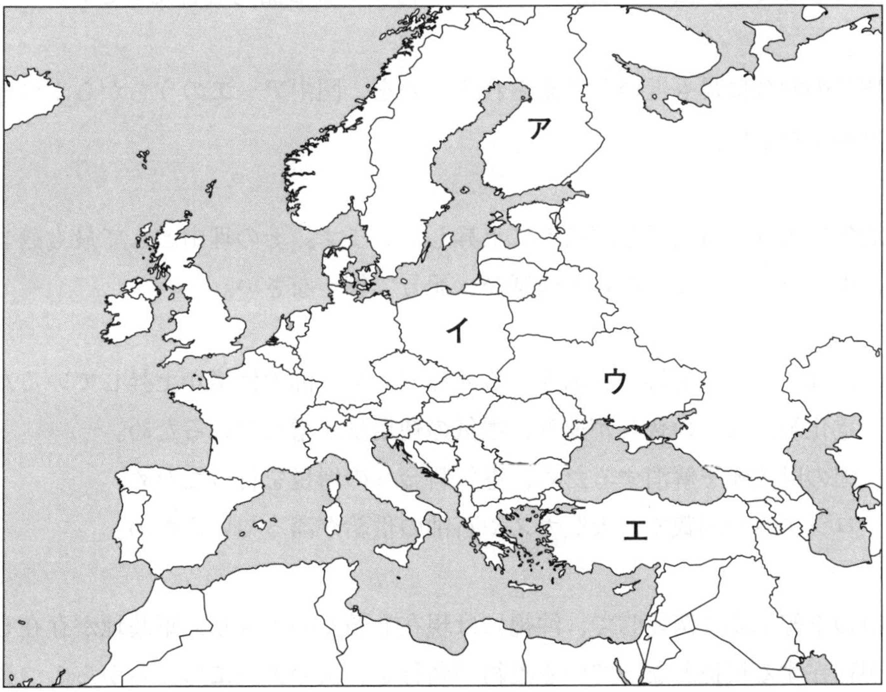

(2)　ロシアのウクライナ侵攻に対して、国際連合の安全保障理事会ではロシアの即時撤退を求める決議案が出されましたが、否決されました。否決された理由として考えられることを解答欄に従って答えなさい。

問５　表中の下線部②に関連して、後の各問いに答えなさい。

【図】

ア

水力	石油	天然ガス	石炭	X
17%	46%	15%	5%	17%

イ

水力	石油	石炭	天然ガス	その他
8%	11%	34%	43%	4%

ウ

水力	石油	石炭	天然ガス	X	その他
8%	7%	32%	38%	6%	9%

エ

水力	石油	石炭	天然ガス	X
12%	29%	10%	22%	27%

※その他は地熱と再生可能エネルギーを合わせた数値

【資源エネルギー庁　エネルギー白書2021より作成】

(1)　上の図は、日本における1980年、1990年、2014年、2018年の発電量の電源別割合を示したものです。図中の空欄［X］にあてはまる語句を答えなさい。

(2)　2018年の割合に最も近いと考えられるものを、図中**ア**～**エ**のうちから１つ選び、記号で答えなさい。

(3)　2022年に入り、電気料金が徐々に上昇しています。その理由として最も適当なものを、次の**ア**～**エ**のうちから１つ選び、記号で答えなさい。

ア　円高により、海外から輸入する天然ガスや石油の価格が上昇しているため。
イ　電化製品などの普及が進み、電気の使用量が増えているため。
ウ　国の財政難を解消するため、電気料金への増税を行ったため。
エ　ロシアへの制裁で、天然ガスや石油の供給が滞っているため。

問６　表中の下線部③に関連して、沖縄には現在も多くのアメリカ軍基地が存在します。基地が存在する根拠となっている条約の名称を、次の**ア**～**エ**のうちから１つ選び、記号で答えなさい。

ア　京都議定書　　　　**イ**　日米安全保障条約
ウ　日米和親条約　　　**エ**　環太平洋パートナーシップ協定

問７　表中の下線部④に関連して、現在日本は少子高齢社会となっています。少子化がさらに進んだ場合、どのような問題が起こると考えられますか。誤っているものを、次の**ア**～**エ**のうちから１つ選び、記号で答えなさい。

ア　日本の人口が減少し、過疎地域の鉄道や水道などが維持できなくなります。
イ　日本の人口が減少し、モノを買う人が少なくなり経済が停滞します。
ウ　高齢者の人口割合が減少し、介護職員が不足してしまいます。
エ　労働者の人口割合が減少し、国の税収が少なくなります。

問８　表中の下線部⑤に関連して、後の各問いに答えなさい。

(1)　次の参議院議員通常選挙は何年に実施されますか。西暦で答えなさい。

(2)　参議院について説明した文として正しいものを、次の**ア**～**エ**のうちから１つ選び、記号で答えなさい。

ア　参議院は、衆議院と異なり解散がありません。
イ　参議院で最大の議席を持つ政党から、必ず内閣総理大臣が選出されます。
ウ　参議院では、各地方自治体の条例が定められます。
エ　参議院の被選挙権は、衆議院と同じ18歳です。

【理　科】〈第３回試験〉（40分）〈満点：100点〉

1　図１のような同じ素材でできた、直方体の形をしたおもり①～⑧があります。それぞれのおもりの各辺の長さａ、ｂ、ｃと体積、重さについてまとめると、表のようになりました。後の問いに答えなさい。

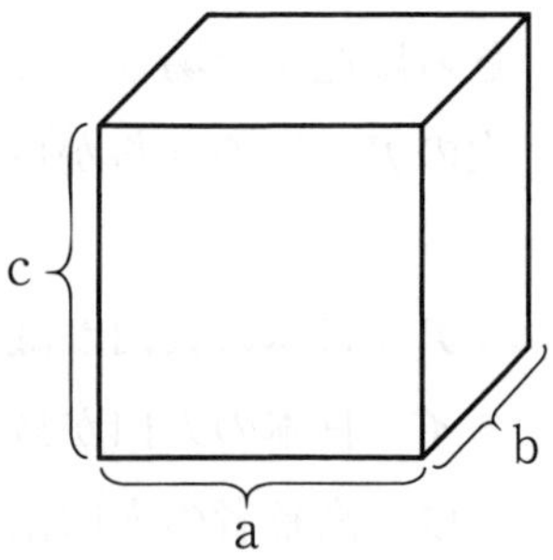

図１

	辺ａ（cm）	辺ｂ（cm）	辺ｃ（cm）	体積（cm^3）	重さ（ｇ）
①	2	3	4	24	12
②	（　ア　）	4	5	60	30
③	2	5	5	50	25
④	4	（　イ　）	2	48	24
⑤	8	4	（　ウ　）	160	80
⑥	7	5	6	（　エ　）	105
⑦	9	5	8	360	180
⑧	6	8	5	240	（　オ　）

表

問１　表の（　ア　）～（　オ　）に当てはまる数値を答えなさい。

問２　最も体積の大きいおもりは、最も体積の小さいおもりの何倍ありますか。

問３　重さについて、最も重いおもりは、最も軽いおもりの何倍ありますか。

次に、図2のようなてんびんに、表に示したおもり①～⑧のどれかを吊《つ》るします。A～Gの各間隔《かんかく》は同じで10 cmです。

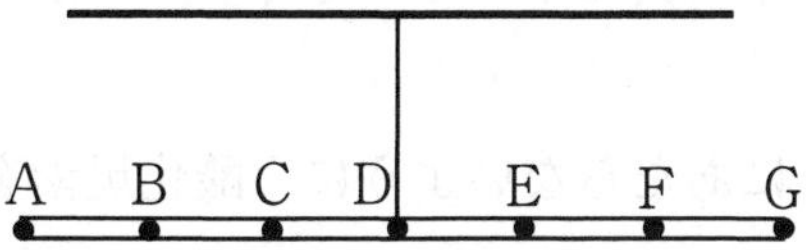

図2

問4　Cにおもり②を吊るしました。Eにおもりを吊るしたときに、おもり②が下に傾《かたむ》くのはどれですか。おもり①～⑧からすべて選び、番号で答えなさい。

問5　Aにおもり⑤を吊るしました。Fにおもりを吊るしててんびんを水平に保つにはどのおもりを吊るせばよいですか。おもり①～⑧から選び、番号で答えなさい。

2　図1のように上部だけが開いているガラス管の中に、長さのみが違《ちが》う3つのろうそくを立てて火をつけました。後の問いに答えなさい。

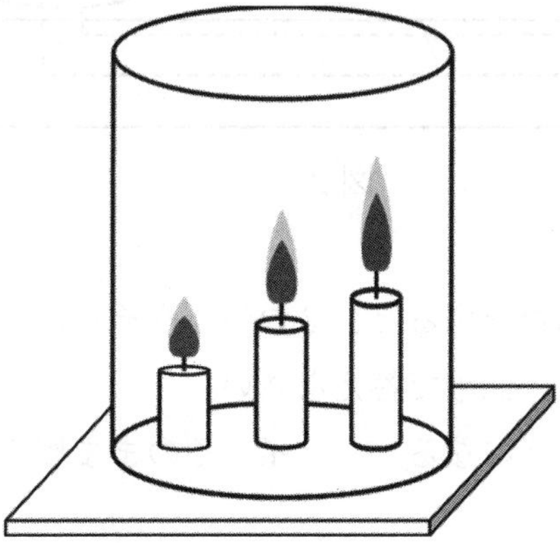

図1

問1　上から完全にガラス管にふたをするとすべてのろうそくの炎《ほのお》はどうなりますか。次の**ア**～**ウ**から選び、記号で答えなさい。

ア　より激《はげ》しく燃えるようになる　　**イ**　そのまま燃え続ける

ウ　やがて炎は消える

問２　はじめの状態のまま放置した場合、どのろうそくが最後まで残りますか。次の**ア**～**ウ**から選び、記号で答えなさい。

ア　左のろうそく　　　**イ**　真ん中のろうそく　　　**ウ**　右のろうそく

問３　ガラス管の中にろうそくにあたらないように二酸化炭素をゆっくりと注《そそ》ぎ込《こ》み続けると、どのろうそくの炎から消えますか。次の**ア**～**ウ**から選び、記号で答えなさい。

ア　左のろうそく　　　**イ**　真ん中のろうそく　　　**ウ**　右のろうそく

図２のように空どうがある台の上に、２つのガラス管を置きました。そして右側のガラス管の中に２つの同じろうそくを立てて火をつけました。後の問いに答えなさい。

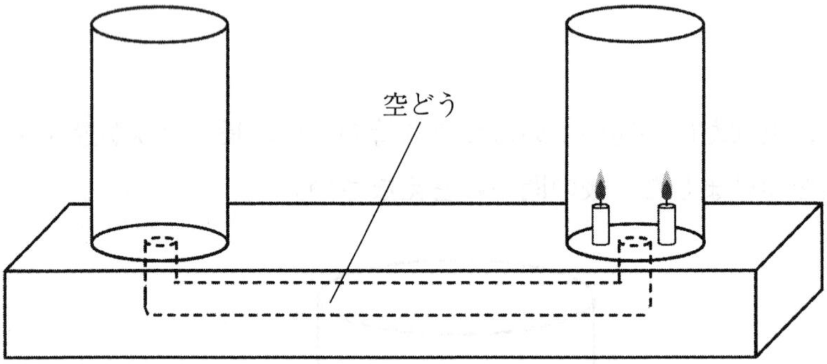

図２

問４　右のガラス管に完全にふたをすると、２つのろうそくの炎はどのように変化しますか。次の**ア**～**ウ**から選び、記号で答えなさい。

ア　より激しく燃えるようになる　　　**イ**　そのまま燃え続ける

ウ　やがて炎は消える

問５　左のガラス管から息を強く吹き込み続けると、２つのろうそくの炎はどのように変化しますか。次の**ア**～**ウ**から選び、記号で答えなさい。

ア　より激しく燃えるようになる　　　**イ**　そのまま燃え続ける

ウ　やがて炎は消える

問６　左のガラス管から酸素をゆっくり吹き込み続けると、２つのろうそくの炎はどのように変化しますか。次の**ア**～**ウ**から選び、記号で答えなさい。

ア　より激しく燃えるようになる　　　**イ**　そのまま燃え続ける
ウ　やがて炎は消える

問７　左のガラス管から窒素をゆっくり吹き込み続けると、２つのろうそくの炎はどのように変化しますか。次の**ア**～**ウ**から選び、記号で答えなさい。

ア　より激しく燃えるようになる　　　**イ**　そのまま燃え続ける
ウ　やがて炎は消える

問８　左のガラス管にけむりが出ているせんこうを近づけると、けむりは上下左右どちらに動きますか。

3　**A問題**

下の図は生物のからだをつくっている最小の単位で、小さな部屋のようなものです。後の問いに答えなさい。

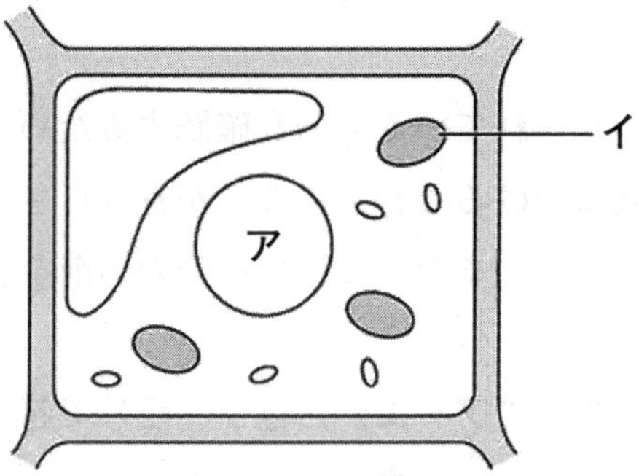

図

問１　図の生物のからだをつくっている最小の単位を何といいますか。ことばで答えなさい。

問２　図の**ア**のつくりを何といいますか。ことばで答えなさい。

問３　図の**ア**のつくりのはたらきを次の**あ**、**い**から選び、記号で答えなさい。

あ　遺伝子を持っている　　　**い**　エネルギーを分解する

問４　図の**イ**のつくりは緑色をしており、光・水・二酸化炭素から栄養分をつくるはたらきがあります。このはたらきを何といいますか。漢字３文字で答えなさい。

B問題

マメ科植物のダイズについて、次の問いに答えなさい。

問１　ダイズの種子に多く含《ふく》まれている栄養素を次の**ア**～**オ**から選び、記号で答えなさい。

ア　炭水化物　　　**イ**　タンパク質　　　**ウ**　脂肪《しぼう》

エ　ビタミン　　　**オ**　ミネラル

問２　ダイズの種子の中で栄養分がたくわえられている部分を、次の**ア**～**オ**から選び、記号で答えなさい。

ア　幼芽《ようが》　　**イ**　胚《はい》じく　　**ウ**　幼根《ようこん》　　**エ**　子葉　　**オ**　種皮《しゅひ》

問３　ダイズの栄養分がたくわえられている部分を確認するため、一晩《ひとばん》水につけたダイズの種子を割《わ》って、よう液につけると、その部分が青むらさき色に染まりました。このよう液の名前を答えなさい。また、この栄養分の名前を答えなさい。

問４　マメ科植物ではないものを次の**ア**～**エ**から選び、記号で答えなさい。

ア　ゴマ　　**イ**　エンドウ　　**ウ**　ラッカセイ　　**エ**　ソラマメ

4　下の表は2022年に起こった主な天体現象をまとめたものです。後の問いに答えなさい。

日付	現象
４月５日	1 火星と土星が大接近
５月１日	2 金星と木星が大接近
５月27日	金星食
７月21日～22日	火星食
９月10日～12月10日	3 おうし座流星群
11月８日	皆既《かいき》4 月食、天王星食

表

問１　地球や金星、火星のように、恒星《こうせい》の周りを公転している星を何といいますか。ことばで答えなさい。

問２　下線部**１**について、火星の特ちょうとして正しいものを、次の**ア**～**エ**から選び、記号で答えなさい。

ア　地球より大きい。
イ　平均気温は約200℃である。
ウ　大気の主成分は酸素である。
エ　鉄分の酸化のため、赤く見える。

問３　下線部**２**について、図１は地球と金星と太陽の位置関係を表したものです。後の問いに答えなさい。

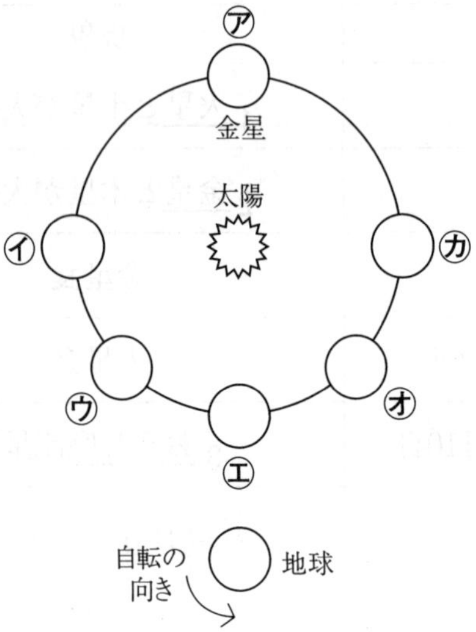

図１

①　地球から金星が最も大きく見えるのは、金星がどこにあるときですか。図１の㋐～㋕からすべて選び、記号で答えなさい。

②　金星が図１の㋑の位置にあるとき、地球からはどのような形に見えますか。次の**ア**～**エ**から選び、記号で答えなさい。なお、**ア**～**エ**の図において、大きさは考えないものとします。

ア　　　**イ**　　　**ウ**　　　**エ**

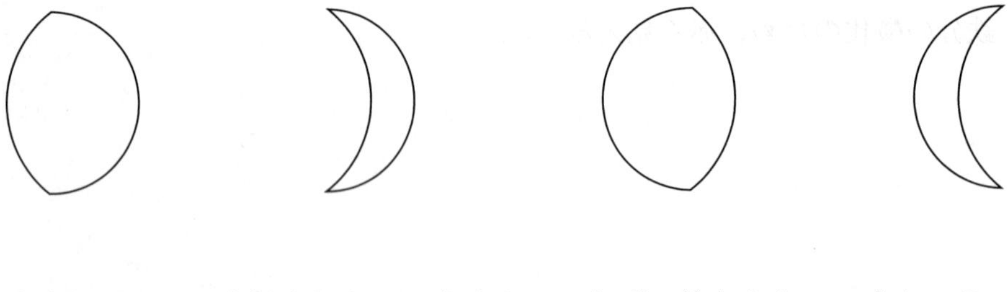

③　夕方に見られる金星を何といいますか。ことばで答えなさい。また、そのときの金星の位置として考えられるものを図１の㋐～㋕から２つ選び、記号で答えなさい。

問４　下線部**３**について、おうし座をはじめ、12の星座が天球上の太陽の通り道に位置しています。これらの星座を何といいますか。ことばで答えなさい。

問５　おうし座が見られる夜、同時に見られる星座として、正しくないものを次の**ア**～**エ**から選び、記号で答えなさい。

ア　おおいぬ座　　　　**イ**　てんびん座

ウ　カシオペア座　　　**エ**　ふたご座

問６　下線部**４**について、月食が起こる際、月はどこにありますか。図２の㋐～㋗から選び、記号で答えなさい。

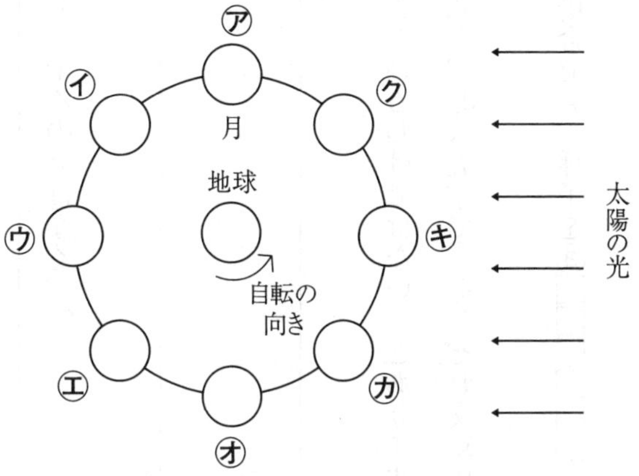

図２

問７　次の**ア**～**オ**は皆既月食が起きたときの月の様子を表したものです。見られた順に並べかえ、記号で答えなさい。なお、黒いところはかげになって見えないところを表しています。

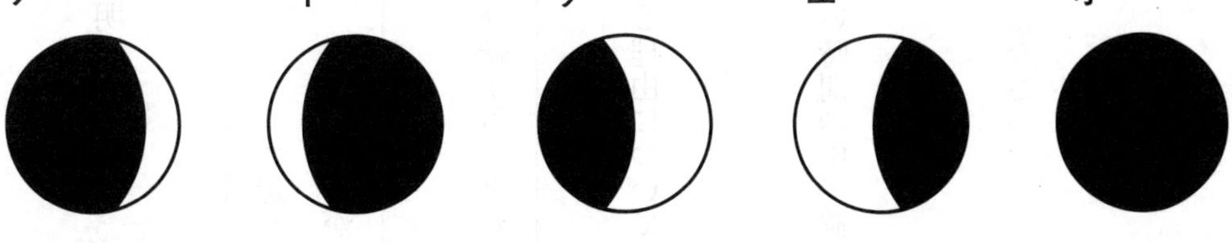

問五　――線③「不思議である」とありますが、筆者はどのようなことを「不思議である」と述べていますか。「選択」という言葉を必ず使って説明しなさい。

問六　――線④「植物が短い命に進化した理由」を述べるために、筆者は「リレー」の具体例を使って説明しています。これについて整理した次の表の〔　〕に当てはまる言葉を答えなさい。

リレー	一〇〇キロを全力で走るのではなく、〔　　〕走った方が、最終的に〔　　〕ことができる。
植物（雑草）	〔　　〕のではなく、〔　　〕生きた方が、長い間地上に存続することができる。

問七　――線⑤「雑草はただなんとなく生きているわけではない」とありますが、筆者がこのように述べる理由について説明した次の文の空欄に当てはまる語句を、ⓐは九字、ⓑは五字で、それぞれ文章中から書き抜きなさい。

・雑草は得意な場所に生えなかった場合でも、種子をⓐ□□□□□□□□□させることにより、短い時間の中で確実にⓑ□□□□□という工夫をしているから。

問八　次のア〜エについて、本文の内容に合うものには1を、合わないものには2を、それぞれ数字で答えなさい。

ア　雑草によって種子寿命は異なり、発芽のタイミングも雑草によって様々である。
イ　雑草は自ら場所を選択して根付くという点から、最も進化した植物だと言える。
ウ　植物が大木から小型の草へと進化したことは、偶然に起こった奇跡だと言える。
エ　雑草は、生えるのに不利な場合でも、様々な方法で種子を残す工夫をしている。

問二　——線②「雑草にとっては、無事に生えることは簡単ではない」とありますが、その理由として**適切でないもの**を次から一つ選び、記号で答えなさい。

ア　条件に合う場所に種子がたどりつかなかった場合、発芽することは難しいから。
イ　動けないという植物の性質上、自ら生える場所を選択することができないから。
ウ　水やりなど、人間の手によって雑草が守り育てられるということはないから。
エ　アスファルトの隙間に発芽しても、不要なものとして必ず刈り取られるから。

問三　空欄 A 〜 C には、植物の種類を表す言葉が入ります。植物の進化の過程を踏まえ、正しい組み合わせを次から一つ選び、記号で答えなさい。

ア　A　コケ　　B　被子植物　C　裸子植物
イ　A　コケ　　B　シダ植物　C　裸子植物
ウ　A　コケ　　B　裸子植物　C　シダ植物
エ　A　シダ植物　B　被子植物　C　裸子植物
オ　A　シダ植物　B　コケ　　C　裸子植物

問四　空欄 D に入れるのに最もふさわしいものを次から選び、記号で答えなさい。

ア　ティラノサウルスは、きばがするどく、まるでワニのような姿をしている
イ　プテラノドンは、くちばしが長く、まるでペリカンのような姿をしている
ウ　トリケラトプスは、首が短く、まるでウシやサイのような姿をしている
エ　ブラキオサウルスは、首が長く、まるでキリンのような姿をしている

草の中でも「雑草」と呼ばれる植物は、さらに特殊な進化を遂げている。そして、短い命をリレーすることで、困難な環境で命を生き抜く術《すべ》を発達させている。

草取りをされるような場所でも、草取りをされるまでの短い間に、花を咲かせて種子をつける。

きれいに草取りをしたつもりでも、すぐに土の中の種子が芽を出してくる。そして、しばらく経って草取りをしようと思えば、雑草はその拍子《ひょうし》にバラバラと種子を落とす。中にはカタバミやタネツケバナのように小さな種子を弾き飛ばして、人間の服に種子をつけてしまうものもいる。こうして衣服についたまま人間が移動すれば、種子もどこかへ運ばれて、新たな場所へと分布を広げていくのだ。

雑草にとって、もっとも重要なことは種子を残すことである。次の走者にバトンを渡すことである。

アスファルトの隙間に生えた小さな雑草も、必ず花を咲かせる。そして、一粒でも二粒でも種子をつける。たとえ、わずかであっても必ず種子を残す。それが雑草の生きる目的である。⑤雑草はただなんとなく生きているわけではないのだ。

草取りされたときに、種子が熟していない場合もある。

それでも、抜き捨てられた雑草はあきらめない。根は干からび、茎や葉も枯れ果てながら、雑草は、ある限りの水分や栄養分を種子に送り込む。そして、自ら萎《しお》れながら、種子を実らせていくのである。

（稲垣栄洋『生き物の死にざま　はかない命の物語』による）

※１法面…盛り土などによってつくられた斜面。

※２古生代…地質時代の区分の一つ。約五億年前から二億年前の期間をいう。

問一　――線①「種類によってそれぞれ得意な場所があり、そうした場所で生えている」とありますが、その理由について説明した次の文の空欄に当てはまる言葉を、文章中から四字で書き抜きなさい。

・雑草にとって得意な場所に根付くことが、他の植物との□□□□に勝ち残る戦略であるから。

※2古生代《こせいだい》に海から陸上に進出した植物は、最初は［Ａ］のような小さな植物だったが、その後、［Ｂ］に進化した。この当時の［Ｂ］は数十メートルもあるような大木であった。やがて、恐竜の時代になると［Ｃ］の大木が森を作る。そして、背の高い大木の葉を食べるように、首の長い巨大な草食恐竜に進化したのである。

ところが、恐竜時代の終わり頃になると、「木」から「草」という新しい形の植物が誕生する。白亜紀《はくあき》に登場した［Ｄ］。これは、「草」という新しく進化をした植物を食べるために進化したのだ。

大木となるような木の方が進化しているようにも思えるが、実際には、小型の草の方が進化形なのである。

しかし、③不思議である。

大木になる木は、何十年も何百年も生き続けることができる。中には樹齢が千年を超えるようなものさえあるくらいだ。それに比べて、草の寿命は一年以内か、長くても数年である。

どうして千年も生きることのできる大木が、短い命を選択して雑草として進化したのだろうか。

すべての生命は死にたくないと思っている。千年生きられるのであれば、千年生きたいと願うかもしれない。

それなのに、植物は短い命を選択したのだ。どうしてなのか。

千年というのは、とても長い時間である。その千年を生き抜くことは、けっして簡単なことではない。千年の間には、洪水や地震などの災害が起こるかもしれない。落雷や森林火災のような事故が起こるかもしれない。あるいは千年もすれば地形が変化し、気候も大きく変わるかもしれない。

一〇〇キロを全力で走れ、と言われてもとても走ることができないのと同じようなことだ。それでは、一〇〇メートルだったらどうだろう。一〇メートル先には、次の走者が待っている。次の走者にバトンを渡すまでの与えられた一〇メートルだけを走るのだ。これならば、全力で走り抜くことができるのではないだろうか。そして、一〇メートルずつリレーしながら走った方が、結果的には一〇〇キロ先まで、確実に、そして迅速《じんそく》にバトンを運ぶことができるのではないだろうか。

④植物が短い命に進化した理由もまさにここにある。長すぎる命は天命を全《まっと》うすることができないかもしれない。そのため、与えられた命を全うし、生き抜くために植物は、短い命を選択したのである。

三　次の文章を読んで、後の問いに答えなさい。

雑草はどこにでも生えるようなイメージがあるかもしれないが、実際にはそうではない。①種類によってそれぞれ得意な場所があり、そうした場所で生えているのである。

たとえば、道ばたやグラウンドのようによく踏《ふ》まれる場所では、オオバコやスズメノカタビラなど踏まれることに強い雑草が生えている。河川の土手や道路の※1法面《のりめん》のように、よく草取りされる場所では、ハコベやカタバミのような草取りに強い雑草が生えている。草刈《か》りをされる場所では、ススキやセイバンモロコシのような刈取りに強いイネ科の雑草が生えている。

とはいえ、動けない植物である雑草が、自分で生える場所を選べるわけではない。

幸運にも得意なところに落ちた種は、生存競争を勝ち残る。不運にもそうでなかった種は、生存競争に敗れてしまうのだ。

勝手に生えてくるように思える雑草だが、②雑草にとっては、無事に生えることは簡単ではない。

雑草の種類にもよるが、一株の雑草には、何万とも、何十万とも、何百万ともいう数の種子ができる。この種子がすべて成長を遂《と》げれば大変なことになるが、実際にはそんなことにはならない。雑草は誰かが水をやって育ててくれるわけではない。

条件が合わなければ雑草の種子は発芽することさえできないし、小さな芽生えはすぐに枯れてしまう。

土の少ない街の中でアスファルトの隙間《すきま》に雑草が生えている。こんな場所に生えているなんてかわいそうと思うかもしれないが、アスファルトの隙間に落ちたこの雑草の種子はなんと幸運だったのだろう。

あるものは、土のある場所にたどりつけずに死んでしまったことだろう。あるものは雨水と一緒に下水道に流されてしまったことだろう。雑草の中には種子寿命《じゅみょう》が長く、数十年も発芽のチャンスを持ち続ける種子もある。あるいは一年以内で死んでしまう種子もある。アスファルトの隙間で芽を出し、雑草としてこの世に生えることができるのは、奇跡《きせき》に近いような幸運なのだ。

じつは、雑草は、もっとも進化した植物であると言われている。田畑や道ばたなど、人間が作り出した環境は、自然界にはない特殊《とくしゅ》な環境である。その環境で生えるために特殊な進化をした植物、それが雑草である。

そもそも、植物の進化を顧《かえり》みると、大きな木から小さな草が進化したとされている。

二

次の慣用句の空欄[A]～[E]に体の部分を表す漢字一字を入れて、慣用句を完成させなさい。また各慣用句の意味としてふさわしいものを、後のア～オの中からそれぞれ一つずつ選び、記号で答えなさい。

① [A]を焼く　…【意味①】
② [B]が下がる　…【意味②】
③ [C]が広い　…【意味③】
④ [D]を借りる　…【意味④】
⑤ [E]を明かす　…【意味⑤】

意味
ア　自分より強い相手に、練習の相手をしてもらうこと。
イ　相手の立派な様子に、尊敬の念をいだくこと。
ウ　相手をだしぬいて、あっとおどろかせること。
エ　取り扱いに困り、持て余すこと。
オ　付き合いが広く、多くの人に知られていること。

2023年度 東京農業大学第三高等学校附属中学校

【国語】〈第三回試験〉（四〇分）〈満点：一〇〇点〉

一 次の各文の――線部のカタカナの語を漢字に直しなさい。

① 社会の授業で日本のレキシを学んだ
② 母に日頃のカンシャの気持ちを伝える
③ こまっている友人に力をカす
④ この問題はヨウイには解けない
⑤ 国に税金をオサめる
⑥ 絵画のコンクールで高いヒョウカを受けた
⑦ 町のフッコウに全力をつくした
⑧ 修学旅行でシンカンセンを利用する
⑨ 自宅から駅までの距離をハカる
⑩ 季節のウツり変わりを実感する

2023年度

東京農業大学第三高等学校附属中学校 ▶解　答

※　編集上の都合により，第３回試験の解説は省略させていただきました。

算　数 ＜第３回試験＞（40分）＜満点：100点＞

解　答

[1] (1) $\frac{7}{8}$　(2) 60.69　(3) 6　(4) 40　[2] (1) 9　(2) 14回　(3) 30%　(4) 200g　(5) 240m　(6) 54度　[3] (1) 45cm　(2) 18L　(3) 9時4分　(4) 8時59分30秒　[4] (1) 6通り　(2) 6通り　(3) 48通り　(4) 96通り

社　会 ＜第３回試験＞（40分）＜満点：100点＞

解　答

[1] **問１**　ア　**問２**　ヒートアイランド現象　**問３**　(1) アイヌ　(2) 知床　(3) ラムサール条約　**問４**　(1) イ　(2) 成層(火山)　**問５**　イ　**問６**　ウ　**問７**　**猿払村**…M　**札幌市**…K　**夕張市**…L　**奥尻町**…J　**問８**　栽培(育てる)(漁業)　[2] **問１**　(1) 三内丸山(遺跡)　(2)（例）新潟に住む人びとと交易をしていた。　**問２**　富本銭　**問３**　(1) 平城京　(2) ウ　**問４**　エ　**問５**　（例）倭寇と貿易船を区別するため，勘合を使用した。　**問６**　楽市令(楽市楽座)　**問７**　天下の台所　**問８**　ア　**問９**　財閥　**問10**　コンビニエンスストア　[3] **問１**　**A**　ア　**D**　オ　**問２**　イ　**問３**　バイデン　**問４**　(1) ウ　(2)（ロシアが)拒否権(を発動したため。)　**問５**　(1) 原子力　(2) ウ　(3) エ　**問６**　イ　**問７**　ウ　**問８**　(1) 2025(年)　(2) ア

理　科 ＜第３回試験＞（40分）＜満点：100点＞

解　答

[1] **問１**　**ア**　3　**イ**　6　**ウ**　5　**エ**　210　**オ**　120　**問２**　15倍　**問３**　15倍　**問４**　①，③，④　**問５**　⑧　[2] **問１**　ウ　**問２**　ウ　**問３**　ア　**問４**　ウ　**問５**　ウ　**問６**　ア　**問７**　ウ　**問８**　下　[3] **A問題**　**問１**　細胞　**問２**　核　**問３**　あ　**問４**　光合成　**B問題**　**問１**　イ　**問２**　エ　**問３**　**よう液**…ヨウ素液　**栄養分**…でんぷん　**問４**　ア　[4] **問１**　惑星　**問２**　エ　**問３**　①　㋒，㋔　②　ア　③　**名前**…よいの明星　**位置**…㋑，㋒　**問４**　黄道十二星座　**問５**　イ　**問６**　㋒　**問７**　ウ→ア→オ→イ→エ

国語 ＜第３回試験＞（40分）＜満点：100点＞

解答

一 下記を参照のこと。 二 （漢字，意味の順で） ① 手，エ ② 頭，イ ③ 顔，オ ④ 胸，ア ⑤ 鼻，ウ 三 **問１** 生存競争 **問２** エ **問３** イ **問４** ウ **問５** （例） 千年も生きられる大木が，短い命を選択して雑草として進化したこと。

問６ **リレー**…(例) （一〇〇キロを全力で走るのではなく，）一〇メートルずつリレーしながら（走った方が，最終的に）一〇〇キロ先まで確実かつ迅速にバトンを運ぶ（ことができる。）／**植物(雑草)**…(例) 大木として生きる（のではなく，）草として短い命をつなぎながら（生きた方が，長い間地上に存続することができる。） **問７** ⓐ 新たな場所へと分布 ⓑ 種子を残す

問８ **ア** １ **イ** ２ **ウ** ２ **エ** １

●漢字の書き取り

一 ① 歴史 ② 感謝 ③ 貸(す) ④ 容易 ⑤ 納(める) ⑥ 評価 ⑦ 復興 ⑧ 新幹線 ⑨ 測(る) ⑩ 移(り)

2022年度　東京農業大学第三高等学校附属中学校

〔電　話〕　0493(24)4611
〔所在地〕　〒355－0005　埼玉県東松山市大字松山1400－１
〔交　通〕　東武東上線「東松山駅」，JR高崎線「熊谷駅」
などよりスクールバス

【算　数】〈第１回試験〉（40分）〈満点：100点〉

〔注意事項〕コンパス、分度器は使用しないでください。

1　次の □ にあてはまる数を求めなさい。

(1)　$1.6-\left(\dfrac{5}{6}+1\dfrac{1}{6}\div 1.75\right)=\square$

(2)　$\left(\dfrac{3}{5}-\square\right)\div 0.8=\dfrac{1}{4}$

(3)　$0.4\,\mathrm{L}+6\,\mathrm{dL}-90\,\mathrm{mL}=\square\ \mathrm{cm^3}$

2　次の各問いに答えなさい。

(1)　１から４までの数字が１つずつ書かれたカードがあります。この４枚のカードから３枚選んで３けたの整数をつくります。３の倍数のうち２番目に大きい数を求めなさい。

(2)　右の筆算《ひっさん》において，ア～キには１から９までの整数が入ります。エとカに入る数字を求めなさい。ただし，同じ数字が入る □ があっても良いものとします。

		ア	3
	×	5	イ
	ウ	エ	6
オ	1	5	
カ	3	キ	6

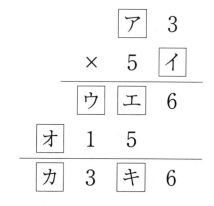

(3)　8％の食塩水600gから水を蒸発させて12％の食塩水にするには，何gの水を蒸発させればよいですか。

(4)　Aさんは自宅から5kmはなれた学校まで自転車を使い，時速10kmで登校しました。学校に着いたところで自転車のタイヤがパンクしてしまったので，帰りは家族に車で迎《むか》えに来てもらい，学校から自宅まで時速40kmで帰りました。このとき，Aさんの登下校中の平均の速さは時速何kmですか。

(5)　右の図のように，正六角形ABCDEFと辺ABを１辺とする正方形ABGHがあります。このとき，角㋐の大きさは何度ですか。

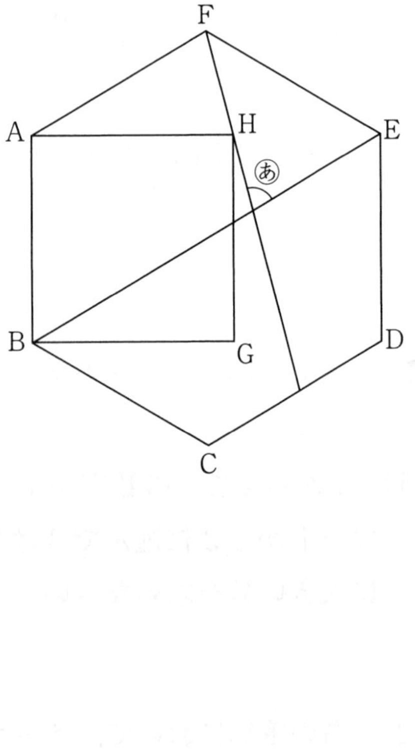

3 下の図１のように，正方形Ａと１つの角が45度の直角三角形Ｂがあり，正方形Ａを直線にそって矢印の方向に秒速１cmで移動させます。図２のグラフは，正方形Ａが移動を始めてからの時間と，２つの図形が重なった部分の面積の関係を表したものです。このとき，次の各問いに答えなさい。

図１

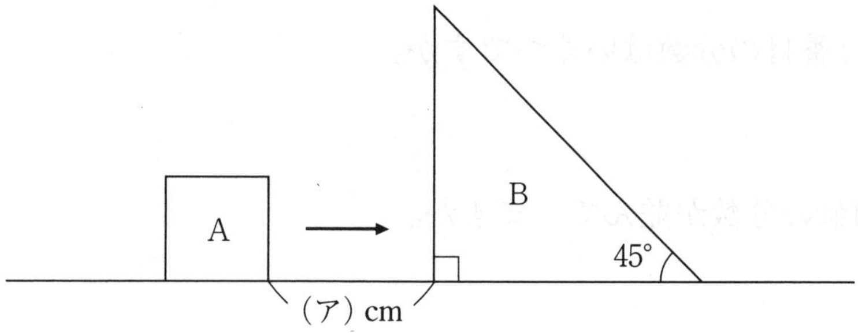

図２

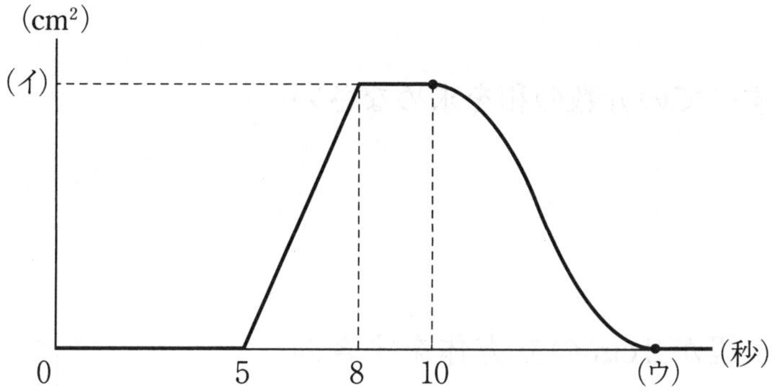

(1)　図１の（ア）にあてはまる数はいくつですか。

(2)　図２の（イ）にあてはまる数はいくつですか。

(3)　図２の（ウ）にあてはまる数はいくつですか。

(4)　12.5秒後の２つの図形が重なった部分の面積は何 cm^2 ですか。

4　下のように，分数がある規則にしたがって $\frac{1}{2}$ から $\frac{14}{15}$ まで並んでいます。

$$\frac{1}{2},\ \frac{1}{3},\ \frac{2}{3},\ \frac{1}{4},\ \frac{2}{4},\ \frac{3}{4},\ \frac{1}{5},\ \cdots,\ \frac{13}{15},\ \frac{14}{15}$$

次の各問いに答えなさい。

(1)　前から20番目の分数はいくつですか。

(2)　全部で何個の分数が並んでいますか。

(3)　$\frac{1}{2}$ 以下の分数は何個ありますか。

(4)　並んでいるすべての分数の和を求めなさい。

5　右の図は，１辺が２cm の立方体をすき間なく積み上げたものです。このとき，次の各問いに答えなさい。

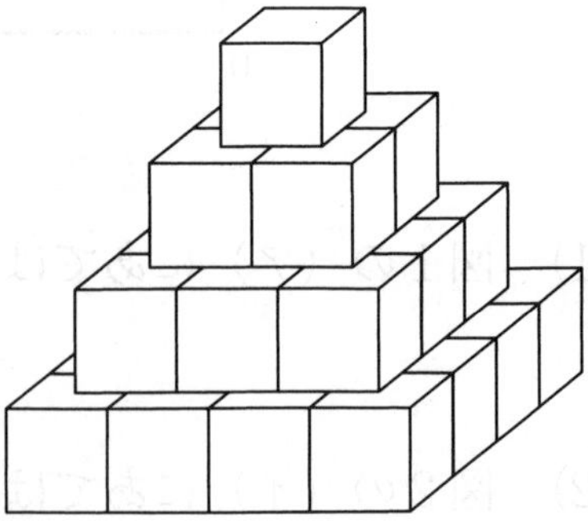

(1)　立方体は何個ありますか。

(2)　この立体の体積を求めなさい。

(3)　この立体の表面積を求めなさい。

【社会・理科】〈第１回試験〉(40分)〈満点：100点〉

1 Ｍさんは、世界のさまざまな分野の上位10カ国について調べてみました。後の各問いに答えなさい。

問１ Ｍさんは、先生に「世界の国土面積の上位８カ国までは、太平洋をはさんで“る”の字で示すことができる（図２）」と教えてもらいました。さっそくＭさんは、世界の国土面積上位10カ国の表（図１）を作り、完成させました。図１中の空欄１、２、４、５、６位に最も適する国名を入れて、表を完成させなさい。なお、図２中の数字は、図１中の順位と一致しています。

【図１】

１位：	６位：
２位：	７位：インド
３位：アメリカ合衆国	８位：アルゼンチン
４位：	９位：カザフスタン
５位：	10位：アルジェリア

【図２】

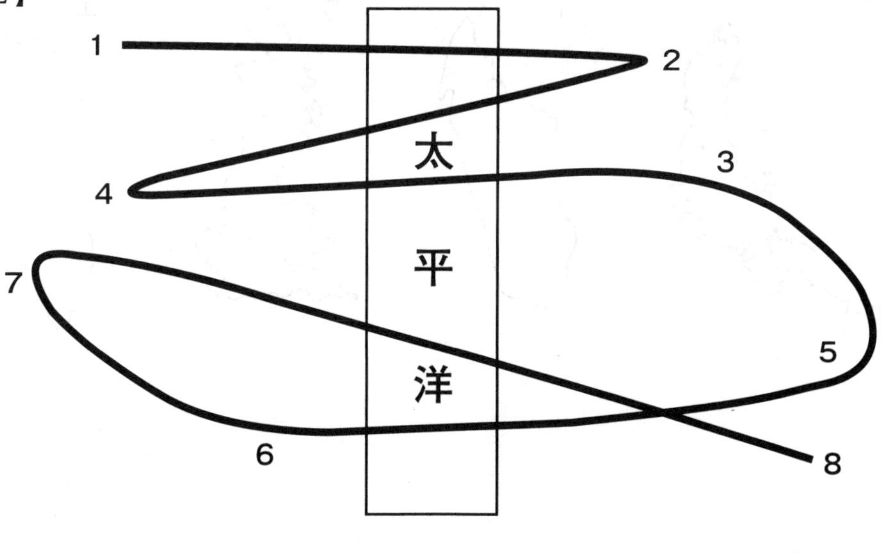

問２　Ｍさんは、世界の島の面積上位10島を調べました。図３中の１位、７位に入る島を、下の地図の**ア**～**エ**のうちから１つずつ選び、記号で答えなさい。なお、それぞれの地図の縮尺は変えてあります。

【図３】

１位：
２位：ニューギニア島（インドネシア・パプアニューギニア）
３位：カリマンタン島（マレーシア・インドネシア）
４位：マダガスカル島（マダガスカル）
５位：バフィン島（カナダ）
６位：スマトラ島（インドネシア）
７位：
８位：グレートブリテン島（イギリス）
９位：ヴィクトリア島（カナダ）
10位：エルズミーア島（カナダ）

ア

イ

ウ

エ

問３　Ｍさんは、人口、米の生産量、森林面積について、上位10カ国とそれらが世界全体に占める割合を調べ、次の図４にまとめてみました。人口、米の生産量、森林面積と**Ｘ**～**Ｚ**との組み合わせとして正しいものを、後の**ア**～**カ**のうちから１つ選び、記号で答えなさい。

【図４】

X

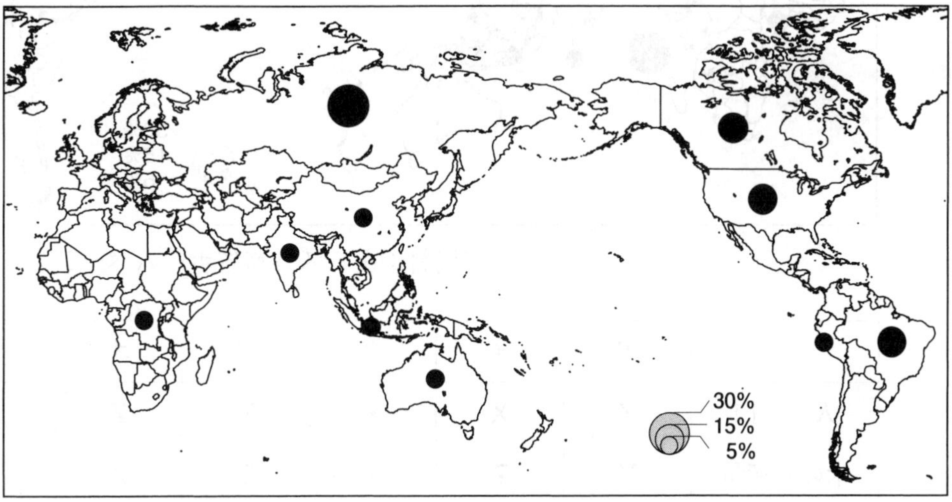

Y

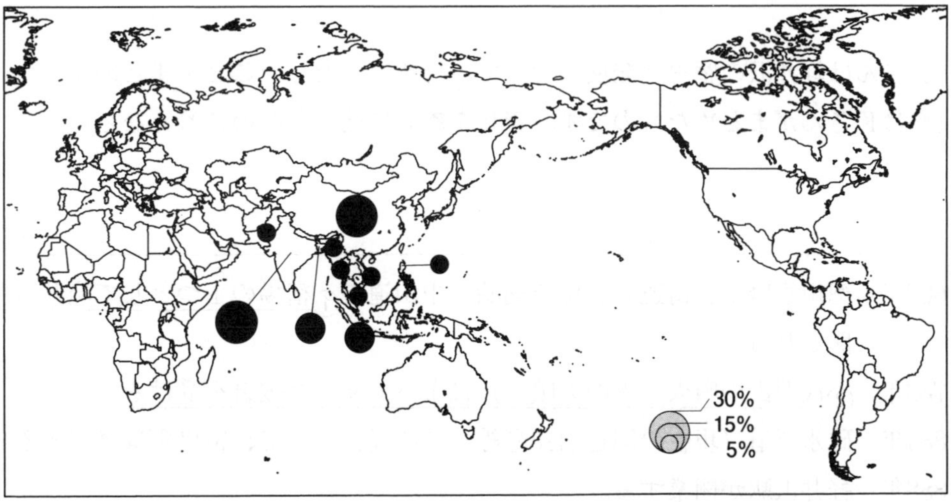

Z

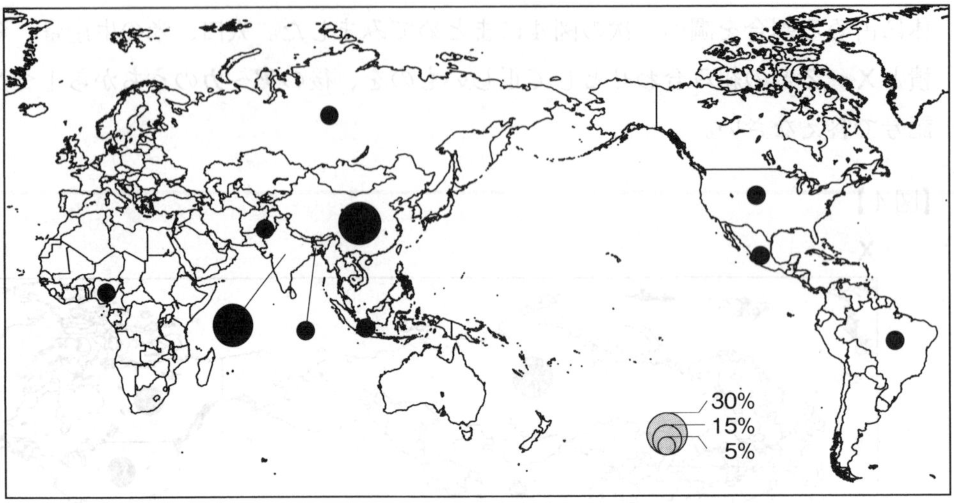

（資料：キッズ外務省ホームページより作成）

	ア	イ	ウ	エ	オ	カ
人　口	X	X	Y	Y	Z	Z
米の生産量	Y	Z	X	Z	X	Y
森林面積	Z	Y	Z	X	Y	X

2　Ｋさんは軽井沢の歴史と発展について、授業で学習したことをまとめました。次の資料はＫさんがまとめたものです。資料を参考に後の各問いに答えなさい。

【資料】

1602年	徳川家康が五街道の整備を開始。中山道の①宿場の１つとして軽井沢宿が開かれる。
1783年	②浅間山の噴火（天明大噴火）によって甚大《じんだい》な被害を受ける。
1884年	碓《う》氷《すい》新道（現在の国道旧18号線）の開通によって、宿場町は衰退する。
1888年	軽井沢駅が開業する。
1893年	横川駅〜軽井沢駅間が開業し、高崎駅〜直江津駅までつながる。
1997年	東京駅〜長野駅間で長野新幹線（現在の北陸新幹線）が開業する。それに伴《ともな》い、横川駅〜軽井沢駅間の在来線が廃止される。③軽井沢駅〜篠ノ井駅間は、しなの鉄道株式会社に経営を分離される。

【図１】

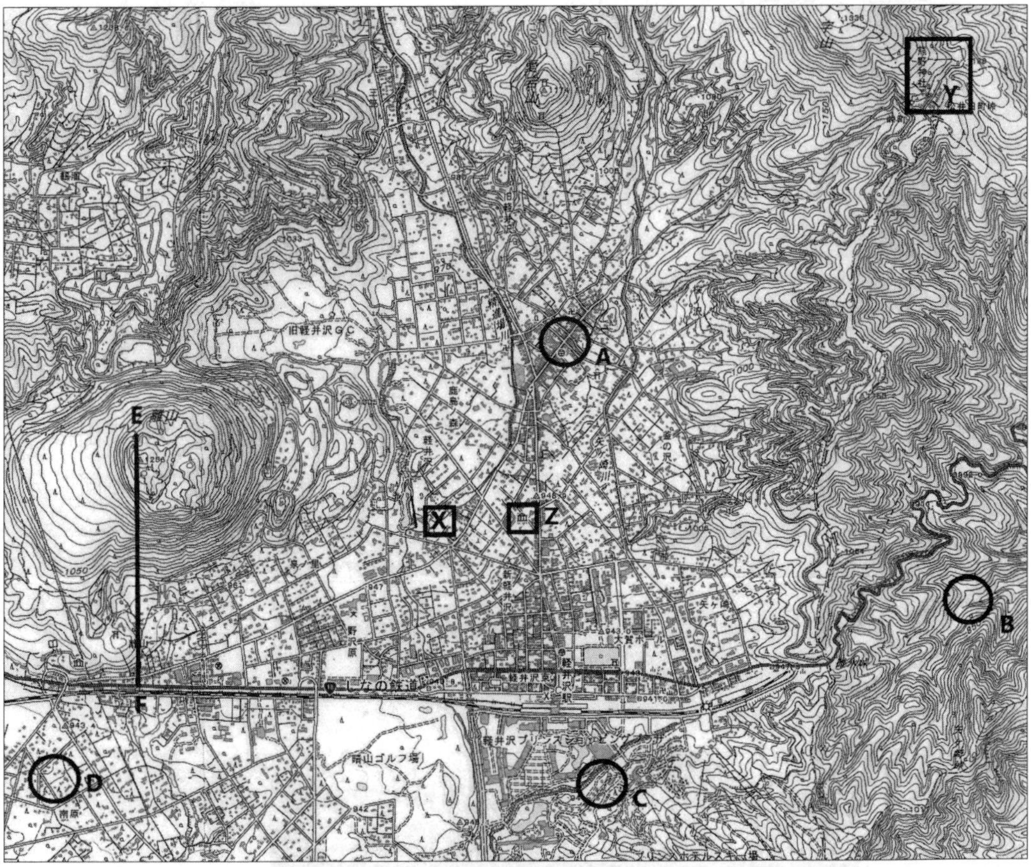

(地形図：25,000分の１「軽井沢・浅間山」より抜粋、縮小)

〈編集部注：編集上の都合により実際の入試問題の90%に縮小してあります。〉

問１　下線部①について、宿場町では通りに面している敷地の幅に応じて税金がかけられました。次の**Ａ～Ｄ**は、図１中の**Ａ～Ｄ**の場所を拡大したものです。(ただし、それぞれ縮尺は異なります。) 江戸時代に宿場町であったと思われる場所を、**Ａ～Ｄ**のうちから１つ選び、記号で答えなさい。

Ａ

Ｂ

C

D

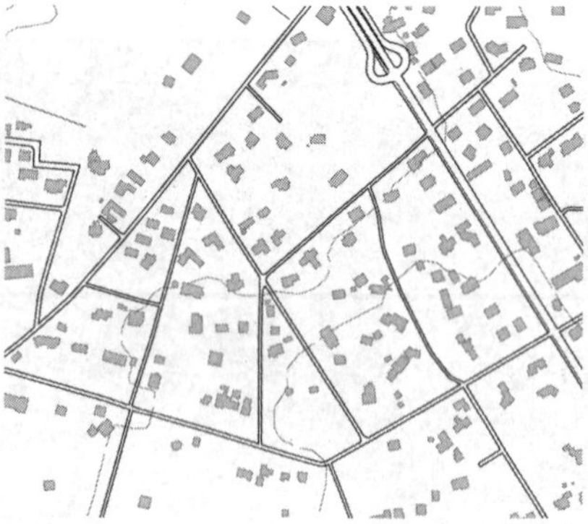

問２　火山はできかたと型によって、いくつかに分類されます。下線部②の浅間山は、たびたび噴火を繰り返してきました。写真１は浅間山の写真です。浅間山と同じ分類の火山を次の**ア**～**ウ**のうちから１つ選び、記号で答えなさい。

【写真１】

ア	イ	ウ
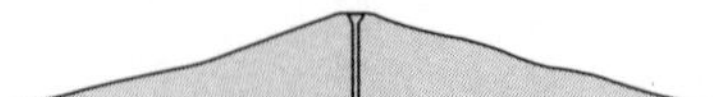	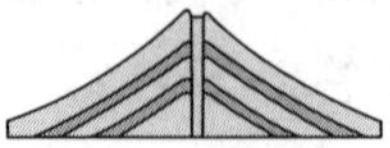	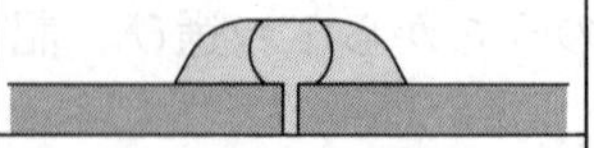
楯状《たてじょう》火山	成層《せいそう》火山	溶岩ドーム

問３　下線部③について、経営を分離した後、長野県などの出資によって同区間の電車は廃線とならず、しなの鉄道として運行を続けました。このように、民間と地方公共団体が共同で一定の事業を行う方式を何というか答えなさい。

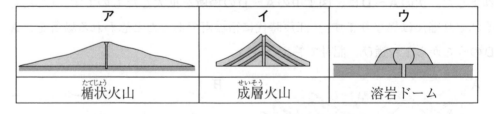

問４　次の図２は図１中の**X**の場所を拡大したものです。地点**X**の写真として最も適当なものを、次の**ア**～**エ**のうちから１つ選び、記号で答えなさい。

【図２】

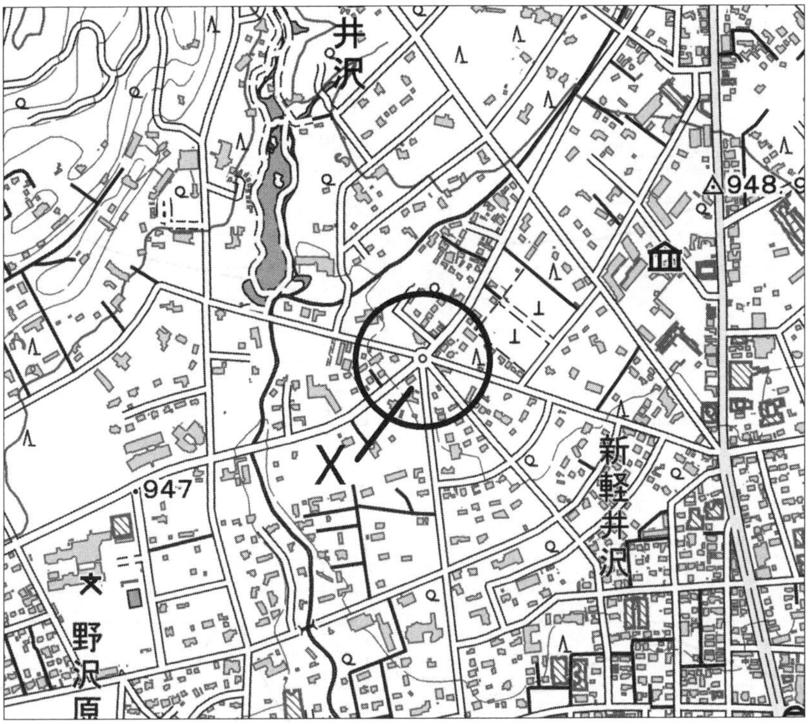

ア

イ

ウ

エ

問５　図１中の地点**Ｅ－Ｆ**間について、後の各問いに答えなさい。

(1)　**Ｅ－Ｆ**間の断面図として最も適当なものを、次の**ア**～**エ**のうちから１つ選び、記号で答えなさい。

ア

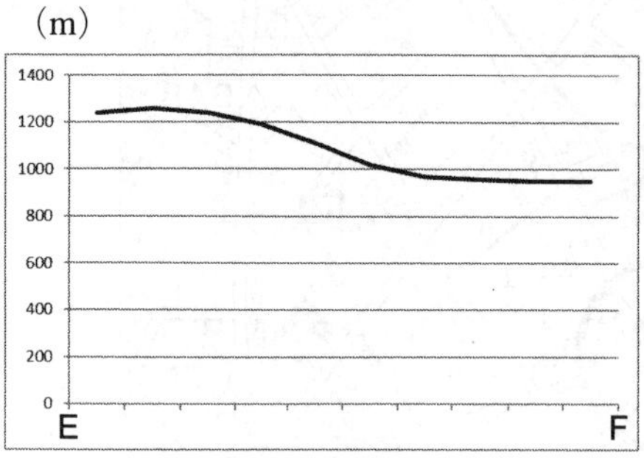

イ

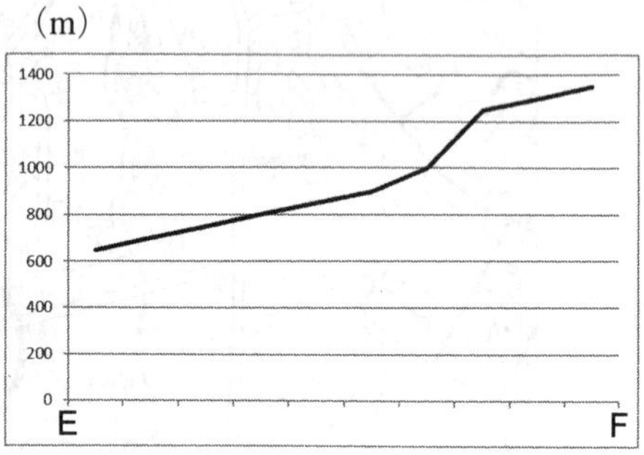

ウ

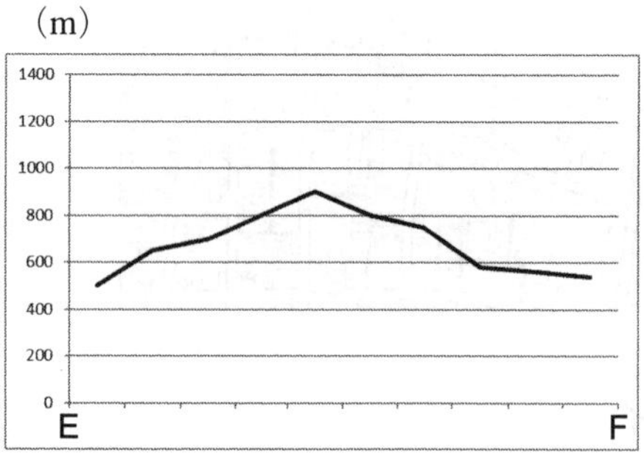

エ

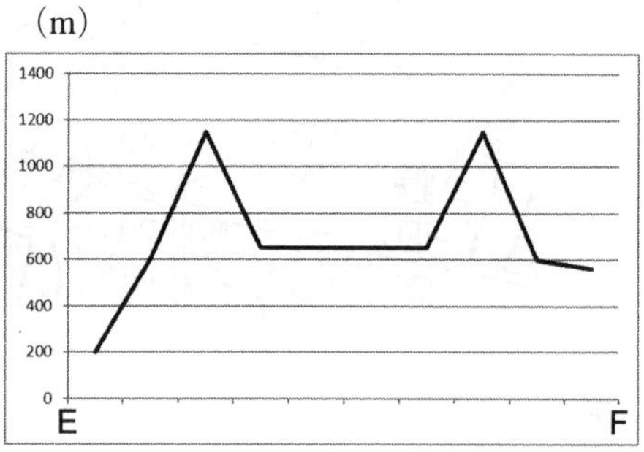

(2)　**Ｅ－Ｆ**間の実際の直線距離は1250ｍでした。25,000分の１の地図上での長さは何cmか答えなさい。

問６　図１中の地点**Ｙ**は中央分水嶺《ぶんすいれい》と呼ばれ、降った雨は**Ｙ**の地点を境に群馬県側と長野県側でそれぞれ別の川に合流し、海へと流れていきます。長野県側に降った雨水が合流する川と、流れていく海の組み合わせとして正しいものを、次の**ア**～**エ**のうちから１つ選び、記号で答えなさい。

	川	海
ア	利根川	太平洋
イ	利根川	日本海
ウ	千曲川	太平洋
エ	千曲川	日本海

問7　地点**Z**の地図記号を拡大したものが図3です。地図記号の意味を答えなさい。

【図3】

3　次の会話文を読み、後の各問いに答えなさい。

生徒：先生！先日、ここに行ってきました！

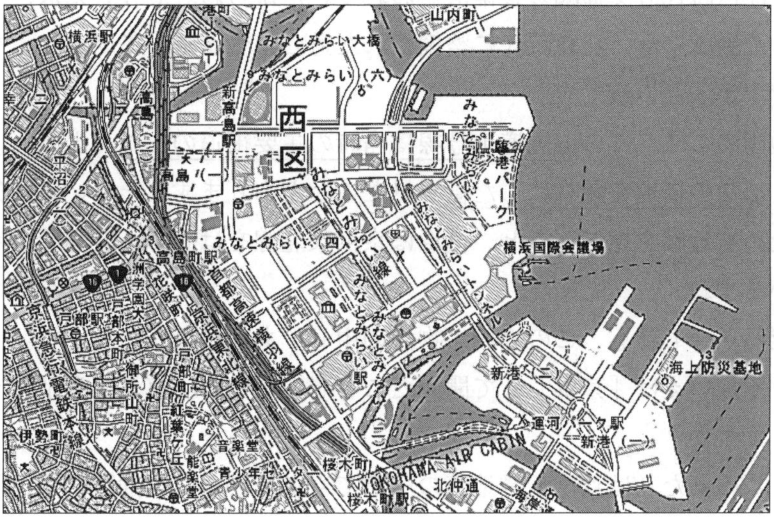

先生：お！これは横浜の地図だね。さては、赤レンガ倉庫とかコスモワールドに行ったのかな？

生徒：そうです！そうしたら、2021年4月に開業したばかりの“YOKOHAMA AIR CABIN”があって、さっそく乗ってきました。しかも、すでに地図にものっていました。

先生：どれどれ、海の上を運行しているのか。景色が最高だっただろう？

生徒：はい！そのあと、赤レンガ倉庫の周辺を散策してみたら、線路跡が残っていました。それで日本初の鉄道が新橋（東京）～横浜間で開業したことを思い出しました。でも先生、なぜ新橋（東京）～横浜間だったのでしょうか？

先生：それは、［　A　］。

生徒：なるほど！鉄道の敷設の背景には、①貿易との関係があったのですね！

先生：ところで、開港後の人気No.１商品は何かわかるかな？
生徒：刀…いや、銅かな。
先生：正解は、②生糸。1862年には総輸出額の80％以上を生糸が占めていたようだ。
生徒：生糸ですか？意外です。
先生：なぜ、そのように思ったのかな？
生徒：かつて日本は、大量の生糸（絹織物）を外国から輸入していたからです。
先生：その通り。特に③室町時代は、④足利義満が中国と貿易を行って、中国産の生糸を輸入していた。ただ江戸時代になると、生糸は輸入品から輸出品へと変わっていったようだよ。
生徒：そうすると、江戸時代の人びとは徒歩でその大量の生糸を運んでいたってことですよね。
先生：そう！江戸時代も交通網の整備は行われていたからね。そういえば、あなたが行った場所にも、江戸時代に整備された道の１つが走っているじゃないか。
生徒：本当ですか？どの道ですか？
先生：ほら地図のここ、この⑤国道１号線は当時の主要街道の１つだよ。
生徒：あぁ！⑥この街道を題材にした絵を見たことがあります。そういえば先生、あらためて地図を見てみると、横浜は京浜東北線をはじめ、交通手段が集中していますね。
先生：そうだね。今も昔も、この地域が物流の中心であるということかな。
生徒：あれ、そういえば「京浜」って聞いたことがあります。京浜工業地帯もこのあたりですか？
先生：そう。このあたりは京浜工業地帯の一角でもあるから、交通網が発達したと考えられるね。あと、かつてこの地域では、⑦公害問題が起こったこともあったんだよ。
生徒：生活が便利になり、豊かになった一方で、環境破壊や公害問題が起きていたんですね。
先生：これは日本だけではなく、世界各国で起きていることなんだ。しかし、なかなか各国が協力して対策に取り組むことが難しい状況なんだ。
生徒：先生、この間、日本政府が2030年代までに国内の新車販売を、電気自動車などガソリン車以外にする目標を掲げたというニュースを見ました。これって、関係ありますか？
先生：もちろん！次世代車の導入目標をめぐっては、欧州の方が進んでいるよ。もうすでに、あなたは、各国が次世代車の本格導入へ動いている理由がわかっているようだね？

生徒：はい！次世代車を導入することで、［ B ］。

先生：私たちも、2030年までに⑧SDGsを達成できるように取り組む必要がありますね。

問１　文中の空欄［ A ］は次の資料１を根拠に述べた文が入ります。資料１を参考に、適当な文を入れて会話文を完成させなさい。

【資料１】外国貿易港の貿易額の割合（1874年～1899年）

貿易港		1874年（明治７）	1879年（明治12）	1884年（明治17）	1889年（明治22）	1894年（明治27）	1899年（明治32）
函館	輸出	1.4%	2.5%	1.1%	1.1%	0.6%	1.0%
	輸入	0.1%	0.0%	0.0%	0.2%	0.1%	0.8%
横浜	輸出	67.5%	68.3%	64.5%	59.8%	64.5%	50.4%
	輸入	71.4%	71.6%	65.6%	51.9%	42.9%	34.7%
長崎	輸出	10.1%	7.4%	11.9%	8.8%	3.1%	2.9%
	輸入	6.8%	5.2%	3.7%	4.4%	4.6%	5.1%

（資料：『大日本外国貿易年表』より作成）

問２　文中の下線部①に関連して、次の各問いに答えなさい。

(1)　江戸時代、幕府はアメリカと貿易を開始するために条約を結びました。その条約について述べた文として正しいものを、次の**ア**～**エ**のうちから１つ選び、記号で答えなさい。

ア　アメリカ総領事のペリーは、通商条約を結ぶよう、幕府に強く要求しました。

イ　井伊直弼は、朝廷の許可を得ずに条約を結んだため、安政の大獄で暗殺されました。

ウ　新しく４つの港を開港し、下田港は神奈川開港後に閉鎖することが約束されました。

エ　外国人が日本で罪を犯した時、日本の法律で裁けるように治外法権を認めました。

(2)　各時代の貿易の様子について述べた文として誤っているものを、次の**ア**～**エ**のうちから１つ選び、記号で答えなさい。

ア　江戸時代後半、生産品の多くが輸出品にあてられたため、国内では品不足が発生して物価が上がり、人々の生活が苦しくなりました。

イ　明治時代初期、政府は輸出で得たお金で軍艦や兵器、工業用機械を輸入して富国強兵をすすめていきました。

ウ　大正時代、第一次世界大戦中のヨーロッパの国ぐにに代わってアジアに製品を輸出し、日本は好景気となりました。

エ　昭和時代、朝鮮戦争をきっかけに、日本とアメリカの間で貿易摩擦が発生し、日本の産業は大打撃を受けました。

問３　文中の下線部②に関連する次の資料２・３を参考にして、後の各問いに答えなさい。

【資料２】産地別生糸売込量

	1861～1863年（文久年間の１年間平均）	1873～1874年（明治６年５月～７年５月）	1876年（明治９年１月～９年12月）
奥州（福島）	41.2%	19.5%	22.2%
信州（長野）	10.3%	11.1%	16.6%
上州（群馬）	20.6%	48.7%	37.8%
武州（埼玉）	5.1%	10.1%	11.4%
越後（新潟）	2.1%	0.7%	0.4%

（資料：『横浜市史　資料編１』より作成）

【資料３】

1872年（明治５）　操業開始

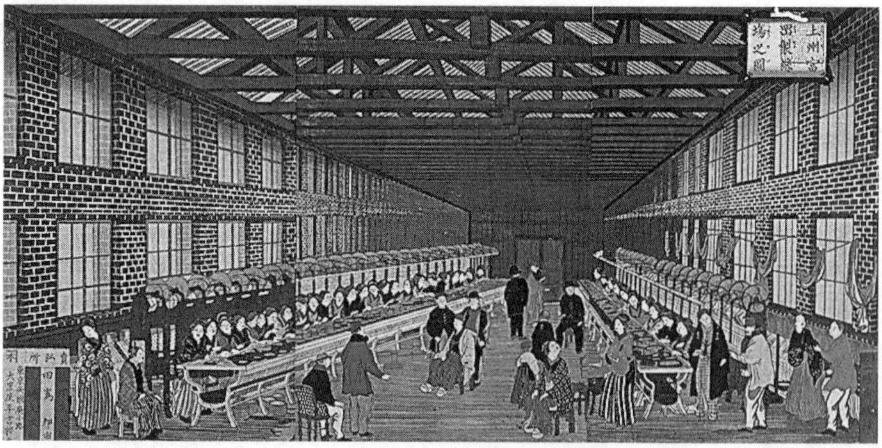

(1) 江戸時代後半から明治時代にかけて日本各地で生産された生糸は、主に横浜港で取引が行われました。資料２・３を参考に、産地別生糸売込量の変化について説明しなさい。

(2) 資料３の設立に力を尽くし、その後、第一国立銀行をはじめ、生涯に約500の企業の育成に関わったとされる人物は誰ですか。

問４ 文中の下線部③の時代には、馬借とよばれる人びとが、荷物の運搬を行っていました。その馬借が中心となって幕府へ徳政を求めた一揆として正しいものを、次の**ア**～**エ**のうちから１つ選び、記号で答えなさい。

ア 山城の国一揆　　**イ** 正長の土一揆
ウ 加賀の一向一揆　　**エ** 播磨の土一揆

問５ 文中の下線部④の中国との貿易を何と言いますか。

問６ 文中の下線部⑤に関連して、江戸時代の主要街道について述べた文として誤っているものを、次の**ア**～**エ**のうちから１つ選び、記号で答えなさい。

ア 江戸の日本橋を起点とする街道には、約４km ごとに目印である一里塚を築きました。

イ ２代将軍の徳川秀忠が参勤交代を始めたことで、さらに街道の整備が進みました。

ウ 大名だけでなく、手紙や小荷物を運ぶ飛《ひ》脚《きゃく》や庶民も、街道を利用していました。

エ 街道の要所に関所を設けて人びとの通行を見張ることで、江戸の治安を守りました。

問７　文中の下線部⑥が示す絵として正しいものを、次の**ア**～**エ**のうちから１つ選び、記号で答えなさい。

ア

イ

ウ

エ

問８　文中の下線部⑦について、その原点とされる足尾銅山鉱毒事件が発生した県として正しいものを、次の図中の**ア**～**キ**のうちから１つ選び、記号で答えなさい。

【図】

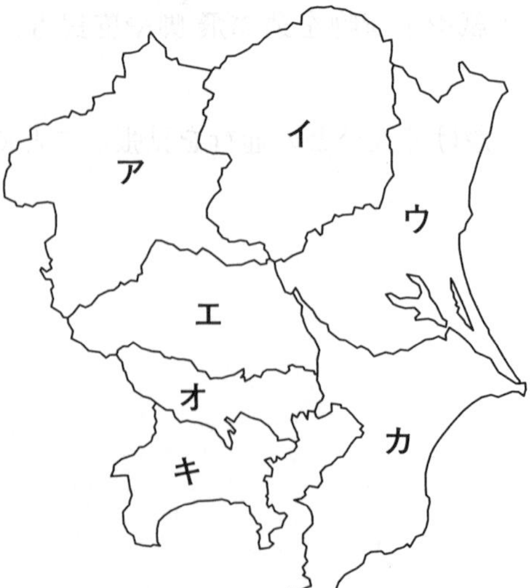

問９　文中の空欄 **B** に適当な文章を入れて、会話文を完成させなさい。

問10　文中の下線部⑧の具体的な目標として、次の17項目が国連サミットで採択されました。これらの目標のうち、世界が次世代車の本格導入を通じて実現しようとしている項目の組み合わせとして正しいものを、次の**ア**～**オ**のうちから１つ選び、記号で答えなさい。

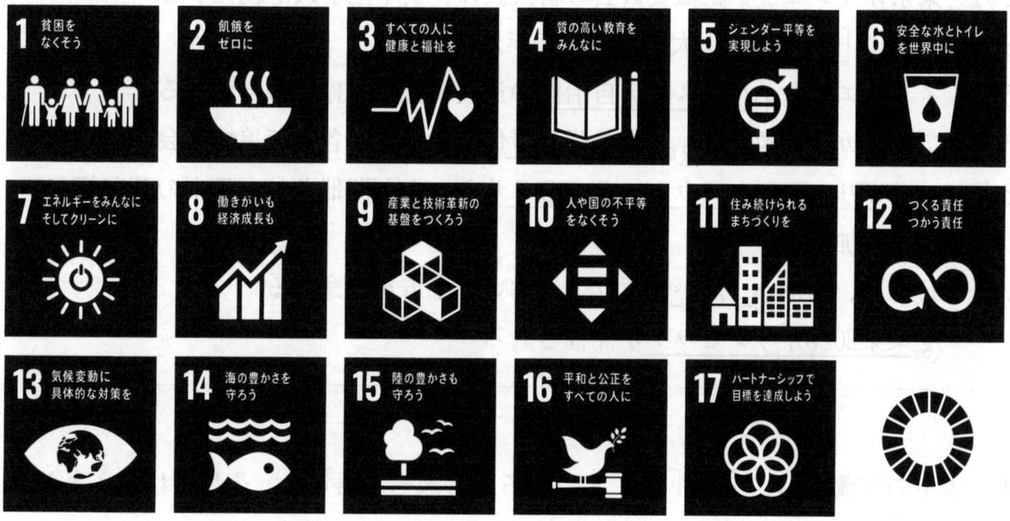

ア　1・4・9・13　　**イ**　3・10・15・17　　**ウ**　5・7・8・11

エ　7・11・12・13　　**オ**　9・10・14・15

4　次の表は、2021年７月までの世界各地の出来事をまとめたものです。表を参考に、後の各問いに答えなさい。

1月	アメリカ合衆国で［　A　］大統領が就任する
2月	ミャンマーでクーデターが起こり、［　B　］氏らが拘束され、軍事政権が始まる
2月	東京オリンピック組織委員会の新会長に、橋本聖子氏が就任する
3月	11日に［　C　］大震災から10年が経過する
5月	イスラエルと①パレスチナ自治区の武装組織が、停戦に合意する
5月	アメリカ合衆国で、②黒人暴行死事件に対して、各地で追悼《ついとう》集会が開かれる
6月	③イギリスのコーンウォールでＧ７サミットが開催され、日本の菅首相が初めて参加する
7月	日本で、国は④「黒い雨訴訟」において上告を断念する ⑤東京2020オリンピックが開催される

問１　表中の空欄［　A　］～［　C　］に入る最も適当な語句を、それぞれ答えなさい。

問２　文中の下線部①に関連して、この地区で最も多くの人びとが信仰する宗教名を、次の**ア**～**エ**のうちから１つ選び、記号で答えなさい。

ア　キリスト教　　　**イ**　イスラム教
ウ　ヒンドゥー教　　**エ**　ユダヤ教

問３　文中の下線部②に関連して、この事件への抗議が各地で起こり、その標語とされ運動名ともなった語句を、次の**ア**～**エ**のうちから１つ選び、記号で答えなさい。

ア　「ブラック・イズ・ビューティフル」
イ　「ブラック・アンド・ホワイト」
ウ　「ブラック・ライヴズ・マター」
エ　「ブラック・パワー」

問4　文中の下線部③に関連して、このサミットを示す写真を、次の**ア**～**エ**のうちから1つ選び、記号で答えなさい。

ア

イ

ウ

エ

問５　文中の下線部④について、以下の写真を参考に、どのような出来事と関連がある訴訟なのか、簡潔に説明しなさい。

問６　文中の下線部⑤に関連して、2024年、夏季オリンピックが開催される都市の位置を図中の**ア**～**エ**のうちから１つ選び、記号で答えなさい。

【図】

5 次の問いに答えなさい。

問１ Ａ君が山に向かって大声を出すと、音が反射して返ってきました。Ａ君が声を出してから10秒後に自分の声が聞こえたとすると、Ａ君と山までの距離《きょり》は何ｍですか。なお、音は空気中を１秒間に340ｍ進むものとします。

問２ 音の性質について正しいものはどれですか。**ア**～**エ**から選び、記号で答えなさい。

ア 音の伝わる速さは、話す人によって異なる。

イ 音は、空気中は伝わるが、水中では伝わらない。

ウ 音は、水中でも真空中でも伝わる。

エ 音は、空気中、水中では伝わるが、真空中では伝わらない。

コイルを作るために、電池にエナメル線を巻きました。
乾電池《かんでんち》のサイズについて調べたところ、次の表のようになりました。

日本の呼び方	高さ（mm）	直径（mm）
単１形	61.5	34.2
単２形	50.0	26.2
単３形	50.5	14.5
単４形	44.5	10.5
単５形	30.2	12.0

表

問３ 単１形の電池の円周に沿ってエナメル線を巻き、100回巻のコイルを作りました。エナメル線は何ｍ必要ですか。１巻あたり同じ長さで巻き続けられるものとし、小数第２位を四捨五入して、小数第１位までの数値を答えなさい。なお、円周率は3.14とします。

問４ 単５形の電池の円周に沿ってエナメル線を巻き、100回巻のコイルを作るには、エナメル線は何ｍ必要ですか。１巻あたり同じ長さで巻き続けられるものとし、小数第２位を四捨五入して、小数第１位までの数値を答えなさい。なお、円周率は3.14とします。

問５　**問３**のようにエナメル線をコイル状にしたものに電池をつないで電流を流すと、磁石の性質を示します。これを電磁石といいます。電磁石を強くするためにはどのようにしたらよいですか。**ア～オ**から３つ選び、記号で答えなさい。

ア　コイルの巻き数を増やす

イ　コイルの巻き数を減らす

ウ　接続する電池の向きを逆向きにする

エ　電流を強くする

オ　鉄しんを入れる

問６　図１のように電池とコイルをつなぎ、コイルの左側から磁石のＮ極側を近づけると、電磁石と磁石は引き合います。電池の向き、コイルの巻き方の向きを変えながら同じように磁石のＮ極側を**ア～カ**のように近づけると、電磁石と磁石が引き合う関係になるのはどれですか。**ア～カ**からすべて選び、記号で答えなさい。

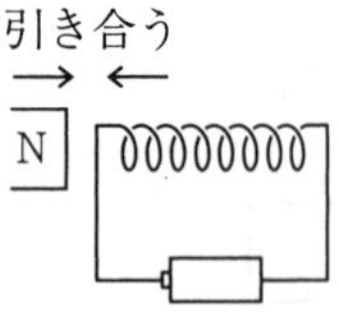

図１

ア

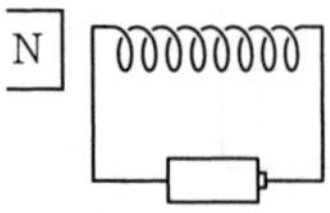

イ

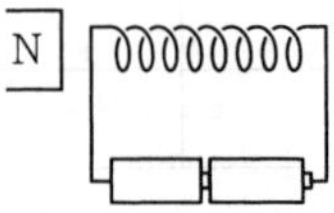

ウ

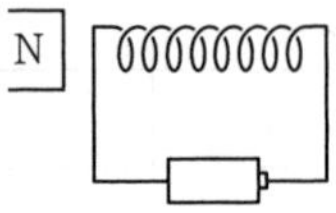

エ

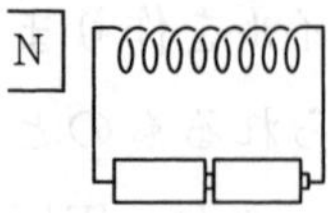

オ

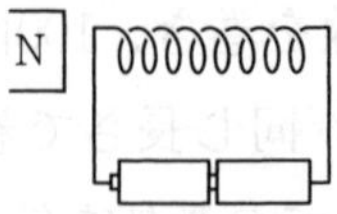

カ

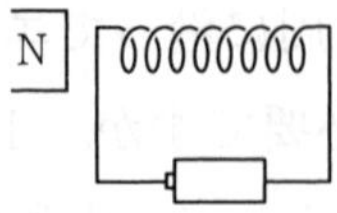

問７　**問６**の**ア～カ**において、電磁石と磁石が最も強く引き合う関係になるものはどれですか。**問６**の**ア～カ**からすべて選び、記号で答えなさい。ただし、**ア～カ**において、それぞれのコイルの巻き数は変わらないものとします。

6　**A問題**

下の図は、アンモニアを発生させる装置です。後の問いに答えなさい。

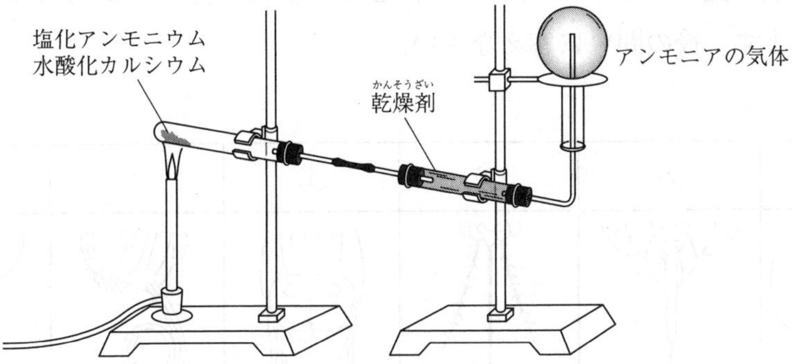

図

問１　図について、試験管の口を下げるのはなぜですか。**ア**～**エ**から選び、記号で答えなさい。

ア　急なふっとうを防ぐため

イ　固体を空気に触《ふ》れさせないため

ウ　発生した水をガラス管から流すため

エ　発生した水が加熱部に流れないようにするため

問２　図のアンモニアを集める方法を何と言いますか。

問３　**問２**の方法で集める理由を２つ答えなさい。

問４　アンモニアの性質について、正しいものはどれですか。**ア**～**エ**からすべて選び、記号で答えなさい。

ア　黄色の気体である

イ　鼻をさすにおいがある

ウ　水よう液にフェノールフタレイン液を加えると赤色になる

エ　水よう液を加熱すると白い結晶《けっしょう》が残る

B問題

生物のからだのつくりは、その生物の行動や生活のようすをよく表しています。次の図１は６種類の昆虫《こんちゅう》の口のつくりを、図２は４種類の昆虫のあしのつくりをそれぞれ表しています。後の問いに答えなさい。

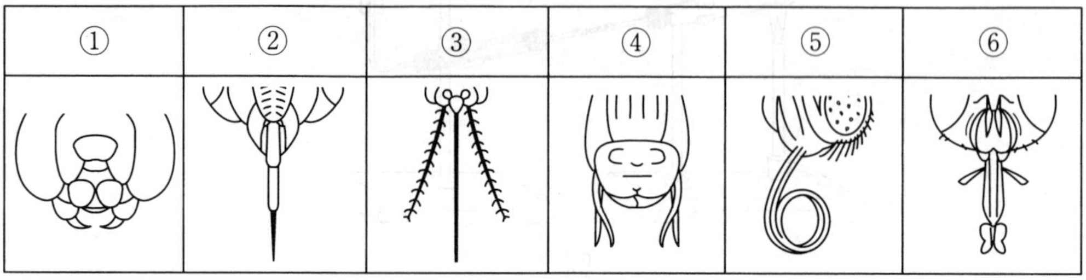

図１

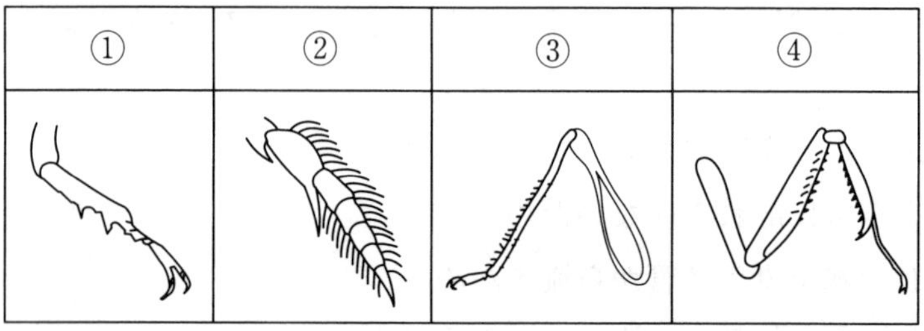

図２

問１　図１の①～⑥の口のはたらきとして正しいものを、**ア**～**オ**からそれぞれ選び、記号で答えなさい。なお、同じ記号を何度使ってもよいものとします。

ア　吸う　　**イ**　さして吸う　　**ウ**　なめる
エ　動物の肉をかむ　　**オ**　草をかむ

問２　図２の①～④のあしのはたらきとして正しいものを、**ア**～**エ**からそれぞれ選び、記号で答えなさい。

ア　虫をつかまえる　　**イ**　水中を泳ぐ
ウ　飛びはねる　　**エ**　木をよじ登る

C問題

地震《じしん》ではＰ波とＳ波という波が同時に２つ発生します。この２つの波は伝わる速さやゆれ方が違《ちが》いますが、その理由は２つの波のでき方によります。Ｐ波は波が進む方向とゆれの方向が平行で縦波といい、伝わる速さは速く、ゆれ方は小さい特徴《とくちょう》があります。Ｓ波は波が進む方向とゆれの方向が直角で横波といい、伝わる速さは遅《おそ》く、ゆれ方は大きい特徴があります。図１は午前10時21分46秒に発生した震源《しんげん》のごく浅い地震を、地点①、②、③で観測した時の地震計《じしんけい》の記録を模式的に表したものです。後の問いに答えなさい。

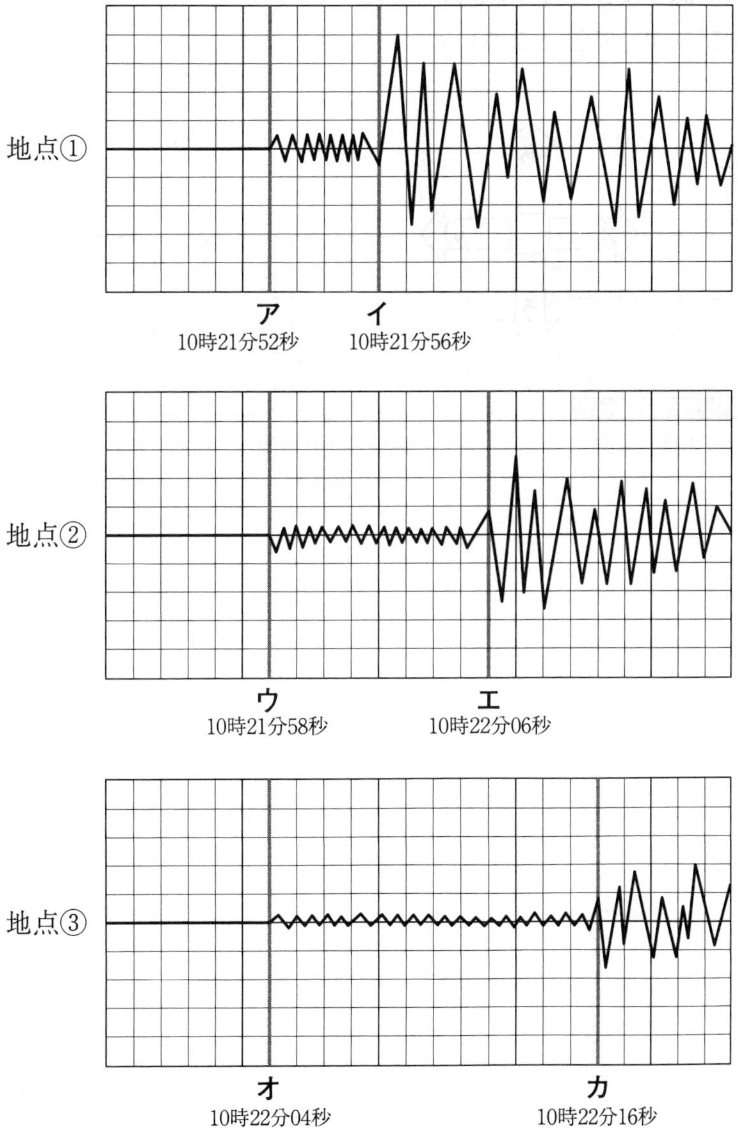

図１

問１　もっとも震源に近いと思われる地点を、図１の地点①～③から選び、番号で答えなさい。

問２　Ｓ波が到達《とうたつ》した時刻を図１の**ア～カ**からすべて選び、記号で答えなさい。

問３　この地震におけるＰ波とＳ波の速さを求めなさい。なお、地点①と②は30 km離《はな》れているものとし、地殻《ちかく》の密度の違いなどは無視できるものとします。

問４　図２はＰ波が伝わる様子を模式的に表したものです。ゆれの方向を図２の**あ～え**からすべて選び、記号で答えなさい。

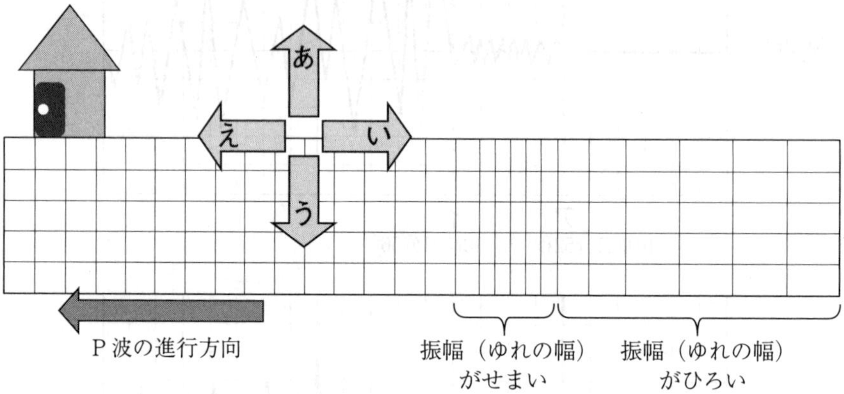

図２

問八　――線⑦「それが人間に独特な強い信頼関係を育み、高度で複雑な社会の資本となってきた」とありますが、それはチンパンジーと違う、人間のどんな点によるものだと筆者は言っていますか。最もふさわしいものを次から一つ選び、記号で答えなさい。

ア　対面して目を合わせるのは人間だけの特徴であるため、動物にくらべて信頼や共感が深まるという点。

イ　人間には白目があるために、目の動きを追うことで相手の心理がつかめ、気持ちが近づけるという点。

ウ　人種によって目の色が異なるため、相手を理解する際に多様性を意識しなければならなかったという点。

エ　顔の表情や目の動きを常に観察して外敵を刺激しないようにしていたため、もめごとが少ないという点。

問九　――線⑧「自然と人、人と人とを豊かにつなぐ日本の和の伝統」とありますが、文章中ではどのような「つながり」のことだと述べられていますか。それぞれの具体的な内容を説明しなさい。

問十　この文章にタイトル（題名）をつけるとしたら、次のうちどれがふさわしいですか。最もふさわしいものを次から一つ選び、記号で答えなさい。

ア　霊長類だけが楽しんで食事をしている

イ　食事はプライバシーを確保すべきである

ウ　和食のよさはひとりで食べてはわからない

エ　食事を分け合うのが日本的な食事作法だ

問四　――線③「野生の動植物を飼養したり栽培したりすることによって得やすく、食べやすく、美味にする」とありますが、その具体的な例を動物、植物についてそれぞれ答え、どういうものか簡潔に説明を加えなさい。

問五　――線④「人間は文化的雑食者であるともいわれる」とありますが、それはどうしてですか。最もふさわしいものを次から一つ選び、記号で答えなさい。

ア　手に入れた食材が虫や動物に食べられないようにするため、保存や加工の方法に文化的な工夫を積み重ねてきたから。
イ　多くの人間は動物と違い直接手で食べ物を食べず、スプーンやはしなどを使う文化的な食事作法を生み出したから。
ウ　植物や生き物について深く知り尽くした人間は、サルよりもはるかに多くの食材を見つけ、何でも食べてきたから。
エ　人間は採集した食材を調理することに加え、それらを飼ったり育てたりすることで、食材をより豊かにしてきたから。

問六　――線⑤「共食」に関するサルとチンパンジーとの違いについて整理した次の表の〔　　〕に当てはまる語（する・しない）を答え、その理由をそれぞれ説明しなさい。

	共食するかしないか	その理由
サル	共食〔　　〕	から。
チンパンジー	共食〔　　〕	から。

問七　――線⑥「ヒト科の類人猿はすべて、おとなの間で食物が分配される」とありますが、その中からさらに人間は、どんな進化を遂げたと言っていますか。文章中から三十字以内で書き抜きなさい。

問一　══線Ａ「思いをめぐらす」、Ｂ「目がほころぶ」、Ｃ「萌芽」の文章中での意味として、最もふさわしいものをそれぞれの語群から一つずつ選び、記号で答えなさい。

Ａ「思いをめぐらす」

ア　じっと考え込む　　イ　まじめに反省する

ウ　あれこれと考える　　エ　もう一度考え直す

Ｂ「目がほころぶ」

ア　鮮やかな色彩に目がくらむようだ　　イ　すばらしいものを見られて幸せだ

ウ　目からも手が出るほど食べたくなる　　エ　笑顔のようなおいしさにあふれている

Ｃ「萌芽《ほうが》」

ア　始まり　　イ　ちがい　　ウ　進化　　エ　発見

問二　──線①「群れ」とありますが、人間にとって「群れ」にあたるものを、これまでの文章中から十二字で書き抜きなさい。

問三　──線②「人間も長い時間をかけて植物と共進化をとげてきた」とありますが、それはどういうことですか。最もふさわしいものを次から一つ選び、記号で答えなさい。

ア　食材が四季によって姿を変えるのにあわせて、食欲が変化するよう進化してきたこと。

イ　四季の食材を食べ分けることによって、植物が生長するようにうながしてきたこと。

ウ　季節ごとに食材を食べ分けてきたことで、自然に対する感覚がみがかれてきたこと。

エ　同じことの繰り返しである四季を過ごしながら、人間だけが進化してきたということ。

の動きから心の状態を読みとることができるのだ。

顔の表情や目の動きをモニターしながら相手の心の動きを知る能力は、人間が生まれつきもっているもので習得する必要がない。しかも、目の色は違っていても、すべての人間に白目がある。ということは、白目は人間にとって古い特徴でありながら、チンパンジーとの共通祖先と分かれてから獲得した特徴だということだ。対面して相手の目の動きを追いながら同調し、共感する間柄をつくることができるのが、人間に特有な能力なのだ。⑦それが人間に独特な強い信頼関係を育み、高度で複雑な社会の資本となってきたと考えることができる。

実は、日本人の暮らしも、食物を仲間といっしょにどう食べるかという工夫のもとにつくられている、日本家屋は開放的で、食事をする部屋は庭に向かって開いている。四季折々の自然の変化を仲間と感じ合いながら食べられるように設計されているのだ。鳥や虫の声が響き、多彩な食卓の料理が人々を※4饒舌《じょうぜつ》にする。その様子をだれもが見たり聞いたりでき、外から気軽に参加できる仕組みが、日本家屋の造りや和食の作法に組みこまれている。

だが、昨今の日本の暮らしはプライバシーと効率を重んじるあまり、食事のもつコミュニケーションの役割を忘れているように思う。和食の遺産登録を機に、⑧自然と人、人と人とを豊かにつなぐ日本の和の伝統を思い返してほしい。

（山極寿一『ゴリラからの警告「人間社会、ここがおかしい」』による）

※１二次代謝物…生命体の成長や発生、生殖には直接関係しないが、感染からの防御などのために作られる化合物。
※２あつれき…仲たがい。争いごと。
※３執拗…うるさいほど、しつこいようす。
※４饒舌…よくしゃべること。おしゃべり。

を手にした。④人間は文化的雑食者であるともいわれる。日本人もその独特な文化によって、ニホンザルに比べると圧倒的に多様な食材を手に入れることができたのである。

もう一つの違いは、人間が食事を人と人とをつなぐコミュニケーションとして利用してきたことだ。サルにとって食べることは、仲間とのあつれき※2を引き起こす原因になる。自然の食物の量は限られているから、複数の仲間で同じ食物に手を出せばけんかになる。それを防ぐために、ニホンザルでは弱いサルが強いサルに遠慮して手を出さないルールが徹底している。強いサルは食物を独占し、決して仲間に分けたりはしない。そのため、弱いサルは場所を移動して別の食物を探すことになる。

ところが、人間はできるだけ食物を仲間といっしょに食べようとする。ひとりでも食べられるのに、わざわざ食物を仲間の元へもち寄って⑤共食するのだ。

C共食の萌芽はすでにゴリラやチンパンジーに見られる。チンパンジーは時折狩猟をする。力の強いオスがサルやムササビなどを捕まえてその肉を食べるのだ。そんなとき、獲物を捕らえたオスの周りには他のオスやメスたちが群がってくる。めったに得られない肉の分配にあずかろうとしてやってくるのだ。肉をもったオスは力が強いので、その肉を独占して食べようとすればできないことはない。しかし、他のチンパンジーの要求は※3執拗《しつよう》で、なかなか拒むことができず、ついには引きちぎってとるのを許してしまう。チンパンジーの世界では、どんなに体が大きなオスでも力だけでは社会的地位を保てず、仲間の支持が必要である。肉の分配はその支持を得るために使われているようなのだ。だから、サルとは違って、チンパンジーはもっぱら弱い個体が強い個体に食物の分配を要求し、いっしょに食べるのである。

最近私たちは、チンパンジーと同じようにゴリラも、オスが大きなフルーツをメスや子どもたちに分配しているのを観察した。オランウータンにも食物の分配行動があることが知られているから、⑥ヒト科の類人猿はすべて、おとなの間で食物が分配されるという、霊長類にはまれな特徴をもっていることがわかる。人間はその特徴を受け継ぎ、さらに食物を用いて互いの関係を調整する社会技術を発達させたのだ。

食事は、人間どうしが無理なく対面できる貴重な機会である。人間の顔、とりわけ目は、対面コミュニケーションに都合よくつくられている。人間の目には、サルや類人猿の目と違って白目がある。この白目のおかげで、1～2メートル離れて対面すると、相手の目

三　次の文章を読んで、後の問いに答えなさい。

２０１３年に、和食がユネスコの無形文化遺産に登録された。登録にいたったのは、自然を尊重する日本人の基本精神にのっとり、地域の自然特性に見合った食の慣習や行事を通じて家族や地域コミュニティーの結びつきを強める重要な文化だからというのが主な理由だ。大変いいことだと思う。これを機に、和食と日本人の暮らしについて過去の歴史をふり返り、食の文化を育んできた日本列島の自然と人間との関わりについて多くの人々がA思いをめぐらすようになってほしい。

私の専門分野である霊長類学は、人間に近い動物の生き方から人間の進化や文化を考える学問である。人間以外のサルや類人猿（ゴリラやチンパンジー）を野生の生息地で追っていると、「生きることは食べることだ」と思い知らされる。彼らの主な食べ物は自然のあちこちに散らばり、季節によってその姿を変える植物だ。いつ、どこで、何を、どのように食べるかが、一日の大きな関心事である。①群れをつくって暮らすサルたちにとっては、それに加えて「だれと食べるか」が重要となる。いっしょに食べる相手によって、自分がどのように、どのくらい食物に手を出せるかが変わるし、相手を選ばないと、食べたいものも食べられなくなってしまうからだ。

日本列島には43万～63万年前からニホンザルがすみついてきた。人間が大陸から渡ってきたのはたかが2万数千年前だから、彼らのほうがずっと先輩である。日本の山へ出かけてサルを観察すると、彼らがいかにうまく四季の食材を食べ分けているかがわかる。新緑の春には若葉、灼熱《しゃくねつ》の夏は果実と昆虫、実りの秋は熟した色とりどりの果実、そして冷たい冬は落ちたドングリや樹皮をかじって過ごす。

サルに近い身体をもった人間も、これらの四季の変化に同じように反応する。もえいずる春には山菜が欲しくなるし、秋には真っ赤に熟れた柿やリンゴにB目がほころぶ。サルと同じように②人間も長い時間をかけて植物と共進化をとげてきた証しである。人間の五感は食を通じて自然の変化を的確に感知するようにつくられてきたのだ。

人間にはサルと違うところが二つある。まず、人間は食材を調理して食べるという点だ。植物は虫や動物に食べられないように、硬い繊維や二次代謝物※1で防御している。それを水にさらしたり、火を加えたりして食べやすくする方法を人間は発達させた。さらに人間は川や海にすむ貝や魚を食材に加え、③野生の動植物を飼養したり栽培したりすることによって得やすく、食べやすく、美味にする技術

二

次の①～⑤の各組が類義語の組み合わせに、⑥～⑩の各組が対義語の組み合わせになるように、□に当てはまる漢字一字をそれぞれ答えなさい。

① 無念 ＝ □念
② 博識 ＝ 博□
③ 所見 ＝ □見
④ 賛成 ＝ 賛□
⑤ 興味 ＝ 関□
⑥ 入選 ⇔ □選
⑦ 臨時 ⇔ □期
⑧ 偶然 ⇔ □然
⑨ 遠洋 ⇔ 近□
⑩ 権□ ⇔ 義務

二〇二二年度　東京農業大学第三高等学校附属中学校

【国　語】〈第一回試験〉（四〇分）〈満点：一〇〇点〉

一　次の各文の――線部のカタカナの語を漢字に直しなさい。

①　手術後のケイカは良好だそうだ
②　雨のため試合をチュウダンする
③　アラビア半島ゲンサンの石油
④　問題の解決はヨウイなことでない
⑤　試合に備えて体力をオンゾンする
⑥　パーティーのショウタイ状を送る
⑦　ナイコウ的な性格の友だち
⑧　体操選手が空中でカイテンする
⑨　となりの席をアけておく
⑩　代わりバえしないメニュー

2022年度

東京農業大学第三高等学校附属中学校　▶解説と解答

算　数　＜第１回試験＞（40分）＜満点：100点＞

解　答

1 (1)　0.1　(2)　$\frac{2}{5}$　(3)　910　**2** (1)　423　(2)　**エ**　6　**カ**　4　(3)　200 g　(4)　時速16km　(5)　75度　**3** (1)　5　(2)　9　(3)　16　(4)　5.875cm^2　**4** (1)　$\frac{5}{7}$　(2)　105個　(3)　56個　(4)　$52\frac{1}{2}$　**5** (1)　30個　(2)　240cm^3　(3)　288cm^2

解　説

1　四則計算，逆算，単位の計算

(1)　$1.6-\left(\frac{5}{6}+1\frac{1}{6}\div1.75\right)=1.6-\left(\frac{5}{6}+\frac{7}{6}\div1\frac{3}{4}\right)=1.6-\left(\frac{5}{6}+\frac{7}{6}\div\frac{7}{4}\right)=1.6-\left(\frac{5}{6}+\frac{7}{6}\times\frac{4}{7}\right)=1.6-\left(\frac{5}{6}+\frac{4}{6}\right)=1.6-\frac{9}{6}=1.6-1.5=0.1$

(2)　$\left(\frac{3}{5}-\square\right)\div0.8=\frac{1}{4}$ より，$\frac{3}{5}-\square=\frac{1}{4}\times0.8=\frac{1}{4}\times\frac{4}{5}=\frac{1}{5}$　よって，$\square=\frac{3}{5}-\frac{1}{5}=\frac{2}{5}$

(3)　1 L＝1000cm^3，1 dL＝100cm^3，1 mL＝1 cm^{3}より，0.4L＋6 dL－90mL＝400cm^3＋600cm^3－90cm^3＝910cm^3

2　場合の数，条件の整理，濃度《のうど》，速さ，角度

(1)　3の倍数は各位の数字の和が3の倍数になるから，3の倍数になる3枚のカードの組み合わせは，和が6になる{1，2，3}と，和が9になる{2，3，4}の2通りである。これらを並べかえたとき，1番目に大きい数は432，2番目に大きい数は423となる。

(2)　右の図1で，イ×3の一の位が6なので，イ＝2と決まり，右の図2のようになる。図2の○で囲んだ部分に注目すると，5×アの一の位が0になることがわかるから，アは偶数《ぐうすう》である。さらに，2×アが2けたになるので，アは6か8である。ア＝6とすると右上の図3のようになり，百の位の和が一致《いっち》しない。よって，ア＝8だから，上の図4のようになり，エ＝6，カ＝4とわかる。

図1	図2	図3	図4
ア3	ア③	63	83
×5イ	×⑤2	×52	×52
ウエ6	ウエ6	126	166
オ15	オ①⑤	315	415
カ3キ6	カ3キ6	3276	4316

(3)　(食塩の重さ)＝(食塩水の重さ)×(濃度)より，8％の食塩水600 gに含《ふく》まれている食塩の重さは，600×0.08＝48(g)とわかる。食塩水から水を蒸発させても食塩の重さは変わらないから，水を蒸発させて濃度が12％になった食塩水にも48 gの食塩が含まれている。よって，水を蒸発させた後の食塩水の重さを□gとすると，□×0.12＝48(g)と表すことができるので，□＝48÷0.12＝400(g)と求められる。したがって，蒸発させる水の重さは，600－400＝200(g)である。

(4)　(平均の速さ)＝(全体の道のり)÷(全体の時間)で求められる。行きにかかった時間は，5÷10＝$\frac{5}{10}=\frac{1}{2}$(時間)，帰りにかかった時間は，5÷40＝$\frac{5}{40}=\frac{1}{8}$(時間)だから，全体の時間は，$\frac{1}{2}+\frac{1}{8}$

$=\frac{5}{8}$(時間)である。また，全体の道のりは，５×２＝10(km)なので，平均の速さは時速，10÷$\frac{5}{8}$＝16(km)と求められる。

⑸　右の図５で，多角形の外角の和は360度だから，正六角形の１つの外角は，360÷６＝60(度)であり，正六角形の１つの内角は，180−60＝120(度)とわかる。また，AFとAHの長さは等しいので，三角形AHFは二等辺三角形となり，角FAHの大きさは，120−90＝30(度)だから，角AFHの大きさは，(180−30)÷２＝75(度)とわかる。さらに，AFとBEは平行なので，角(あ)の大きさは角AFHの大きさと等しくなる。よって，角(あ)の大きさは75度である。

図５

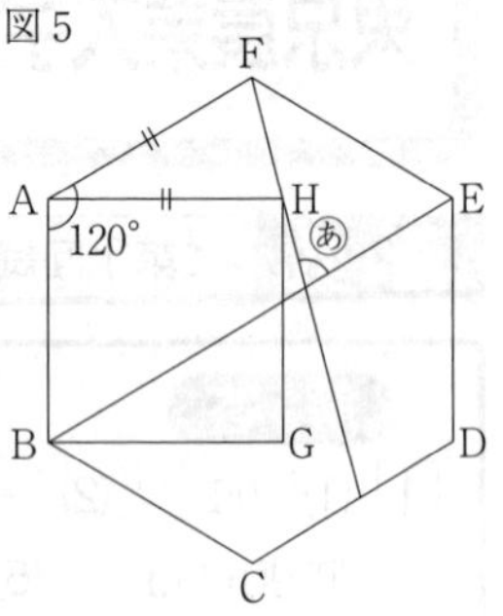

3　グラフ—図形の移動，面積

⑴　問題文中のグラフより，下の図①のように，５秒後に正方形が直角三角形と重なり始め，８秒後から10秒後までは正方形全体が直角三角形と重なり，(ウ)秒後に重なる部分がなくなる。(ア)は正方形が５秒間で動いた長さだから，(ア)＝１×５＝５(cm)とわかる。

⑵　(イ)は正方形の面積である。５秒後から８秒後までの間に正方形が動いた長さは，１×(８−５)＝３(cm)なので，正方形の１辺の長さは３cmとわかる。よって，(イ)＝３×３＝９(cm^2)と求められる。

⑶　10秒後までに正方形が動いた長さは，１×10＝10(cm)である。また，かげをつけた三角形は直角二等辺三角形だから，□の長さは３cmであり，(ウ)秒後までに正方形が動いた長さは，10＋３＋３＝16(cm)と求められる。よって，(ウ)＝16÷１＝16(秒)となる。

⑷　12.5秒後までに正方形が動いた長さは，１×12.5＝12.5(cm)なので，12.5秒後には下の図②のようになる。図②で，☆の長さは，10秒後までに正方形が動いた長さと図①の□の長さの和だから，10＋３＝13(cm)となる。すると，△＝10＋３−12.5＝0.5(cm)だから，○＝３−0.5＝2.5(cm)と求められる。よって，斜線《しゃせん》部分の面積は，2.5×2.5÷２＝3.125(cm^2)なので，重なった部分の面積は，３×３−3.125＝5.875(cm^2)とわかる。

図①

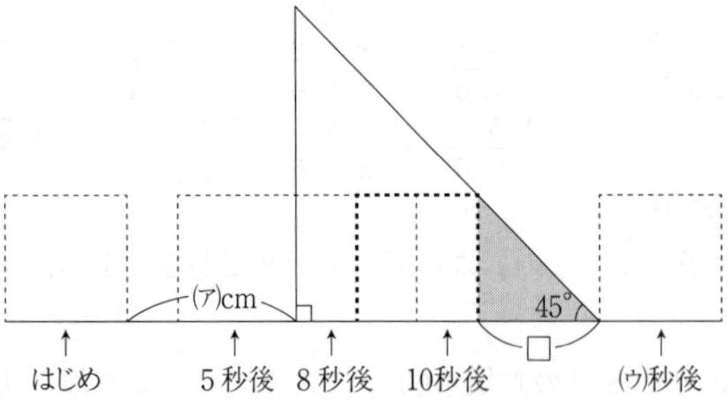

図②

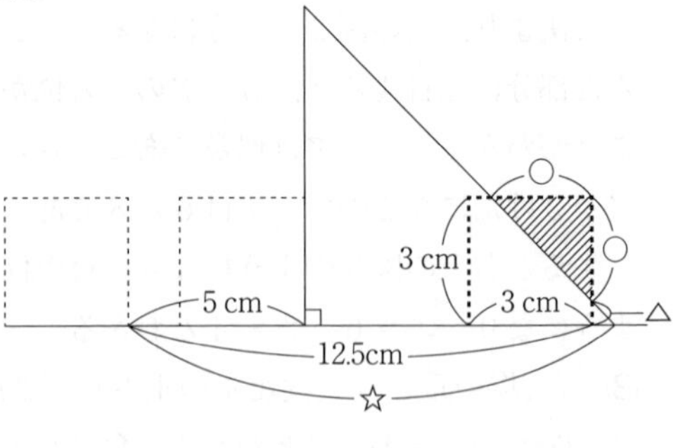

4　数列

⑴　下の図のように組に分けると，１組には分母が２の分数が１個，２組には分母が３の分数が２個，…のように，□組には分母が(□＋１)の分数が□個並ぶことになる。よって，１＋２＋３＋４＋５＝15より，５組までに並ぶ分数の個数は15個とわかるから，前から20番目の分数は，６組の，20−15＝５(番目)の分数になる。また，６組の分母は７であり，どの組も分子には１から順に整数が並ぶので，６組の５番目の分数は$\frac{5}{7}$とわかる。

(1組) $\frac{1}{2}$
(2組) $\frac{1}{3}$, $\frac{2}{3}$
(3組) $\frac{1}{4}$, $\frac{2}{4}$, $\frac{3}{4}$
(4組) $\frac{1}{5}$, $\frac{2}{5}$, $\frac{3}{5}$, $\frac{4}{5}$
(5組) $\frac{1}{6}$, $\frac{2}{6}$, $\frac{3}{6}$, $\frac{4}{6}$, $\frac{5}{6}$
……………………………………
(14組) $\frac{1}{15}$, $\frac{2}{15}$, ……, $\frac{13}{15}$, $\frac{14}{15}$

(2) $\frac{14}{15}$が並んでいるのは14組で，14組には14個の分数が並ぶから，並んでいる分数の個数は全部で，$1+2+\cdots+14=(1+14)\times14\div2=105$(個)と求められる。

(3) 各組の中の$\frac{1}{2}$以下の分数の個数は，１組と２組では１個ずつ，３組と４組では２個ずつ，５組と６組では３個ずつ，…，13組と14組では７個ずつとなる。よって，全部で，$1\times2+2\times2+3\times2+\cdots+7\times2=(1+2+3+\cdots+7)\times2=(1+7)\times7\div2\times2=56$(個)とわかる。

(4) １組の和は$\frac{1}{2}$，２組の和は，$\frac{1}{3}+\frac{2}{3}=1$，３組の和は，$\frac{1}{4}+\frac{2}{4}+\frac{3}{4}=1\frac{1}{2}$，…のように，各組の和は$\frac{1}{2}$ずつ大きくなる。また，14組の和は，$\frac{1}{15}+\frac{2}{15}+\cdots+\frac{14}{15}=\left(\frac{1}{15}+\frac{14}{15}\right)\times14\div2=7$なので，すべての分数の和は，$\frac{1}{2}+1+\cdots+7=\left(\frac{1}{2}+7\right)\times14\div2=52\frac{1}{2}$と求められる。

5 立体図形―体積，表面積

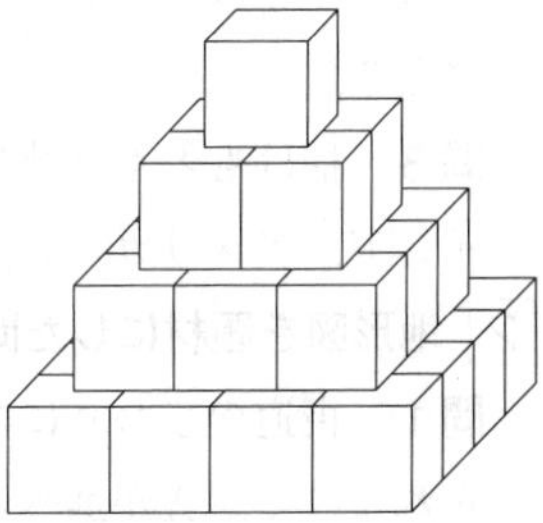

(1) 右の図で，上から１段目には１個，上から２段目には，$2\times2=4$(個)，上から３段目には，$3\times3=9$(個)，上から４段目には，$4\times4=16$(個)の立方体が使われている。よって，立方体は全部で，$1+4+9+16=30$(個)ある。

(2) 立方体１個の体積は，$2\times2\times2=8$(cm^3)だから，この立体の体積は，$8\times30=240$(cm^3)となる。

(3) 真下(および真上)から見える部分の面積は正方形16個分であり，側面の４つの方向から見える部分の面積は正方形，$1+2+3+4=10$(個分)である。よって，この立体の表面積は正方形，$16\times2+10\times4=72$(個分)とわかる。また，正方形１個の面積は，$2\times2=4$(cm^2)なので，この立体の表面積は，$4\times72=288$(cm^2)と求められる。

社会・理科　＜第１回試験＞（40分）＜満点：100点＞

解　答

1 **問１** **１位**　ロシア(連邦)　**２位**　カナダ　**４位**　中国(中華人民共和国)　**５位**　ブラジル(連邦共和国)　**６位**　オーストラリア(連邦)　**問２** **１位**　エ　**７位**　ア　**問３**　カ　**2** **問１**　A　**問２**　イ　**問３**　第三セクター　**問４**　ア　**問５** (1)　ア　(2)　5(cm)　**問６**　エ　**問７**　博物館(美術館)　**3** **問１**　(例)　外国との貿易港であったためだよ　**問２** (1)　ウ　(2)　エ　**問３** (1)　(例)　富岡製糸場が操業を始め，1873年以降は上州が多くなった。　(2)　渋沢栄一　**問４**　イ　**問５**　日明貿易(勘合貿易)　**問６**　イ　**問７**　ア　**問８**　イ　**問９**　(例)　環境に配慮した経済活動が実現できます　**問10**　エ　**4** **問１** **A**　バイデン　**B**　アウンサンスーチー　**C**　東日本　**問２**　イ　**問３**　ウ　**問４**　イ　**問５**　(例)　原子爆弾の投下　**問６**　イ　**5** **問１**　1700m　**問２**　エ　**問３**　10.7m　**問４**　3.8m　**問５**　ア，エ，オ　**問６**　ウ，エ，

オ　**問７**　エ，オ　**6**　**A問題**　**問１**　エ　**問２**　上方置換法　**問３**　(例)　空気より軽いから。／水にとけやすいから。　**問４**　イ，ウ　**B問題**　**問１**　①　エ　②　イ　③　イ　④　オ　⑤　ア　⑥　ウ　**問２**　①　エ　②　イ　③　ウ　④　ア　**C問題**　**問１**　地点①　**問２**　イ，エ，カ　**問３**　**P波**…５km/秒　**S波**…３km/秒　**問４**　い，え

解　説

1　世界のさまざまな分野の上位10カ国についての問題

問１　世界で最も面積が大きい国はロシア(連邦)で，これにつぐ第２位は，第３位のアメリカ合衆国の北に位置するカナダである。第４位はロシアの南にある中国(中華人民共和国)，第５位は南アメリカ大陸にあるブラジル(連邦共和国)で，ブラジルは第８位のアルゼンチンの北に位置している。第６位は，第７位のインドの南東にあることから，オーストラリア(連邦)だとわかる。

問２　世界で最も大きな島はエのグリーンランドである。北緯60度以北に広がるデンマークの自治領で，島のほとんどが氷でおおわれている。イはマダガスカル共和国のマダガスカル島(第４位)，ウはイギリスのグレートブリテン島(第８位)なので，第７位にはアの本州(日本)があてはまることになる。

問３　稲はもともと熱帯の作物で，アジアでの生産量が多いので，Ｙにあてはまる。人口は，中国，インド，アメリカ合衆国の順に多いのでＺで，残ったＸが森林面積となる。

2　地形図を題材にした問題

問１　街道のまわりに発達した宿場町では，広い道(街道)に沿って宿や店が立ち並んでいたと考えられるので，Ａが選べる。

問２　成層火山は，噴火を繰《く》り返し，溶岩や火山灰などが層になって形成された火山で，浅間山(群馬県・長野県)や富士山(静岡県・山梨県)などがその例として知られる。

問３　国や地方公共団体(第一セクター)と，民間企業《きぎょう》(第二セクター)の共同出資によって設立され，共同で事業を行う方式を第三セクターという。地方公共団体の資金と民間企業のアイデアや経験を組み合わせて相乗効果が生まれることを期待するもので，しなの鉄道のように，鉄道の廃線《はいせん》を防いだり，地域開発をすすめる目的などで導入されることが多い。

問４　交差点の中央部の車道が環状《かんじょう》(円形)になっており，そこから道路が放射状にのびていることから，アだとわかる。このような交差点を，環状交差点という。

問５　(1)　ＥからＦの方向へ少し進んだところで標高約1250mの地点を通ることから，アだとわかる。　(2)　地形図上の長さは，(実際の距離)÷(縮尺の分母)で求められる。1250m＝125000cmで，地形図の縮尺は25000分の１なので，地形図上での長さは，125000cm÷25000＝５(cm)となる。

問６　利根川は関東平野を流れて太平洋に注ぐ川で，長野県内を流れていない。千曲川《ちくまがわ》は関東山地を水源として長野県内を南から北に流れ，新潟県に入ると信濃川《しなのがわ》と名前を変える。その後，越後《えちご》平野を流れ，新潟市で日本海に注ぐ。

問７　(🏛)の地図記号は博物館や美術館を示しており，これらの建物のイメージを図案化してつくられた。

3 経済や文化に関する歴史についての問題

問１　鉄道が開通したのは1872年のことで，資料１から，このころは横浜港が日本最大の貿易港であることが読み取れる。つまり，首都の東京と，日本最大の貿易港であった横浜を結ぶために，最初の鉄道が新橋(東京)～横浜間に建設されたのである。

問２　⑴　日米修好通商条約では，すでに開港されている下田と函館(北海道)のほかに，新潟・神奈川(横浜)・兵庫(神戸)・長崎の４港を開き，下田港は，神奈川開港後に閉鎖されることが約束された。なお，アは「ペリー」ではなく「ハリス」が，イは「安政の大獄《たいごく》」ではなく「桜田門外の変」が，エは「日本の法律」ではなく「外国の法律」が正しい。　⑵　1950年に朝鮮民主主義人民共和国(北朝鮮)と大韓民国(韓国)との間で朝鮮戦争が始まると，アメリカ合衆国を中心とする国連軍が，韓国を助けるために参戦した。このときアメリカ合衆国が兵器や弾薬などの物資を日本に大量に発注したため，日本は特需《とくじゅ》景気という好景気をむかえた。

問３　⑴　資料２を見ると，1861～63年は奥州《おうしゅう》(福島)の生糸売込《うりこみ》量が最も多いが，1873年以後は上州(群馬)が最も多くなっている。これは，資料３の富岡製糸場が群馬県に建設され，1872年に操業を開始したため，上州(群馬)の生糸生産量が増えたからである。　⑵　渋沢《しぶさわ》栄一は，1873年に日本初の民間銀行である第一国立銀行を創立したほか，数多くの企業の設立や育成に関わった人物で，「日本資本主義の父」ともよばれる。

問４　1428年，近江《おうみ》(滋賀県)の馬借(運送業者)を中心に，京都や奈良周辺の農民たちが徳政(借金の帳消し)を求めて立ち上がり，酒屋・寺院などの金貸しをおそった。このできごとを正長の土一《いっ》揆《き》という。

問５　室町幕府の第３代将軍を務めた足利義満は，明(中国)の皇帝から日本国王と認められ，日明貿易を行った。この貿易は，貿易船と倭寇《わこう》(日本の武装商人団・海賊《かいぞく》)を区別するため，勘合《かんごう》という証明書が使われたことから，勘合貿易ともよばれる。

問６　参勤交代は，徳川幕府の第３代将軍徳川家光が武家諸法度《しょはっと》を改定して制度化したもので，大名は１年おきに江戸と領地を往復し，大名の妻子は人質として江戸の屋敷《やしき》に住むことが義務づけられた。

問７　国道１号線は東京都と大阪府を結ぶ道路で，五街道の１つである東海道とほぼ重なっている。アは歌川広重の浮世絵「東海道五十三次」で，東海道の風景や人びとのようすが描《えが》かれている。なお，イは葛飾北斎《かつしかほくさい》の「富嶽《ふがく》三十六景」，ウは「一遍上人《しょうにん》絵伝」，エは「南蛮屏風《なんばんびょうぶ》」。

問８　足尾銅山は，イの栃木県の中西部にあった。なお，アは群馬県，ウは茨城県，エは埼玉県，オは東京都，カは千葉県，キは神奈川県。

問９　次世代車とは，電気自動車，燃料電池自動車，プラグインハイブリッド自動車，ハイブリッド自動車など，地球温暖化を防止するため，二酸化炭素の排出《はいしゅつ》量をおさえた設計の自動車を指す。次世代車の導入を進めることにより，地球温暖化を防止するとともに，環境《かんきょう》に配慮《はいりょ》しながら経済を発展させていくことが期待できる。

問10　次世代車の導入は，クリーンなエネルギーを用いることで地球温暖化対策となり，環境を破壊することなく日常生活を送れるようになる。このことは，自動車をつくる会社も自動車をつかう人びとも，その責任をはたすことにつながる。

4　2021年のおもなできごとについての問題

問１　**A**　民主党のジョー＝バイデンは，2020年11月に行われたアメリカ合衆国大統領選挙で共和党のドナルド＝トランプに勝利し，2021年１月に第46代アメリカ合衆国大統領に就任した。　**B**　アウンサンスーチーは，ミャンマーにおける民主化運動の指導者だが，2021年２月のクーデターで軍に拘束《こうそく》された。　**C**　2011年３月11日，宮城県の牡鹿《おしか》半島沖を震源《しんげん》とするマグニチュード9.0の地震が発生した。また，この揺《ゆ》れに伴《ともな》って発生した巨大津波が東日本の太平洋沿岸におし寄せ，多くの人が犠牲《ぎせい》になった。これを東日本大震災といい，2021年３月11日はその震災からちょうど10年目の日であった。

問２　パレスチナ自治区では，イスラム教徒のパレスチナ人による自治が行われている。かつて，地中海東岸のパレスチナ地方には，イスラム教徒のパレスチナ人が住んでいたが，1948年，この地域にユダヤ人国家のイスラエルが建国されると，パレスチナ地方の多くはユダヤ人が支配した。一方，パレスチナ人たちは独立を目指してつくられた，パレスチナ自治区とよばれる狭《せま》い地域に住むようになった。

問３　「ブラック・ライヴズ・マター」は，黒人の命は大切だという意味で，アメリカ合衆国における黒人差別への抗議《こうぎ》を象徴《しょうちょう》する言葉として用いられている。

問４　イの写真の中央に写っているのが，菅首相である。なお，アは宮沢喜一《みやざわきいち》首相が参加した1993年の東京サミット，ウは大平正芳《おおひらまさよし》首相が参加した1979年の東京サミット，エは安倍晋三《あべしんぞう》首相が参加した2016年の伊勢志摩サミットの写真。

問５　1945年８月６日に広島に原子爆弾《ばくだん》が投下された直後，多くの人が放射能をふくむ「黒い雨」をあび，健康被害《ひがい》を受けた。国は，健康被害を受けた人を被爆者と認定し，医療《いりょう》費を支払《しはら》うなどの援助《えんじょ》を行ってきたが，被爆者の範囲《はんい》を黒い雨が「強く降った地域」に限定したため，健康被害を受けたのに被爆者と認められなかった人も多かった。こうした人たちが，原爆投下による健康被害の救済を求めて国を訴《うった》えた裁判を「黒い雨訴訟《そしょう》」という。2021年７月に広島高等裁判所は原告の訴えを認め，国が最高裁判所への上告を断念したため，判決が確定した。写真は，原爆投下時に爆心地付近にあった建物の跡で，原爆ドームとよばれる。

問６　2024年の夏季オリンピックはフランスの首都パリで開催《かいさい》される予定である。なお，アはイギリスの首都ロンドン，ウはドイツの首都ベルリン，エはイタリアの首都ローマ。

5　音の伝わり方，電磁石の性質についての問題

問１　(距離《きょり》)＝(速さ)×(時間)で求められ，Ａ君が出した声は10秒間でＡ君と山の間を往復している。よって，Ａ君と山までの距離は，340×10÷２＝1700(m)である。

問２　音は，音を伝えるものがある空気中，水中では伝わる。しかし，真空中では音を伝えるものがないので，音は伝わらない。

問３　単１形の電池の直径は34.2mmで，１mは1000mmだから，電池の円周に沿って100回巻のコイルを作るのに必要なエナメル線の長さは，34.2×3.14×100÷1000＝10.73…より，10.7mである。

問４　単５形の電池の直径は12.0mmなので，電池の円周に沿って100回巻のコイルを作るのに必要なエナメル線の長さは，12.0×3.14×100÷1000＝3.76…より，3.8mとなる。

問５　コイルの巻き数を増やすと，コイルのまわりにできる磁力が重なり合って電磁石は強くなり，電流を強くするとコイルのまわりにできる磁力も強くなって電磁石は強くなる。また，コイルに鉄しんを入れると，鉄しんも磁石となるから電磁石は強くなる。

問６　磁石のＮ極とＳ極の間には引き合う力がはたらき，Ｎ極とＮ極の間にはしりぞけ合う力がはたらく。図１で，電磁石と磁石のＮ極が引き合ったので，コイルの左側はＳ極になっていることがわかる。ア，イは，図１とコイルの巻き方が同じで電池の向きが反対になっているから，コイルの左側はＮ極になり，電磁石と磁石はしりぞけ合う。ウ，エは，図１とコイルの巻き方，電池の向きの両方が反対になっているので，コイルの左側はＳ極になり，電磁石と磁石は引き合う。オは，図１とコイルの巻き方，電池の向きの両方が同じになっているから，コイルの左側はＳ極になり，電磁石と磁石は引き合う。カは，図１とコイルの巻き方が反対で電池の向きが同じになっているので，コイルの左側はＮ極になり，電磁石と磁石はしりぞけ合う。

問７　電池を直列につなぐと，コイルに流れる電流は大きくなる。したがって，エとオでは，コイルに流れる電流が大きくなるから，電磁石と磁石はウよりも強く引き合う。

6 アンモニアの性質，昆虫《こんちゅう》のからだのつくり，地震についての問題

Ａ問題　問１　塩化アンモニウムと水酸化カルシウムを混ぜて加熱するとアンモニアが発生し，同時に水ができる。このとき，水が加熱部に流れると，試験管が急に冷やされて割れる危険性がある。このため，水が加熱部に流れないように，試験管の口を下げて加熱する。

問２，問３　アンモニアは水にとけやすく，空気より軽いので，図のように，丸底フラスコの上の方からたまるようにして集める。このような気体の集め方を上方置換《ちかん》法という。

問４　アンモニアは，無色とう明で鼻をさすにおいがある。また，水よう液はアルカリ性を示すので，アンモニアの水よう液にフェノールフタレイン液を加えると赤色を示す。なお，アンモニアは常温では気体で存在しているので，アンモニアの水よう液を加熱しても何も残らない。

Ｂ問題　問１　①はトンボなどの動物の肉をかむ口，②はセミなどの木の幹にさして吸う口，③はカなどの動物のからだにさして吸う口，④はバッタなどの草をかむ口，⑤はチョウなどの花のみつを吸う口，⑥はハエなどのくさったものをなめる口である。

問２　①はカブトムシなどの木をよじ登るあし，②はゲンゴロウなどの水中を泳ぐあし，③はバッタなどの飛びはねるあし，④はカマキリなどの虫や小動物をつかまえるあしである。

Ｃ問題　問１　地震のゆれは，震源に近いところほど早く伝わる。図１の地震計の記録から，ゆれが始まった時刻がもっとも早いのは地点①と読み取れるから，もっとも震源に近いのは地点①とわかる。

問２　Ｓ波が到達《とうたつ》すると大きいゆれが起こる。したがって，Ｓ波が到達した時刻は，地点①ではイ，地点②ではエ，地点③ではカと読み取れる。

問３　Ｐ波が到達するとはじめの小さいゆれが起こる。地点①と地点②で，Ｐ波が到達した時刻の差は，10時21分58秒－10時21分52秒＝６(秒)で，地点①と地点②は30km離れているので，Ｐ波の速さは，30÷６＝５(km/秒)である。また，地点①と地点②で，Ｓ波が到達した時刻の差は，10時22分06秒－10時21分56秒＝10(秒)だから，Ｓ波の速さは，30÷10＝３(km/秒)と求められる。

問４　Ｐ波は波が進む方向とゆれの方向が平行なので，ゆれの方向は，い，えである。

国語　＜第１回試験＞（40分）＜満点：100点＞

解答

一　下記を参照のこと。　二　①　残(念)　②　(博)学　③　意(見)　④　(賛)同　⑤　(関)心　⑥　落(選)　⑦　定(期)　⑧　必(然)　⑨　(近)海　⑩　(権)利

三　**問１**　**Ａ**　ウ　**Ｂ**　イ　**Ｃ**　ア　**問２**　家族や地域コミュニティー　**問３**　ウ　**問４**　**動物**…(例)　ブランド牛を育てて，柔らかくおいしい肉として売り出す。　**植物**…(例)　病害虫の被害にあいにくい品種のイネや野菜を育てる。　**問５**　エ　**問６**　**サル**…(共食)しない／(例)　限られた自然の食物に複数の仲間で手を出すとけんかになる(から。)　**チンパンジー**…(共食)する／(例)　社会的地位を保つためには力だけでなく仲間の支持が欠かせない(から。)　**問７**　食物を用いて互いの関係を調整する社会技術を発達させた　**問８**　イ　**問９**　**自然と人**…(例)　開放的な日本家屋で四季折々の自然の変化を感じながら，四季に合った多様な食材を食べ分けること。　**人と人**…(例)　外から気軽に入れる開放的な日本家屋で仲間と一緒にコミュニケーションを取りながら食事すること。　**問10**　ウ

●漢字の書き取り

一　①　経過　②　中断　③　原産　④　容易　⑤　温存　⑥　招待　⑦　内向　⑧　回転　⑨　空(けて)　⑩　映(え)

解説

一　漢字の書き取り

①　一定の時間内での事態のなりゆき。　②　続いていたものが中途《ちゅうと》でとぎれること。　③　最初に産出されること。　④　たやすく行えること。　⑤　大切に保存すること。　⑥　客を招くこと。　⑦　心のはたらきが自分の内側に向かうこと。　⑧　くるっと回ること。　⑨　音読みは「クウ」で，「空席」などの熟語がある。訓読みにはほかに「そら」「から」がある。　⑩　音読みは「エイ」で，「反映」などの熟語がある。訓読みにはほかに「うつ(す)」がある。

二　類義語の完成，対義語の完成

①「無念」と「残念」は，悔《くや》しく思うこと。　②「博識」と「博学」は，いろいろな学問に通じていて知識が広いこと。　③「所見」と「意見」は，ある問題についての考えのこと。　④「賛成」と「賛同」は，ある意見などについてよいと認めて同意すること。　⑤「興味」と「関心」は，あるものごとについて心が引かれること。　⑥「入選」は，作品などが審査《しんさ》に合格すること。「落選」は，選挙や選考で落ちること。　⑦「臨時」は，あらかじめ定めたときではなく状況《じょうきょう》に応じて行うこと。「定期」は，期限や期間が定まっていること。　⑧「偶然《ぐうぜん》」は，たまたまそうなること。「必然」は，必ずそうなること。　⑨「遠洋」は，陸地から遠く離《はな》れた海。「近海」は，陸地に近い海。　⑩「権利」は，人間が自分の意志によって自由に行うことのできる資格。「義務」は，人間が当然しなければならない務め。

三　**出典は山極寿一《やまぎわじゅいち》の『ゴリラからの警告「人間社会，ここがおかしい」』による。**和食がユネスコの無形文化遺産に登録されたことをきっかけにして，日本の伝統ともいえる食事のもつコミュニケ

ーションの役割について見直してほしいという筆者の主張が述べられている。

問１　**A**「思いをめぐらす」は，“いろいろと思案する”という意味。　**B**　ここでの「ほころぶ」は，“すばらしいものを見て目のあたりの表情がゆるむ”という意味。　**C**「萌芽《ほうが》」は，草木の芽が出ること。転じて，ものごとの始まりのこと。

問２　サルにとって生活の場となる「群れ」は，人間にとっては「家族や地域コミュニティー」という生活の場に相当する。

問３　人間よりもはるか昔から日本に住みついてきたサルは，長い時間をかけて「うまく四季の食材を食べ分け」られるようになった。人間は，サルよりも大陸から渡《わた》ってきたのは遅《おそ》いが，季節ごとの食材を食べ分けてきたので，春に山菜が欲しくなったり，秋には柿やリンゴを見て自然とうれしそうな表情になったりするようになった。つまり，「人間の五感は食を通じて自然の変化を的確に感知」できるように進化してきたのである。よって，ウが選べる。

問４　動物の場合は，飼養において，エサや飼育の方法を変えるなどの工夫をして，おいしい肉や栄養価の高い乳を生産することができる。植物の場合は，品種改良を重ねて気候変動の影響《えいきょう》を受けにくい品種をつくったり，生産方法を工夫してコストを下げたりすることができる。

問５　「雑食」は，肉と野菜の両方を食べること，何でも食べること。「文化的」とあることに注意する。「硬《かた》い繊維《せんい》や二次代謝物で防御《ぼうぎょ》」されている植物は，そのままでは食べづらいが，人間は「それを水にさらしたり，火を加えたりして食べやすくする方法」を発達させた。さらに，人間は「貝や魚」を食材に加え，「飼養」や「栽培《さいばい》」によって，野生の動植物を「得やすく，食べやすく，美味にする技術」も手に入れた。つまり，人間は，調理だけではなく，飼って養ったり栽培したりすることで，いろいろな食材を手に入れられるようになったのである。よって，エが合う。

問６　量の限られている自然の食物に，「複数の仲間」で「手を出せばけんかになる」ので，ニホンザルの場合は強いサルが食物を独占《どくせん》することになり，共食しない。これに対してチンパンジーの場合は，力の強いオスが肉を持つことになるが，「どんなに体が大きなオスでも力だけでは社会的な地位」を保てないので，支持してもらうために，弱い個体からの食物分配の要求を受け入れ，共食する。

問７　チンパンジーやゴリラやオランウータンにも分配行動があると知られているが，人間はその特徴《とくちょう》を受け継《つ》ぎ，さらに「食物を用いて互《たが》いの関係を調整する社会技術を発達させた」と次の一文にある。

問８　サルや類人猿《るいじんえん》の目と違《ちが》って，人間の目には「白目」があるので，「相手の目の動きから心の状態を読みとること」ができる。そして，人間は生まれつき持っている「顔の表情や目の動きをモニターしながら相手の心の動きを知る」というほかの動物にはない能力によって，「対面して相手の目の動きを追いながら同調し，共感する間柄《あいだがら》をつくる」ことで，強い信頼《しんらい》関係にもとづく「高度で複雑な社会」をつくれたのである。よって，イがよい。

問９　前の段落に書かれているように，開放的につくられた日本の伝統的な家屋では，食事をする部屋が庭に向かって開いているので，「四季折々の自然の変化を仲間と感じ合い」ながら，多彩《たさい》な食材を使った料理を食べ分けられるという「自然と人」のつながりを豊かにする工夫がされている。また，食事をしている「様子をだれもが見たり聞いたり」することができ，「外から気軽に参加できる」ので，「人と人」をつなぐしくみも，日本家屋のつくりや和食の作法に組みこまれているといえる。

問10　本文では，日本人が「食物を仲間といっしょ」に食べる工夫をしてきたことを述べており，さらに，日本人が「食事のもつコミュニケーションの役割を忘れている」ということも最後に指摘《してき》している。筆者は，和食がユネスコの無形文化遺産に登録されたことを機に，「和食と日本人の暮らしについて過去の歴史をふり返り，食の文化を育んできた日本列島の自然と人間との関わり」について多くの人に考えてほしいということを主張しているので，ウがふさわしい。

2022年度　東京農業大学第三高等学校附属中学校

〔電　話〕　0493(24)4611
〔所在地〕　〒355－0005　埼玉県東松山市大字松山1400－1
〔交　通〕　東武東上線「東松山駅」，JR高崎線「熊谷駅」
などよりスクールバス

【総合理科】〈総合理科入試〉（60分）〈満点：120点〉

1　**A問題**　時計について、次の文を読み、後の問いに答えなさい。

現代では時間を正確に知ることができる精度の高い時計が数多く存在します。時間を確認《かくにん》するために必要不可欠な時計ですが、最初に発明された最古の時計はどのようなものだったのでしょうか。また、そこから現代の時計に至るまで、どのような種類があったのでしょうか。その一部を見ていきましょう。

人類最古の時計は、「日時計」です。これは地面に棒を立てて、その棒の影《かげ》の位置や長さの変化によって時刻を確認していたものとされています。しかし、日時計には太陽が出ていないときは使えないという大きな欠点がありました。その欠点を補うために生み出された次の時計が「水時計」です。これは容器の底に穴を空けて容器内の水が一定の速さで流れ出すようにすることで、水が流れ出たあとの水面の高さで時刻を確認する仕組みをもったものです。しかし、気温によって水が蒸発してしまったり、凍《こお》ってしまったりと水の状態の変化によって正確に時間を測定できないという欠点がありました。その後は、燃える速さが安定しているものを使い、燃え残りの量を調べて時間を確認する「火時計」や、2つの容器を細い管でつないだものの中に入れた砂の落下で時間を確認する「砂時計」が開発されましたが、時計の精度としてはまだまだ低いものでした。

問1　日時計を作成するために、ある月の21日に埼玉県東松山市で、図1のように平らな地面に立てた棒の影の動きを記録しました。図2と図3は図1を真上から見た図で、棒の影をある一定時間ごとに確認し、影の先端《せんたん》を線でむすんだものです。

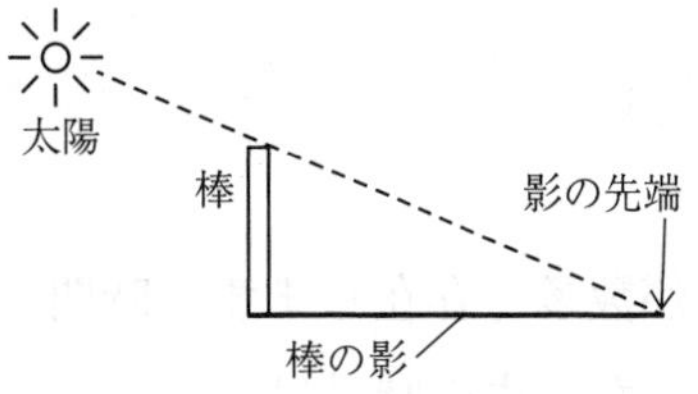

図1

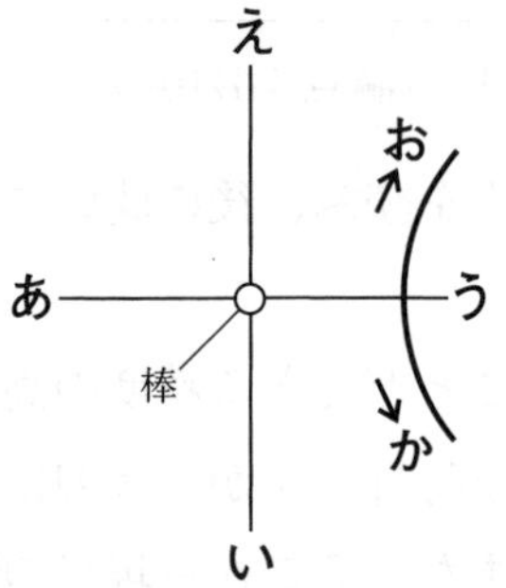

図2

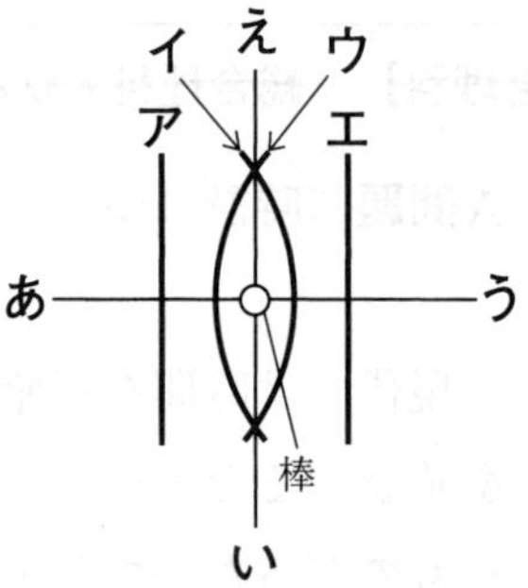

図3

①　図2で東の方角はどれですか。図2の**あ**～**え**から選び、記号で答えなさい。

②　影の先端はどちらの方向に動きますか。図2の**お**、**か**から選び、記号で答えなさい。

③　この観測をしたのは何月だと考えられますか。次の**ア**～**エ**から選び、記号で答えなさい。

ア　3月　　**イ**　6月　　**ウ**　9月　　**エ**　12月

④　6月21日の棒の影の動きとして正しいものはどれですか。図3の**ア**～**エ**から選び、記号で答えなさい。

問2　図4のように、横20 cm、縦10 cm、高さ30 cmの直方体で、1秒間に2 mLずつ水が流れ出る穴がある水時計があります。この水時計に高さ20 cmのところまで水を入れてから、底に近い部分に穴を空けて水を放出しました。穴を空けてから水の高さが10 cmになるまでにかかる時間は何秒ですか。ただし、容器の厚さは無視できるものとし、水1 mLの体積は1 cm^3 とします。

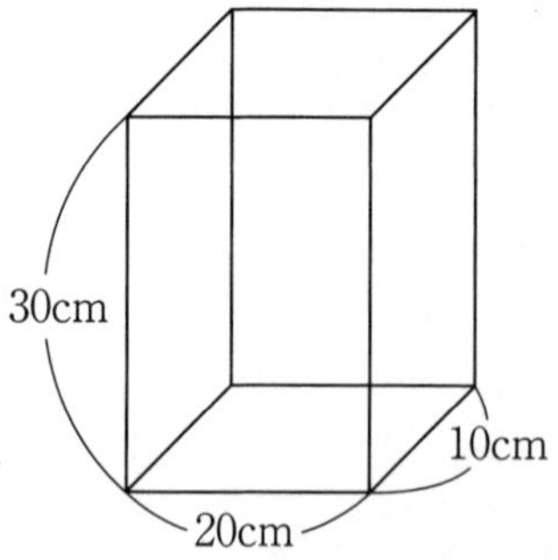

図4

B問題　引き続き時計について、次の文を読み、後の問いに答えなさい。

1583年にイタリアの科学者ガリレオ・ガリレイが、ピサ大聖堂内につるされたランプのゆれから、同じ長さの振《ふ》り子《こ》が1往復するのにかかる時間は、振り子の重さやふれはばにはよらず一定であるという振り子の性質を発見しました。その振り子の性質を利用した時計が「振り子時計」です。この振り子時計の登場で時計の精度は飛躍的《ひやくてき》に向上しました。その振り子時計の仕組みの一部を見ていきましょう。

時計は、時針（短針）、分針（長針）、秒針の3つの針によって時刻を表します。図1のように、振り子時計は、ぜんまいやおもりの落下を動力源として歯車を回転させます。その歯車の回転によって3つの針を動かす仕組みです。しかし、図1のままだと歯車の回転はおもりの落下と共にどんどん速くなってしまいます。そこで、図2のように歯車の回転を一定にするためのストッパーとして振り子を用います。振り子が振れることで、図3のように(あ)(い)のとがった部分が交互《こうご》にかみ合うため、振り子の周期に合わせて一定の速さで歯車を少しずつ回転させることができます。

次に3つの針の動きについて考えてみましょう。まず、秒針ですが、図3から振り子が1往復するごとに歯車が歯1個分回転することがわかります。したがって、歯の数が30個の歯車と1往復するのに2秒かかる振り子を図3のように組み合わせることで、歯車が1回転するのにちょうど60秒かかるようになります。よって、その歯車に針をつければ秒針として機能します。

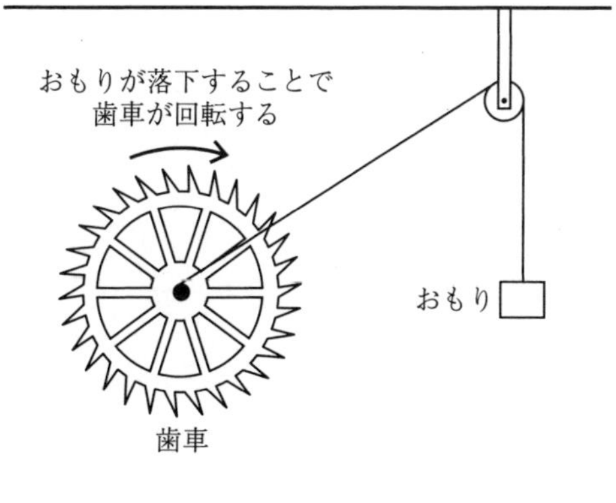

図1

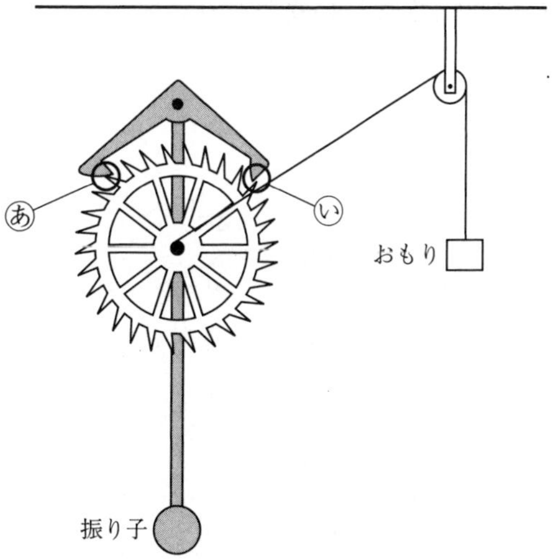

図2

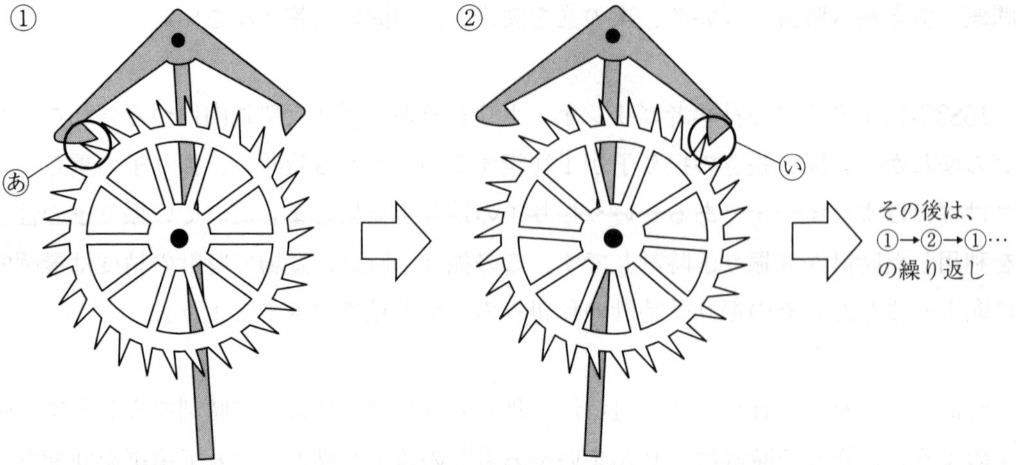

振り子が右に振れるとあの部分がかみ合い、歯車が止まる。

振り子が左に振れると同時にあのかみ合いがとれて、歯車は回転するが、いの部分がかみ合い、ふたたび歯車が止まる。

図３　振り子が振動しているときの歯車の動き

次に分針ですが、１分は60秒なので、秒針が１回転したときに分針は60分の１だけ回転させる必要があります。これは複数の歯車を組み合わせることで実現できます。

図４の歯車**ア**は、振り子によって60秒に１回転する歯車です。その歯車**ア**の中心に歯の数が６個の歯車**イ**を接着させることで、歯車**ア**と**イ**が連動して回転するようにします。続いて、図５のように歯車**イ**に歯の数が36個の歯車**ウ**をかみ合わせます。ここで、歯車**ア**、**イ**は連動して回転するので、歯車**ア**が１回転すると歯車**ウ**は（　**あ**　）分の１だけ回転します。また、歯車**ウ**を１回転させるためには歯車**ア**を（　**い**　）回だけ回転させる必要があります。

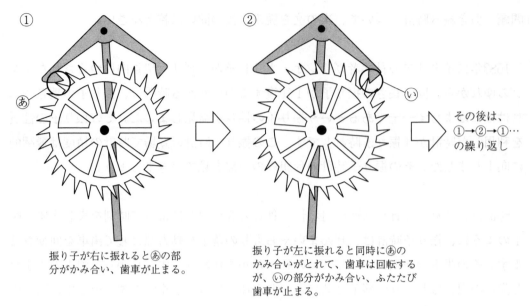

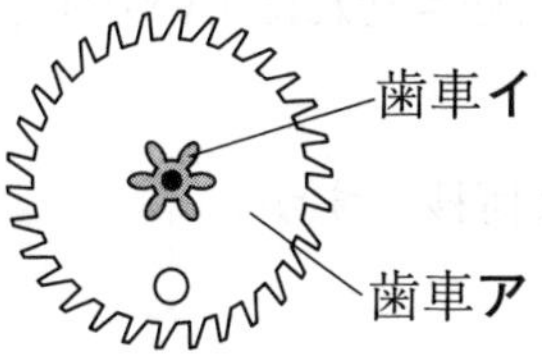

図4

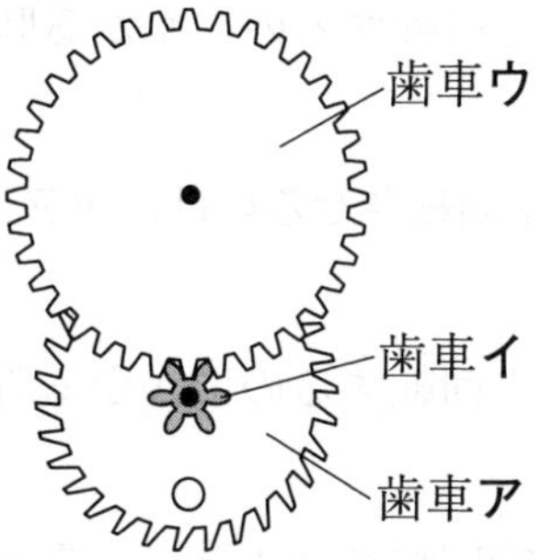

図5

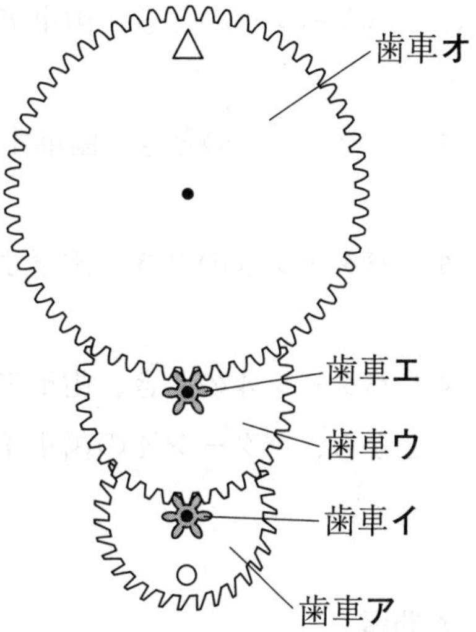

図6

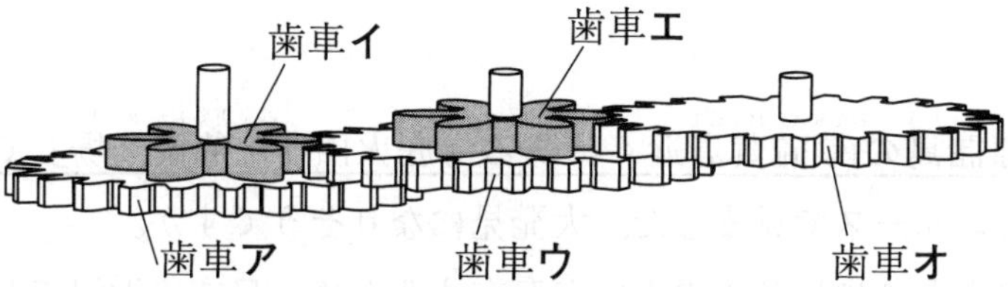

図7　図6を横から見た図

次に図6のように、歯車**ウ**の中心に歯の数が6個の歯車**エ**を接着させ、その歯車**エ**に歯の数が60個の歯車**オ**をかみ合わせます。すると、歯車**ア**が1回転することで、歯車**ウ**が（　**あ**　）分の1だけ回転し、さらに歯車**オ**が（　**う**　）分の1だけ回転するので、この歯車**オ**に針をつければ分針として機能することになります。また、時針も分針のように歯車をうまく組み合わせることで機能させることができます。

問1　文章中（　**あ**　）～（　**う**　）に入る数字を答えなさい。

問2　図6の歯車**ア**～**オ**の歯の数が次の表の場合について、後の問いに答えなさい。ただし、歯車**ア**の回転に用いる振り子は問題文と同じものとします。

	ア	**イ**	**ウ**	**エ**	**オ**
パターン1	20	4	24	4	48
パターン2	30	5	25	5	25
パターン3	40	8	16	6	18
パターン4	30	（　　）	42	6	60

① パターン１のとき、歯車**ア**が１回転するのにかかる時間は何秒ですか。

② パターン２のとき、歯車**オ**を１回転させるには歯車**ア**は何回転させればよいですか。

③ パターン３のとき、歯車**オ**が１回転するのにかかる時間は何秒ですか。

④ パターン４のとき、歯車**ア**を70回転させると、歯車**オ**が１回転しました。このことから、パターン４の歯車**イ**の歯の数はいくつですか。

2 A問題

次の会話は、先生と生徒が新しい島について話しているものです。後の問いに答えなさい。

生徒：2021年８月に①小笠原諸島《おがさわらしょとう》の南《みなみ》硫黄島《いおうじま》近くにある海底火山「福徳岡《ふくとくおか》ノ《の》場《ば》」で新しい島が誕生したとニュースで見ました。大発見になりそうですか。

先生：残念ながら、②日本のあたりには多くの火山が存在するため、日本の近海で新しい島ができることはそれほどめずらしいことでもありません。2013年11月にも西之島《にしのしま》の近くで新しい島ができています。

生徒：そうなのですか。その新しい島は今、どうなっているのですか。

先生：新しい島は火山ふん火を繰《く》り返《かえ》し、2013年12月にはふん出した溶岩《ようがん》によって西之島とくっついてしまいました。その後2015年ごろにふん火活動がおさまりましたが、2019年ごろから再び活発にふん火をはじめ、2020年以降、大量の③火山灰をふん出する様子も観測されています。この火山灰によって、島にいた海鳥の巣や植物がうもれてしまいました。これらが長い年月をかけて地層にとじこめられて何万年も経過すると石のようにかたくなって…。

生徒：わかりました。化石になるのですね。私も④キョウリュウの化石を持っています。

先生：その通りです。

生徒：西之島は、今も観測が続けられているのですか。

先生：はい、そうです。西之島での火山の様子を観測していくうちに、このふん火が⑤大陸誕生のカギをにぎっている可能性が出てきました。そのため、これからも調査、研究が進められていく予定です。これは大発見につながるかもしれませんね。

問1　下線部①において、新しい島の位置を**ア**～**エ**から選び、記号で答えなさい。

問2　下線部②において、日本人は昔から火山のめぐみをうけています。火山の活用例として当てはまらないものを次の**ア**～**エ**から選び、記号で答えなさい。

ア　温泉　　　**イ**　地熱発電　　　**ウ**　原子力発電　　　**エ**　温室栽培《さいばい》

問3　下線部③において、火山灰などがたい積してできた岩石を何と言いますか。

問4　下線部④について、キョウリュウが生きていた地質時代は何代ですか。

問5　下線部⑤について、地球は今から46億年前にできましたが、最初は大陸がありませんでした。その後、今から38億年前に初めて大陸が誕生したのではないかといわれています。この46億年の地球の歴史を１年にたとえ、カレンダーをつくります。このとき、地球の誕生を１月１日０時、現在を12月31日24時としたとき、大陸ができたのは何月何日になるか計算しました。下の文はそのときの過程を記したものです。空欄《くうらん》に当てはまる数字を小数第１位を四捨五入して整数で答えなさい。なお、うるう年ではないものとして、考えなさい。

「地球の歴史46億年を１年にたとえると、１億年は（　**ア**　）日に相当すると考えられます。大陸ができたのは現在の38億年前であるため、カレンダーに直すと

（　**ア**　）× 38 ＝（　**イ**　）日

つまり12月31日の（　**イ**　）日前になります。よって（　**ウ**　）月（　**エ**　）日と計算できます。」

B問題

表１は令和３年７月と８月の２か月間の埼玉県熊谷市の気象状況《じょうきょう》についてまとめたもので、表２は埼玉県熊谷市の令和２年１月から令和３年８月までの各１か月の平均気温をまとめたものです。表３は埼玉県熊谷市の各月の平均気温の平年値をまとめたものです。表１にある１日の平均気温は、１時から24時までの１時間ごとに観測した24回の観測値の平均値です。表２の平均気温は、各月の毎日の平均気温の平均値です。表３の平均気温の平年値は、観測地点での過去30年の各月の平均気温を平均した値です。現在使われている平年値は、1991年から2020年までの30年間の平均値です。表１～３を参考にしながら、後の問いに答えなさい。

月日	平均気温（℃）	最高気温（℃）	最低気温（℃）	日照時間（時間）	最大風速（m/s）	風向
７月１日	21.8	25.9	19.8	0.3	5.4	東南東
７月２日	21.4	22.2	20.7	0	2.4	北東
７月３日	23	27.8	20.9	1.1	4.2	南東
７月４日	20.4	21.5	19.2	0	3.7	南東
７月５日	22.3	25.9	19.7	0.3	2.4	南南東
７月６日	25.6	29.1	22.1	0.3	2.4	南東
７月７日	26.1	30.7	23.8	2.2	4.2	東南東
７月８日	23.3	24.3	22.2	0	3.8	東南東
７月９日	23	24.3	22	0	3	北東
７月10日	27	33.8	22.3	7	6.7	東北東
７月11日	24.8	32.1	21.5	2.4	7.8	北
７月12日	25.3	32.6	20.5	8.3	4.4	南南東
７月13日	25.6	30.9	23	4.4	5.3	南東
７月14日	25.2	30.2	23.1	2.6	6.1	東南東
７月15日	25.1	29.3	22.1	2.3	4.5	東
７月16日	27.8	34	22.9	7.5	5.1	東
７月17日	28.1	34.5	21.8	13.5	4.8	南東
７月18日	28.6	35.2	22.7	13.6	5.1	南南東
７月19日	30	36.4	24.3	12.9	4.4	東
７月20日	29.9	36.1	25.4	9.6	4.6	南東
７月21日	29.7	36.1	24.9	9.8	3.8	東南東
７月22日	29.3	36	24.2	11	5	南南東
７月23日	29	35.1	25.1	5.6	5.1	東南東
７月24日	28.9	34.8	24.6	6.9	6.5	東南東
７月25日	28.7	34.9	24.6	8	5.5	東南東
７月26日	28.2	32.2	25.4	6	4.3	東北東
７月27日	26.2	30.9	22.1	1.2	5.1	西
７月28日	27.9	35.1	23.1	10.5	6.2	東北東
７月29日	26.9	32.8	24.4	3.4	5.9	南南東
７月30日	27.1	32.6	24.3	4	5.6	東
７月31日	28.1	33.4	24.6	7	4.9	東南東

月日	平均気温（℃）	最高気温（℃）	最低気温（℃）	日照時間（時間）	最大風速（m/s）	風向
８月１日	29.4	36.6	23.7	11.1	5	南南東
８月２日	28.7	35.1	25.1	7.8	6.9	南東
８月３日	30.1	35.3	26.1	11.4	6.2	南南東
８月４日	30.5	36.5	26.3	8.6	4.6	東南東
８月５日	30.2	36.7	24.8	12.1	4.6	東南東
８月６日	29.9	36.2	24.5	9.4	6	東南東
８月７日	28.7	33.1	26.4	3.7	7.1	南東
８月８日	27.6	31.6	25	0.8	3.8	北西
８月９日	29	34.3	25.5	7.3	9.3	南東
８月10日	30.7	37.2	25.4	12.3	7.2	北西
８月11日	29.6	34.9	24.8	10.4	4.7	西北西
８月12日	25.5	28.8	22.6	0.5	4.3	東北東
８月13日	21.5	22.7	19.9	0	3.7	東南東
８月14日	21.1	22.5	19.5	0	4.8	東北東
８月15日	19.9	21.1	18.4	0	3.2	東北東
８月16日	21	22.6	19.8	0	2.4	北東
８月17日	22.9	24.6	21	0	3.4	東北東
８月18日	24.6	28	23	1.4	2.9	東南東
８月19日	27.2	34.6	21.8	8.9	4.3	南
８月20日	28.2	35.2	23.1	9.7	5.1	南東
８月21日	27.3	31.5	24.4	1.1	3.6	南南東
８月22日	28.4	33.4	24.8	5	5.6	東北東
８月23日	27.3	31.4	25.2	3	4	東南東
８月24日	26.9	30.2	24.5	0.1	4.5	東北東
８月25日	28	33.1	24.7	5.9	4.3	東北東
８月26日	30.7	36.4	25.9	10.9	4.8	東南東
８月27日	30.5	35.4	26.9	8	4.7	東南東
８月28日	30.7	36.1	26.5	8.8	4.1	南南東
８月29日	28.2	30.3	26.5	0.1	4.1	東
８月30日	29.5	35.6	25.1	9.7	6.6	北北東
８月31日	26.8	32.4	21.9	5	5.5	南南東

表１

年	令和２年												令和３年							
月	１月	２月	３月	４月	５月	６月	７月	８月	９月	10月	11月	12月	１月	２月	３月	４月	５月	６月	７月	８月
平均気温（℃）	6.4	7.1	10.2	12.6	19.7	23.7	24.1	29.6	24.2	17.2	12.6	6.5	4.1	7	11.6	14.6	19.4	23	26.3	27.4

表２

月	１月	２月	３月	４月	５月	６月	７月	８月	９月	10月	11月	12月
平均気温の平年値（℃）	4.3	5.1	8.6	13.9	18.8	22.3	26	27.1	23.3	17.6	11.7	6.5

表３

問1　令和３年７月と８月の２か月間で最高気温が最も高かった日は何月何日ですか。また、その日の最高気温は何℃ですか。

問2　１日の最高気温が35℃以上の日を「猛暑日《もうしょび》」といいます。令和３年７月と８月の２か月間に猛暑日は何日ありましたか。

問3　１日の最低気温が25℃以上の日は、令和３年７月と８月の２か月間に何日ありましたか。

問4　令和２年１月から令和３年８月までの各月の平均気温が、その月の平年値よりも高かった月は何か月ありましたか。

問5　１年の平均気温は１月から12月の各月の平均気温の平均値です。令和２年の熊谷市の１年の平均気温は何℃ですか。ただし、小数第２位を四捨五入して、小数第１位までの数値を答えなさい。

問6　令和３年７月17日の天気図を**ア**～**ウ**、雲画像を**エ**～**カ**からそれぞれ選び、記号で答えなさい。

ア

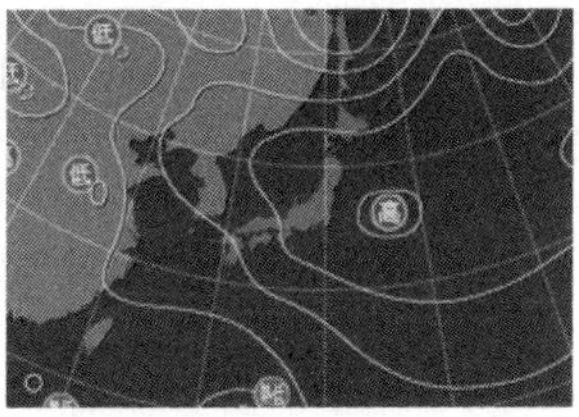

イ

ウ

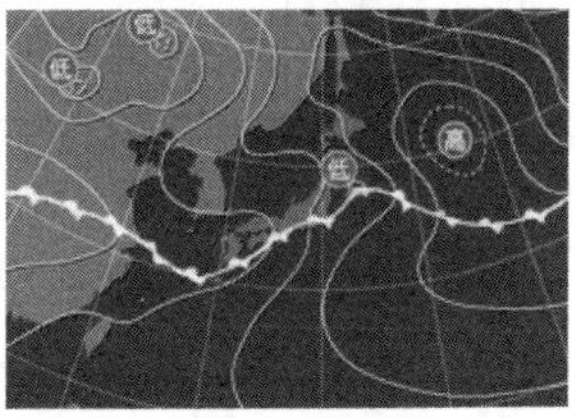

エ

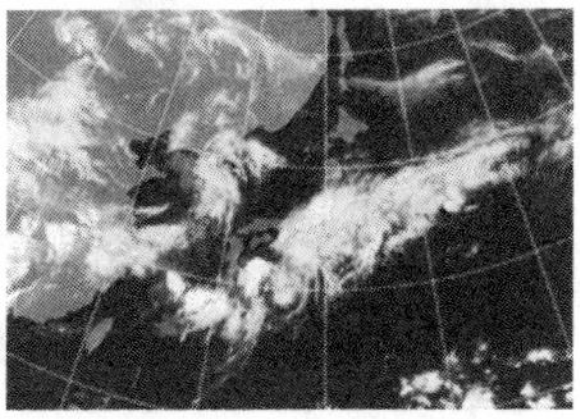

オ

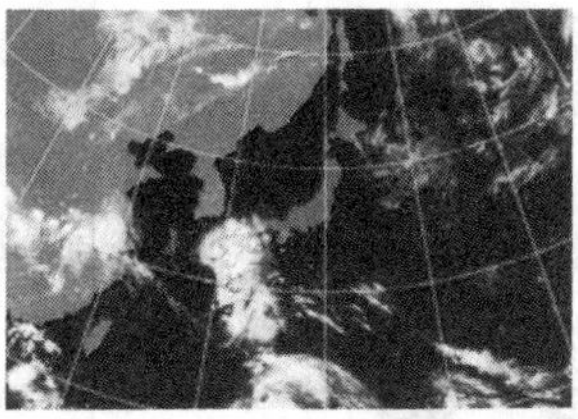

カ

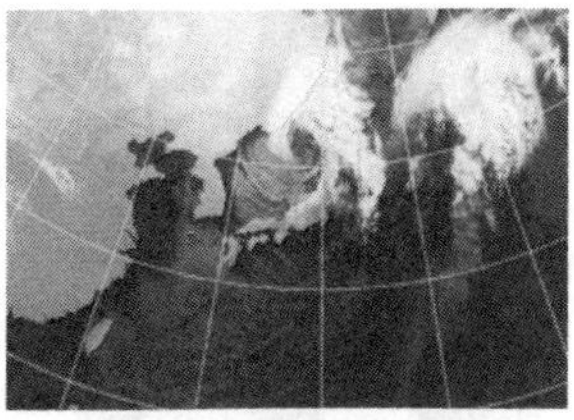

3 A問題

ある地域に生息するすべての生物と、その地域の光・水・空気・土などの、生物以外の環境《かんきょう》をまとめてとらえたものを生態系といいます。生態系には、いろいろな動物や植物などの生物がおり、これを生物の多様性といいます。これらの生物は、おたがいに利用し合い、支え合いながら生活しています。

近年、人間の活動によって、絶滅《ぜつめつ》した生物、絶滅しそうな生物が増えており、生物の多様性が失われつつあります。その人間の活動が原因になっているもののひとつに、外来種の出現と増加があります。外来種とは、もともとその地域にいなかったが、人間の活動によって他の地域から入ってきた生物をいいます。次の問いに答えなさい。

問1　下の図の㋐と㋑の生態系を見て、生物の多様性が高いほうを選び、記号で答えなさい。また、そのように考えた理由を答えなさい。

㋐

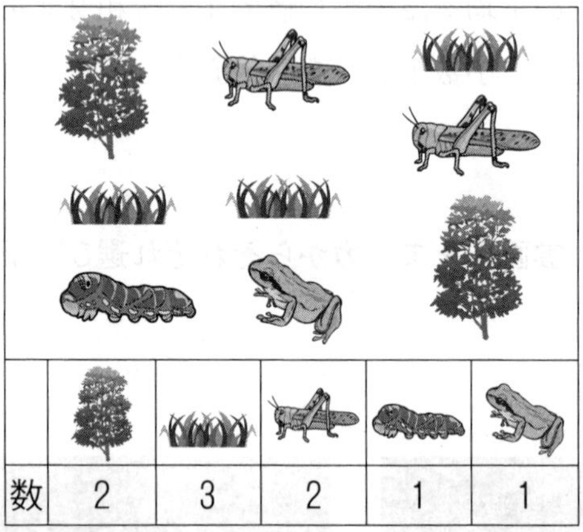

㋑

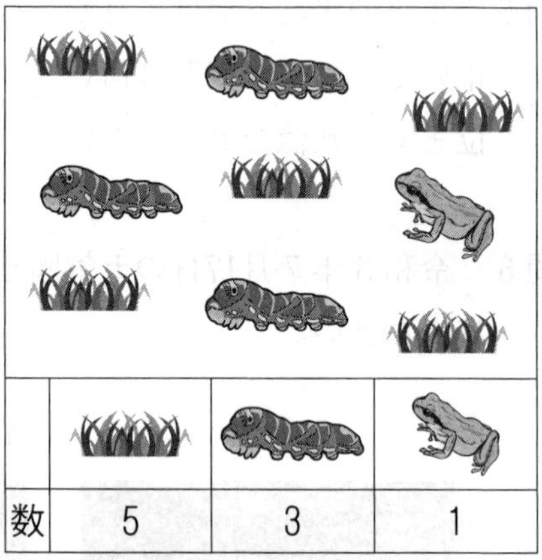

問2　下の図の㋒と㋓の生態系を見て、生物の多様性が高いほうを選び、記号で答えなさい。また、そのように考えた理由を答えなさい。

㋒

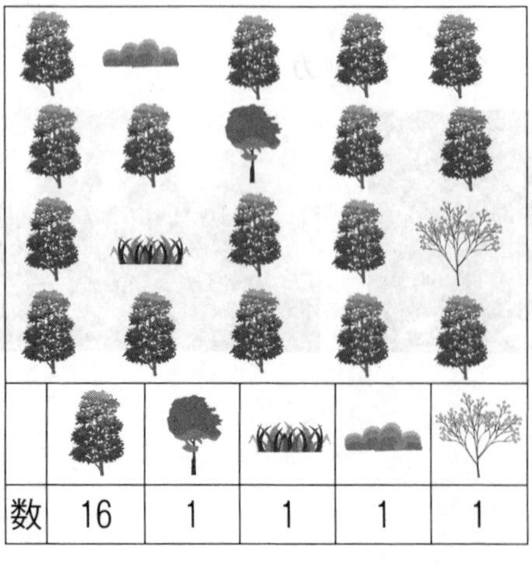

㋓

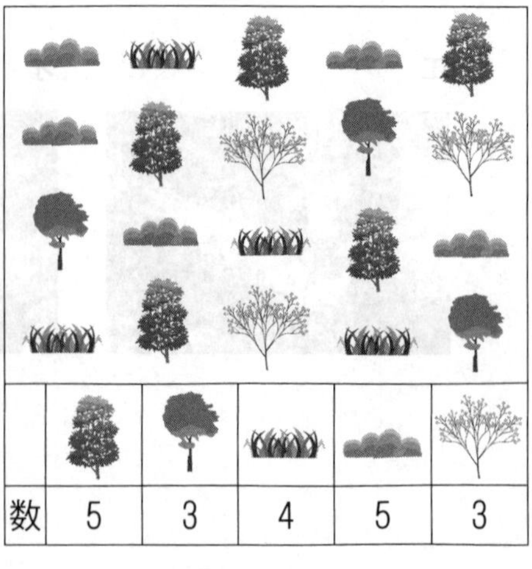

問3　次の**ア**～**カ**の生物のうち、もともと日本にいなかった外来種をすべて選び、記号で答えなさい。

ア　カミツキガメ　　**イ**　オオクチバス
ウ　アカゲザル　　**エ**　セイヨウオオマルハナバチ
オ　アマミノクロウサギ　　**カ**　ボタンウキクサ

問4　下のポスターの内容を読み、空欄《くうらん》（　**あ**　）～（　**う**　）に入ることばをそれぞれのポスターから抜き出し、答えなさい。

環境省《かんきょうしょう》「外来種問題普及啓発《ふきゅうけいはつ》パネル」より抜粋

B問題

人間の活動による生物の絶滅・生物の多様性の喪失《そうしつ》は、外来種によるものだけではありません。人間が、食糧《しょくりょう》確保のための漁獲《ぎょかく》・狩猟《しゅりょう》のほか、装飾《そうしょく》や鑑賞、収集などの目的で野生生物を乱獲《らんかく》・過剰《かじょう》採集した結果、絶滅に追《お》い込《こ》まれた例もあります。また、生態系にいる生物が一種類でもいなくなると、その生態系内の生物同士のバランスが崩れることがあります。次の実験は、アメリカの海洋生物生態学者ペイン博士が行った実験です。後の問いに答えなさい。

【ペイン博士の実験】

ペイン博士は、アメリカの北西海岸の岩礁《がんしょう》に生活している生物の関わり合いを研究していました。この岩礁上には、岩の表面に貼《は》りつき、移動しながら生活するカサガイ、ヒザラガイ、イボニシ、岩に貼りついて動かないイガイ、フジツボ、カメノテ、藻類《そうるい》などの生物が見られます。なお、藻類は、イガイなどの他の生物が岩を覆《おお》ってしまうと生育できない特徴《とくちょう》があります。また、これらの生物の他にヒトデも見られます。これらの生物は、食べる・食べられるの関係で結ばれており、下図は、その関係を矢印で示しています。

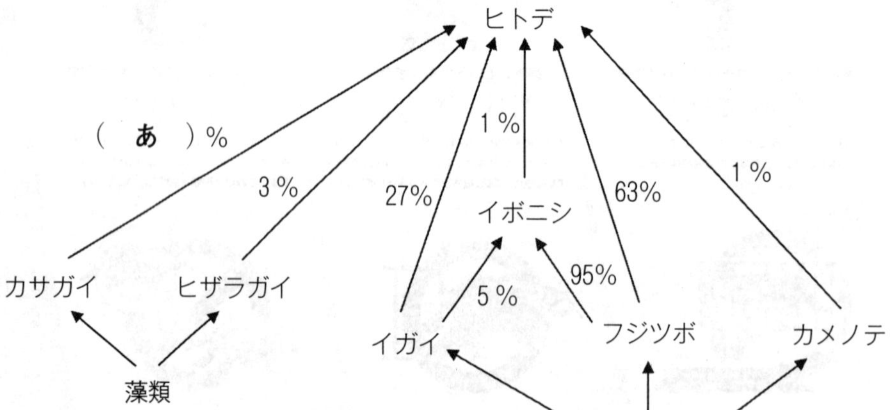

矢印は起点が食べられる生物、終点が食べる生物を表している（食べられる→食べる）。
矢印の横の数字は、食べる生物が食べた生物の数に占める、各種類の生物の割合を示している（例：イボニシが食べた生物のうち、95%がフジツボで、5％がイガイである）。

ペイン博士は、この岩礁でヒトデだけを除去し続け、ヒトデが全くいない状態をつくりました。そして、この岩礁の生態系にどのような変化が起こるのかを調べました。

問1　ヒザラガイと藻類の関係で、食べられる側はどちらですか。名前で答えなさい。

問2　１種類の生物を食べて、２種類の生物に食べられる生物は、図のなかに何種類いますか。数字で答えなさい。

問3　プランクトンを食べて、ヒトデに食べられる生物の名前をすべて答えなさい。

問4　図の（　**あ**　）に入る数字を答えなさい。

問5　ヒトデが生物を200個体食べたとき、そのうちの何個体がイガイですか。数字で答えなさい。なお、個体とは生物の単位です。

問6　食べる・食べられるの関係において、フジツボがいなくなったとき、最も食べることに影響《えいきょう》を受ける生物の名前を答えなさい。

問7　ペイン博士の実験によって、３年後にはこの岩礁の95％をある生物が覆い、他の生物の姿はほとんど見られなくなりました。この岩礁を覆った生物の名前を**ア**～**エ**から選び、記号で答えなさい。

ア　藻類　　**イ**　イガイ　　**ウ**　フジツボ　　**エ**　カメノテ

4　A問題

水よう液の分け方の一つに酸性、中性、アルカリ性の液性での分類があります。酸性には、酸《す》っぱい性質、金属と反応すると水素を発生する性質があり、アルカリ性には苦い性質、酸と反応して酸性を打ち消す性質があります。これらの性質の強さとして、pH（ピーエイチ）と呼ばれるものがあります。pHは、中性の場合７となり、酸性の場合７より小さく、アルカリ性の場合７より大きくなります。このpHの値《あたい》によって色が変化する薬品があり、水よう液の液性を見分けるために使用されています。いくつかの薬品の名前と、色の変化を下の表１に表しました。

pH	1	4	7	10	13
ムラサキキャベツ液	赤色	桃色	紫色	緑色	黄色
ＢＴＢよう液	黄色	黄色	緑色	青色	青色
フェノールフタレイン液	無色	無色	無色	赤色	赤色

表１

次に、表1の薬品を使って、塩酸、油汚《よご》れ用洗剤《せんざい》、虫刺《さ》され薬、炭酸飲料、食塩水を見分ける実験を行いました。それぞれのよう液に表1の薬品を2～3滴《てき》加えて、色の変化を観察し、表2にまとめました。

	塩酸	油汚れ用洗剤	虫刺され薬	炭酸飲料	食塩水
ムラサキキャベツ液	赤色	黄色	緑色	桃色	紫色
ＢＴＢよう液	**(あ)**	青色	**(う)**	黄色	**(お)**
フェノールフタレイン液	無色	**(い)**	赤色	**(え)**	無色

表2

最後に、メチルオレンジと呼ばれる薬品でも、塩酸、油汚れ用洗剤、虫刺され薬、炭酸飲料、食塩水の色の変化を見る実験を行いました。この薬品もpHの変化によって色が変化するものです。メチルオレンジの色の変化を表3にまとめました。

	塩酸	油汚れ用洗剤	虫刺され薬	炭酸飲料	食塩水
メチルオレンジ	赤色	黄色	黄色	黄色	黄色

表3

これらをもとに、次の問いに答えなさい。

問1　pHの変化で色が変わる薬品を何といいますか。漢字3文字で答えなさい。

問2　表1の薬品のうち、酸性を見分けることができないものはどれですか。**ア～ウ**から選び、記号で答えなさい。

ア　ムラサキキャベツ液
イ　ＢＴＢよう液
ウ　フェノールフタレイン液

問3　表2の**(あ)**～**(お)**に入る色をそれぞれ**ア～キ**から選び、記号で答えなさい。

ア　赤色　　**イ**　桃色　　**ウ**　紫色　　**エ**　緑色
オ　黄色　　**カ**　青色　　**キ**　無色

問4　食塩水にムラサキキャベツ液を入れる際、間違《まちが》ってフェノールフタレイン液も混ぜてしまいました。この時、食塩水の色は何色に変化しますか。**ア**～**キ**から選び、記号で答えなさい。

ア　赤色　　**イ**　桃色　　**ウ**　紫色　　**エ**　緑色
オ　黄色　　**カ**　青色　　**キ**　無色

問5　メチルオレンジの色が変化するpHはどことどこの間ですか。**ア**～**エ**から選び、記号で答えなさい。

ア　1と4の間　　**イ**　4と7の間
ウ　7と10の間　　**エ**　10と13の間

問6　塩酸、油汚れ用洗剤、虫刺され薬、炭酸飲料、食塩水をpHの小さい順に並べると、どのような順番になりますか。**ア**～**シ**から選び、記号で答えなさい。

ア	塩酸	炭酸飲料	虫刺され薬	油汚れ用洗剤	食塩水
イ	炭酸飲料	塩酸	虫刺され薬	油汚れ用洗剤	食塩水
ウ	塩酸	炭酸飲料	虫刺され薬	食塩水	油汚れ用洗剤
エ	炭酸飲料	塩酸	虫刺され薬	食塩水	油汚れ用洗剤
オ	塩酸	炭酸飲料	食塩水	虫刺され薬	油汚れ用洗剤
カ	炭酸飲料	塩酸	食塩水	虫刺され薬	油汚れ用洗剤
キ	塩酸	炭酸飲料	食塩水	油汚れ用洗剤	虫刺され薬
ク	炭酸飲料	塩酸	食塩水	油汚れ用洗剤	虫刺され薬
ケ	塩酸	炭酸飲料	油汚れ用洗剤	虫刺され薬	食塩水
コ	炭酸飲料	塩酸	油汚れ用洗剤	虫刺され薬	食塩水
サ	塩酸	炭酸飲料	油汚れ用洗剤	食塩水	虫刺され薬
シ	炭酸飲料	塩酸	油汚れ用洗剤	食塩水	虫刺され薬

B問題

漂白剤《ひょうはくざい》にはいくつかの種類があります。漂白剤の成分と使用方法について、表にまとめました。表をもとに、後の問いに答えなさい。

塩素系漂白剤　内容量5L				
・成分／次亜塩素酸《じあえんそさん》ナトリウム／界面活性剤《かいめんかっせいざい》／水酸化ナトリウム　・液性／アルカリ性				
キャップ一杯《いっぱい》は20 mL				
用途	ちゅうぼう用品の漂白《ひょうはく》・除菌《じょきん》・消臭《しょうしゅう》			
	・ふきん、台ふきん、おしぼり	・まな板、食器、きゅうす	・食器用スポンジ	・冷蔵《ぞう》庫、食器棚《だな》
使用量	・10 Lの水に60 mL	・10 Lの水に100 mL	・10 Lの水に12 mL	・10 Lの水に20 mL

酸素系漂白剤　内容量3.5 kg	
・成分／過炭酸《かたんさん》ナトリウム／界面活性剤／アルカリ剤　・液性／弱アルカリ性	
キャップ一杯は15 g	
用途	ちゅうぼう用品の漂白・除菌・消臭
	・食器、弁当箱　・ふきん、おしぼり　・冷蔵庫、食器棚 ・まな板、ボール、洗浄用具《せんじょうようぐ》、ごみ入れ、ざる
使用量	・4Lのお湯に30 g

表

問1　ふきんを漂白するために20 Lの水を用意しました。このとき塩素系漂白剤は何 mL必要ですか。

問2　塩素系漂白剤12 mLはキャップ何杯《なんはい》分ですか。

問3　表の使用量に従って、酸素系漂白剤をお湯にとかしました。この漂白液の濃度《のうど》は何%ですか。小数第3位を四捨五入して小数第2位まで答えなさい。なお、水の密度を1.0 g/mLとします。

問4　まな板を漂白する場合、漂白剤１本あたりで作ることができる漂白液が多いのはどちらですか。**ア～ウ**から選び、記号で答えなさい。

ア　塩素系漂白剤　　　**イ**　酸素系漂白剤　　　**ウ**　どちらも同じ

問5　塩素系漂白剤のパッケージには、「まぜるな危険」と表記がありました。これは、漂白剤の成分の次亜塩素酸ナトリウムが不安定なため、安定させるために水酸化ナトリウムと混ぜていることに関係します。次のうち、塩素系漂白剤と混ぜてはいけないものはどれですか。**ア～エ**から選び、記号で答えなさい。

ア　さとう　　　**イ**　食塩　　　**ウ**　酸素系漂白剤　　　**エ**　レモン汁《じる》

2022年度
東京農業大学第三高等学校附属中学校 ▶解説と解答

理 科 ＜総合理科入試＞（60分）＜満点：120点＞

解 答

1 **A問題 問1** ① い ② か ③ エ ④ イ **問2** 1000秒 **B問題 問1** **あ** 6 **い** 6 **う** 60 **問2** ① 40秒 ② 25回転 ③ 480秒 ④ 6
2 **A問題 問1** エ **問2** ウ **問3** ギョウカイ岩 **問4** 中生代 **問5** **ア** 8 **イ** 304 **ウ** 3 **エ** 2 **B問題 問1** 8月10日，37.2℃ **問2** 19日 **問3** 16日 **問4** 15か月 **問5** 16.2℃ **問6** **天気図**…ア **雲画像**…オ **3** **A問題 問1** **記号**…㋐ **理由**…(例) ㋐のほうが㋑より生物の種類が多いから。 **問2** **記号**…㋓ **理由**…(例) ㋓のほうが㋒より種類ごとの数の差が少ないため。 **問3** ア，イ，ウ，エ，カ **問4** (あ) 入れ (い) 捨て(逃がさ) (う) 拡げ **B問題 問1** 藻類 **問2** 2 **問3** イガイ，フジツボ，カメノテ **問4** 5 **問5** 54 **問6** イボニシ **問7** イ
4 **A問題 問1** 指示薬 **問2** ウ **問3** (あ) オ (い) ア (う) カ (え) キ (お) エ **問4** ウ **問5** ア **問6** オ **B問題 問1** 120mL **問2** 0.6杯 **問3** 0.74% **問4** ア **問5** エ

解 説

1 **いろいろな時計についての問題**

A問題 問1 ① 太陽が真南にきたとき，1日のうちで太陽の高さが最も高くなるので，真北にのびる棒の影《かげ》が1日のうちで最も短くなる。よって，図2で最も短い影ができている「う」が北の方角であり，東の方角は「い」，南の方角は「あ」，西の方角は「え」となる。 ② 太陽は東から西へ動くから，棒の影の先端《せんたん》は西から東に動く。 ③ 図2で，棒の影の先端は，東西方向より北側だけを移動している。冬至の日ごろの12月21日には，日の出の位置は真東より南よりになり，日の入りの位置は真西より南よりになる。このため，棒の影の先端は東西方向より北側を動く。
④ 6月21日は夏至の日のころである。夏至の日は，日の出の位置は真東より最も北よりになり，日の入りの位置は真西より最も北よりになる。このため，日の出や日の入りのときの棒の影の先端は東西方向より南よりになる。また，太陽は南の空を通るため，棒の影の先端はイのように北を通る。

問2 水の高さが20cmから10cmになるまでに放出した水の量は，$20\times10\times(20-10)=2000(\mathrm{cm}^3)$より，2000mLになる。1秒間に2mLずつ水が穴から流れ出るから，2000mLの水が流れ出るのにかかる時間は，$2000\div2=1000$(秒)である。

B問題 問1 **あ** 歯車アが1回転すると，歯車イは歯車アと連動して1回転する。すると，歯車イの6個の歯が，歯の数が36個の歯車ウとかみ合うので，歯車ウは，$6\div36=\frac{1}{6}$だけ回転する。 **い** 歯車アが1回転すると，歯車ウは$\frac{1}{6}$回転するので，歯車ウを1回転させるためには，歯

車アを，$1 \div \frac{1}{6} = 6$（回）だけ回転させる必要がある。　**う**　歯車アが1回転すると，歯車ウは$\frac{1}{6}$回転するから，歯車エも$\frac{1}{6}$回転する。すると，歯車エの歯の数は6個なので，歯車エの，$6 \times \frac{1}{6} = 1$（個）の歯が歯車オとかみ合う。よって，歯の数が60個の歯車オは，$1 \div 60 = \frac{1}{60}$だけ回転する。

問2　①　歯の数が30個の歯車と1往復するのに2秒かかる振《ふ》り子を組み合わせたとき，歯車が1回転するのにちょうど60秒かかると述べられていることから，歯の数が20個の歯車アを用いたとき，歯車アが1回転するのにかかる時間は，$60 \times \frac{20}{30} = 40$（秒）である。　②　歯車オを1回転させるためには，歯車エを，$25 \div 5 = 5$（回転）させればよい。次に，歯車エが5回転すると歯車ウも5回転するので，歯車ウを5回転させるためには，歯車イを，$25 \times 5 \div 5 = 25$（回転）させればよい。歯車イが25回転すると，歯車アも25回転する。　③　歯車オを1回転させるには，歯車エを，$18 \div 6 = 3$（回転）させればよい。次に，歯車エが3回転すると歯車ウも3回転するから，歯車ウを3回転させるためには，歯車イを，$16 \times 3 \div 8 = 6$（回転）させればよい。さらに，歯車イが6回転すると歯車アも6回転している。歯車アが1回転するのにかかる時間は，$60 \times \frac{40}{30} = 80$（秒）なので，歯車アが6回転するのにかかる時間，つまり，歯車オが1回転するのにかかる時間は，$80 \times 6 = 480$（秒）となる。　④　歯車オを1回転させるためには，歯車エを，$60 \div 6 = 10$（回転）させればよい。歯車エが10回転するとき歯車ウも10回転する。歯車ウが10回転するとき，歯車ウが，歯車イとかみ合う歯の数は，$42 \times 10 = 420$（個）である。このとき，歯車イは，歯車アと同じく70回転するので，歯車イの歯の数は，$420 \div 70 = 6$（個）と求められる。

2 火山や気象についての問題

A問題　問1　小笠原諸島《おがさわらしょとう》は，東京都特別区のはるか南の海上にあるので，福徳岡ノ場《ふくとくおかのば》の位置としてエが選べる。

問2　原子力発電はウランを燃料とした発電で，火山とは関係がない。なお，マグマの熱によって，温泉や地熱発電，温室栽培《さいばい》などのめぐみをうけている。

問3　火山灰などの火山噴出物《ふんしゅつぶつ》がたい積し，おし固まってできた岩石をギョウカイ岩という。

問4　キョウリュウは中生代に栄えた生物である。キョウリュウの化石のように，地層ができた時代を知る手がかりとなる化石を示準《しじゅん》化石という。

問5　**ア，イ**　46億年を1年（365日）にたとえると，1億年は，$365 \times \frac{1億}{46億} = 7.9\cdots$より，8日にあたる。これを用いて求めると，38億年は，$8 \times 38 = 304$（日）になる。　**ウ，エ**　12月31日の304日前は，1月1日の，$365 - 304 - 1 = 60$（日後）になる。これは，1月1日の31日後が2月1日，2月1日の28日後が3月1日であることから，3月1日の，$60 - (31 + 28) = 1$（日後），つまり，3月2日である。

B問題　問1　表1から，令和3年7月と8月の2か月間で，最高気温が最も高かった日は8月10日で，37.2℃と読み取れる。

問2　最高気温が35℃以上の猛暑日《もうしょび》は，7月に，18～23日，28日の7日，8月に，1～6日，10日，20日，26～28日，30日の12日あり，合わせて，$7 + 12 = 19$（日）ある。

問3　最低気温が25℃以上の日は，7月は20日，23日，26日の3日，8月は，2～4日，7～10日，23日，26～30日の13日で，合わせて，$3 + 13 = 16$（日）ある。

問4　表2にある各月について，平均気温が表3のその月の平年値よりも高かった月は，令和2年は，1～3月，5月，6月，8月，9月，11月の8か月，令和3年1月から8月までは，2～8月の7か月なので，合わせて，8＋7＝15(か月)ある。

問5　表2より，1年の平均気温は，(6.4＋7.1＋10.2＋12.6＋19.7＋23.7＋24.1＋29.6＋24.2＋17.2＋12.6＋6.5)÷12＝16.15…より，16.2℃と求められる。

問6　7月17日は日照時間が13.5時間と長く，南東の風がふいていて，1日を通してよく晴れていたことがわかる。したがって，埼玉県熊谷市付近は高気圧におおわれ，雲がかかっていなかったと考えられるので，天気図ではア，雲画像ではオが選べる。

3 生物の多様性，食物連さについての問題

A問題　問1　㋐と㋑の生物の数の合計は9で同じだが，㋐のほうが㋑よりも生物の種類が多いから，㋐のほうが生物の多様性が高いといえる。

問2　㋒と㋓の生物の数の合計は20で同じだが，㋓のほうが㋒よりも生物の種類ごとの数の差が小さいので，㋓のほうが生物の多様性が高いといえる。

問3　アマミノクロウサギは，鹿児島県の奄美大島《あまみおおしま》や徳之島《とくのしま》に生息している在来種だが，そのほかの生物はすべて外来種である。

問4　(あ)　ポスターに外来種を「入れなければ問題は起きません」とあるから，「入れ」ないが抜《ぬ》き出せる。　(い)　ポスターに「入れた外来種は，適切に管理(捨てない(逃《に》がさない))しなければいけません」とあるので，「捨て」ない，または「逃がさ」ないが抜き出せる。　(う)　ポスターに「すでに野外に定着してしまっている外来種は，まだ定着していない地域に拡《ひろ》げないことが大事です」とあるから，「拡げ」ないとなる。

B問題　問1　矢印は，食べられる→食べるの向きにつけられているので，藻類《そうるい》はヒザラガイに食べられるとわかる。

問2　1種類の生物を食べているのはカサガイ，ヒザラガイ，イガイ，フジツボ，カメノテで，このうち，イガイとフジツボはそれぞれ2種類の生物に食べられている。

問3　プランクトンを食べているのはイガイ，フジツボ，カメノテで，これらの3種類の生物はすべてヒトデに食べられている。

問4　図の関係において，ヒトデが食べた生物の割合を100％とすると，ヒトデが食べたカサガイの割合は，100－(3＋27＋1＋63＋1)＝5(％)である。

問5　ヒトデが食べた生物のうち，イガイの割合は27％だから，ヒトデが生物を200個体食べたときのイガイの個体数は，$200\times\frac{27}{100}=54$である。

問6　イボニシは食べる生物のうち，フジツボが95％をしめるので，フジツボがいなくなったとき，最も食べることに影響《えいきょう》を受ける。

問7　ヒトデが食べる生物のうち，最も大きい割合をしめているのはフジツボで，ヒトデがいなくなるとフジツボはヒトデに食べられなくなるので個体数がふえる。しかし，イボニシの食べ物の95％はフジツボだから，フジツボはイボニシに食べられて個体数はふえないと考えられる。次に，ヒトデが食べる生物のうち，2番目に大きい割合をしめているのはイガイで，ヒトデがいなくなるとイガイはヒトデに食べられなくなって個体数はふえる。また，イガイはイボニシの食べ物の5％しかないので，イボニシに食べられる個体数は少なく，イガイの個体数はふえると考えられる。これ

より，この岩礁《がんしょう》の95%を覆《おお》った生物はイガイと考えられる。

4 水よう液の性質，漂白剤《ひょうはくざい》についての問題

A問題　問1　pH(ピーエイチ)の変化で色が変わる，ムラサキキャベツ液，BTBよう液，フェノールフタレイン液などの薬品を指示薬という。

問2　フェノールフタレイン液をアルカリ性の水よう液に加えると赤色を示すが，酸性と中性の水よう液に加えても無色のままなので，酸性を見分けることができない。

問3　(あ)　表1のpHが1のとき，ムラサキキャベツ液は赤色，BTBよう液は黄色なので，黄色になると考えられる。　(い)　表1のpHが13のとき，ムラサキキャベツ液が黄色，BTBよう液が青色，フェノールフタレイン液が赤色だから，赤色になる。　(う)　表1のpHが10のとき，ムラサキキャベツ液が緑色，BTBよう液は青色なので，青色である。　(え)　表1のpHが4のとき，ムラサキキャベツ液が桃《もも》色，フェノールフタレイン液は無色だから，無色とわかる。　(お)　表1のpHが7のとき，ムラサキキャベツ液が紫《むらさき》色，BTBよう液は緑色なので，緑色である。

問4　食塩水に入れたムラサキキャベツ液の色は紫色，フェノールフタレイン液は無色なので，食塩水の色は紫色になると考えられる。

問5　表1，表2より，ムラサキキャベツ液が赤色になる塩酸のpHは1，ムラサキキャベツ液が桃色になる炭酸飲料のpHは4と考えられる。塩酸に入れたメチルオレンジは赤色，炭酸飲料に入れたメチルオレンジは黄色，油汚《よご》れ用洗剤，虫刺《さ》され薬，食塩水も黄色を示すから，メチルオレンジの色はpHが1と4の間で変化することがわかる。

問6　表1と表2から考えると，塩酸のpHは1，油汚れ用洗剤のpHは13，虫刺され薬のpHは10，炭酸飲料のpHは4，食塩水のpHは7である。よって，pHの小さい順に並べると，塩酸→炭酸飲料→食塩水→虫刺され薬→油汚れ用洗剤となる。

B問題　問1　表より，ふきんを漂白するときには，10Lの水に塩素系漂白剤を60mL加えるので，20Lの水に加える塩素系漂白剤の量は，$60\times\frac{20}{10}=120$(mL)である。

問2　キャップ一杯《いっぱい》の塩素系漂白剤の量は20mLだから，12mLは，$1\times\frac{12}{20}=0.6$(杯分)になる。

問3　酸素系漂白剤は，4Lのお湯に30gとかして使う。4L＝4000mL，水の密度は1.0g/mLなので，お湯の4000mLの重さは，$1.0\times4000=4000$(g)である。また，濃度《のうど》は，(とけているものの重さ)÷(水よう液の重さ)×100で求められるから，この漂白剤の濃度は，$30\div(4000+30)\times100=0.744\cdots$より，0.74%である。

問4　塩素系漂白剤でまな板を漂白する場合，10Lの水に漂白剤を100mL(0.1L)加えるので，この漂白剤5Lで漂白液を作るときには水が，$10\times\frac{5}{0.1}=500$(L)必要となる。一方，酸素系漂白剤でまな板を漂白する場合，4Lのお湯に漂白剤を30g加えるから，この漂白剤3.5kg(3500g)で漂白液を作るときにはお湯が，$4\times\frac{3500}{30}=466.6\cdots$より，467L必要になる。このことから，塩素系漂白剤のほうが作ることができる漂白液が多いと考えられる。

問5　漂白剤を安定させるために混ぜている水酸化ナトリウムは，水にとけるとアルカリ性を示す。塩素系漂白剤にレモン汁《じる》のような酸性の水よう液を混ぜると，漂白剤中の水酸化ナトリウムと反応して，水酸化ナトリウムがなくなり，漂白剤が安定しなくなってしまう。

Dr.福井の 入試に勝つ！脳とからだのウルトラ科学

試験場でアガらない秘けつ

キミたちの多くは，今まで何度か模擬試験（たとえば合不合判定テストや首都圏模試）を受けていて，大勢のライバルに囲まれながらテストを受ける雰囲気を味わっているだろう。しかし，模擬試験と本番とでは雰囲気がまったくちがう。そういうところでも緊張しない性格ならば問題ないが，入試独特の雰囲気に飲みこまれてアガってしまうと，実力を出せなくなってしまう。

試験場でアガらないためには，試験を突破するぞという意気ごみを持つこと。つまり，気合いを入れることだ。たとえば，中学の校門前にはあちこちの塾の先生が激励《げきれい》のために立っている。もし，キミが通った塾の先生を見つけたら，「がんばります！」とあいさつをしよう。そうすれば先生は必ずはげましてくれる。これだけでもかなり気合いが入るはずだ。ちなみに，ヤル気が出るのは，TRHホルモンという物質の作用によるもので，十分な睡眠をとる，運動する（特に歩く），ガムをかむことなどで出されやすい。

試験開始の直前になってもアガっているときは，腹式呼吸が効果的だ。目を閉じ，おなかをふくらませるようにしながら，ゆっくりと大きく息を吸う。ここでは「ゆっくり」「大きく」がポイントだ。そして，ゆっくりと息をはく。これをくり返し何回も行うと，ノルアドレナリンという悪いホルモンが減っていくので，アガりを解消することができる。

よく「手のひらに“人”の字を書いて飲みこむことを３回行う」とアガらないというが，そのようなおまじないを信じて実行し，自分に暗示をかけてもいいだろう。要は，入試に対するさまざまな不安な気持ちを消し去って，試験に集中できるようなくふうをこらせばいいのだ。

Dr.福井（福《ふく》井《い》一成《かずしげ》）…医学博士。開成中・高から東大・文Ⅱに入学後，再受験して翌年東大・理Ⅲに合格。同大医学部卒。さまざまな勉強法や脳科学に関する著書多数。

2022年度　東京農業大学第三高等学校附属中学校

〔電　話〕　0493(24)4611
〔所在地〕　〒355－0005　埼玉県東松山市大字松山1400－１
〔交　通〕　東武東上線「東松山駅」，JR高崎線「熊谷駅」
などよりスクールバス

【算　数】〈第３回試験〉（40分）〈満点：100点〉

〔**注意事項**〕コンパス、分度器は使用しないでください。

1　次の $\square$ にあてはまる数を求めなさい。

(1)　$1.8 \times 7.5 \div \left(3\frac{1}{2} - 1.25\right) = \square$

(2)　$7 - \left(\frac{15}{2} - \square\right) \times \frac{2}{3} = 4$

(3)　$1.43 \times 146 + 14.3 \times 17.1 + 143 \times 1.83 = \square$

(4)　$46000\,\mathrm{g} + 0.35\,\mathrm{t} - 93\,\mathrm{kg} = \square\,\mathrm{kg}$

2　次の各問いに答えなさい。

(1)　A△BはAをBで割ったときの余りを表します。

【例】　24△7＝3

このとき，次の $\square$ にあてはまる数を求めなさい。

$\{28 \triangle (67 \triangle 28)\} \triangle 4 = \square$

(2)　A，B，C，Dの４つのおもりをてんびんではかったところ，下の①～③のようになりました。A，B，C，Dを軽い順に，解答欄《らん》に左から順番にかきなさい。

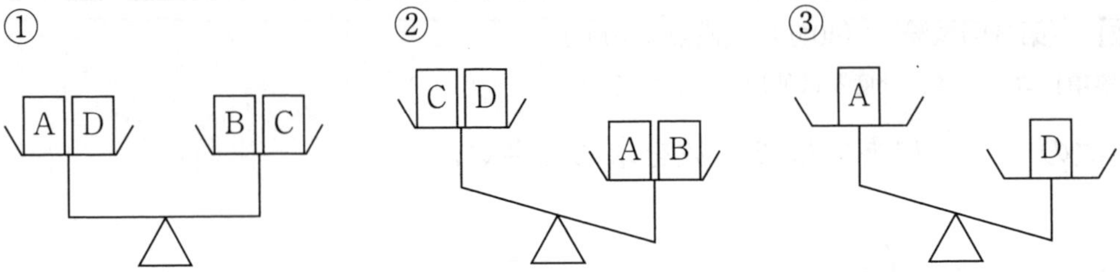

(3)　ある中学校では１週間に全生徒の68％がワクチンを接種し，次の１週間に残りの生徒の$\frac{7}{9}$がワクチンを接種しました。これでワクチンをまだ接種していない生徒が16人になりました。この中学校の生徒の人数を求めなさい。

(4)　Aさんは算数のテスト10回の平均点を80点とする目標を立てました。６回目までの平均点が76点でした。残りのテストですべて同じ点数を取るとすると，何点以上取れば目標を達成できますか。

(5)　ある店では，同時に店内にいる客の人数を最大で150人までとしています。また，この店では毎分７人ずつ，客が買い物を済ませ退店します。現在，店内には複数の客がおり，この後毎分10人ずつ客を入店させると35分後に150人に達してしまいます。現在，店内にいる客の人数を求めなさい。

(6)　右の図の大きい円の半径は10 cm，小さい円の半径は8 cmです。このとき，影《かげ》のついた部分の面積を求めなさい。ただし，円周率は3.14とします。

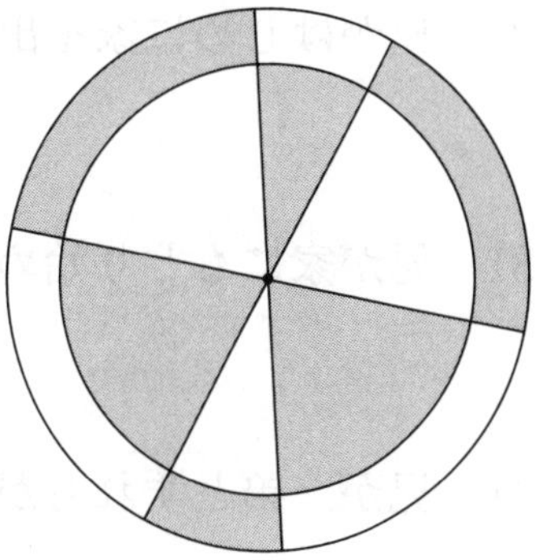

3　同じ中学校に歩いて通う兄と弟がいます。ある朝，兄が先に家を出ましたが，7時49分に忘れ物に気づいて走って家にもどりました。その途中《とちゅう》で後から家を出た弟とすれちがい，家に着いてから2分後に忘れ物を持って走って学校に向かい，8時20分に学校に着いたところで弟に追いつきました。普段《ふだん》兄と弟が学校へ歩く速さはともに分速60 mで，兄が忘れ物に気づいて家にもどり始めてから学校に着くまでの走る速さは一定です。下のグラフは兄と弟が家を出てから学校に着くまでの，家からの距離《きょり》と時刻を表したものです。次の各問いに答えなさい。

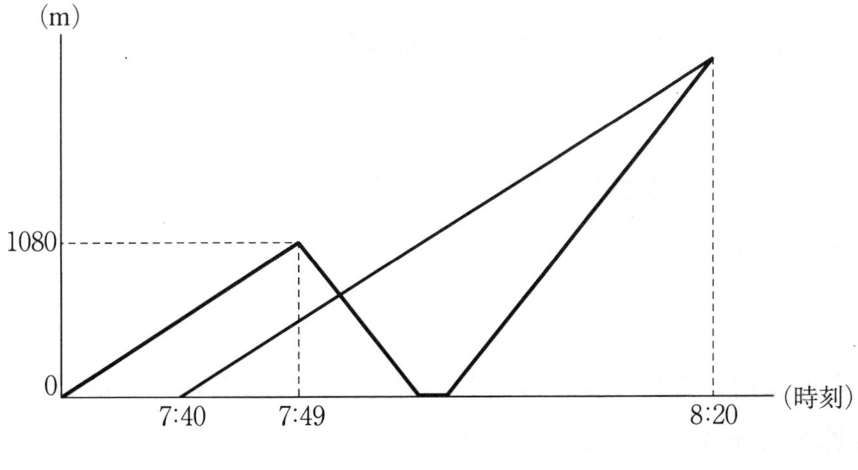

(1)　家から学校までの距離《きょり》は何mですか。

(2)　兄がはじめに家を出たのは何時何分ですか。

(3)　兄が家にもどり始めてから学校に着くまでの走る速さは分速何ｍですか。

(4)　兄が，弟とすれちがった地点を３回目に通るのは，何時何分ですか。

4　次の図のように白と黒のご石が，ある規則にしたがって並んでいます。白いご石の重さは１個７g，黒いご石の重さは１個９g です。次の各問いに答えなさい。

○○○●○●●○○○●○●●○○○●○●●○…

(1)　左から７番目までのご石の合計の重さは何 g ですか。

(2)　左から100番目までのご石の合計の重さは何 g ですか。

(3)　左から順にご石の重さを足していくとき，合計の重さが2022 g 以上となるのは左から何番目ですか。

(4)　左から順に白いご石の重さは足していき，黒いご石の重さは引いていくという計算をします。このとき，計算結果が10 g となるのは，左から６番目まで，左から22番目まで，左から □ 番目まで計算したときの３通りがあります。□ にあてはまる数を求めなさい。

【社　会】〈第３回試験〉（40分）〈満点：100点〉

1　Ｋさんは、2021年８月までのニュースの中で、調べたことや疑問に思ったことをまとめてみました。以下の各問いに答えなさい。

【資料１】

> [A] で首都カブールを占拠《せんきょ》し、権力を掌握《しょうあく》したイスラム主義勢力タリバンの報道担当のザビフラ・ムジャヒド幹部が記者会見を開き、女性公務員は「新政権が発足すれば復職できる」との見通しを示した。銀行や学校の早期再開も約束した。市民生活の正常化に努める姿勢をアピールし、国家運営を軌道《きどう》に乗せたい思惑《おもわく》があるとみられる。
>
> （資料：朝日新聞より抜粋）

【図１】

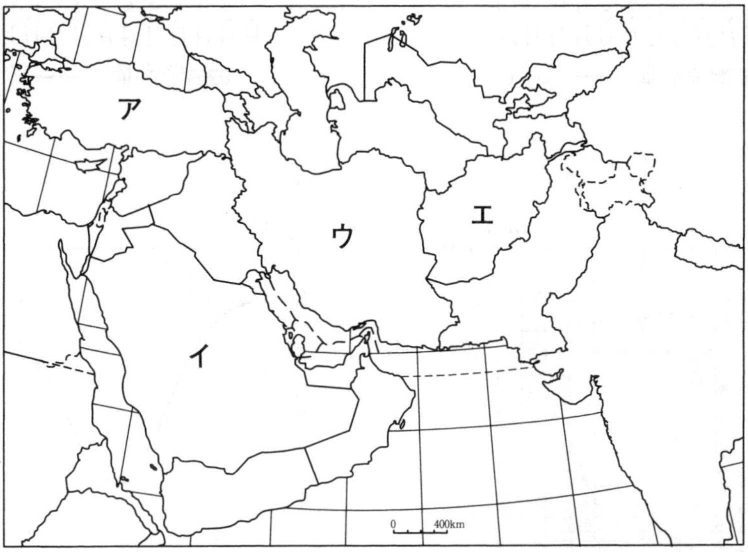

問１　資料１に関連して、次の各問いに答えなさい。

(1)　資料１中の空欄 [A] にあてはまる国名を答えなさい。また、その国の位置を図１中の**ア**～**エ**のうちから１つ選び、記号で答えなさい。

(2) 資料１中の空欄 **A** の首都カブールに当てはまる雨温図を、次の**ア**～**エ**のうちから１つ選び、記号で答えなさい。

ア

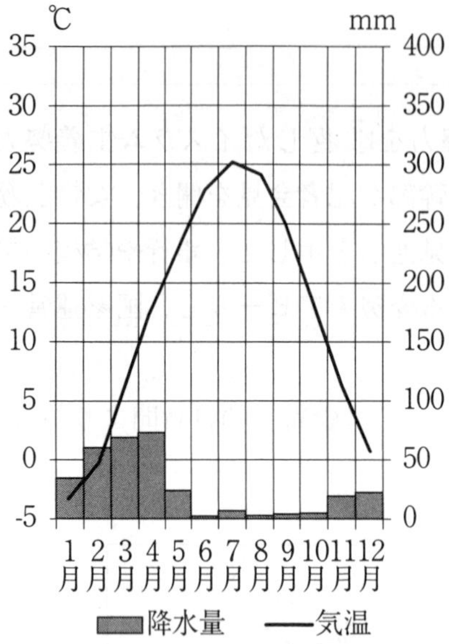

イ

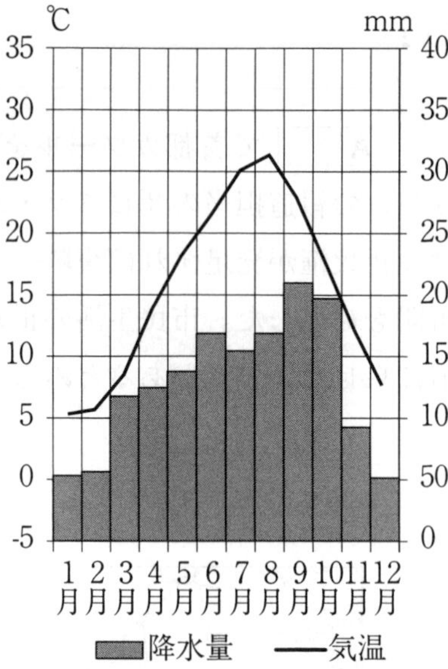

ウ

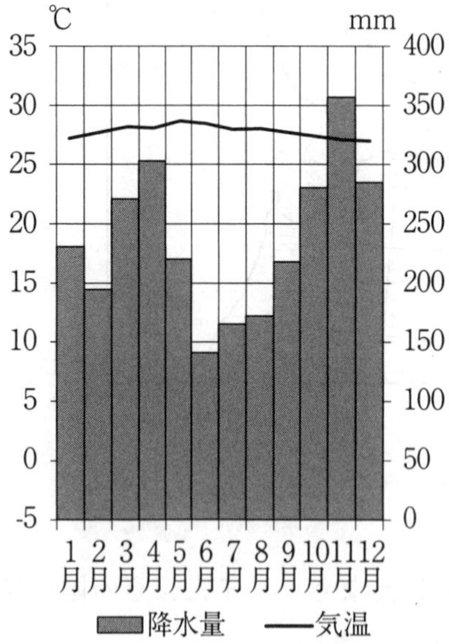

エ

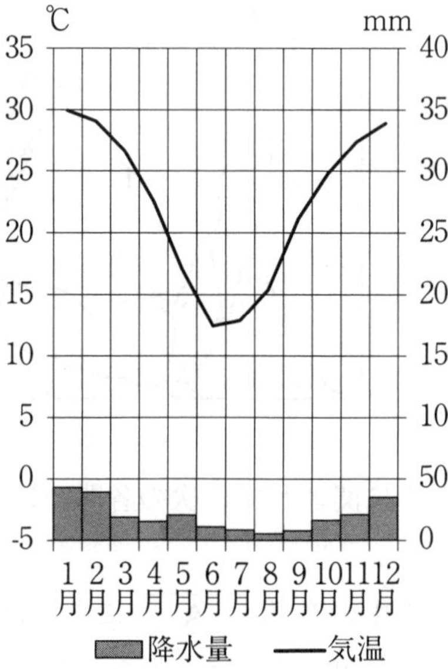

(資料:「世界気象機関（WMO）」より作成)

問２　次の資料２は、世界三大料理の写真とその説明です。それぞれの写真はどこの料理ですか。写真と料理名の組み合わせとして正しいものを、次の**ア**～**カ**のうちから１つ選び、記号で答えなさい。

【資料２】

①		この料理の一番の特徴はソースです。素材とソースの組み合わせによって、複雑で奥行きのある味を作り出し、かつ見た目の華やかさもあるため日本でも好まれる外国料理の１つです。
②		この地方の料理は、宗教上豚肉が禁止されているため、昔から羊の肉が使われていました。また、地中海とエーゲ海、黒海に囲まれているため海産物を使った料理も豊富です。
③		この料理は、広い国土のため地方によってさまざまな味付けがあります。中でも、国土の中央部付近で食べられているこの料理は、夏は蒸し暑く、冬は寒いという気候から、湿度の高い夏でも食が進み、発汗を促すことが健康増進につながるように、そして冬には食事で体を中から温められるように辛味の強い料理が好まれるようになりました。

	①	②	③
ア	トルコ料理	フランス料理	中華料理
イ	中華料理	トルコ料理	フランス料理
ウ	フランス料理	中華料理	トルコ料理
エ	トルコ料理	中華料理	フランス料理
オ	中華料理	フランス料理	トルコ料理
カ	フランス料理	トルコ料理	中華料理

問３　次のグラフ１は、日本の石油輸入国のうち上位５か国の輸入量を示したものです。このうち図１中の**イ**の国に当てはまるものを、次の①～④のうちから１つ選び、番号で答えなさい。

【グラフ１】

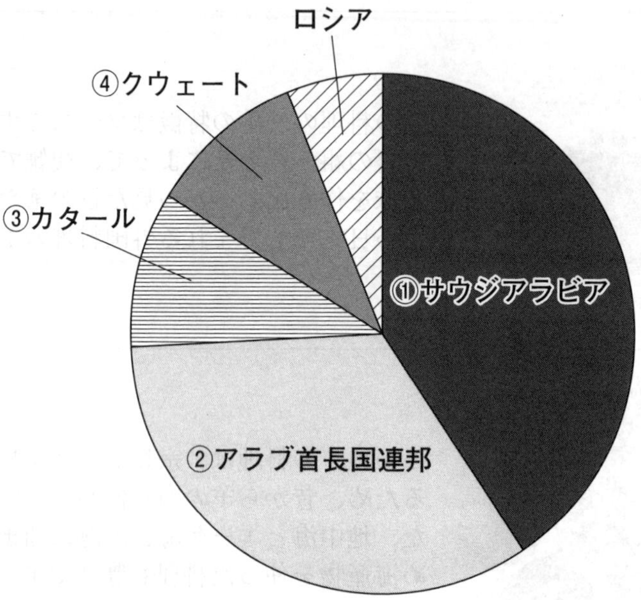

2　Kさんは、九州・沖縄地方について調べました。後の各問いに答えなさい。

【図1】

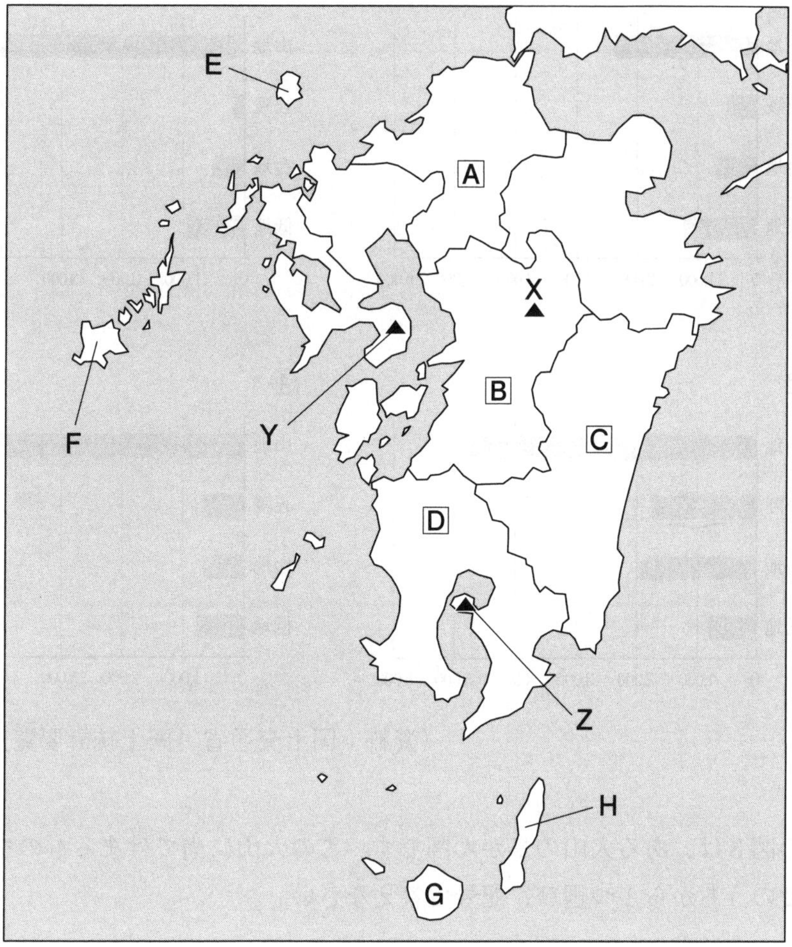

問1　次のページの図2は、地形別面積を示したものです。図1中の**A**と**D**の県に当てはまる図の組み合わせとして正しいものを、次の**ア**～**エ**のうちから1つ選び、記号で答えなさい。

	ア	イ	ウ	エ
A県	①	①	②	②
D県	③	④	③	④

【図２】（単位はkm^2）

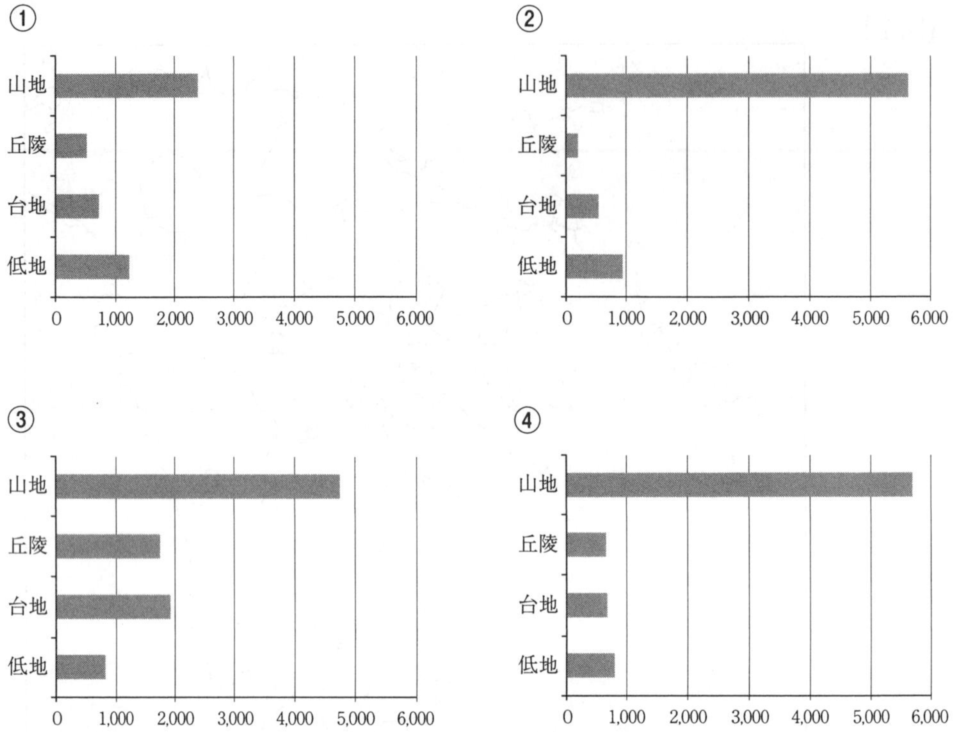

（資料：国土交通省『国土統計要覧』より作成）

問２　次の図３は、ある火山の鳥かん図です。この火山に当てはまるものを、図１中の**Ｘ**～**Ｚ**のうちから１つ選び、記号で答えなさい。

【図３】

（資料：ジオパークＨＰより引用）

問３　次の写真１の景色がみられる島を、図１中の**Ｅ**～**Ｈ**のうちから１つ選び、記号で答えなさい。

【写真１】

（資料：観光サイトより引用）

問４　次の資料は、九州で生産されている農産物の都道府県別生産量の順位を示したものです。後の各問いに答えなさい。

【表】

ピーマン		
１．	茨城	(23.3%)
２．	①	(18.9%)
３．	高知	(9.5%)
４．	②	(8.9%)
５．	岩手	(5.4%)

茶（荒茶）		
１．	静岡	(36.1%)
２．	②	(34.3%)
３．	三重	(7.2%)
４．	①	(4.3%)
５．	京都	(3.5%)

肉用牛（飼養頭数）		
１．	北海道	(20.5%)
２．	②	(13.3%)
３．	①	(9.6%)
４．	**Ｂ**県	(5.2%)
５．	岩手	(3.7%)

③		
１．	栃木	(15.4%)
２．	**Ａ**県	(10.1%)
３．	**Ｂ**県	(7.6%)
４．	長崎	(6.7%)
５．	静岡	(6.4%)

（資料：帝国書院資料より作成　2019年）

(1) 表中の空欄 ① ・ ② に該当する県を、図１中の**A**～**D**のうちからそれぞれ選び、記号で答えなさい。

(2) 表中の空欄 ③ に最も適する作物名を、答えなさい。

(3) 次の３つのキーワードから連想される、図１中の**C**県の名産品（くだもの）を答えなさい。

・「濃厚で甘い味」
・「自然に落果したものをネットでキャッチして収穫する」
・「太陽のたまご」

問５　Ｋさんは沖縄の抱える問題として、在日米軍の普天間基地の移設問題を知りました。移設前の場所と移設先の場所の組み合わせとして正しいものを、次のページの**ア**～**カ**のうちから１つ選び、記号で答えなさい。

【図４】

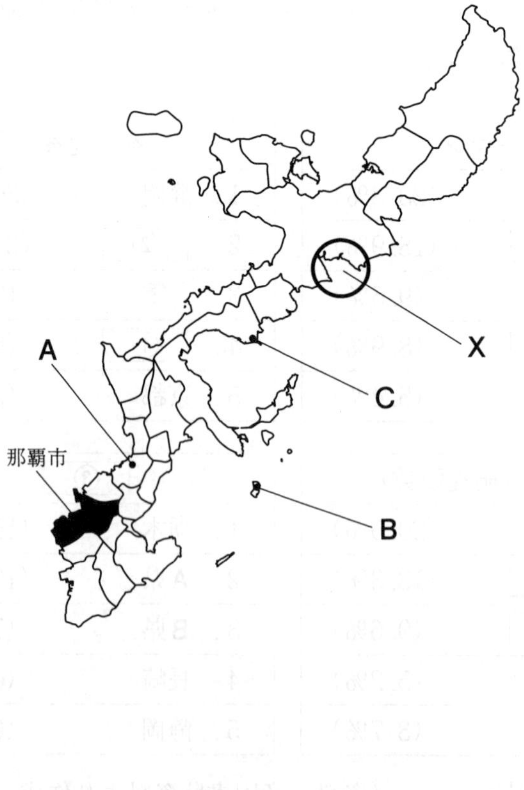

	移設前	移設先
ア	A	B
イ	A	C
ウ	B	A
エ	B	C
オ	C	A
カ	C	B

問６　図４中の**X**の地域では、本州では見られない沖縄地方固有の自然であるマングローブ林が広がっています。図４中の**X**の地域の写真として最も適当なものを、次の**ア**～**エ**のうちから１つ選び、記号で答えなさい。

ア

イ

ウ

エ

問７　次の写真２・３は沖縄にある斎場《せーふぁ》御嶽《うたき》です。写真４は写真２・３から出土した遺物の一部です。この空間は主に何を行うための場所でしたか。最も適当なものを、次の**ア**～**エ**のうちから１つ選び、記号で答えなさい。

【写真２】

【写真３】

【写真４】

ア　祭りを行う場であると同時に、集落の信仰の核ともなる空間。

イ　戦没者に対する慰霊《いれい》と追悼《ついとう》の念を込めて作られた空間。

ウ　村の住人全員が集まり、食事を行う空間。

エ　緊急時の際に、避難をする空間。

問8　次の図は、那覇、松山、松江の雨温図を示したものです。それぞれの都市と雨温図の組み合わせとして正しいものを、次の**ア〜カ**のうちから1つ選び、記号で答えなさい。

A

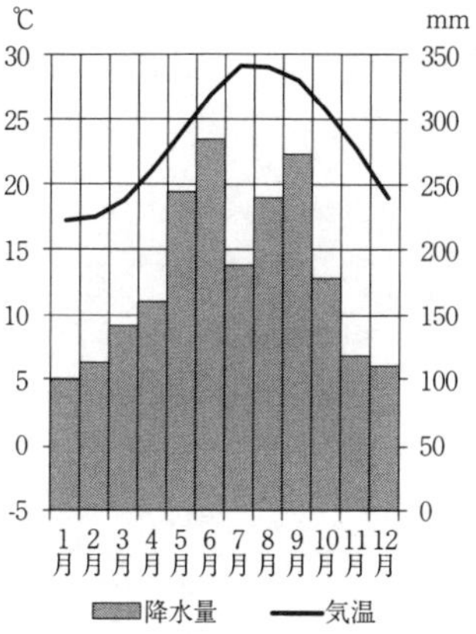

B

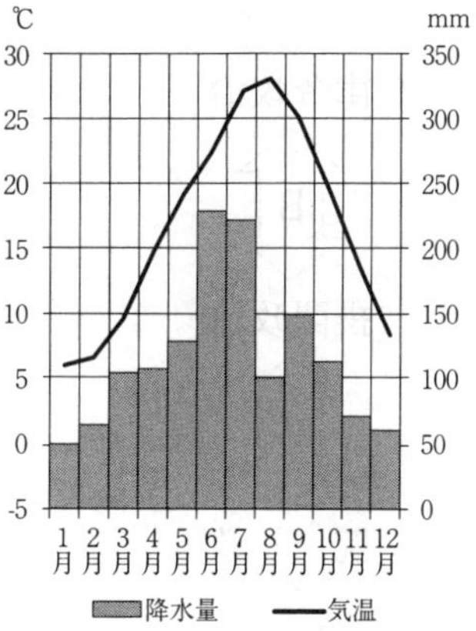

C

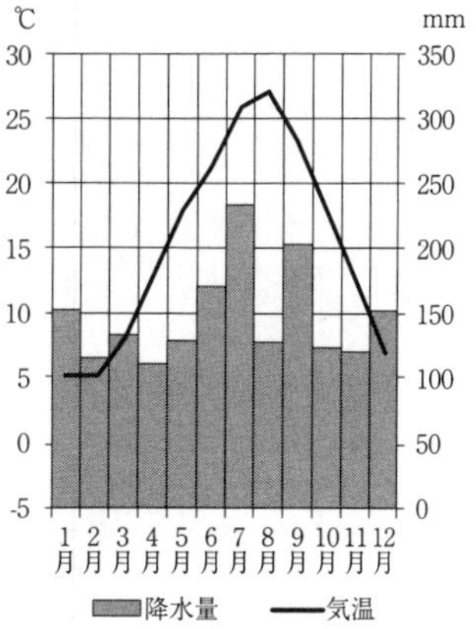

（資料：気象庁ホームページより作成）

	ア	イ	ウ	エ	オ	カ
那覇	A	A	B	B	C	C
松山	B	C	A	C	A	B
松江	C	B	C	A	B	A

問9　次の図5は、沖縄県における産業分類別の就業人口の割合を表したものです。第三次産業に当てはまるものを、図5中の**ア〜ウ**のうちから1つ選び、記号で答えなさい。

【図5】

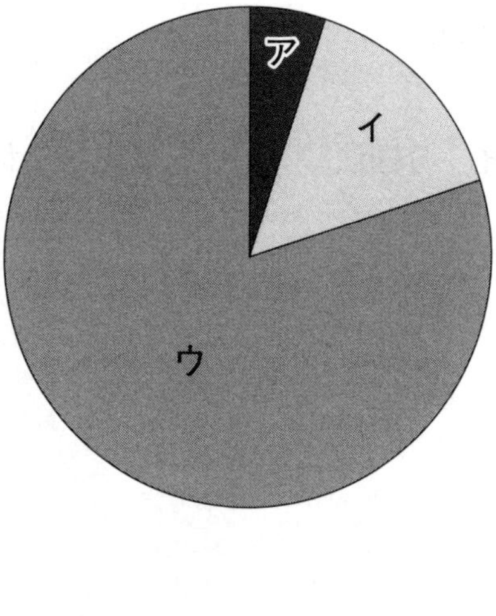

3 下の表は、政治の流れを表しています。表をみて、後の各問いに答えなさい。

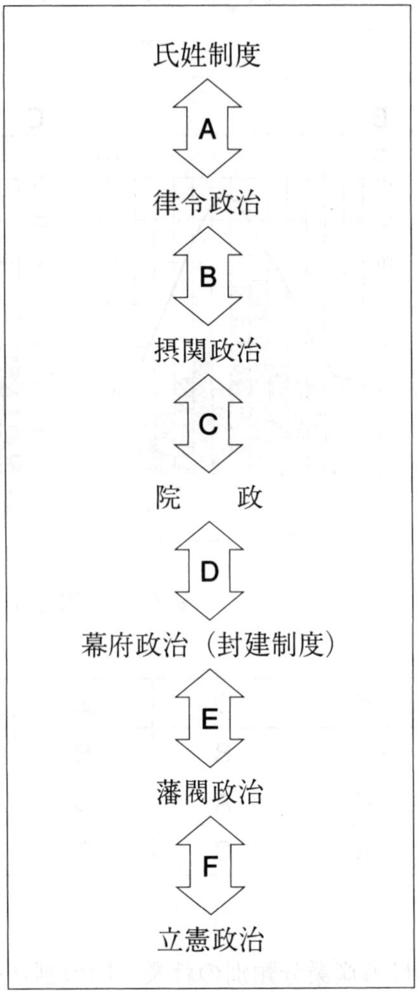

問１　次の**ア～ウ**が出された時期として正しいものを、表中の**A～F**のうちからそれぞれ１つ選び、記号で答えなさい。

ア　十七条の憲法　　　**イ**　分国法　　　**ウ**　墾田永年《こんでんえいねん》私《し》財法《ざいほう》

問２　**Ｅ**の期間について、次の各問いに答えなさい。

(1)　この期間に出された法令に関連する説明として誤っているものを、次の**ア**～**カ**のうちから**２つ**選び、記号で答えなさい。

ア　豪族《ごうぞく》が支配していた土地や人びとは国のものになり、有力な豪族が貴族《きぞく》として政治に参加するしくみがつくられました。

イ　裁判の基準となる法律がつくられ、北条氏を中心とした支配力はいっそう強くなっていきました。

ウ　全国に一国一城令《いっこくいちじょうれい》が出され、支配者が住む城以外は破壊されました。

エ　大仏《だいぶつ》をつくる詔《みことのり》が出され、大仏は東大寺《とうだいじ》に置かれました。

オ　国内にキリスト教の信者が増えていくと、キリスト教を禁止し、さらに信者を取りしまるようになりました。

カ　土一揆《つちいっき》がおこり、徳政令《とくせいれい》を要求するものもありました。

(2)　この期間には室町文化が含まれます。この時代の文化に関連する説明として誤っているものを、次の**ア**～**カ**のうちから**２つ**選び、記号で答えなさい。

ア　「一寸法師《いっすんぼうし》」などの御伽草子《おとぎぞうし》と呼ばれる絵入りの物語がさかんに読まれました。

イ　「新古今和歌集《しんこきんわかしゅう》」は、後鳥羽上皇《ごとばじょうこう》の命令で編集されました。

ウ　水墨画《すいぼくが》は、雪舟《せっしゅう》が芸術として大成《たいせい》させました。

エ　能《のう》は、観阿弥《かんあみ》・世阿弥《ぜあみ》父子によって大成されました。

オ　東海道の名所風景を描いた「東海道五十三次《とうかいどうごじゅうさんつぎ》」が大量に印刷されました。

カ　銀閣《ぎんかく》のとなりの東求堂《とうぐどう》のなかには、付《つ》け書院《しょいん》や違《ちが》い棚《だな》が設けられました。

(3)　**E**の期間に、下の資料のような人口の島がつくられ、外国との貿易が行われました。この場所を何と呼びますか、**漢字２字**で答えなさい。

【資料】

(4)　幕府をたおすために、薩摩藩と長州藩は協力することになりました。この同盟をつくるために活躍した土佐藩出身の人物を、次の**ア**～**エ**のうちから１人選び、記号で答えなさい。

ア　福沢諭吉《ふくざわゆきち》　　**イ**　板垣退助《いたがきたいすけ》　　**ウ**　坂本竜馬《さかもとりょうま》　　**エ**　大隈重信《おおくましげのぶ》

問３　**F**の期間について、次の各問いに答えなさい。

(1)　薩摩藩の指導者で明治政府では参議《さんぎ》となりますが、やがて政府を去り、のちに西南戦争の中心となった人物を、次の**ア**～**エ**のうちから１人選び、記号で答えなさい。

ア　榎本武揚《えのもとたけあき》　　**イ**　大久保利通《おおくぼとしみち》　　**ウ**　木戸孝允《きどたかよし》　　**エ**　西郷隆盛《さいごうたかもり》

(2)　下の写真の人物は、埼玉県出身で、銀行や紡績《ぼうせき》会社など多くの会社を設立した人物です。晩年はアメリカとの間で人形を交かんする事業を行いました。何という人物ですか、答えなさい。

問４　次の**ア**～**エ**のできごとを、年代の古い順に並べかえなさい。

ア　日本は、中国東北部を切りはなし、満州《まんしゅう》国として独立させました。
イ　女性の参政権《さんせいけん》がみとめられました。
ウ　関東大震災が発生し、多くの人びとが犠牲となりました。
エ　板垣退助《いたがきたいすけ》は自由党《じゆうとう》を、大隈重信《おおくましげのぶ》は立憲改進《りっけんかいしん》党をつくりました。

4　次の文章を読んで、後の各問いに答えなさい。

2021年は第49回の①衆議院選挙がおこなわれました。日本の国会は衆議院と参議院から成り立っています。しかし、②議員の数や任期などには違いがあります。特に③衆議院のみに解散があり、任期の途中でも議員の資格を失う可能性があります。

今回の選挙では④菅《すが》政権が進めてきた⑤新型コロナウイルスへの対策や、⑥社会保障問題、⑦憲法改正についてなどが注目されました。他にも、人権をめぐる問題としてSNSでの中傷や、⑧男女差別、社会的格差などへの対策も課題でした。

近年の選挙では⑨投票率の低下が問題となっており、投票率を上げることが課題となっています。

問１　文中の下線部①について述べた文として誤っているものを、次の**ア**～**エ**のうちから１つ選び、記号で答えなさい。

ア　被選挙権は満25歳以上です。
イ　満18歳以上のすべての国民が投票できます。
ウ　小選挙区制では、１つの選挙区から１人が当選します。
エ　比例代表制では、政党名・候補者名のどちらかを書くことになっています。

問２　文中の下線部②に関連して、それぞれの議員数の組み合わせとして正しいものを、次の**ア**～**エ**のうちから１つ選び、記号で答えなさい。

ア　衆議院　465　　参議院　248
イ　衆議院　480　　参議院　250
ウ　衆議院　248　　参議院　465
エ　衆議院　250　　参議院　480

問3　文中の下線部③について、その理由を説明しなさい。

問4　文中の下線部④について、菅義偉《すがよしひで》前首相の写真はどれですか。次の**ア**～**エ**のうちから1つ選び、記号で答えなさい。

ア

イ

ウ

エ

問5　文中の下線部⑤について述べた文として正しいものを、次の**ア**～**エ**のうちから1つ選び、記号で答えなさい。

ア　経済の回復のために、海外への旅行を積極的に支援しました。
イ　全ての国民に対して、生活のための給付金を毎月支給しました。
ウ　飲食店に対して酒の提供の自粛《じしゅく》などを求め、支援金を給付しました。
エ　全国民にワクチンの接種を義務化しました。

問6　文中の下線部⑥について述べた文として誤っているものを、次の**ア**～**エ**のうちから1つ選び、記号で答えなさい。

ア　公的扶助《ふじょ》とは、生活が苦しく困っている人に、国が生活費や医療費を支給することです。
イ　社会福祉とは、高齢者や障害をもつ人などを保護・援助する制度です。
ウ　公衆衛生とは、病気の予防や上下水道の整備などを行う、国の保健衛生対策をさします。
エ　社会保険とは、年金保険などのことで、一定の年齢になれば無条件で給付されます。

問7　文中の下線部⑥に関連して、高齢社会への対策が必要です。高齢社会の人口ピラミッドにあたるものを、次の**ア**～**ウ**のうちから１つ選び、記号で答えなさい。

ア

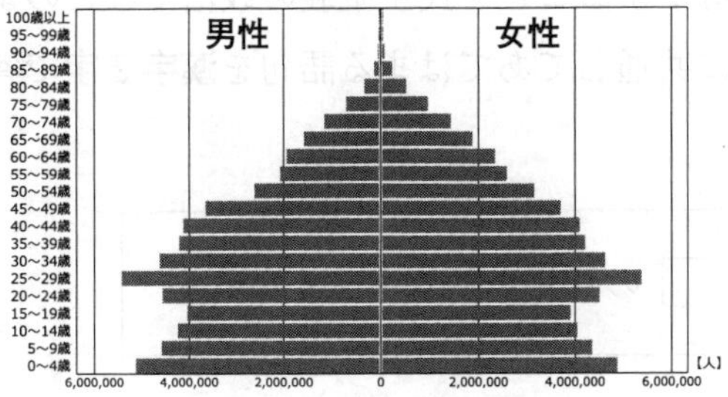

イ

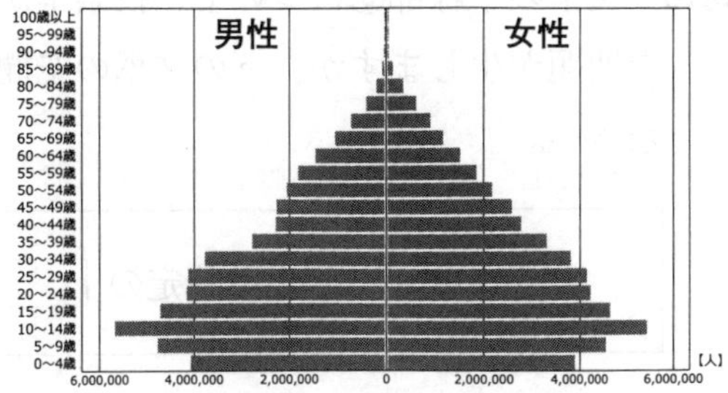

ウ

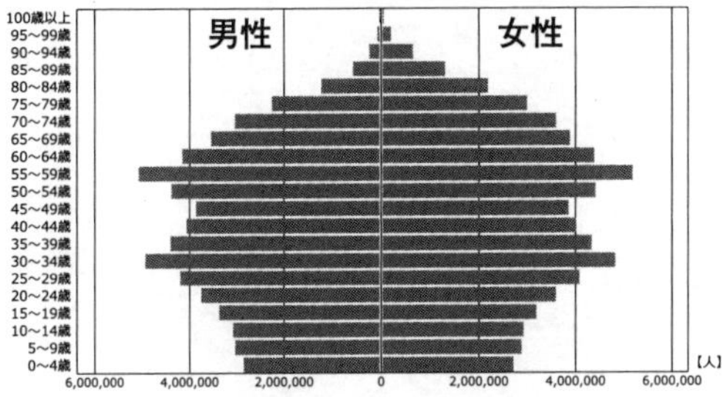

（資料：総務省のホームページより引用）

問8　文中の下線部⑦について、以下は憲法改正の手続きを示したものです。［ X ］～［ Z ］に適する語句を答えなさい。

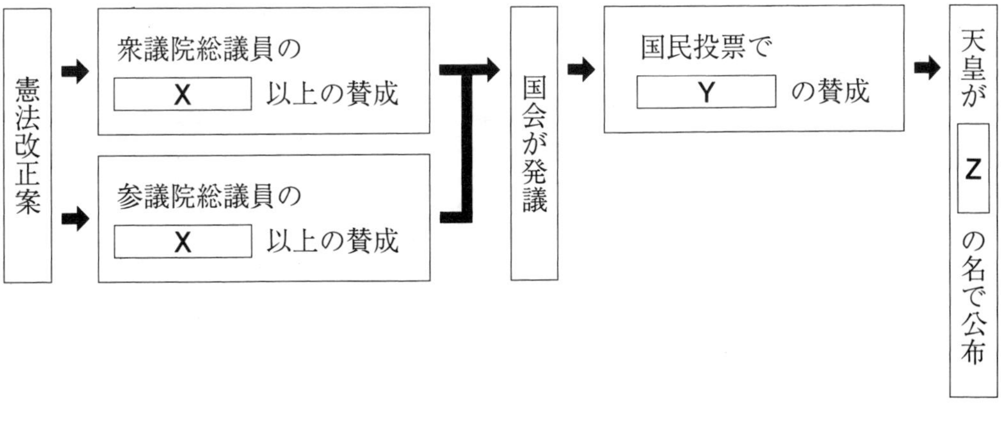

問９　文中の下線部⑧に関連して、社会的・文化的につくられる、男女の役割による性を何といいますか。**カタカナ５字**で答えなさい。

問10　文中の下線部⑨について、投票率が低下することで民主主義の政治ではどのような問題が生じますか。下の文章の空欄に共通してあてはまる語句を**漢字２字**で答えなさい。

大きな［　　　］や特定の［　　　］の意見が通りやすくなる。

【理　科】〈第３回試験〉（40分）〈満点：100点〉

1　100ｇの水にとかすことができるものの限度の量を、よう解度といいます。図１は、４種類の物質のよう解度が、温度によってどのように変化するかを表したグラフです。後の問いに答えなさい。

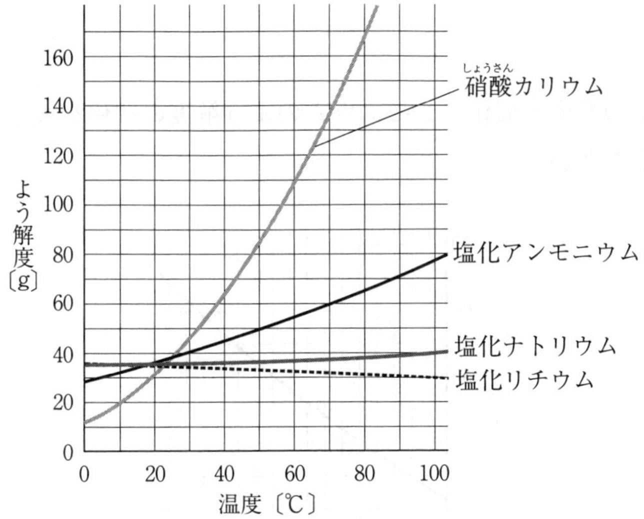

図１

問１　図１のグラフを何とよびますか。

問２　図１を参考にして、よう解度について正しく述べているものを**ア**～**ウ**から選び、記号で答えなさい。

ア　よう解度は、とけるものの種類を変えても変わらない。

イ　水の温度が高くなると、よう解度が大きくなるものが多い。

ウ　水の温度が高くなると、よう解度が小さくなるものは存在しない。

問３　水の温度を変えると、水にとけていたものが結晶《けっしょう》として出てきます。この水よう液をろ過することで、結晶だけを取り出すことができます。ろ過の正しいやり方を示しているものを**ア**～**エ**から選び、記号で答えなさい。

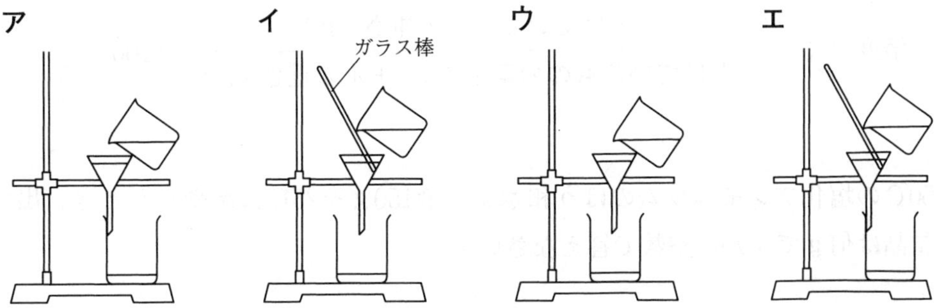

問４　水にとけているものを結晶として取り出すことを再結晶といいます。水よう液の冷却《れいきゃく》による再結晶にもっとも適した物質を、図１の中から選び、名前を書きなさい。

問５　水にとけていたものを結晶として取り出す方法を、水の温度を下げる以外に一つ答えなさい。

問６　図２は、水の温度と塩化アンモニウムのよう解度の関係を表したグラフです。後の問いに答えなさい。

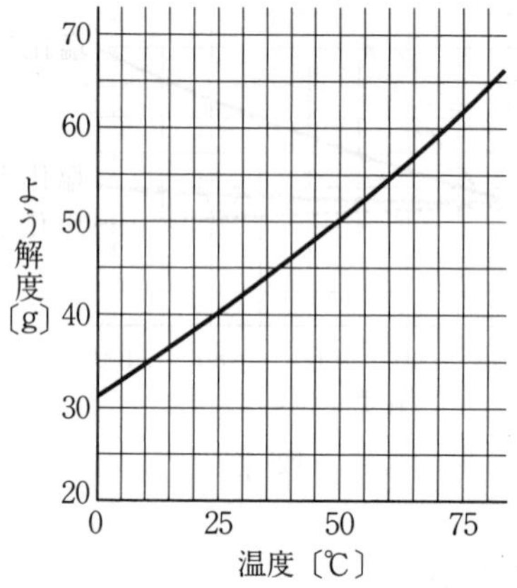

図２

(1)　50℃の水100ｇに、塩化アンモニウムは何ｇとかすことができますか。

(2)　25℃の水50ｇに、塩化アンモニウムは何ｇとかすことができますか。

(3)　25℃の塩化アンモニウムのほう和水よう液(よう解度の量までとかした水よう液)の濃度《のうど》は何％ですか。下の式を参考に小数第１位を四捨五入して、整数で答えなさい。

$$\text{濃度（\%）}=\frac{\text{とけているものの重さ（g）}}{\text{とけているものの重さ（g）＋水の重さ（g）}}\times 100$$

(4)　50℃の塩化アンモニウムのほう和水よう液150ｇを25℃に冷やしたとき、出てくる結晶は何ｇですか。整数で答えなさい。

(5) 25℃の水50gに、塩化アンモニウムが15gとけています。この水よう液は、あと何gの塩化アンモニウムをとかすことができますか。整数で答えなさい。

(6) 30℃の水200gに、塩化アンモニウムを100g加えてとかしましたが、全部とけませんでした。塩化アンモニウムを全部とかすには、水の温度を何℃まで上げればよいですか。整数で答えなさい。

2 図１のように、天井《てんじょう》につるしたばねの先にいろいろな重さのおもりをつけて、ばねの長さを測定したところ、表のようになりました。図２は、図１と同じばねを２個つなげて天井につるし、ばねの先におもりをつけたものです。図３は、図１のばねを横向きにして、左右に糸をつけて、それぞれ10gのおもりをつるしたものです。図４は、図３の片側の糸をおもりではなく壁《かべ》につけたものです。後の問いに答えなさい。

おもりの重さ(g)	10	20	30	（ イ ）	200
ばねの長さ(cm)	13	17	（ ア ）	37	（ ウ ）

表

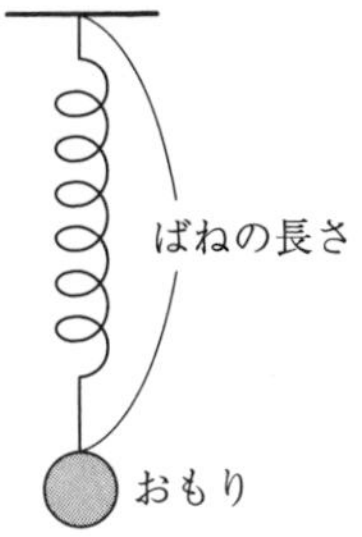

図１

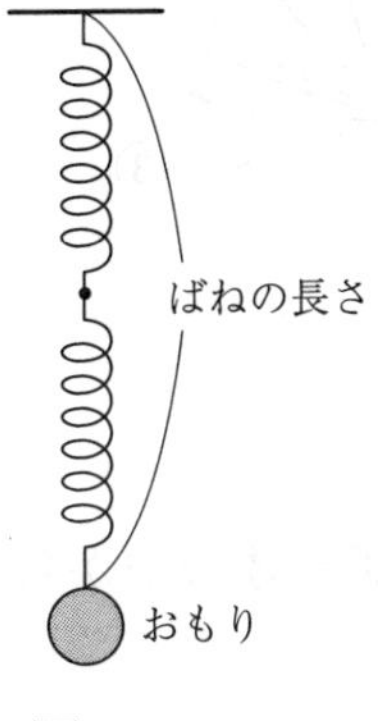

図２

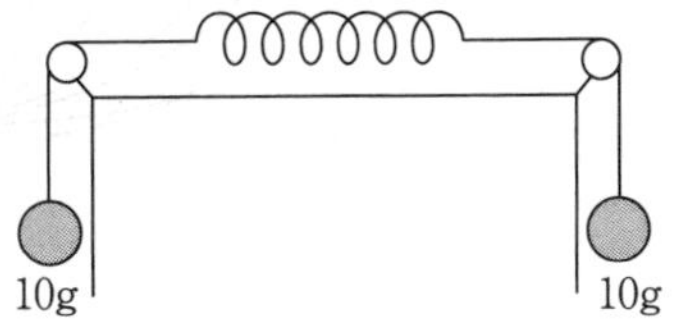

図３

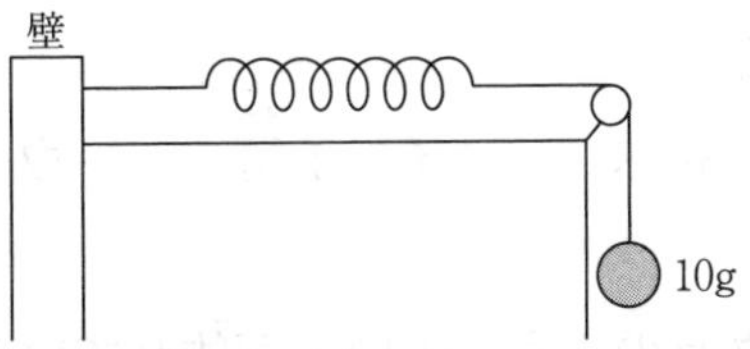

図４

問１ 表の（ ア ）～（ ウ ）にあてはまる数字を答えなさい。

問２ 図１のばねのおもりをつるしていないときの長さは何cmですか。

問３　図２のおもりの重さが20ｇのとき、２個のばねの長さの合計は何cmですか。なお、ばねの重さは考えないものとします。

問４　図３と図４のばねの長さの関係として正しいものを、次の**ア**～**ウ**から選び、記号で答えなさい。

ア　図３のばねの方が長い
イ　図４のばねの方が長い
ウ　図３と図４のばねの長さは同じ

3　花のつくりとはたらきについて、後の問いに答えなさい。

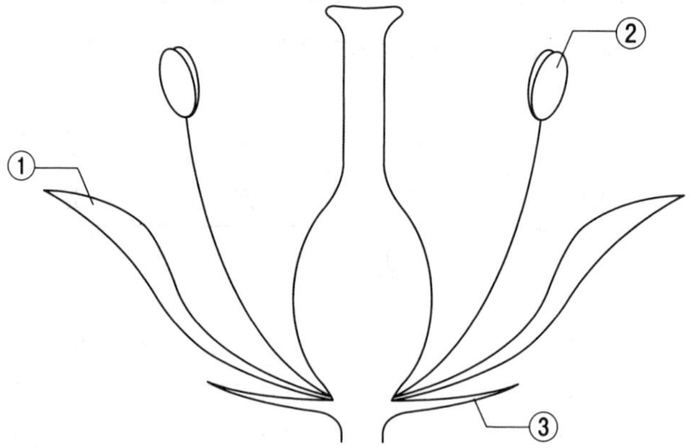

図

問１　図の①～③が示している花のつくりを、**ア**～**オ**の中からそれぞれ選び、記号で答えなさい。

ア　胚珠《はいしゅ》　　**イ**　子房《しぼう》　　**ウ**　やく　　**エ**　がく　　**オ**　花びら

問２　サクラのように①同士が離《はな》れている花を何と言いますか。

問3　おしべとめしべの説明をしている文を、**ア**～**オ**からそれぞれ選び、記号で答えなさい。

ア　おしべの先端《せんたん》に花粉がはいっているやくがある

イ　花を支える台になっている

ウ　目立つ色で昆虫《こんちゅう》をさそう

エ　果実になる子房や種子になる胚珠などがある

オ　つぼみのとき内部を守る

問4　花粉がめしべの柱頭《ちゅうとう》につくことを何と言いますか。

問5　**問4**のとき、花粉が風に運ばれる花を何と言いますか。

問6　花粉から花粉管がのび、胚珠にとどくと何がおこりますか。漢字2文字で答えなさい。

4　地球の大気が存在する範囲《はんい》を大気圏《たいきけん》と呼びます。図は、地上からの高さと気温の変化の関係を示したものです。また、図の①～④は大気圏を気温の変化にもとづいて区分したものです。なお、−50℃とは0℃より50℃低い気温です。後の問いに答えなさい。

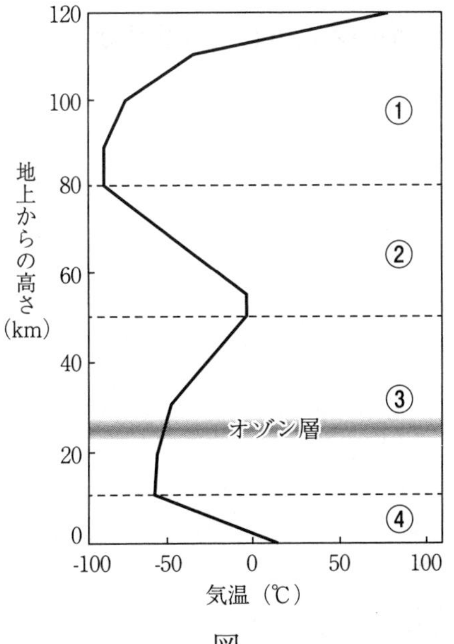

図

問1　図のオゾン層は主に何を吸収し、地球への到達《とうたつ》をやわらげていますか。次の**ア**～**エ**から選び、記号で答えなさい。

ア　紫外線《しがいせん》　　**イ**　赤外線　　**ウ**　X線　　**エ**　雷《かみなり》

問2　オーロラは地上80 km付近より上空で発生する現象です。オーロラが発生するのはどこだと考えられますか。図の①～④から選び、番号で答えなさい。

問3　気象の変化が起こっているのは主にどの部分だと考えられますか。図の①～④から選び、番号で答えなさい。

問4　動植物が生活しているのはどの部分だと考えられますか。図の①～④から選び、番号で答えなさい。

問5　地上からの高さが高くなるほど気温が上昇《じょうしょう》しているのはどの部分だと考えられますか。図の①～④からすべて選び、番号で答えなさい。

問6　気圧が一番小さいのはどの部分だと考えられますか。図の①～④から選び、番号で答えなさい。

問7　図における地上0 mの場所と③と④の境界部分では気温の差は70℃あります。③と④の境界部分の地上からの高さが10 kmだとすると、④の部分では100 m上昇することに何℃気温が変化していることになりますか。

問三　空欄［A］～［C］に当てはまる言葉を、次の中からそれぞれ一つずつ選び、記号で答えなさい。

ア　だから　イ　しかし　ウ　たしかに　エ　たとえば　オ　また

問四　――線③「このような構造」とはどのような構造ですか。文章中の例をふまえて説明しなさい。

問五　――線④「現在の生産様式が自然の論理に合っていない」とありますが、そのような状態になってしまったのはなぜですか。「～を優先したため。」と続く形になるようにして、文章中から十一字で書き抜きなさい。

問六　空欄［X］に当てはまる言葉を、次の中から一つ選び、記号で答えなさい。

ア　一体化　イ　形式化　ウ　画一化　エ　具現化　オ　実用化

問七　――線⑤「電気エネルギーの利用は、実にむだが多い」とありますが、その理由を二点に分けて答えなさい。

問八　本文の内容に合っているものを次の中から一つ選び、記号で答えなさい。

ア　小規模でも高い生産性をもつ原理や技術を駆使して、より大量生産・大量消費社会を目指す必要がある。

イ　「環境にやさしい科学」の実現に向けて、自然エネルギーをどのように利用していくか考える必要がある。

ウ　「自然にやさしい科学」の発展には、自然エネルギーではなく電気エネルギーを利用することが必須である。

エ　地球環境の危機を脱するためには、生産力を低下させ、原始時代の生活に戻ることが近道である。

オ　地球温暖化やオゾン層の破壊などの環境問題は子孫の代で解決してくれるので今は何もしなくてよい。

ルが建ち並んでいます。[X]された文化の中で、[X]された生活を送り、[X]された製品に囲まれている結果が、大量消費構造を支えているのです。それぞれが、独自な生活スタイルをとり、固有な文化を生き、独特の生産様式をつくり出す、という価値観の転換が必要だと思います。そのような「多様性」の中で生きるためには、どのようにして太陽や風や海流や地熱など自然のエネルギー利用を行うか、人工化合物でなく自然物を利用するかなど、やはり「環境にやさしい科学」が望まれることになるのです。

電気エネルギーはクリーンで取り扱いやすいので、今や何もかも電気で動く機械が作られています。ここでも「[X]」が進んでいるのです。しかし、⑤電気エネルギーの利用は、実にむだが多いのです。まず、石油やウランから取り出された熱エネルギーを電気エネルギーへ変え、再び電気エネルギーを熱やモーターの運動に変えるという、二段階の変換を行っています。エネルギーを変換するたびにロスがあり、本来使えるエネルギーの半分程度しか使っていません。また、原子力発電所は危険なので都市から離れた遠隔地に建設されており、長い距離を送電するための送電線や鉄塔などの設備建設が必要だし、送電中のロスもあります。しかし、現在の生産体制は電気エネルギー利用を前提として組み立てられており、それに適した技術しか開発されなかったのです。「自然にやさしい科学」とは、電気エネルギー一辺倒から、自然に密着したエネルギー利用の科学への転換を意味しています。

（池内了『科学の考え方・学び方』による）

※カタストロフィー…悲劇的な結末。破局。

問一　――線①「環境問題」とありますが、その原因を筆者はどのようなことだと考えていますか。それについて述べている箇所を、「人類が～こと。」と続く形になるようにして、文章中から三十一字で書き抜きなさい。

問二　――線②「かつては、『環境は無限』と考えられていました」とありますが、ではこの先、将来的にどうなると筆者は予測していますか。文章中から二十三字で書き抜きなさい。

土が流されて不毛の地となってしまった大陸や島に生きねばならないのは子孫たちなのです。環境問題は、すべて③このような構造をもっています。この点を考えれば、せめて子孫たちの負担を少しでも軽くするような手だてを打っていかねばなりません。

この地球環境の危機に対し、「原始時代のような生活に戻れ」という主張をする人がいます。大量消費が原因なのですから、それをやめればいいという単純な発想です。しかし、それは正しいのでしょうか。いったん獲得した知識や能力を捨てて、原始時代の不安な生活に戻れるものなのでしょうか。生産力の低い生活に戻れば、どれほど多くの餓死者が出ることでしょう。はたして誰が、それを命じることができるのでしょうか。たぶん、答えは、そんな知恵のない単純なものではないと思います。なすべきことは、現在の私たちの生き方を振り返り、いかなる価値観の変更が必要で、そのためには、科学がいかなる役目を果たすべきかを考えることではないでしょうか。

環境問題を引き起こした原因の一つは、④現在の生産様式が自然の論理に合っていないことにあります。ある意味で、かんたんで楽なやり方しか採用してこなかったのです。

例えば、現在の生産方式の多くは、工場（プラント）を集中化し、巨大化した設備で大量生産を続けるという方法がとられています。その方が、生産効率が高く、省力化できる、つまり安上がりで大量に生産ができるという経済論理が優先されているのです。そのために、政府が基盤整備に投資を行い、それに合わせて輸送手段を集中し、都市へ人を集めるというふうに、社会構造まで含めて巨大化・集中化に邁《まい》進しています。その結果、少量ならば自然の力で浄化できるのに、大量に工業排出物を放出するため、海や空気の汚染を深刻化させたのです。

工場を分散させ、小規模施設とすることが、まず第一歩です。それでは生産力が落ちると反論されそうですが、小規模でも同じ生産力を保つ研究が必要なのです。そのヒントは、科学の技術化は、一通りだけではないという点にあります。むしろ、今までは大規模生産しか考えず、それに適した技術しか開発してこなかったといえるかもしれません。もうけるという経済論理が、科学技術の中身を決めてきた可能性があります。「自然にやさしい科学」とは、従来とは異なった、小規模でも高い生産性をもつ原理や技術の発見という意味を込めています。

また、巨大化・集中化は「X」につながっています。全国いたるところで、同じ物が売られ、同じテレビ番組が流れ、同じビ

三　次の文章を読んで、後の問いに答えなさい。

現在、①環境問題がさまざまに議論されています。一口に環境問題といっても、地球温暖化・オゾン層の破壊・熱帯林の減少・酸性雨・有機化合物や有毒金属による地球汚染など、多くの問題にわたっており、対策も個々の問題に応じて異なっています。逆に、原因はただ一つです。人間の諸活動が、環境問題を引き起こしているからです。地上に人類が現れて以来、地球環境は汚染され続けてきたと極論を言う人もいます。実際、人類の手で多くの種が絶滅させられました。しかし、人類も自然に生まれてきた生物の一つですから、その活動が環境に影響を与えるのは必然なのかもしれません。

ただ、人類は生産活動を行うという点で他の生物とは異なった存在であり、自然では作り得ない物質を生産し、その大量消費を行うようになったのも事実です。その結果、人類の活動が地球の環境が許容できる能力と匹敵するほどのレベルに達しており、自然では浄化しきれない人工化合物があふれ、新しい生命体を作る試みすらし始めています。人類は、意識しているかどうかは別として、環境を根本的に変えかねない事態を招いているのです。

②かつては、「環境は無限」と考えられていました。つまり、環境の容量は人類の活動に比べて圧倒的に大きく、すべてを吸収処理してくれると思ってきたのです。[A]、廃棄物を平気で海や空に捨て、森林を切り、海や湖を埋立て、ダムを造ってきました。[B]、環境が無限でないことを、さまざまな公害によって学んできました。[C]、陸にも海にも砂漠化が進み（海にも砂漠化が進み、海藻が枯れています）、自然の生産力が落ち始めています。確かに、このままの消費生活を続けると、地球の許容能力を越え、※カタストロフィーが起こるかもしれません。人類の未来は、環境問題の危機をいかに乗り切るかにかかっていると言っても過言ではないでしょう。二一世紀は、まさにこの課題に直面する時代となるに違いありません。

この環境問題の原因は、無責任に大量生産・大量消費の社会構造にしてしまった私たちの世代の責任であると考えています。自分たちは優雅で便利な生活を送りながら、その「借金」を子孫に押しつけているのですから。借金の最大の象徴は、原子力発電所から出る大量の放射性廃棄物でしょう。電気を使って生活を楽しんでいるのは私たちですが、害にしかならない放射性廃棄物を一万年にわたって管理し続けねばならないのは、私たちの子孫なのです。あるいは、熱帯林を切って大量の安い紙を使っているのは私たちであり、表

二

次のことわざの空欄［A］～［E］に当てはまる動物を答え（漢字で書けない場合はひらがなでよい）、ことわざを完成させなさい。また、各ことわざと意味が類似するものを、後のア～オの中からそれぞれ一つずつ選び、記号で答えなさい。

①［A］百まで踊りを忘れず　…【類似①】
②［B］も木から落ちる　…【類似②】
③ 泣き面に［C］　…【類似③】
④ 飼い［D］に手をかまれる　…【類似④】
⑤ やぶをつついて［E］を出す　…【類似⑤】

ア　弘法にも筆の誤り
イ　寝た子を起こす
ウ　三つ子の魂百まで
エ　弱り目にたたり目
オ　庇《ひさし》を貸して母屋を取られる

二〇二二年度
東京農業大学第三高等学校附属中学校

【国　語】〈第三回試験〉（四〇分）〈満点：一〇〇点〉

一　次の各文の――線部のカタカナの語を漢字に直しなさい。

① 早起きのシュウカンをつける
② シュウカン誌を定期購読する
③ 神棚に米と水をソナえる
④ 万が一のためにソナえる
⑤ 病状がカイホウに向かう
⑥ 悩みからカイホウされる
⑦ 提出キゲンを必ず守る
⑧ ことばのキゲンを探る
⑨ 優秀な成績をオサめる
⑩ 王になり国をオサめる

2022年度

東京農業大学第三高等学校附属中学校 ▶解　答

※　編集上の都合により，第３回試験の解説は省略させていただきました。

算　数　＜第３回試験＞（40分）＜満点：100点＞

解　答

1 (1)　6　(2)　3　(3)　715　(4)　303　2 (1)　2　(2)　C，A，D，B　(3)　225人　(4)　86点以上　(5)　45人　(6)　157cm^2　3 (1)　2400m　(2)　７時31分　(3)　分速120m　(4)　８時６分　4 (1)　55g　(2)　784g　(3)　258番目　(4)　70

社　会　＜第３回試験＞（40分）＜満点：100点＞

解　答

1 **問１**　(1)　アフガニスタン，エ　(2)　ア　**問２**　カ　**問３**　①　2 **問１**　ア　**問２**　X　**問３**　G　**問４**　(1)　①　C　②　D　(2)　いちご　(3)　マンゴー　**問５**　イ　**問６**　イ　**問７**　ア　**問８**　ア　**問９**　ウ　3 **問１**　**ア**　A　**イ**　E　**ウ**　B　**問２**　(1)　ア，エ　(2)　イ，オ　(3)　出島　(4)　ウ　**問３**　(1)　エ　(2)　渋沢栄一　**問４**　エ→ウ→ア→イ　4 **問１**　エ　**問２**　ア　**問３**　（例）　任期の途中でも国民の意見(民意)を国政に反映させるため。　**問４**　イ　**問５**　ウ　**問６**　エ　**問７**　ウ　**問８**　**X**　３分の２　**Y**　過半数　**Z**　国民　**問９**　ジェンダー　**問10**　政党

理　科　＜第３回試験＞（40分）＜満点：100点＞

解　答

1 **問１**　よう解度曲線　**問２**　イ　**問３**　エ　**問４**　硝酸カリウム　**問５**　（例）　水を蒸発させる。　**問６**　(1)　50g　(2)　20g　(3)　29%　(4)　10g　(5)　５g　(6)　50℃　2 **問１**　**ア**　21　**イ**　70　**ウ**　89　**問２**　9cm　**問３**　34cm　**問４**　ウ　3 **問１**　①　オ　②　ウ　③　エ　**問２**　離弁花　**問３**　**おしべ**…ア　**めしべ**…エ　**問４**　受粉　**問５**　風ばい花　**問６**　受精　4 **問１**　ア　**問２**　①　**問３**　④　**問４**　④　**問５**　①，③　**問６**　①　**問７**　0.7℃

国　語　＜第３回試験＞（40分）＜満点：100点＞

解　答

一 下記を参照のこと。　二 ①　雀(すずめ)，ウ　②　猿(さる)，ア　③　蜂(はち)，エ　④　犬(いぬ)，オ　⑤　蛇(へび)，イ　三 **問１**　(人類が)自然では作り得ない物質を生産し，その大量消費を行うようになった(こと。)　**問２**　地球の許容能力を越え，カタストロフィーが起こる　**問３**　**A**　ア　**B**　イ　**C**　オ　**問４**　(例)　自分たちの世代が優雅で便利な生活を送ることで，子孫によくない地球環境を押しつけていくことになる構造。　**問５**　もうけるという経済論理(を優先したため。)　**問６**　ウ　**問７**　(例)　エネルギーの変換を二段階にわたって行わなければならないから。／長い距離を送電するための設備が必要で，送電中にロスも起こるから。　**問８**　イ

●漢字の書き取り

一 ①　習慣　②　週刊　③　供(える)　④　備(える)　⑤　快方　⑥　解放　⑦　期限　⑧　起源　⑨　収(める)　⑩　治(める)

2025年度用
中学スーパー過去問

■編集人 声の教育社・編集部
■発行所 株式会社 声の教育社

〒162-0814 東京都新宿区新小川町8-15
☎03-5261-5061(代) FAX03-5261-5062
https://www.koenokyoikusha.co.jp

カコを追いかけ
ミライをつかめ
「今の説明、もう一回」を何度でも
web過去問
ストリーミング配信による入試問題の解説動画
もっと古いカコモンないの?
カコ過去問
「さらにカコの」過去問をHPに掲載(DL)
声の教育社
詳しくはこちらから

ストリーミング配信による入試問題の解説動画

2025年度用web過去問　ラインナップ

■ **男子・女子・共学（全動画）見放題**
36,080円（税込）

■ **男子・共学 見放題**
29,480円（税込）

■ **女子・共学 見放題**
28,490円（税込）

● 中学受験「声教web過去問（過去問プラス・過去問ライブ）」（算数・社会・理科・国語）

3～5年間 **24校**

過去問プラス

麻布中学校	桜蔭中学校	開成中学校	慶應義塾中等部	渋谷教育学園渋谷中学校
女子学院中学校	筑波大学附属駒場中学校	豊島岡女子学園中学校	広尾学園中学校	三田国際学園中学校
早稲田中学校	浅野中学校	慶應義塾普通部	聖光学院中学校	市川中学校
渋谷教育学園幕張中学校	栄東中学校			

過去問ライブ

栄光学園中学校	サレジオ学院中学校	中央大学附属横浜中学校	桐蔭学園中等教育学校	東京都市大学付属中学校
フェリス女学院中学校	法政大学第二中学校			

● 中学受験「オンライン過去問塾」（算数・社会・理科）

3～5年間 **50校以上**

東京	青山学院中等部	東京	国学院大学久我山中学校	東京	明治大学付属明治中学校	千葉	芝浦工業大学柏中学校	埼玉	栄東中学校
	麻布中学校		渋谷教育学園渋谷中学校		早稲田中学校		渋谷教育学園幕張中学校		淑徳与野中学校
	跡見学園中学校		城北中学校		都立中高一貫校 共同作成問題		昭和学院秀英中学校		西武学園文理中学校
	江戸川女子中学校		女子学院中学校		都立大泉高校附属中学校		専修大学松戸中学校		獨協埼玉中学校
	桜蔭中学校		巣鴨中学校		都立白鷗高校附属中学校		東邦大学付属東邦中学校		立教新座中学校
	鷗友学園女子中学校		桐朋中学校		都立両国高校附属中学校		千葉日本大学第一中学校	茨城	江戸川学園取手中学校
	大妻中学校		豊島岡女子学園中学校	神奈川	神奈川大学附属中学校		東海大学付属浦安中等部		土浦日本大学中等教育学校
	海城中学校		日本大学第三中学校		桐光学園中学校		麗澤中学校		茗渓学園中学校
	開成中学校		雙葉中学校		県立相模原・平塚中等教育学校		県立千葉・東葛飾中学校		
	開智日本橋中学校		本郷中学校		市立南高校附属中学校		市立稲毛国際中等教育学校		
	吉祥女子中学校		三輪田学園中学校	千葉	市川中学校	埼玉	浦和明の星女子中学校		
	共立女子中学校		武蔵中学校		国府台女子学院中学部		開智中学校		

web過去問 Q&A

過去問が動画化！
声の教育社の編集者や中高受験のプロ講師など、
過去問を知りつくしたスタッフが動画で解説します。

Q **どこで購入できますか？**

A 声の教育社のHPでお買い求めいただけます。

Q **受講にあたり、テキストは必要ですか？**

A 基本的には過去問題集がお手元にあることを前提としたコンテンツとなっております。

Q **全問解説ですか？**

A 「オンライン過去問塾」シリーズは基本的に全問解説ですが、国語の解説はございません。「声教web過去問」シリーズは合格のカギとなる問題をピックアップして解説するもので、全問解説ではございません。なお、「声教web過去問」と「オンライン過去問塾」のいずれでも取り上げられている学校がありますが、授業は別の講師によるもので、同一のコンテンツではございません。

Q **動画はいつまで視聴できますか？**

A ご購入年度2月末までご視聴いただけます。
複数年視聴するためには年度が変わるたびに購入が必要となります。

よくある解答用紙のご質問

01

実物のサイズにできない

　拡大率にしたがってコピーすると，「解答欄」が実物大になります。配点などを含むため，用紙は実物よりも大きくなることがあります。

02

A3用紙に収まらない

　拡大率164％以上の解答用紙は実物のサイズ（「出題傾向＆対策」をご覧ください）が大きいために，Ａ３に収まらない場合があります。

03

拡大率が書かれていない

　複数ページにわたる解答用紙は，いずれかのページに拡大率を記載しています。どこにも表記がない場合は，正確な拡大率が不明です。

04

１ページに２つある

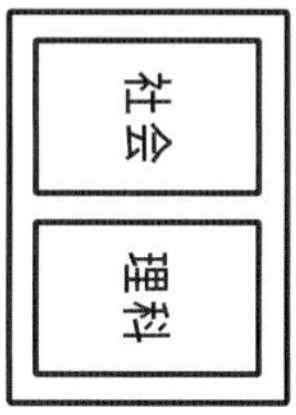

　１ページに２つ解答用紙が掲載されている場合は，正確な拡大率が不明です。ほかの試験回の同じ教科をご参考になさってください。

東京農業大学第三高等学校附属中学校

つかいやすい書きこみ式

入試問題解答用紙編

最近３年間収録

＊解答用紙は本体と一緒にとじてありますから、ていねいに抜きとってご使用ください。

■注意

●一部の科目の解答用紙は小社で作成しましたので、無断で転載することを禁じます。

●収録のつごうにより、一部縮小したものもあります。

●設問ごとの配点は非公表です。採点しやすいように小社が推定して作成したものです。

※ 実際の解答欄の大きさで練習するには、指定の倍率で拡大コピーしてください。なお、ページの上下に小社作成の見出しや配点を記載しているため、コピー後の用紙サイズが実物の解答用紙と異なる場合があります。

声の教育社

２０２４年度　東京農業大学第三高等学校附属中学校　第１回

算数解答用紙

番号		氏名		評点	／100

1

(1)		(2)		(3)	

2

(1)		(2)	円	(3)	①	②
						番目
(4)	年　月　日	(5)	度			

3

(1)	分後	(2)	分速　m
(3)	分速　m	(4)	分　秒後

4

(1)	通り	(2)	通り
(3)	通り	(4)	通り

5

(1)	cm^3	(2)	cm^3	(3)	個

（注）この解答用紙は実物を縮小してあります。Ｂ５→Ｂ４(141%)に拡大コピーすると、ほぼ実物大の解答欄になります。

〔算　数〕100点(推定配点)

1　各５点×3　2　(1)，(2)　各５点×2　(3)　①　３点　②　２点　(4)，(5)　各５点×2　3　(1)，(2)　各６点×2　(3)，(4)　各４点×2　4　(1)，(2)　各６点×2　(3)，(4)　各４点×2　5　(1)，(2)　各７点×2　(3)　６点

2024年度　東京農業大学第三高等学校附属中学校　第１回

社会・理科解答用紙　No. 1

番号		氏名		評点	／100

1

問1	(1)	(2)		
問2	(1) ア	イ	ウ	エ

問2 (2)

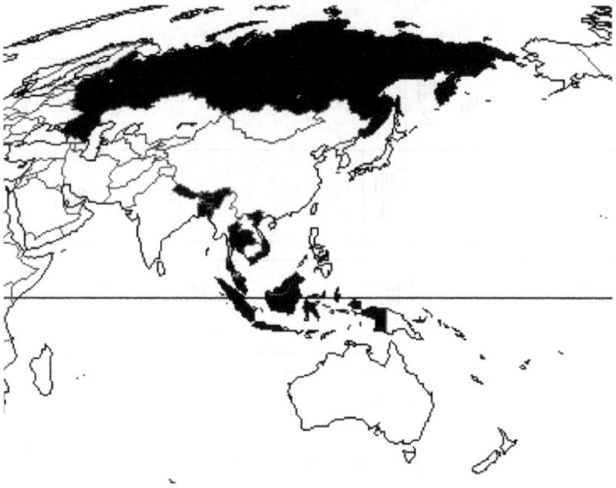

問3	(1)	(2)	(3)	(4)

2

問1	A	B		問2			
問3		問4		問5		問6	
問7	(1)	(2)					
問8						問9	

3

問1		問2		問3	
問4	(1) X	Y	(2)		
問5		問6		問7	

2024年度　東京農業大学第三高等学校附属中学校　第1回

社会・理科解答用紙　No.2

4

問1	ア	イ	ウ		
問2	mA	問3	mA	問4	

5

A問題	問1	%	問2	水　g	ホウ砂　g	
	問3		問4	%		

B問題	問1		問2		問3		問4	

C問題	問1		問2	
	問3			

（注）この解答用紙は実物を縮小してあります。B５→B４（141%）に拡大コピーすると、ほぼ実物大の解答欄になります。

〔社会・理科〕100点（推定配点）

1 問1　(1)　1点　(2)　2点　問2　(1)　各1点×4　(2)　各2点×2　問3　各2点×4　2 問1　各2点×2　問2　1点　問3　2点　問4〜問6　各1点×3　問7　(1)　1点　(2)　2点　問8　3点　問9　1点　3 問1　2点　問2, 問3　各1点×2　問4　各2点×3　問5　1点　問6　2点　問7　1点　4 各3点×6　5 A問題　各3点×5　B問題　各2点×4　C問題　各3点×3

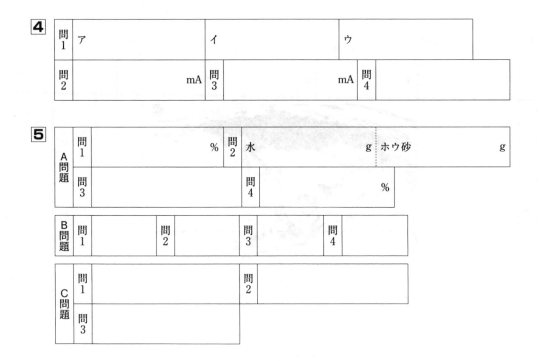

２０２４年度　東京農業大学第三高等学校附属中学校　第一回

国語解答用紙

番号		氏名		評点	/100

一

①	②	③	④	⑤
⑥	⑦	⑧　める	⑨　む	⑩　ける

二

①　事	②　作	③　外	④　素	⑤　料
⑥　北	⑦　点	⑧　切	⑨　平	⑩　任

三

問一			
問二	A	B	C
問三			
問四			
問五			
問六			
問七			
問八	(1)		
	(2)	1点目	
		2点目	

（注）この解答用紙は実物を縮小してあります。Ｂ５→Ａ３（163％）に拡大コピーすると、ほぼ実物大の解答欄になります。

〔国　語〕100点(推定配点)

一, 二　各２点×20　三　問１　６点　問２　各４点×３　問３　６点　問４～問７　各４点×５　問８　(1) ６点　(2)　各５点×２

2024年度　東京農業大学第三高等学校附属中学校　総合理科

総合理科解答用紙　No. 1

番号		氏名		評点	／120

1

問1		問2	kg	問3	人
問4	人	問5	① kg	② 人	
問6	J	問7	J	問8	J

2

A問題

問1	①	②	③
問2	(あ)	(う)	
問3	図1	図2	
問4		問5	

B問題

問1	km	問2	
問3	倍	問4	周
問5		問6	
問7			

総合理科解答用紙　No.２

3

A問題					
問1	①	③	問2	→ →
問3	⑤	⑩	問4	→ →

B問題							
問1	億年	問2	億年	問3	年		
問4	(1)	日	(2)	時間			
	(3)	生命誕生　歳　ヶ月					
	(4)	歳　ヶ月	(5)	年　月　日			

4

A問題			
問1		問2	
問3	ア	イ	ウ
問4			

B問題			
問1		問2	
問3	ア	イ	
問4			

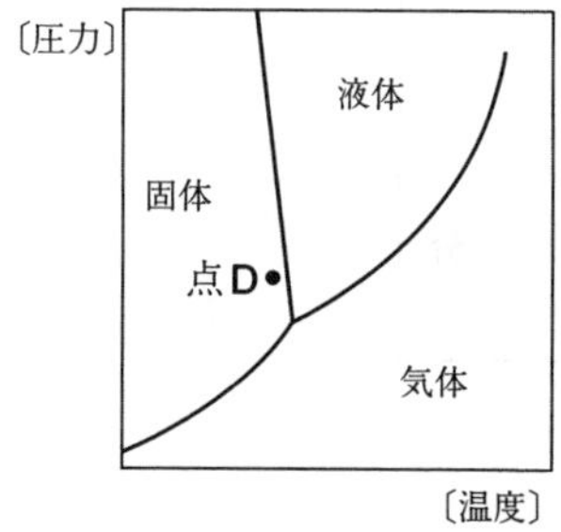

（注）この解答用紙は実物を縮小してあります。Ｂ５→Ｂ４(141%)に拡大コピーすると、ほぼ実物大の解答欄になります。

〔総合理科〕120点（推定配点）

1　各３点×9　2, 3　各２点×30<2のＢ問題の問５，3のＡ問題の問２，問４は完答>　4　各３点×11

２０２４年度　東京農業大学第三高等学校附属中学校

算数解答用紙　第３回

番号		氏名	

評点	／100

1

(1)		(2)	
(3)		(4)	

2

(1)		(2)	個	(3)	秒
(4)	点	(5)	円	(6)	cm^2

3

(1)	回	(2)	時速　km
(3)	時　分	(4)	km

4

(1)	分	(2)	分
(3)	分	(4)	分

（注）この解答用紙は実物を縮小してあります。Ｂ５→Ｂ４（141％）に拡大コピーすると、ほぼ実物大の解答欄になります。

〔算　数〕100点（推定配点）

1, 2　各６点×10　3　(1)，(2)　各６点×２　(3)，(4)　各４点×２　4　(1)，(2)　各６点×２　(3)，(4)　各４点×２

２０２４年度　東京農業大学第三高等学校附属中学校

社会解答用紙　第３回

番号		氏名		評点	／100

1

問1		問2		問3		
問4	(1)	(2)		問5		
問6	地熱発電	風力発電				
問7	(1)	(2)				
	(3)					
問8	仙台	秋田				

2

問1	A	B	C	D	
問2	(1)		(2)		
	(3)				
	(4)				
問3	(1)	(2)	問4	(1)	(2)
問5	→ → →				

3

問1		問2		問3			
問4		問5		問6		問7	
問8		問9	X			Y	

（注）この解答用紙は実物を縮小してあります。Ｂ５→Ｂ４（141％）に拡大コピーすると、ほぼ実物大の解答欄になります。

〔社　会〕100点（推定配点）

1　問１～問５　各３点×６　問６　各２点×２　問７　(1)，(2)　各３点×２　(3)　４点　問８　各２点×２　2　問１　各３点×４　問２　(1)，(2)　各２点×４　(3)，(4)　各３点×２　問３～問５　各３点×５＜問５は完答＞　3　問１，問２　各２点×２　問３　３点　問４～問８　各２点×５　問９　各３点×２

２０２４年度　東京農業大学第三高等学校附属中学校

理科解答用紙　第３回

番号		氏名		評点	／100

1

問1	①	②	③	④
	⑤	⑥	⑦	⑧
問2	⑨	⑩	⑪	
問3	ア		イ	
	ウ		エ	
問4	(1) 方法1			
	方法2			
	(2)		(3)	

2

問1	Aの部分	つくり			
問2		問3		問4	
問5		問6			

3

問1		問2	名称	記号	問3	
問4	%	問5		問6	①	②
問7	(1)		(2) ℃			

4

問1	cm³	問2	g	問3	g
問4	g	問5	cm³	問6	g

（注）この解答用紙は実物を縮小してあります。Ｂ５→Ｂ４（141％）に拡大コピーすると、ほぼ実物大の解答欄になります。

〔理　科〕100点(推定配点)

1 問1，問2　各1点×11　問3，問4　各2点×8　2 問1　各3点×2　問2～問4　各4点×3　問5，問6　各3点×2＜問5は完答＞　3 問1　3点　問2　各2点×2　問3～問7　各3点×7＜問3は完答＞　4 問1～問3　各4点×3　問4～問6　各3点×3

２０２４年度　東京農業大学第三高等学校附属中学校

国語解答用紙　第三回

番号　氏名　評点 /100

一

①　②　③　④　⑤

⑥　⑦　⑧　⑨　う　⑩　く

二

① 漢字A 意味①

② 漢字B 意味②

③ 漢字C 意味③

④ 漢字D 意味④

⑤ 漢字E 意味⑤

三

問一　ⓐ　ⓑ　ⓒ

問二

問三

問四

人間（動物）　自分でアミノ酸を［　　］ため、ウシやブタやニワトリ、魚などの肉を食べることで［　　］。

植物　自分でアミノ酸を［　　］ため、タンパク質を摂取する必要はないが、養分として［　　］必要がある。

問五

問六　(1)　(2) ⓐ　ⓑ　ⓒ

問七　ア　イ　ウ　エ

（注）この解答用紙は実物を縮小してあります。Ｂ５→Ａ３（163％）に拡大コピーすると、ほぼ実物大の解答欄になります。

〔国　語〕100点（推定配点）

一，二　各２点×20　三　問１～問３　各３点×５　問４，問５　各６点×３　問６　(1)　６点　(2)　各３点×３　問７　各３点×４

2023年度　東京農業大学第三高等学校附属中学校　第1回

算数解答用紙

番号		氏名		評点	／100

1

(1)		(2)		(3)	

2

(1)		(2)	点	(3)	
(4)	m	(5)	cm^2		

3

(1)		(2)	cm
(3)		(4)	cm^2

4

(1)		(2)	
(3)	前から　　　番目まで	(4)	前から　　　番目まで

5

(1)	分	(2)	分
(3)	分	(4)	分

（注）この解答用紙は実物を縮小してあります。Ｂ５→Ｂ４(141%)に拡大コピーすると、ほぼ実物大の解答欄になります。

〔算　数〕100点(推定配点)

1，2　各５点×８　3　(1)，(2)　各６点×２　(3)，(4)　各４点×２　4　(1)，(2)　各６点×２　(3)，(4)　各４点×２　5　(1)，(2)　各６点×２　(3)，(4)　各４点×２

2023年度　東京農業大学第三高等学校附属中学校　第1回

社会・理科解答用紙　No.1

番号		氏名		評点	／100

1

問1	ブラジル	ナイジェリア	メキシコ				
問2		問3	X	Y			
問4		問5		問6		問7	(1) / (2)

2

問1	(1)	(2)			
問2	(1)	(2)			
問3		問4		問5	

3

問1		問2	(1)	(2)
問3	(1)	(2)　文化		
	(3)			
問4	(1)	(2)	(3)	

4

問1		問2	

5

問1	A	B	C
問2	D	E	問3
問4			
問5	衆議院は（　　　　）が短く、（　　　　）もあり、国民の意見を反映しやすいから。		
問6		問7	(1) / (2)

2023年度　東京農業大学第三高等学校附属中学校　第１回

社会・理科解答用紙　No. 2

6

問1	①	②	③	④	⑤
問2	①　A	B	C		
	②	③			
問3	①	②	③		
	④　　と	⑤　　通り			

7

A問題	問1	(1)	(2)	問2	
	問3		問4		

B問題	問1		問2	
	問3	①　　cm^3	②　　cm^3	

C問題	問1	倍	問2		問3	
	問4		問5			

（注）この解答用紙は実物を縮小してあります。Ｂ５→Ｂ４（141%）に拡大コピーすると、ほぼ実物大の解答欄になります。

〔社会・理科〕100点(推定配点)

1　各１点×11　2　問１～問３　各１点×５　問４，問５　各２点×２　3　問１～問３　各１点×７　問４　各２点×３　4　各１点×２　5　問１～問３　各１点×６　問４　２点　問５，問６　各１点×３　問７　各２点×２　6　問１，問２　各１点×10　問３　各２点×５<①～③はそれぞれ完答>　7　A問題　各２点×５　B問題　問１，問２　各２点×２　問３　各３点×２　C問題　各２点×５

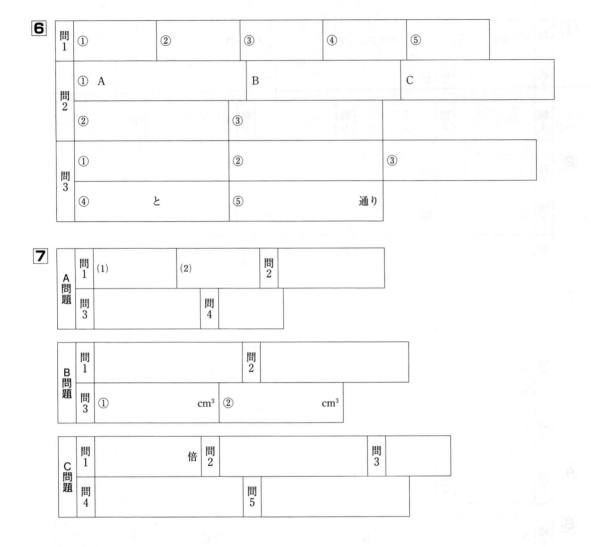

二〇二三年度 東京農業大学第三高等学校附属中学校 第一回

国語解答用紙

番号 | 氏名 | 評点 /100

一

①	②	③	④	⑤
⑥	⑦	⑧	⑨	⑩ み合う

二

① 外	② 名	③ 念	④ 内	⑤ 素
⑥ 点	⑦ 由	⑧ 災	⑨ 平	⑩ 止

三

問一	A	B	C
問二			
問三			
問四			
問五			
問六			
問七	誰が何をどんなふうに改変した		
	その結果	いわゆる普通種と呼ばれる虫は、　。	
		一方、そうでない虫たちは、　。	
問八			
問九			
問十			

(注) この解答用紙は実物を縮小してあります。B５→A３(163%)に拡大コピーすると、ほぼ実物大の解答欄になります。

〔国　語〕100点(推定配点)

一, 二　各２点×20　三　問１～問５　各４点×７　問６，問７　各５点×４　問８～問10　各４点×３

総合理科解答用紙　No.１

番号		氏名		評点	／120

1

A問題	問1	cm	問2	cm	問3	
	問4		問5	cm		

B問題	問1	ア	イ	問2	

2

A問題	問1	酸素　個	問2	種類	
	問3	4個 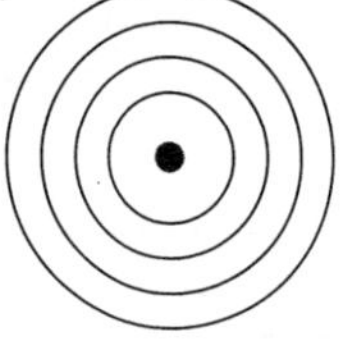	13個 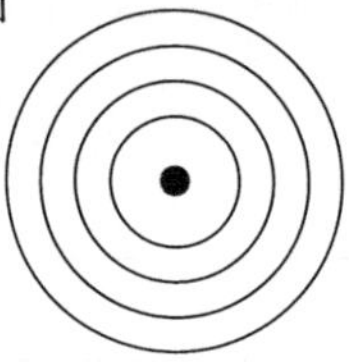	19個 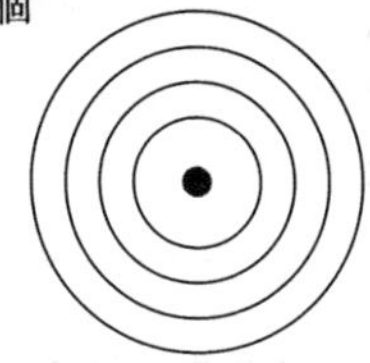	

B問題	問1		問2		問3		問4	

3

A問題	問1		問2	A	C

B問題	問1		問2	(ア)	(イ)	(ウ)	(エ)
	問3		問4		問5		

総合理科解答用紙　No.２

4

A問題	問1	1	2	3		
	問2	km²	問3		問4	

B問題	問1		問2	
	問3			
	問4	① 地質断面図	地質平面図	
		②		

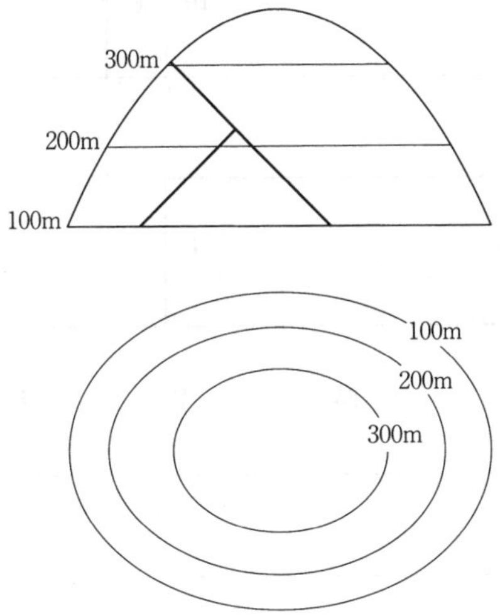

（注）この解答用紙は実物を縮小してあります。Ｂ５→Ｂ４（141%）に拡大コピーすると、ほぼ実物大の解答欄になります。

〔総合理科〕120点(推定配点)

1　A問題　各４点×５　B問題　問１　各３点×２　問２　４点　2　A問題　各３点×５　B問題　問１　３点　問２～問４　各４点×３　3　A問題　各２点×３　B問題　各３点×８　4　A問題　各２点×６＜問４は完答＞　B問題　各３点×６＜問２は完答＞

2023年度　東京農業大学第三高等学校附属中学校

算数解答用紙　第3回

番号		氏名	

評点	／100

1

(1)		(2)	
(3)		(4)	

2

(1)		(2)	回	(3)	%
(4)	g	(5)	m	(6)	度

3

(1)	cm	(2)	L
(3)	時　分	(4)	時　分　秒

4

(1)	通り	(2)	通り
(3)	通り	(4)	通り

（注）この解答用紙は実物を縮小してあります。B５→B４(141%)に拡大コピーすると、ほぼ実物大の解答欄になります。

〔算　数〕100点(推定配点)

1, 2　各6点×10　3　(1)，(2)　各6点×2　(3)，(4)　各4点×2　4　(1)，(2)　各6点×2　(3)，(4)　各4点×2

２０２３年度　東京農業大学第三高等学校附属中学校

社会解答用紙　第３回

番号		氏名		評点	／100

1

問1		問2					
問3	(1)		(2)		(3)		
問4	(1)		(2)	火山	問5		
問6		問7	猿払村	札幌市	夕張市	奥尻町	
問8	漁業						

2

問1	(1)　遺跡				
	(2)				
問2		問3	(1)	(2)	
問4		問5			
問6		問7			
問8		問9			
問10					

3

問1	A	D	問2		問3		
問4	(1)	(2) ロシアが（　　　　　　）を発動したため。					
問5	(1)	(2)	(3)				
問6		問7		問8	(1)　　年	(2)	

（注）この解答用紙は実物を縮小してあります。B５→B４(141%)に拡大コピーすると、ほぼ実物大の解答欄になります。

〔社　会〕100点(推定配点)

1　問1～問5　各3点×8　問6～問8　各2点×6　2　問1～問5　各3点×7　問6～問10　各2点×5　3　問1～問4　各2点×6　問5～問8　各3点×7

2023年度　東京農業大学第三高等学校附属中学校

理科解答用紙　第3回

番号		氏名		評点	／100

1

問1	ア	イ	ウ	エ	オ		
問2	倍	問3	倍	問4		問5	

2

問1		問2		問3		問4	
問5		問6		問7		問8	

3

A問題	問1		問2		
	問3		問4		

B問題	問1		問2	
	問3	よう液	栄養分	
	問4			

4

問1		問2			
問3	①	②			
	③ 名前	位置			
問4		問5		問6	
問7	→ → → →				

（注）この解答用紙は実物を縮小してあります。B５→B４（141％）に拡大コピーすると、ほぼ実物大の解答欄になります。

〔理　科〕100点(推定配点)

1　問1～問3　各3点×7　問4，問5　各2点×2<問4は完答>　2　問1～問7　各3点×7　問8　4点　3　A問題　各3点×4　B問題　問1，問2　各3点×2　問3　各2点×2　問4　3点　4　問1～問4　各2点×8<問3の①は完答>　問5～問7　各3点×3<問7は完答>

二〇二三年度　東京農業大学第三高等学校附属中学校

国語解答用紙　第三回

番号　　氏名　　評点 ／100

一

①		②		③	す	④		⑤	める
⑥		⑦		⑧		⑨	る	⑩	り

二

①	漢字A		意味①	
②	漢字B		意味②	
③	漢字C		意味③	
④	漢字D		意味④	
⑤	漢字E		意味⑤	

三

問一

問二

問三

問四

問五

問六
- リレー：一〇〇キロを全力で走るのではなく、〔　　〕走った方が、最終的に〔　　〕ことができる。
- 植物(雑草)：〔　　〕のではなく、〔　　〕生きた方が、長い間地上に存続することができる。

問七　ⓐ　ⓑ

問八　ア　イ　ウ　エ

（注）この解答用紙は実物を縮小してあります。B５→A３(163%)に拡大コピーすると、ほぼ実物大の解答欄になります。

〔国　語〕100点(推定配点)

一，二　各２点×20　三　各４点×15＜問６は各４点×４＞

2022年度　東京農業大学第三高等学校附属中学校　第1回

算数解答用紙

番号		氏名		評点	／100

1

(1)		(2)		(3)	

2

(1)		(2)	エ	カ	(3)	g
(4)	時速　km	(5)	度			

3

(1)		(2)	
(3)		(4)	cm^2

4

(1)		(2)	個
(3)	個	(4)	

5

(1)	個	(2)	cm^3
(3)	cm^2		

（注）この解答用紙は実物を縮小してあります。B５→B４(141%)に拡大コピーすると、ほぼ実物大の解答欄になります。

〔算　数〕100点(推定配点)

1, 2　各５点×8＜2の(2)は完答＞　3　(1), (2)　各７点×2　(3), (4)　各３点×2　4　(1), (2)　各７点×2　(3), (4)　各３点×2　5　(1), (2)　各７点×2　(3)　６点

２０２２年度　東京農業大学第三高等学校附属中学校　第１回

社会・理科解答用紙　No. 1

番号		氏名		評点	／100

1

問1	1位	2位	4位
	5位	6位	
問2	1位	7位	
問3			

2

問1		問2		問3	
問4		問5	(1)	(2)	cm
問6		問7			

3

問1					
問2	(1)	(2)			
問3	(1)				
	(2)	問4		問5	
問6		問7		問8	
問9		問10			

4

問1	A	B	C		
問2		問3		問4	
問5		問6			

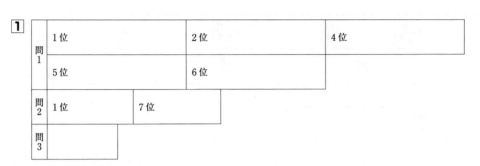

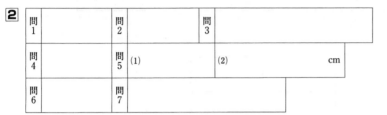

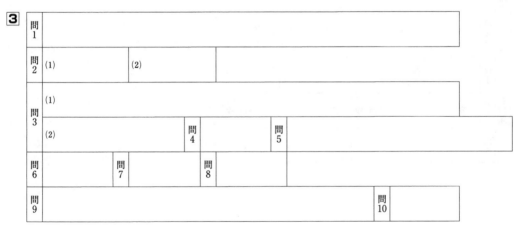

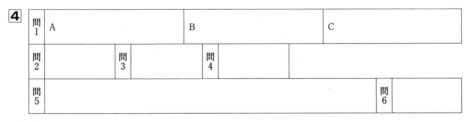

2022年度　東京農業大学第三高等学校附属中学校　第1回

社会・理科解答用紙　No. 2

5

問1	m	問2		問3	m	問4	m
問5				問6		問7	

6

A問題

問1		問2	
問3			
問4			

B問題

問1	①	②	③	④
	⑤	⑥		
問2	①	②	③	④

C問題

問1		問2	
問3	P波　km/秒	S波　km/秒	
問4			

（注）この解答用紙は実物を縮小してあります。B５→A３（163%）に拡大コピーすると、ほぼ実物大の解答欄になります。

〔社会・理科〕100点(推定配点)

1　各1点×8　2　問1～問6　各1点×7　問7　2点　3　問1　2点　問2　(1)，(2)　各1点×2　問3　各2点×2　問4　1点　問5　2点　問6～問8　各1点×3　問9　2点　問10　1点　4，5　各2点×15<5の問5～問7は完答>　6　A問題　各2点×5<問4は完答>　B問題　問1　各2点×6　問2　各1点×4　C問題　各2点×5<問2，問4は完答>

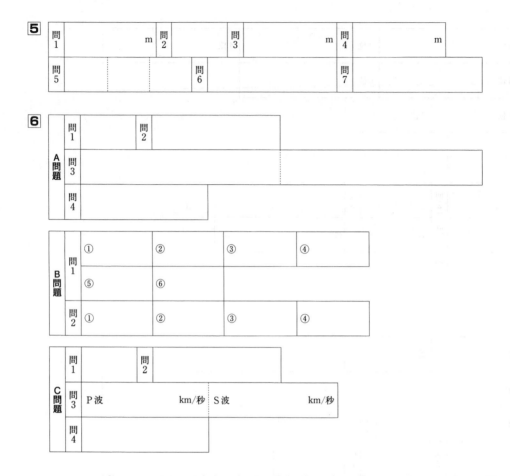

二〇二二年度　東京農業大学第三高等学校附属中学校　第一回

国語解答用紙

番号　　氏名　　評点　／100

一
①　②　③　④　⑤
⑥　⑦　⑧　⑨　けて　⑩　え

二
①　念　②　博　③　見　④　賛　⑤　関
⑥　選　⑦　期　⑧　然　⑨　近　⑩　権

三
問一　A　B　C
問二
問三
問四　動物　植物
問五
問六　サル　共食〔　〕　から。
　　　チンパンジー　共食〔　〕　から。
問七
問八
問九　自然と人　人と人
問十

（注）この解答用紙は実物を縮小してあります。B５→A３（163%）に拡大コピーすると、ほぼ実物大の解答欄になります。

〔国　語〕100点(推定配点)

一, 二　各２点×20　三　問１～問５　各３点×８　問６　共食いするかしないか…各３点×２，その理由…各４点×２　問７，問８　各３点×２　問９　各６点×２　問10　４点

2022年度　東京農業大学第三高等学校附属中学校　総合理科

総合理科解答用紙

番号		氏名		評点	／120

1

A問題	問1	①	②	③	④
	問2	秒			
B問題	問1	あ	い	う	
	問2	①　秒	②　回転	③　秒	④

2

A問題	問1		問2		問3		
	問4						
	問5	ア	イ	ウ	エ		
B問題	問1	月　日	℃	問2	日	問3	日
	問4	か月	問5	℃	問6	天気図：	雲画像：

3

A問題	問1	記号	理由				
	問2	記号	理由				
	問3						
	問4	(あ)	(い)	(う)			
B問題	問1		問2		問3		
	問4		問5		問6		問7

4

A問題	問1				問2			
	問3	(あ)	(い)	(う)	(え)	(お)		
	問4		問5		問6			
B問題	問1	mL	問2	杯	問3	%		
	問4		問5					

（注）この解答用紙は実物を縮小してあります。175％拡大コピーをすると、ほぼ実物大の解答欄になります。

〔総合理科〕120点(推定配点)

1　A問題　問1　各3点×4　問2　2点　B問題　各2点×7　2～4　各2点×46＜3のA問題の問3，B問題の問3は完答＞

２０２２年度　東京農業大学第三高等学校附属中学校

算数解答用紙　第３回

番号		氏名		評点	／100

1

(1)		(2)	
(3)		(4)	

2

(1)		(2)		(3)	人
(4)	点以上	(5)	人	(6)	cm^2

3

(1)	m	(2)	時　分
(3)	分速　m	(4)	時　分

4

(1)	g	(2)	g
(3)	番目	(4)	

（注）この解答用紙は実物を縮小してあります。Ｂ５→Ｂ４（141%）に拡大コピーすると、ほぼ実物大の解答欄になります。

〔算　数〕100点(推定配点)

1，2　各６点×10<2の(2)は完答>　3　(1)，(2)　各７点×２　(3)，(4)　各３点×２　4　(1)，(2)　各７点×２　(3)，(4)　各３点×２

２０２２年度　東京農業大学第三高等学校附属中学校

社会解答用紙　第３回

番号		氏名		評点	／100

1

問1	(1) 国名	記号	(2)
問2		問3	

2

問1		問2		問3					
問4	(1) ①	②	(2)						
	(3)								
問5		問6		問7		問8		問9	

3

問1	ア	イ	ウ
問2	(1)		(2)
	(3)	(4)	
問3	(1)	(2)	
問4	→ → →		

4

問1		問2					
問3							
問4		問5		問6		問7	
問8	X	Y	Z				
問9							
問10							

（注）この解答用紙は実物を縮小してあります。Ｂ５→Ｂ４（141%）に拡大コピーすると、ほぼ実物大の解答欄になります。

〔社　会〕100点(推定配点)

1　問1，問2　各2点×4　問3　3点　2　問1～問4　各2点×7　問5～問9　各3点×5　3　問1　各3点×3　問2　各2点×6　問3，問4　各3点×3＜問4は完答＞　4　問1，問2　各2点×2　問3　3点　問4～問7　各2点×4　問8～問10　各3点×5

2022年度　東京農業大学第三高等学校附属中学校

理科解答用紙　第3回

番号		氏名		評点	／100

1

問1		問2		問3	
問4		問5			
問6	(1)　g	(2)　g	(3)　%		
	(4)　g	(5)　g	(6)　℃		

2

問1	ア	イ	ウ		
問2	cm	問3	cm	問4	

3

問1	①	②	③	問2	
問3	おしべ	めしべ	問4		
問5		問6			

4

問1		問2		問3		問4	
問5		問6		問7	℃		

（注）この解答用紙は実物を縮小してあります。Ｂ５→Ｂ４(141%)に拡大コピーすると、ほぼ実物大の解答欄になります。

〔理　科〕100点(推定配点)

1　各３点×11　2　問１～問３　各３点×５　問４　４点　3，4　各３点×16＜4の問５は完答＞

二〇二二年度　東京農業大学第三高等学校附属中学校

国語解答用紙　第三回

番号　　氏名　　評点　/100

一
① 　② 　③ える　④ える　⑤
⑥ 　⑦ 　⑧ 　⑨ める　⑩ める

二
① 類似①　動物A
② 類似②　動物B
③ 類似③　動物C
④ 類似④　動物D
⑤ 類似⑤　動物E

三
問一　人類が　…　こと。
問二
問三　A　B　C
問四
問五　…　を優先したため。
問六
問七
問八

（注）この解答用紙は実物を縮小してあります。B5→A3（163%）に拡大コピーすると、ほぼ実物大の解答欄になります。

〔国　語〕100点(推定配点)

一, 二　各2点×20　三　問1, 問2　各6点×2　問3　各5点×3　問4　6点　問5, 問6　各5点×2　問7　各6点×2　問8　5点

Memo

Memo

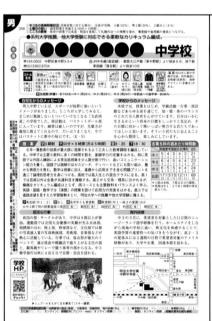

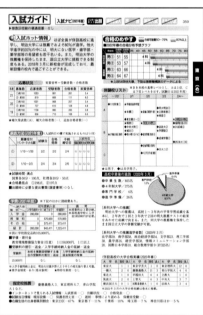

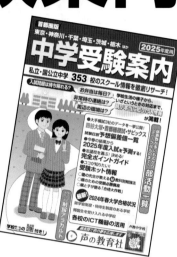